高职高专经管类“十三五”规划教材

个人理财理论与实务

GEREN LICAI LILUN YU SHIWU

张阿芬 主 编

厦门大学出版社 国家一级出版社
XIAMEN UNIVERSITY PRESS 全国百佳图书出版单位

图书在版编目(CIP)数据

个人理财理论与实务/张阿芬主编. —厦门:厦门大学出版社,2017.1

高职高专经管类"十三五"规划教材

ISBN 978-7-5615-6094-5

Ⅰ.①个… Ⅱ.①张… Ⅲ.①私人投资-高等职业教育-教材 Ⅳ.①F830.59

中国版本图书馆 CIP 数据核字(2016)第 119958 号

出 版 人 蒋东明

责任编辑 许红兵

封面设计 蒋卓群

责任印制 朱 楷

出版发行 厦门大学出版社

社 址 厦门市软件园二期望海路 39 号

邮政编码 361008

总 编 办 0592-2182177 0592-2181406(传真)

营销中心 0592-2184458 0592-2181365

网 址 http://www.xmupress.com

邮 箱 xmupress@126.com

印 刷 厦门集大印刷厂

开本 787mm×1092mm 1/16

印张 22.25

字数 515 千字

印数 1~2 000 册

版次 2017 年 1 月第 1 版

印次 2017 年 1 月第 1 次印刷

定价 46.00 元

厦门大学出版社
微信二维码

厦门大学出版社
微博二维码

前 言

本教材围绕个人理财基础、个人生活理财、个人投资理财和个人理财管理四个知识模块，全面系统地介绍了个人理财的基本理论、基础知识和基本技能，适用于高职高专教学使用，也适合银行从业人员及对个人理财感兴趣的社会人员阅读。

本教材具有如下编写特色：

1. 按照“行动体系框架”编排结构，突出技术技能型人才培养特色。即：以理财工作内容和工作过程为参照系，将陈述性知识与过程性知识整合，理论知识与实践知识融合，采用“项目结构”取代传统的“章节结构”的编排形式，将课程知识分列在四个项目群中体现。其中项目群一“个人理财基础”，由认识个人理财、领悟个人理财规划、学习个人理财基本理论三个相关项目构成。该项目群简明扼要地阐述个人理财的基础知识，旨在帮助学习者认识并掌握个人理财的基本原理，激发学习者进一步学习的信心和兴趣。项目群二“个人生活理财”，包括职业规划、现金与教育规划、保险规划、住房规划、退休养老规划、财产分配与传承规划等六个以实现个人基本生活目标为目的的理财项目。项目群三“个人投资理财”，包括股票理财、债券理财、基金理财、外汇与期货理财、实业理财、实物理财等六个利用各种投资工具以提升个人生活品质和实现个人财务自由为目的的理财项目。项目群四“个人理财管理”，包括个人理财税收筹划、个人综合理财规划、个人综合理财规划案例等两个提升个人理财效率与效果的理财管理项目及一个综合理财案例。项目群二、项目群三、项目群四这三个项目群是在学习者掌握项目群一的相关理财基本原理的基础上，以贴近生活、突出实用为原则，详简有度地向学习者传授个人理财的基本方法、基本策略与技巧，旨在培养学习者执行理财任务、掌握理财技能的学习力和执行力。三个项目群既相互联系又各自独立，方便学习者根据需要选择性学习。

2. 在教材内容的阐述上，注重个人理财理论与实务的阐述，兼顾个人理财岗位、工作任务的呈现。遵循“贴近生活、突出实用”的原则，将助理理财规划师、理财规划师、高级理财规划师资格考试内容融进教材内容体系，学习与考证一举两得。既重视介绍个人理财基础知识和基本方法，又兼顾培训个人理财专业人员的综合业务技能和素质。

3. 以引导自主学习及方便学习者掌握、运用个人理财关键知识点和技能点为导向，注重学习者对教学过程的参与。在陈述每个项目内容之前首先进行学习目标描述，并对项目进行工作任务分解，通过工作分解结构图（Work Breakdown Structure，简称 WBS），勾画出本项目的主要工作任务及完成任务需要掌握的相应知识点和技能点，然后提供典型的理财工作情景引导学习者认知关键知识点和技能点，在此基础上引入正文，让学习者由浅入深、从感性到理性、循序渐进地学习和掌握理财知识和技能，最后在每个项目之后，设置典型理财工作情景讨论和能力训练任务，让学习者应用相关知识点和技能点讨论理财情景，训练理财技能，在实践中加深对关键知识点和技能点的理解和应用。

4. 应用相关词语简单明了地勾画出各项目和任务在课程知识体系中的地位。项目和任务使用的词语主要有：

认识：懂得、了解。

了解：知道、明白。

认知：通过心理活动获取知识。

领悟：体会、解悟，强调依靠自己的悟性理解。

感悟：感想与体悟，亲身经历与感受。

理解：从道理上了解。

熟悉：清楚地知道。

掌握：熟知并能运用。

本教材由福建省第四届高校教学名师张阿芬教授提出撰写大纲、指导思想和具体的编写要求，并担任主编和总纂定稿。参加本书编写的有：福州外语外贸学院林仁灶副教授，福州对外经济贸易职业技术学院王小强副教授，泉州经贸职业技术学院许毓坤副教授、黄鹏程讲师。全书共设计 18 个项目，具体编写分工如下：

张阿芬编写项目一、二、三、四、七、十、十一、十五；林仁灶编写项目十六、十七；王小强编写项目八、十四；许毓坤编写项目五、九、十八；黄鹏程编写项目六、十二、十三。

限于水平，书中疏漏之处在所难免，恳请读者和同行专家提出宝贵的意见。

作　者

2016 年 10 月

目 录

项目群一 个人理财基础

项目群二 个人生活理财

项目群三 个人投资理财

项目群四 个人理财管理

项目群一　个人理财基础

项目群一由“认识个人理财”、“感悟个人理财规划”、“学习个人理财基本理论”三个相关项目构成，该项目群简明扼要地阐述个人理财的基础知识，旨在帮助学习者认识并掌握个人理财的基本原理，激发学习兴趣，树立学习信心。

※ 项目一　认识个人理财 ※

学习目标:通过本项目学习,应明白什么是个人理财,个人为什么要理财,如何成功理财;了解个人理财的种类、特点;能够判断环境对理财的影响;能够清晰地表述个人理财的具体目标;能够熟悉个人理财规划内容、原则和工作流程。

项目一工作任务分解(WBS)

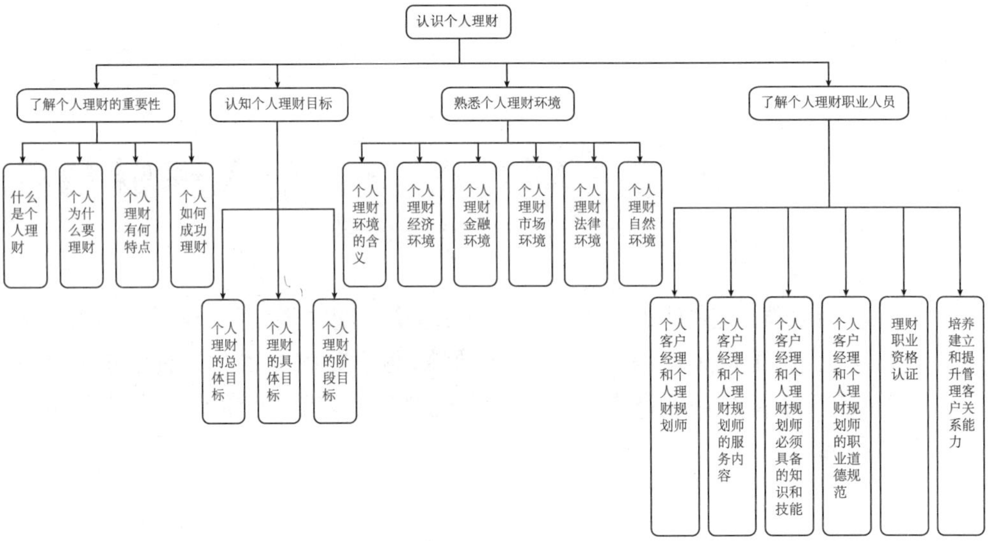

· 理财情景 1 ·

王健和蔡靖是大学的同班同学。王健喜欢运动,性格开朗、生活随性,大学毕业时,找到一份满意的工作,每天准时上下班,上班时认真做事,下班后就约上同事、朋友一起去健身,日子过得快快乐乐的。蔡靖则是一个规划性比较强的人,大学毕业后,和女朋友一起到国外继续深造,他们对自己的人生做了一个比较全面的规划,包括研究生毕业后拟从事什么职业、何时结婚、何时买车买房、何时生育、如何培养子女、退休后怎样养老、财产如何传承等都做了详细的构想。十年后,王健和蔡靖都已成家并都有一个5岁的孩子。所不同的是,蔡靖买了车买了房,和妻子共同经营一家"米兰球迷生活馆",一家人非常幸福,妻子也已经怀了第二胎。蔡靖的生活馆实行会员制,人气很旺,平时主要是会员交流的场所,每个月有两次体育特色产品展示会,参加展示会需要提前预约。而王健参加工作后,每月固定存入银行一笔资金,希望尽快拥有自己的车子和房子,但是,因为房价年年上涨,至今仍然和父母住在一起,车子虽然买得起,却苦于汽油费、行车费高,停车难,不敢购买,只好天天挤公交车上班,从银行获得的存款利息也不足以弥补通货膨胀造成的购买力损失。

请思考:你怎么评价王健和蔡靖的生活态度?从他们的生活态度中,你得到了什么启发?

任务一　了解个人理财的重要性

1. 什么是个人理财

人的一生，都要与钱打交道，衣食住行生老病死样样离不开钱。钱不是万能的，但是没有钱是万万不能的，钱是人类生活的物质基础，人们天天都在自觉或不自觉地赚钱、省钱、花钱。赚钱、省钱、花钱之道实际上就是理财。但是，定义个人理财，需要考虑以下几个层面的问题。

1.1　理财的含义

理财从字面上理解就是管理财物的意思。财，即财物，是钱财和物资的总称；理财就是对收入、支出和富余财物进行管理。

1.2　理财按范围的大小可以分为国家理财、商业(企业)理财和个人理财

相对于国家理财和商业(企业)理财，个人理财的历史比较短，它起源于 20 世纪 30 年代的美国，20 世纪 60 年代至 90 年代在欧美及亚洲的日本、香港等发达国家和地区得到迅猛的发展，现在，个人理财几乎渗透到发达国家和地区的每一个家庭。我国在 1978 年以前，实行的是计划经济体制，个人的工资收入很低，手中可支配的资金很少，缺乏理财的基础和动力。自 1978 年改革开放以后，随着我国市场经济体制的建立与完善，我国国民经济的分配格局发生了很大的变化，国民收入分配向个人倾斜，个人收入逐年上升，到 1991 年个人收入占国民生产总值的比重已超过 65%，这使个人理财有了资金基础和动力，“个人理财”一词在当时也见诸报端，之后个人理财逐步深入人心。根据《2015 年国民经济和社会发展统计公报》，2009 年至 2015 年，我国全年农村居民人均纯收入和城镇居民人均可支配收入逐年增加，其中农村居民人均纯收入由 2009 年的全年 5 153 元增加到 2015 年的 11 422 元，城镇居民人均可支配收入由 2009 年的 17 175 元增加到 2015 年的 29 129 元。伴随着个人收入水平的提高和持有资金的增加，个人理财已成为现代个人经济生活的主要组成部分，是个人财产得以保值增值的主要方式。

1.3　什么是个人理财

什么是个人理财，至今尚未有一个权威的定义。

美国理财师资格鉴定委员会的定义：个人理财是制定合理利用财务资源，实现客户个人人生目标的程序。

国际理财协会将个人理财称为理财策划，是指理财师通过收集整理顾客的收入、资产、负债等数据，倾听顾客的希望、要求、目标等，在专家的协助下，为顾客制订储蓄计划、保险投资策划、节税策划、财产事业继承策划、经营策略等生活设计方案，并为顾客进行具体的实施提供合理建议的一系列活动。

我国银监会在 2005 年颁发的《商业银行个人理财业务管理暂行办法》中指出，个人理财业务是指商业银行为个人客户提供的财务分析、财务规划、投资顾问、资产管

理等专业化服务活动。

中国金融教育发展基金会金融理财标准委员会的定义：个人财务规划或个人理财是一个评估客户各方面财务需求的综合过程，它是由专业理财人员通过明确个人客户的理财目标，分析客户的生活、财务状况，从而帮助客户制订出可行的理财方案的一种综合金融服务。

显然，上面的各种表述，是将个人理财作为金融机构的一项业务，把个人理财表述为专业的理财人员根据客户的需求，为个人客户设计理财方案并推销理财产品的过程。因为个人理财是关于人的一生包括衣食住行、生老病死方方面面的财务安排，需要在储蓄、证券、保险、信托、外汇、不动产、实物和实业等各种工具中进行选择和组合，涉及会计、财务、经济、法律和税收等诸多领域的知识，所以，人们通常把个人理财工作委托给专业的理财人员去做，这也是人们习惯上把个人理财当成个人理财业务的原因。但是，在现实生活中，也有不少个人是依托自己掌握的知识和经验或在专业人员的指导下自己设计并运作理财方案的，个人理财与个人理财业务是两个不同的概念。因此，我们对个人理财的定义是：个人理财是在对个人的收入、支出和富余财物等财务数据整理分析的基础上，根据个人对消费的偏好和风险承受能力，结合设定的人生各阶段的生活和投资目标，运用储蓄、保险、证券、外汇、收藏、住房和实业投资等多种工具管理个人的财物，以提高个人财物效能的经济活动。个人理财不仅要关注个人财物的保值增值，而且要保证个人财物的安全，在追求投资收益的同时，更加注重的是基本生活规划、风险管理规划、教育规划、养老规划、遗产规划等一系列人生整体规划，个人理财的最高境界就是使人的一生能够享受财务独立(或称财务自由)。

1.4 个人理财的主体可以是个人也可以是家庭

本书中研究的个人理财主要针对的是家庭理财，书中的“个人”一般指理财主体的“家庭”(下同)。其原因在于：

(1) 家庭是组织的基本形式之一，人们通常从一出生就生活在一个具体的家庭中。个人的日常支出、大额消费等都需要考虑家庭的财务状况、家庭其他成员的想法和需求。而从人的生命周期看，通常 20 岁以前处于受教育的阶段，基本没有或者只有很少的收入，60 岁以后处于退休阶段，收入少于有职业的阶段，这两个阶段的支出需要完全或部分依靠家庭其他成员。

(2) 人的一生是一个求生存、求繁衍、求发展的漫长过程，在这个过程中，绝大多数个人的人生目标，都是和家庭的形成、成长和成熟等阶段的目标结合在一起的。一个年轻人在完成学业之后，首先考虑的事情就是成家立业，婚前理财的目标由此产生；若是结婚之前想要购买婚房，按我国目前的房价水平，没有父母的资金支持几乎是不可能的；结婚之后，紧接着就要考虑子女的成长和教育，自己的继续教育，还有父母和自己的退休养老、财产传承以及家庭成员的衣食住行等问题。显然，个人理财与家庭的演变紧紧联系在一起，个人理财应以家庭理财为前提，个人理财在大的方面应服从于家庭理财的目标和总体安排。

(3) 个人理财的资金主要来源于理财者本人及其家庭收入的积累、财产的合法继承及依据个人信誉筹措所得的各项资金。家庭各个成员(当然一个家庭也有可能只有一个成员)通常共同享有家庭资源并都希望家庭资源得到最合理有效的利用,尽可能满足家庭各个成员的需求。然而,家庭所拥有的资源也和社会所拥有的资源一样是有限的,而家庭成员的欲望则是无限的,所以必须采取适当的办法和途径使家庭资源创造出尽可能多的效益,以解决有限资源与无限需求的矛盾,这样个人理财便应运而生,并随着家庭的发展和家庭成员需求的日益提高而变得日益复杂和重要。

1.5 人的需求影响个人理财

美国社会心理学家亚伯拉罕·马斯洛(Abraham Maslow)认为每个人都有五个层次的需求,如图 1-1 所示。

(1) 生理需求:是人们最基本的需求,包括衣食住行及基本的身体健康医疗等最基本的需求。

(2) 安全需求:是人们对身体、工作、生活以及未来保障上的安全需求,包括物质和精神两个层面。物质方面有生活和工作的安全保障,可能发生的意外事故、失业等带来的身体与经济风险,以及退休养老的经济保障。精神方面有生活和工作心理健康,承受不幸事件的能力,对未来的担忧等。

(3) 社会需求:归属或取得他人认可等需求,包括爱情、归属、接纳和友谊等。

(4) 尊重需求:分为内部尊重和外部尊重。内部尊重因素包括自尊、自主、成就感等;外部尊重因素包括地位、认可、关注等。

(5) 自我实现需求:成长与发展、发挥自身潜能、实现自我理想的需求。这是一种追求个人能力极限的内驱动力。

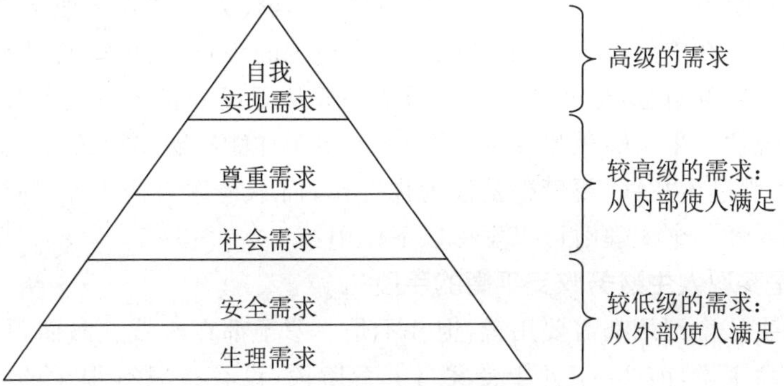

图 1-1 马斯洛的需要层次理论

马斯洛认为生理的需求是基础,自我实现的需求是需求的最高层次。当低层次的需求得到满足之后,便进入更高层次的需求,这五种需求由低到高呈阶梯状排列。为便于分析,我们把五个层次的需求分为三个类型,其中:第一、第二层次的需求列入第一类型,可以称为低级或基本需求,属于人的基本生活需求,是人的本能和对生活的最基本的需求;第三、第四层次的需求归入第二类型,称为中级需求,属于人的社会生活需求,它是满足人们对相对富裕生活和获取社会认同感的需求;第五层次的需求则列为第三类型,称为高级需求,属于实现个人理想、抱负,最大限度发挥个人能力的需求,它是超出个人和家庭经济之外的自我实现所需的物质财富保障需求。

理财的根本目的是使资产保值增值,通过理财手段来满足自身发展的各层次的需求。

1.6 个人理财按照目标的不同分为生活理财和投资理财

生活理财是为实现人生各阶段的基本生活和部分社会生活目标的财务保障和财务安全，而对个人财物进行科学的规划与管理的经济活动。投资理财是通过组织投资财务活动，确保获得预期收益的一项经济活动，它是投资者以牺牲现实的消费来换取资产增值或保值，进而提高个人生活质量和生活水平的一种经济行为。广义上讲，个人理财就是个人生活理财，这里提到的生活理财是狭义上的生活理财，其核心是根据个人的消费偏好对个人的消费性财务资源进行规划和管理，以满足基本生活和部分社会生活目标对财物的需求。主要包括现金规划、住房规划、教育规划、保险规划、退休养老规划、财产分配与传承规划及个人税收筹划等。个人投资理财是根据个人对风险的偏好和承受能力对个人投资性资源进行规划与管理，以追求投资回报、加速个人资产增长、提高个人生活品质为目的的活动。从目标上看，投资理财属于更高层次的理财活动，通常是在满足个人生活理财目标财务安全的基础上，借助股票、债券、基金、外汇、期货、实物及实业投资工具，对个人的财务资源进行合理配置和组合，在个人风险承受能力范围内，努力实现资产增值最大化，最终实现财务自由。由于人们对生活品质(或对幸福的理解)并没有统一的标准，因此，生活理财和投资理财也就不能与马斯洛的五种需求层次建立完全的对应关系。一般情况下，生活理财主要以满足人的低、中级需求为目标，投资理财以满足人的中、高级需求为目标。

2. 个人为什么要理财

古人说："吃不穷，用不穷，不会算计一世穷。"当代人说："你不理财、财不理你，理财要趁早。"以 100 美元起家，靠非凡的智慧和理智的头脑，在短短的四十多年间创造四十多亿美元巨额财富，最终向世人演绎了一段从平民到世界巨富的投资传奇的股神巴菲特也说："一生能够积累多少财富，不取决于你能够赚多少钱，而取决于你如何理财，钱找人胜过人找钱，要懂得是钱为你工作，而不是你为钱工作。"这些话都说明了理财的重要性。个人理财可以发挥以下作用：

2.1 是实现人生财务收支平衡的手段

人的一生从生到死都需要用钱，但并不是一辈子都在赚钱。参照现在中国人 75 岁的平均寿命来说，前 20 年处于受父母养育阶段，没有或只有很少的收入；中间的 35～40 年处于有职业阶段，取得的收入必须养活自己和家人；最后 15～20 年处于退休养老阶段，又回到无收入或少收入阶段，需要依赖子女养老或靠自己养活自己。显然，人的一生大约只有一半(35 年)的时间有获取收入的能力，另一半的时间无收入或者只有少量的收入。因此，人的一生面临巨大的财务缺口，人们若不想让自己因为收入小于支出，生活拮据艰苦，首先必须解决财务收支平衡问题。这客观上要求人们提早进行理财规划，以免出现入不敷出的情况。

2.2 是规避人生风险的措施

现代社会瞬息万变，风险无处不在，人的一生很难不遭遇意外事件。人生中可能遭遇的风险主要有两类：一类是宏观风险，如通货膨胀、金融风暴、政治动荡等，这类风险一般是个人无法控制的。另一类是微观风险，如失业、疾病伤残、意外死亡、财产损失等，这类风险可以在一定程度上得到规避和防范。个人可以通过理财，对未来可能遇到的风险采取一些针对性的措施，将意外事件的损失降到最低限度。比如，通过购买疾病保险规避或降低疾病伤残损失，通过调整资产组合增加房地产投资比例、降低银行存款比例规避通货膨胀风险，通过购买养老保险防范因为年老收入减少导致的生活品质下降等。

2.3　是提升人生生活质量的基础

每个人都希望生活越来越好，希望有车出门方便，希望有房生活自由，希望吃好身体棒，希望穿好有品位。要提高生活质量，就需要金钱的支持。理财的目标就是实现资产的保值和增值，从而保证个人生活正常运转，并为提高生活质量提供资金基础和保障。

2.4　是促进财富增长的保障

随着经济的发展和市场化的加深，用于理财的工具越来越多，能否进行科学的资产配置在很大程度上决定了财富收益率的高与低，不同的资产配置往往会产生截然不同的收益。个人理财特别是投资理财的目标就是要通过理财工具的选择与合理搭配，努力在风险一定的情况下实现收益最大化，或者在收益一定的情况下尽可能使风险降到最低。

2.5　是实现财务自由(人生梦想)的前提

获取收入是人的一生得以生存、繁衍、发展的物质基础和保障。收入有主动收入和被动收入之分：主动收入是用工作（劳动）换取的收入，即工资性收入，如果停止工作就会失去收入；被动收入，是不需要花费多少时间和精力，也不需要照看，就可以自动获得的收入，主要指资产产生的收入，即财产性收入、非工资性收入，如通过资金运作或出让财产使用权产生的收入，创办企业取得的经营利润，投资不动产取得的财产收入，投资金融产品取得的资本利得等。

被动收入是获得财务自由和提前退休的必要前提。财务自由是指你无须为生活开销而努力为钱工作的状态。简单地说，就是你的资产产生的收入已经等于或者超过你的日常开支，在这种情况下，当你不工作的时候也不必为金钱发愁，工作不再是你养家糊口的唯一手段。因为你有通过理财带来的收益，这时你便自由了，你获得了快乐的基础，达到了财务自由，真正可以为自己的梦想而活。

3. 个人理财有何特点

与公司理财相比，个人理财有以下的特点：

3.1　理财目标单一、具体

个人理财目标一般很明确，主要是为结婚成家进行理财、为筹集子女的教育资金进行理财、为大额消费（如购房、购私家汽车、旅游等）进行理财、为养老进行理财和为预防不测而进行理财等。其目的也很单纯，一般只有微观理财目标，主要是为了赢利，获得个人收益最大化，实现个人财务自由。不像公司投资主体，有转方式、调结构、变布局、稳市场等多种理财目标存在，既有微观理财目标，又有宏观理财目标，既要使微观利益最大化，也要承担相应的社会责任。

3.2 理财规模小，方向分散，受具体理财目标的影响大

个人理财资金主要来源于理财本人及其家庭其他成员积累的收入、合法继承的财产及依据个人信誉筹措所得的各项资金，资金数额一般比较小，对整个资本市场的影响小，无法左右资本市场资金投向，难以集中进行运作。其在理财工具选择上受具体理财目标的影响大，如为养老和预防不测而进行的理财必须选择变现性强、风险性小的理财工具；结婚和大额消费的时间是可以调整的，因此此类理财可以选择风险大、收益丰厚的理财工具，进行适当的投机，万一投资时机选择失误可以通过推迟结婚或大额消费时间重新确定合适的理财时机，以期获得尽可能大的投资收益。而国家理财、公司理财的资金来源渠道比较多元，既有自有资金，也有举债的资金，数额比较大，可以集中运作，理财工具的选择和组合空间大。

3.3 个人理财者的能力和渠道有限，理财行为具有一定的盲目性

个人理财者由于获得各种理财信息的能力和渠道极为有限，而且资金的数额小，进行理财收益风险分析的成本大，理财决策往往缺乏科学依据，盲目性大，如果没有专家指导，容易造成失误。理财涉及的知识面广，理财工具形式多样，个人由于经验、知识和精力等的限制，往往难以独自完成大额的理财事务，特别是金融理财，个人既不能进行直接交易，也不能创造新的金融资产和金融工具，不会增加金融资产总量；而房地产、黄金、古玩、珠宝、邮票等实物理财则要求有很强的专业知识，因此，大额的理财业务往往需要投资者委托投资中介机构进行。公司理财是公司经营活动的重要组成部分，通常由专门的机构和人员负责运作，有一套科学的管理制定，运作比较科学规范。

3.4 个人理财具有明显的生命周期特征

首先，个人理财以个人的生命周期为基础，是对人一生的财务安排。个人理财活动贯穿人的一生，而公司理财往往建立在公司持续经营假设的基础上，即公司理财以其存续期间为限，只要公司在存续期间持续营业，理财始终是公司的主要业务之一。

其次，个人理财体现出明显的年龄特征，表现在：

(1) 单身期。这时期或者还在学校接受教育，或者刚刚参加工作，处于事业的发展初期，没有收入或者收入很少，也不需要赡养父母，家庭负担较小。在这个时期关键是要树立理财要趁早的观念，培养理财意识及习惯，学习理财理论及技巧，建立个人财务记录并养成记账的习惯，建立良好的信用并注意开源节流，为将来理财做准备。

(2) 组建家庭初期。即结婚及孩子出生前后的3～5年(时间长短因人而异)的时间。在这个时期理财主要应注意合理安排家庭的收入和支出，认真制定和落实理财规划，以生活理财为主投资理财为辅，重点是获取稳定的工作收入，注意资本积累为扩大理财规模、提升理财层次准备资金。

(3) 家庭成长期。这是家庭生活的主要时期，也是个人事业发展的重要时期，一般从30岁到50岁(或55岁)持续20年至25年的时间。在此期间，家庭日益稳定，收入、支出的数量和类型却不断增加或变化，上有老下有小，开支大，如孩子和自己的教育开支、买车买房旅游等大型的消费、赡养老人等。这个时期的理财重点是开源节流，认真履行理财规划，在基本生活资金需求得到保障的前提下适当增加风险投资以

提高收益率。

(4) 退休前期。即子女开始独立到退休前 5～10 年的时间。在这个时期,家庭负担开始减轻了,收入仍然在增加,是累积财富的黄金时期。此时期理财要注重身心健康 ,适当增加提升生活品质方面有益的消费,巩固壮大家庭资产,以实现财务自由为目标扩大理财力度,制订养老计划为退休养老做准备。

(5) 退休期。即退休以后到终老的这段时间。在这段时间,应以安享晚年为主,把身心健康放在第一位,财富是服务的工具。此时期的理财要优先保障有利于身心健康的支出,投资要保守,不参与风险的投资,要做好财产传承的准备。

4. 个人如何成功理财

4.1 准备充分

做好充分的准备是成功理财的前提。在开始理财之前,要做好资金、知识和心理三方面的充分准备。一要准备好用于理财的资金,主要是日常开支和应急准备金以外的流动性资金。二要熟悉和掌握理财的基本知识和基本技能。三要对投资风险有一定的认识,能够承受投资失败的心理压力。

4.2 观念正确

科学理财观念先行,树立正确的理财观念是成功理财的保障。观念决定行为。正确的个人理财观念包含三层意思:(1)理财是理一生的财,是对人的一生的财务安排,不只是解决燃眉之急的资金缺口,其最终目标是追求“财务自由”;(2)理财是对人的一生的现金流量管理,即对一生的收入、支出和财富节余的规划与配置,努力实现资产的保值和增值;(3)理财有风险,理财也包括对人生可能遇到的人身风险、财产风险、市场风险等的管理。

理财要走出以下观念误区:(1)理财是有钱人的事,我没有钱,不需要也不可能理财。事实上,富人不见得理财好,穷人不见得理财差。无论是富人还是穷人都需要理财,养成积极的理财好习惯,你就可能从没钱变成有钱,甚至从穷人变成富人。(2)我钱少,理财效果不明显,没必要理财。实际上,理财的秘诀就是“开源节流,让钱为你工作取代你为钱工作”,只要养成节省的习惯、投资的习惯,坚持不懈,钱少的人可以变成钱多的人,时间越长效果越明显。(3)我很忙,没有时间理财。美国学者托马斯·史丹利调查过上万名百万富翁,大约 70%的富翁每周工作 56 个小时,仍然抽时间进行理财规划。百万富翁都有时间进行理财规划,工薪阶层怎么会忙到没时间审视自己的收入和支出呢?想要致富,就一定要挤出时间来,每天减少一点点看电视或打牌或玩游戏或聊天的时间,用于记账和学习理财的知识,总有一天钱会为你工作。(4)我不懂理财知识,没法理财。不懂可以学,理财并不难,做的都是身边常见的事,只要你肯学,什么时候开始都不晚,况且还有专业的理财人员可以咨询。(5)理财就是为了发财。理财和发财没有关系,理财是对人的一生做的合理安排,未雨绸缪,确保财富安全、稳健增长,实现生活目标,努力提高生活质量。(6)理财就是买股票或者把钱放在银行。理财产品很多,股票、储蓄只是两种常见的理财工具。在人们的传统观念里,储蓄理财被认为是最安全、最稳妥的,而股票投资则有一定的投机性,不少人认为炒股赚钱快,梦想通过炒股一夜暴富。实际上,一个低估了风险,一个误读了收益。电视在播股评节目的时候,下方经常会打出“股市有风险,入市需谨慎”的字样,股票虽然使个别人一夜暴富,但是也有人因股票跳楼。至于储蓄,目前我国不仅储蓄利率低而且物价一直处于上涨趋势,储蓄时间长有可能利息收入无法弥补物价上涨的损失,保值都没有保障更谈不上增值,把钱存在银行显然不是最佳的选择。因此,正确的理财思路是:要根据自己的财务特点和需求选择合适的理财产品和产品搭配,在选择时要记住收益和风险是一对孪生兄弟,一定要权衡各种理财产品的利弊。(7)理财就是省着用钱,就是节俭。节俭既是一种美德,也是理财的一种方式,但是节俭只是减少支出,本身不会生财,不会增大资产规模,无法让钱为你工作的,无助于提高人们的生活质量。理财不仅仅要节俭,更要开源,即通过投资等生财,实现财务自由。

4.3 养成理财习惯

美国理财专家柯特·康宁汉有句名言:“不能养成良好的理财习惯,即使拥有博士学位,也难以摆脱贫穷。”想要致富,一定要尽早培养理财习惯。理财是循序渐进地培养“赚钱、省钱、存钱、钱滚钱”的习惯。(1)养成记账的习惯。做好财务记录,建立一个档案,全面记录个人(家庭)的收入、支出、净资产和负债。(2)养成开源节流的习惯。一方面,要努力赚钱,累积第一桶金。职场中人鲜有意外横财,一定要把提高工作收入列为最重要的赚钱手段,以薪酬为基础,快速累积起可供理财的第一桶金,继而通过投资增加投资收益、扩大资产规模。另一方面要减少不必要的支出,削减开支,节省每一块钱,积少成多,挤出更多的钱用于投资,小数目的投资,也可能会带来不小的财富。(3)养成储蓄的习惯。尽管理财产品层出不穷,但是,储蓄始终是个人理财最基本的、最不可或缺的理财产品。养成储蓄好习惯,储蓄是理财的基础。把赚到的钱,扣除必要的开支后,剩下的部分全部存入银行,等到合适的投资机会来临时,你即可以以此作为投资的资本。(4)养成规划的习惯。理财是理一生的财,目标是使将来的生活有保障,或提高生活质量,努力实现财务自由。它是涉及人生各个阶段和各项生活的经济活动,只有事先做好科学的规划,并认真组织实施,才能实现预期的目标。个人理财一般要制定消费规划、住房规划、教育规划、保险规划、投资规划、税收规划、退休养老规划及财产传承规划等。

4.4 目标科学

制定规划是科学理财的前提,目标科学则是规划顺利实施,转化为现实的保障。理财规划的目标必须具体,有可行性。(1)理财目标一定要明确、量化,既要考虑短期目标、中期目标,更要规划好长期目标;(2)理财目标的确定必须建立在对个人的财务状况全面准确了解的基础上,切忌好高骛远,不切实际,防止在理财过程中顾此失彼;(3)个人理财要将稀缺的货币资源用得其所,为个人创造最大的效用和收益;(4)在制订个人理财规划时,应注意人生的不同阶段对财务的需求和生活目标的不同要求;(5)要统筹考虑,平衡消费、住房、教育、保险、投资、退休养老及财产传承各项规划目标,使其相互协调,并重视税收规划。

4.5 方案可行

科学的理财方案是理财规划实施的依据,对理财行动具有指导意义。衡量理财方案是否科学的标准是“方案是否可行”，可行的理财方案应具备三个要素：一是目标科学；二是措施全面具体，具有可操作性，即理财措施包含人生各阶段和生活各方面的财务需求并便于运作；三是考虑了风险因素，一方面，风险管理本身是理财的一部分，另一方面，理财是对人的一生财务的管理，时间长，涉及的事项多，受社会大环境的影响大，如果没有风险防范意识和措施，就难以实现预期的目标。

任务二　认知个人理财目标

1. 个人理财总体目标(最终目标)

理财目标是理财管理活动所要达到的根本目的。个人理财目标是由家庭的总体目标所决定的，家庭的目标就是使家庭各成员的需求得到尽可能大的满足，而家庭成员的需求能否得到满足在很大程度上取决于家庭所拥有财富数量的多少。因此，个人理财的总体目标就是使家庭财富最大化，通过个人理财活动的合理组织和管理，在考虑资金时间价值和风险投资报酬的情况下，使家庭的财富不断得到增值，使家庭的总价值得到最大化。

与企业理财目标相比，个人理财的目标比较单纯也较容易进行衡量，这主要是因为家庭各成员往往是利益的统一体，能共同分享家庭财富；而企业组织往往存在许多不同的利益主体，如投资者、债权人、企业职工、企业顾客或供应商等，这些主体的利益虽然密不可分，但却不一定是一致的，这就使企业的理财目标变得复杂化，难以衡量。

用“财富最大化”表述个人理财目标似乎有点虚，“最大”是一个没有边界的概念，不仅仅每个人对它的要求不一样，每个人在人生的不同阶段对它的理解和要求也不一样，因此，个人理财的最终目标可以描述为：实现个人的财务安全和财务自由。

1.1　个人财务安全

个人财务安全是指个人对自己的财务现状有充分的信心，认为现有的财富足以应对未来的财务支出和其他生活目标的实现，不会出现大的财务危机。一般来说，衡量一个人是否具备财务安全的标准是：是否有稳定、充足的收入，是否有发展的潜力，是否有充足的现金准备，是否有适当的住房，是否购买了适当的财产和人身保险，是否有适当、收益稳定的投资，是否享受社会保障，是否有额外的养老保障计划等。如果答案是肯定的，就是达到了财务安全目标。

1.2　财务自由

根据本项目任务一的表述，财务自由是指个人无须为生活开销而努力为钱工作的状态，换句话说，当工作不是你养家糊口的唯一手段时，你便拥有了财务自由。当人们获得了财务自由之后，其个人的投资收入可以完全覆盖个人发生的各项支出，已有的财富已成为创造更多财富的工具，个人便可以从被迫工作的压力中解放出来，实现了自由。

衡量财务自由的标准：(1)不必为钱工作。(2)保持财产性收入的净现金流入。财产性收入指房屋租金、股票收入、债券利息等各种由财产创造的收入，净现金流入指现金流入扣除现金流出后的余额。比如出租房屋，如果业主对出租房屋拥有完全的产权且没有购房贷款或贷款已经还清，那么房屋租金扣除税费后的差额若为正数，其差额便是净现金流入；如果用以出租的房屋是用贷款购买的并且贷款还没有还清，而房屋租金不足以覆盖房屋的按揭贷款，出租房屋便无法给业主带来净现金流入。(3)保有一定量的净资产。净资产就是总资产减去负债后的余额。(4)保有一个平常和自由的心。其实一个人到底要拥有多少资产，才能达到心理的自由，实在是一个因人而异的事情，没有统一的标准，所以真正拥有财务自由的人应该是既有钱又有时间，保持一颗平常心的人。全球第一理财师、从女招待到亿万身价理财师、影响美国股民的金融五大鳄之一的美国全国广播公司商业新闻(CNBC)个人理财栏目的主持人苏茜・欧曼(Suze Orman)，在上海接受《钱周刊》的专访时说了这样的一段话："财务自由不是拥有百万千万美元，而是感觉到自由，了解你自己和你自己所拥有的，知道即使明天因为生病或是公司裁员而丢了工作，你也不会有大麻烦，仍旧可以舒适地生活一段时间，不必发愁立即找工作。等你年老退休时，也许你的生活不算豪华奢侈，但你可以生活得很舒适，不会欠账。偶尔出去旅行，能自给自足。等你去世的时候，你留给家庭的财富会超过你原本拥有的。"她还说："财务自由是能够让你的财富各自分工、各司其职，发挥它们各自的作用，从而构建起自己的财务自由王国。"

2. 个人理财的具体目标

个人理财是对人的一生的财务进行科学的规划和管理，其内容主要包括职业规划、现金规划、保险规划、教育规划、住房规划、退休养老规划、财产分配与传承规划、投资规划和税收规划等。与理财内容相对应的理财具体目标如下：

2.1 获取持续的职业收入

拥有收入是个人理财的基础，有稳定和持续发展的职业生涯则是收入的主要来源，因此，理财要先理人，理财规划首先是对人的规划，即首先要做好职业规划，或人生设计。在理财的一系列规划中，职业规划处于中心位置，是其他规划得以实施的基础和前提。职业规划的根本目的在于有效地设计个人的人生目标，从财务的角度衡量就是获取持续的职业收入。

2.2 保持必要的资产流动性

编制现金规划的主要目的是满足个人日常开支、预防突发事件和投机性需要，但是，过度地持有现金资产，不仅会增加现金持有成本，而且还会因为资产流动性过强而降低资产的收益能力。因此，现金规划既要保证个人资金的流动性，又要考虑现金的持有成本，现金规划以保持必要的资产流动性为目标，通过现金规划使短期需求可用手头现金来满足，预期的现金支出通过支票、储蓄、货币基金等短期投资工具来满足。

2.3 构筑完备的风险保障

在人的一生中，天灾人祸时有发生，风险无处不在，一个人在日常生活中难免会遇到一些意料不到的问题，如生病、伤残、亲人离世、天灾、失窃、失业等，这些意外事件都不同程度地影响着个人(家庭)的生活。通过风险管理与保险规划做出适当的财务安排,能将意外事件带来的损失降到最低限度,使个人更好地规避风险,保障生活。此外,进行理财规划的过程中还应注意对非保险类规划的风险进行管理,以提升生活保障程度。

2.4 努力实现教育期望

教育为人生之本。随着时代变迁,人们对受教育程度要求越来越高,而且教育费用持续上升,教育开支占家庭收入的比重越来越大。根据汇丰银行2013年发布的一项环球调查——“教育的价值”显示,中国家庭年收入的37%都用在了孩子的教育上,几乎所有(97%)受访父母都希望子女进入大学深造,并且约有3/4(74%)的父母希望子女继续研究生阶段学习,这两个比例均高于全球89%和62%的平均水平。教育开支缺乏时间和费用弹性,因此,应尽早对教育费用进行规划,通过合理的财务计划,确保将来有能力合理支付自身及子女的教育费用,实现个人(家庭)的教育期望。

2.5 确定合理的消费支出

个人理财目标的首要目的并非个人价值最大化,而是使个人财务状况稳健合理。在实际生活中,减少个人开支有时比寻求高投资收益更容易达到理财目标。通过消费支出规划,使个人消费支出合理,使家庭收支结构大体平衡。购房、购车等家庭大额支出往往对家庭生活影响很大,要合理做好消费规划,避免沦为“房奴”“车奴”,因还贷压力而影响家庭生活质量。

2.6 规划安享晚年目标

根据2013年出版的我国第一部老龄事业发展白皮书——《中国老龄事业发展报告(2013)》数据显示,2012年我国老龄人口数量达到1.94亿,老龄化水平达到14.3%。按照国际社会标准,中国已经跨入了老龄化社会的门槛。到2050年,我国60岁和65岁以上的人口总数将分别达到4.5亿和3.35亿人,这意味着每3个人中就有1个是老人。人口老龄化对社会保障覆盖面、现行的家庭养老模式、中国养老金支付能力都提出了严峻的挑战,传统的社会保障和家庭养老模式已经不能适应新形势的需要。因此,有必要在青壮年时期进行财务规划,使自己到晚年能够过上“老有所养、老有所终、老有所乐”的有尊严、自立的生活。

2.7 实现合理的财产分配与传承

财产分配与传承是个人理财规划中不可回避的部分,合理的财产分配与传承规划应该规避家庭财务风险,避免在财产分配与传承中产生纠纷,促进家庭关系和谐,减少财产分配与传承过程中的支出,选择适当的遗产管理工具和遗产分配方案,确保自己丧失行为能力或去世时个人意志能够得以延伸,实现家庭财产的传承。

2.8 理智积累财富

积累财富要节流,更要开源。个人财富的相对增加可以通过减少支出实现,但个人财富的绝对增加最终要通过增加收入来实现。职业类收入有限,投资则完全具有主动争取更高收益的特质,个人财富的快速积累更主要靠投资实现。要根据个人可投资额及风险承受能力,遵循全面评估、合理配置、有效投资的准则,确定投资理财目标和有效的投资方案,循序渐进,逐渐提高投资收入的比重,使投资带给个人(家庭)

的收入越来越多，并逐步成为个人(家庭)收入的主要来源，最终达到财务自由。

2.9 合理合法的纳税安排

纳税是每一个人的法定义务，个人理财也会涉及纳税问题。制定税收规划，通过对投资、理财等经济活动进行事先筹划和安排，充分利用税法提供的优惠和差别待遇，适当减少或延缓税负支出，将自己的税负减到最小，是对税收规划的目标要求。

3. 个人理财的阶段目标

个人理财包括多个步骤的经济管理活动。一般由理财准备、理财决策与管理、理财过程控制、理财收益取得与管理四个阶段组成。理财总目标的实现依赖于理财各阶段工作的相互协调与配合，但各个阶段也有它们各自的具体目标和工作侧重点。

2.1 理财准备阶段的具体目标

在理财准备阶段，主要是要摸清家庭的财务状况，筹集理财所需资金。理财若想达到一定的规模，单靠家庭成员的资金是不够的，往往需要向外筹集一部分资金，这就必然会发生筹资成本和筹资风险。因此，该阶段的目标就是要寻求成本最低和风险最小的筹资方案。不同的筹资方式和筹资结构会有不同的筹资成本和风险，这就要求筹资者必须科学地计算并比较不同筹资方式、筹资结构的筹资成本和风险，从中选择成本最低、风险最小的筹资方案，为实现理财总目标打下良好的基础。

2.2 理财决策与管理阶段的具体目标

理财决策就是理财者在对拟选择的理财产品的成本、收益和风险进行综合权衡、对比分析的基础上，选择合理的理财方式和产品组合。此阶段的具体目标是选择最优(收益最大风险最小)的理财方案，这是理财获得成功的前提保证。

2.3 理财过程控制的具体目标

理财过程控制就是将理财决策阶段选定的理财方案付诸实施，并根据社会、政治、经济、法律环境和家庭成员收入、支出情况的变化适时调整理财目标和理财策略。该阶段的具体目标是尽可能提高投资收益，规避投资风险，确保理财总目标的顺利实现。

2.4 理财收益取得与管理的具体目标

理财收益取得是理财的最后阶段，也是下一轮理财的起点。对取得的收益，理财者应将其安排用于满足家庭成员的预期需要(如购房等)，并留出合适的比例用于下一轮理财。其具体目标是合理确定收益的使用和留存比例，兼顾家庭成员的近期需求和潜在的收益能力，增加家庭财富，促进实现理财的总目标。

理财总目标对具体目标、阶段目标起主导作用，具体目标、阶段目标围绕总目标制定，以促进总目标的实现为原则，具体目标、阶段目标是总目标实现的基础。

任务三　熟悉个人理财环境

个人进行理财要在特定的社会环境下进行,受外部环境影响和制约,这些制约和影响个人理财的社会因素总和就是个人理财环境。个人一般无法改变理财环境,只能想办法去适应它的要求和变化。因此,必须对理财环境进行周密的、有计划、有目的的调查、分析和预测,才能做出正确的理财决策。个人理财环境涉及的范围很广,但主要有经济环境、金融环境、市场环境、法律环境、自然环境等。

1. 个人理财经济环境

理财经济环境主要包括经济体制环境、经济政策环境和经济周期环境等。

1.1　经济体制环境

经济体制是一个国家的基本经济制度,它直接决定经济资源的配置原则和经济的运行方式。理财是一种经济活动,其目标取向、管理程序和方法必须在特定的经济制度下进行。目前我国实行的是市场经济体制,它是人类社会的主要经济制度之一,是一种通过商品交换达到分散决策的经济制度。在此制度下,人们的经济活动都要按市场规律的要求办事,市场在资源配置中起基础作用,个人进行理财必须深入研究、分析引起市场变化的各个主要因素,正确判断市场的变化趋势,才能在多变的市场环境中找到最佳的投资机会,做出正确的投资决策,获得最好的投资效益。在市场经济体制下,每个人都有在给定的政策环境下自主决策并争取自身最大利益的权利,市场经济为每个人提供了自由选择和平等竞争的权利,但同时也需要人们自己承担风险,对选择的后果负责。这也就要求个人在理财决策时必须对收益和风险进行全面的衡量。

1.2　经济政策环境

政府具有调控宏观经济的职能,因此,国民经济规划、国家产业政策、经济体制改革的措施、国家的有关财经法规,对个人理财活动具有重大的影响。个人只有把资金投向符合国家政策的行业、部门和地区,才能获得较好收益。如果对政策不了解,把资金投向政策限制的行业和地区,非但不能获得收益,反而还会因此而遭受损失。

当然,国家的政策并非一成不变的,它会随社会经济环境的变化而改变,特别是我国正处在经济发展方式转变、结构调整时期,面对经济全球化和信息化,许多政策法规到了进行调整的关键时期,政策的变动性更大,也更频繁,这就要求投资者不仅要了解现行的经济政策,而且还必须能对未来的经济政策变化做出合理的预测,只有这样才能取得较好的投资效益。

1.3　经济周期环境

经济周期是指国民经济活动所表现出的扩张和收缩的循环变化过程,其时间跨度有时长有时短,所带来的经济波动有时明显有时不明显,但确实存在于经济发展过程中,是世界各国普遍存在的经济现象。经济周期与理财密切相关,两者既互相作用又互相制约。一般在经济周期处于上升阶段,特别是由复苏转向高涨的阶段,是投资的有利时机,此时进行投资成本低、风险小,而且随着经济的增长,未来的收益水平也会不断地提高;当经济开始衰退转向萧条时,经济像泄了气的皮球,逐步看淡,此时不宜进行投资,因为在经济萧条时期,市场会转向疲软,消费开始下降,产品销售不出去,投资的风险加大,预期收益不容乐观。

值得注意的是,经济周期对不同投资对象的影响是不同的,在扩张时期,进行实业投资和股票投资有利可图,但因扩张时期对资金的需求量大,利率上升,所以债券价格反而下降;而在萧条时期,债券价格会上升,适合进行债券投资,不宜进行实业和股票投资。当然经济周期对不同行业的影响也不同,有些行业如汽车、钢铁、耐用消费品等受周期性影响比较明显,有些行业如公用事业和生活必需品等受周期性影响则较小。所以面对经济周期的变化和影响,投资者要适时调整自己的理财方向和策略,以便能获得较大的投资收益。

2. 个人理财金融环境

金融市场是金融环境的主要构成,它是资金供给者和需求者融通资金的场所。广义的金融市场是指一切资本流动的场所,包括实物资本和货币资本的流动,其交易对象包括资金借贷,票据的贴现和承兑,有价证券的买卖,黄金和外汇买卖,保险、期货和期权业务及生产资料的产权交换等。狭义的金融市场一般指有价证券(主要是股票和债券)发行、买卖和交易的场所。金融市场与理财的关系十分密切。投资者可以从金融市场上了解到大量有意义的信息资料,如金融市场利率的变化,反映资金的供求变化,有价证券市场的总体行情变化反映投资者对经济发展的信心和对未来投资收益的预期,个别证券的市场行情则反映投资者对发行企业的经营状况和盈利水平的评价。掌握并分析金融市场提供的信息资料有利于投资者合理调整理财政策。筹资是理财的前提,金融市场为筹资者提供多种筹资渠道,筹资者可以根据资金的用途、目的、时间、数额和自身的条件等,选择合适的筹资方式和途径,从金融市场上方便地筹集到所需的资金。金融市场同时也是投资的最好场所,在金融市场上有多种多样的投资工具,如各种期限和类别的存款、票据、股票、债券、期货、保险等,投资者可以从中选择最合适的投资工具,还可以有效地进行投资组合和投资工具转换,使资金达到最大的利用,取得最佳的投资收益。

金融政策、制度如紧缩或放松、银根政策、币值稳定政策、外汇与黄金储备政策、利率与汇率政策、银行各种贷款项目的设置、贷款条件、贷款管理规定等对筹资、投资的成本、收益和风险等也都有直接的影响。

3. 个人理财市场环境

这里所讲的市场是指除金融市场外的货物市场和劳动力市场。市场环境对实业和实物理财者的影响尤为明显。了解作为投入物和产出物等货物的品种、规模、来源、质量、价格、成本和竞争等市场状况,掌握劳动力的素质、自由流动程度、数量和结构等市场状况,重视市场竞争的研究并采取有效的应对措施,是实业和实物理财取得成功的前提保证。

4. 个人理财法律环境

个人理财法律环境是指个人进行理财时必须遵循的财政法、金融法、企业法等经济法律、规章和制度。市场经济是法制化的经济，既要求投资者在法律环境约束下开展理财活动，也为依法从事各类筹资和投资活动的单位和个人提供法律上的保护。个人进行理财需要了解和遵守的法律主要有：企业组织法律，如《公司法》《独资企业法》《合伙企业法》《商法》《私营企业条例》等，此类法律对实业投资影响大；金融法律，如《证券交易法》《商业银行法》《票据法》《结算法》《城市信用合作社管理办法》《城市合作银行管理条例》《贷款管理规定》《贷款担保管理规定》等，此类法律对股票、债券、基金、住房等投资理财影响大；社会保障体系法律，如《养老保险制度》《医疗保险制度》《教育管理制度》《住房分配制度》等，此类法律对住房规划、保险规划、养老规划、教育规划等影响大；财税法律，如《会计法》《会计准则》《财务准则》《企业所得税法》《个人所得税法》《增值税管理条例》《营业税管理条例》等，此类法律对各类理财工具有影响，是个人理财税收筹划的依据。

5. 个人理财自然环境

理财自然环境是投资地点所处的位置、地形地貌、资源状况、气候条件等因素的总称。这些因素对个人进行实业和实物（主要是房地产）理财具有直接的影响。实业投资和实物投资中的房地产投资的基本职能是构筑国民经济的物质基础，此类投资缺乏流动性，受区域性自然环境影响大。做实业投资和房地产投资必须对投资所在地的自然环境进行全面具体的可行性研究，包括对所在地的工程、水文、地质、交通运输、基础设施，以及原材料、燃料等资源的布局、结构、储量、品质、开采条件、成本、价格，光照、气温、水分、土壤等是否适合进行具体项目的实业投资和房地产开发经营与投资。

此外，地区经济发展水平、法律规章、城市规划、投资优惠政策、社会治安、人口及其素质和人们的风俗习惯等也是个人进行实业和房地产投资必须考虑的因素。

以上各种理财环境互相联系、互相作用、互相促进和互相制约，形成一种综合的作用力，对个人理财全过程产生影响。投资者应在综合分析理财各方面影响因素及其影响作用后，对理财的目标、方式、规模、方向、结构和期限等做出合理的选择。

任务四　了解个人理财职业人员

1. 个人客户经理和个人理财规划师

中国的理财业虽然处于新生阶段，却已经颇具规模且前景非常广阔。随着市场竞争的加剧，国内金融机构逐步引入了市场细分的理念，并确立了以客户为中心的经营思想。以目标客户为基础，根据客户的需求开发新产品，有差别、有选择地进行金融产品的营销和客户服务，从而把有限的资源用于能为自身业务带来巨大发展空间的重点优质客户上面来。通过实行理财经理制和客户经理制，打造专业的理财顾问队伍，充分发挥理财经理的人格魅力，主动为优质客户提供个性化服务，已经成为商业银行、证券公司、保险理财部、基金投资部、企业财务公司证券理财部吸引黄金客户的重要服务手段。

1.1 个人客户经理

个人客户经理是指从事市场分析、客户关系管理、营销服务方案策划与实施，并直接服务于客户的专业人员。作为内涵丰富的金融行业对外业务代表，个人客户经理通过集中金融机构内部各种可用资源，向目标客户大力营销金融产品，提供优质金融服务，搭建起双方沟通联系与关系发展的桥梁。

1.2 个人理财规划师

伴随着理财规划逐渐被越来越多的人接受，国内出现了个人理财规划师这一全新的职业。理财规划师俗称理财顾问，主要源于美国，由证券经纪、保险经纪、注册会计师、涉外律师、税务师等职业演变而来，目前在美国、英国、法国、德国已成为一种正式的从业资格。目前，在国外的理财规划市场上，众多的理财规划师活跃在银行、保险、证券、税务等行业。

按照中华人民共和国劳动和社会保障部制定的《理财规划师国家职业标准》，理财规划师是指运用理财规划的原理、技术和方法，针对个人、家庭以及中小企业、机构的理财目标，提供综合性理财咨询服务的人员。

个人理财规划师就是针对个人、家庭理财目标，提供综合性理财咨询服务的人员。2003年初，国家劳动和社会保障部正式颁布了《理财规划师国家职业标准》，将理财规划师职业作为中国的一个正式职业。根据我国的实际情况，我们将理财规划师分为六种，分别是：商业银行的理财规划师、保险公司的理财规划师、证券公司的理财规划师、基金公司的理财规划师、信托公司的理财规划师和专门的投资咨询公司的理财规划师。

根据提供的理财产品种类及理财费用的差异，上述六种理财规划师又可以划分为：代理类理财规划师和综合咨询类理财规划师。

2. 个人客户经理和个人理财规划师的服务内容

以商业银行为例，个人客户经理和个人理财规划师的服务内容分为理财顾问服务和综合理财服务。

2.1 理财顾问服务

理财顾问服务是指个人客户经理和个人理财规划师向客户提供财务分析与规划、投资建议、个人投资产品推介等专业化的服务，它是一种针对个人客户的专业化服务，区别于银行为销售储蓄存款产品、信贷产品等进行的产品介绍、宣传和推介等一般性业务咨询活动。

2.2　综合理财服务

综合理财服务是指个人客户经理和个人理财规划师在向客户提供理财顾问服务的基础上，接受客户的委托和授权，按照与客户事先约定的投资计划和方式进行投资和资产管理的业务活动。

综合理财服务又可分为理财计划和私人银行业务。

（1）理财计划。理财计划是指个人客户经理和个人理财规划师在对潜在目标客户群分析研究的基础上，针对特定目标客户群开发、设计并销售的资金投资和管理计划。

根据客户获取的收益不同，理财计划分为保证收益理财计划和非保证收益理财计划。

①保证收益理财计划。保证收益理财计划是指商业银行按照约定条件向客户承诺支付固定收益，银行承担由此产生的投资风险，或银行按照约定条件向客户承诺最低收益并承担相关风险，其他投资收益由银行和客户按照合同约定分配，并共同承担相关投资风险的理财计划。监管机构对保证收益理财计划实施严格的审批制度和程序。

②非保证收益理财计划。非保证收益理财计划分为保本浮动收益理财计划和非保本浮动收益理财计划。保本浮动收益理财计划是指商业银行按照约定条件向客户保证本金支付，本金以外的投资风险由客户承担，并依据实际投资收益情况确定客户实际收益的理财计划。非保本浮动收益理财计划是指商业银行根据约定条件和实际投资收益情况向客户支付收益，并不保证客户本金安全的理财计划。

（2）私人银行业务。私人银行业务是一种向富人和其家庭提供的系统理财业务，它并不限于为客户提供投资理财产品，还包括替客户进行个人理财，利用信托、保险、基金等一切金融工具维护客户资产在获益、风险和流动性之间的精准平衡，同时也包括与个人理财相关的一系列法律、财务、税务、财产继承、子女教育等专业顾问服务。

私人银行业务的目的是通过全球性的财务咨询及投资顾问，达到保存财富、创造财富的目标，其核心是个人理财，它已经超越了简单的银行资产、负债业务，实际属于混合业务。

3. 个人客户经理和个人理财规划师必须具备的知识和技能

3.1　必须具备的知识

（1）理财基础知识。个人客户经理和个人理财规划师（简称理财师，下同）必须清楚理财发展的历史及现状、理财的具体内容和原则，扎实掌握理财基础理论，清楚客户理财目标和理财环境。

（2）经济及运用金融资产的基础知识。能够把握经济发展动向，财政金融政策变动，金融机构的种类和特征，利息的种类和分析，外汇汇率动向，股票、债券、房地产价格变动等，掌握运用金融资产有效实现客户的人生目标的知识。

（3）人生设计的基础知识。掌握计算、分析客户的工资、养老金等收入和基本生活费、子女教育基金、住房资金、老年生活费等支出的知识，能够从长远广泛的角度为客户进行理财设计。

（4）房地产运用的基础知识。房地产理财是个人理财的重要内容之一。它一般包括两个方面:一是涉及房地产购买行为的房地产投资理财;二是对现有的房地产现状进行适当安排的权益理财,包括适当的财务安排,这两个方面在具体操作上又存在着某些交叉。房地产理财专业性强,而且涉及的金额比较大,因此,理财师应掌握房地产理财的基础知识。

(5) 风险与保险均衡的理财设计知识。客户在进行理财时,可能会遇到来自市场、财务、利率、购买力、经济等方面变化的风险,使其预期收入和支出存在不确定性,并对人生目标的实现产生影响,理财师应掌握为客户分析资产运作中可能存在的风险,并通过多元化的操作规避和降低风险,提高收益的相关知识。此外,采用投保方式回避和转移风险也是理财必不可少的,而现在社会保险种类很多,有些人因为对保险不够了解,往往重复支付保险费用。这就要求理财师必须明确各种保险类型的特点,能够为客户进行妥善的保险设计。

(6) 节税理财的基础知识。理财师也要加强对税法知识的学习,熟悉税金申报、缴纳的相关业务。

(7) 财产及财产转移设计的基础知识等。

3.2 必须具备的基本技能

(1) 个人理财策划技能。包括投资工具、证券投资分析技能、外汇投资技能、房地产投资技能、保险计划技能等。

(2) 业务营销技能。包括待跟进处理客户的营销技能、接触营销过程中的沟通技巧、处理客户投诉的技巧等。

(3) 客户关系管理技能。包括客户的发现和识别、制定客户关系维护计划、日常客户关系管理与维护技巧等。

4. 个人客户经理和个人理财规划师的职业道德规范

个人客户经理和个人理财规划师是金融机构与客户之间重要的桥梁和纽带,常常面临操作风险、信用风险和道德风险的考验。因此,个人客户经理在提高自身职业素质和营销服务能力之前,首先要重视并严格遵守职业操守,正确处理好与客户、同事、所在机构、同业人员及监管机构之间的关系,树立起诚信、合规、尽职的职业价值观,在此基础上才能真正发挥出公司业务市场营销与风险防范的核心渠道作用。个人客户经理和个人理财规划师的职业道德规范主要有以下几个方面:

(1) 诚实信用。诚实信用是任何行业规范所必须遵循的原则,也是个人理财职业人员的立身之本和基本要求。

(2) 守法合规。应知法守法,维护国家利益和金融安全。

(3) 专业胜任。应具备岗位所需的专业知识、资格与能力。

(4) 作风端正。应热心公益,奉献爱心,公私分明,勤俭节约;严禁从事赌博、吸毒及其他任何违法违纪行为。

(5) 勤勉尽职。不仅要具备岗位所需的专业知识和能力,也要有一个勤勉谨慎的工作态度。

(6) 严格保密。保守商业秘密、信息和隐私,这既是国家法律法规的强制性规定，也是避免客户损失、维护声誉的必然要求。

(7) 规范操作。应规范操作，认真执行制定的各项业务操作流程。

(8) 优质服务。应做到客户至上，诚实守信，语言文明，态度稳重，举止大方得体；讲究工作效率，提高工作质量，尊重客户隐私，努力为客户提供热情、周到、优质和高效的服务。

(9) 严禁商业贿赂。从业人员应自觉抵制欺诈、非法集资及商业贿赂。

(10) 抵制内幕交易。应自觉抵制内幕交易，不得利用内幕信息牟取个人利益，不得将内幕信息以明示或暗示的形式告知他人。

5. 理财职业资格认证

5.1　银行客户经理(Bank Client Manage，缩写为：BCM)

金融环境和形势不断改变，一方面随着金融市场竞争主体的多元化、金融全球化、商业银行的市场化程度日益加深，我国的商业银行不但要与外资银行，还要与有着交叉业务的其他金融机构同台竞技，竞争日趋激烈；另一方面金融服务市场买方市场的逐步形成，金融需求日趋多样化、个性化，对银行业的服务意识、观念以及服务质量提出了更高的要求。在此背景之下，客户经理制应运而生，成为商业银行取得竞争优势的必然选择。其实质和目的是以市场为导向，以客户为中心，以客户经理为主体，从客户的需求出发组织金融产品和金融服务。

中国金融教育发展基金会为贯彻落实国务院《国家金融人才中长期战略规划(2010—2020)》文件，提升我国银行从业人员的专业素质和能力，优化人才结构，健全分层培训制度，坚持自主培养和吸收相结合，围绕我国金融改革的需要，在全国范围内开展“银行客户经理(BCM)专业资格”证书培训工作。

银行客户经理分三级考试：助理银行客户经理、银行客户经理和高级银行客户经理。

(1) 助理银行客户经理

助理银行客户经理报名条件：具有大专及以上学历(或同等学力)的在校生。

(2) 银行客户经理

银行客户经理报名条件：

①具有大专学历(同等学力)的金融类行业工作者，从业两年(含)以上。

②具有大学本科学历(或同等学力)的金融类行业工作者，从业一年(含)以上。

③具有硕士及硕士以上学力(或同等学力)者，工作经验不做要求。

④获得助理级银行客户资格证书者，可直接申报银行客户经理资格考试。

银行客户经理项目采用全国统一培训模式，即统一教材、统一核心课程、统一教学大纲和统一考试科目。主要培训和考试课程有：银行客户经理概论、银行客户经理理论基础与政策法规、商业银行营销实务与策略、商业银行客户开发与客户关系管理、商业银行对公业务营销技巧与案例、商业银行客户财务分析与信用风险评估、商业银行零售业务风险管理。

(3) 高级银行客户经理

高级银行客户经理报名条件：

①具有大专学力(或同等学力)的金融类行业工作者,从业五年(含)以上。

②具有大学本科学力(或同等学力)的金融类行业工作者,从业三年(含)以上。

③具有硕士及硕士以上学力(或同等学力)的金融类行业工作者,从业一年(含)以上。

④要求工作中无重大违纪违规行为的记录。

⑤获得中级银行客户资格证书者,可直接申报高级银行客户经理资格考试。

高级银行客户经理主要培训和考试课程包括:商业银行客户开发与客户关系管理、商业银行对公业务营销技巧与案例、商业银行客户财务分析与信用风险评估、商业银行零售业务风险管理、商业银行零售业务营销技巧与案例、商业银行小微金融业务实务与创新、商业银行互联网金融应用于实例、大资产管理时代下私人银行与财富管理。

(4) 认证流程

三个级别的认证流程均相同,流程如下:

①申请岗位能力考核,个人相关资料经审核通过后参加统一培训(不少于 40 个课时)。

②参加系统培训证明后申请参加岗位能力考核。

③参加考核之后 20 个工作日内,公布成绩。

④成绩合格后获取相应级别的银行客户经理岗位能力证书与 BCM 证书(参加考核后 30 个工作日)。

考试合格者,由人力资源和社会保障部教育培训中心统一颁发“银行客户经理岗位能力证书”;同时由中国金融教育发展基金会颁发“银行客户经理专业资格证书”。证书实行全国统一编号,在人力资源和社会保障部教育培训中心备案,可登录人力资源和社会保障部教育培训中心网站及银行客户经理(BCM)官方网站进行查询。

5.2 理财规划师(Chinese Financial Planner,缩写为:ChFP)职业资格认证

理财规划师是为客户提供全面理财规划的专业人士,应全面掌握各种金融工具及相关法律法规,能够为客户提供量身订制的、切实可行的理财方案,同时在对方案的不断修正中,满足客户长期的、不断变化的财务需求。

理财规划师国家职业资格认证(ChFP)是由中华人民共和国人力资源和社会保障部颁发的职业资格证书,是唯一一个由政府权威机构颁发的理财规划师证书。证书采用全国统一编号,可登录国家人力资源和社会保障部官方网站——国家职业资格工作网查询真伪。理财规划师国家职业资格分为三级:一级为高级理财规划师,二级为中级理财规划师,三级为助理理财规划师。

(1) 助理理财规划师

报名条件是具备以下条件之一者:

①连续从事本职业工作 6 年以上。

②具有以高级技能为培养目标的技工学校、技师学院和职业技术学院本专业或相关专业毕业证书(法律、金融、会计、经济类、管理类专业)。

③具有本专业或相关专业大学专科及以上学历证书。

④具有其他专业大学专科及以上学历证书,连续从事本职业工作 1 年以上。

⑤具有其他专业大学专科及以上学历证书,经本职业助理理财规划师正规培训达规定标准学时数,并取得结业证书。

培训目标:能为客户提供基本的理财咨询服务,负责搜集并整理客户家庭基本信息与财务信息,并能进行基本财务分析,从而找到客户家庭财务状况的不足之处,为客户改进财务状况提供建议。

经过培训及通过认证后应该具备以下职业能力:

①了解现金规划的金融工具,短期融资可以选择的方式、方法和融资工具。

②掌握住房支出、汽车消费支出等的具体实现方式和相关内容。

③掌握教育规划工具的具体内容,确定教育费用。

④了解保险相关概念、原则、分类,熟练掌握保险合同条款。

⑤掌握股票、债券、基金、银行理财产品等常见投资工具相关知识。

⑥了解我国社会保障制度与体系,掌握各种养老工具。

⑦了解我国《婚姻法》及《继承法》关于财产分配与传承的基本规定。

鉴定方式分为理论知识考试和专业能力考核。理论知识考试和专业能力考核采用闭卷方式,均实行百分制,成绩达到 60 分及以上者为合格,可获得理财规划师国家职业资格三级的证书。

(2) 理财规划师

报名条件是具备以下条件之一者:

①连续从事本职业工作 13 年以上。

②取得本职业助理理财规划师职业资格证书后,连续从事本职业工作 5 年以上。

③取得本职业助理理财规划师职业资格证书后,连续从事本职业工作 4 年以上,经本职业理财规划师正规培训达规定标准学时数,并取得结业证书。

④具有本专业或相关专业大学本科及以上学历证书,连续从事本职业工作 5 年以上。

⑤具有本专业或相关专业大学本科及以上学历证书,取得本职业助理理财规划师职业资格证书后,连续从事本职业工作 4 年以上。

⑥具有本专业或相关专业大学本科及以上学历证书,取得本职业助理理财规划师职业资格证书后,连续从事本职业工作 3 年以上,经本职业理财规划师正规培训达规定标准学时数,并取得结业证书。

⑦取得硕士研究生及以上学历证书后,连续从事本职业工作 2 年以上。

培训目标:根据客户的家庭财务状况,制定包括现金规划、消费支出规划、保险规划、教育规划等在内的全部理财规划方案,通过对客户各项资产的配置,帮助客户达到财务安全与自由。

经过培训及通过认证后应该具备以下职业能力:

①根据客户的财务状况、风险偏好,为客户做全方位的、整体的综合规划。

②掌握基本的资产配置原理,能为客户进行合理的投资资产配置。

③分析客户保险需求,并针对需求制定相应的保险规划方案。

④掌握我国的税收制度，并可以根据客户的基本资料做税收筹划。

⑤根据客户的养老规划目标，为客户制定退休养老规划方案。

⑥根据客户财产分配的原则与目标，制定婚姻财产规划方案及财产传承方案。

鉴定方式分为理论知识考试和专业能力考核。理论知识考试和专业能力考核采用闭卷方式，均实行百分制，成绩达到 60 分及以上者，并参加综合评审，理论知识、专业能力考核、综合评审三门成绩皆达 60 分及以上者为合格，可获得理财规划师国家职业资格二级证书。

(3) 高级理财规划师

报名条件是具备以下条件之一者：

①连续从事本职业工作 19 年以上。

②取得本职业理财规划师职业资格证书后，连续从事本职业工作 4 年以上。

③取得本职业理财规划师职业资格证书后，连续从事本职业工作 3 年以上，经本职业高级理财规划师正规培训达规定标准学时数，并取得结业证书。

培训目标：高级理财规划师是国家职业资格认证序列中的最高级别，同时也是中国金融行业的顶级认证。

经过培训及通过认证后应该具备以下职业能力：

①构建金融投资组合，包括国际化金融投资组合，能够运用期货、期权等衍生工具，能够跟踪国内外金融市场的最新发展，并鉴于丰富的理财实践经验对国内产品的研发提出建设性和指导性意见。

②制定实业投资方案、国内外税收筹划方案，帮助客户处理涉外税收事务，运用信托等工具制定税收筹划方案。

③财产分配与传承规划能力，包括分析多代际、多婚、多子女、跨国籍等复杂家庭成员关系及相关复杂家庭财产状况，识别客户的分配与传承意愿，制定家族股权管理方案，综合利用各种工具为客户制定财产分配与传承方案，帮助客户安排慈善公益事务。

④根据国内外金融市场的最新发展，研讨国内理财行业的理论与实务的创新，进一步完善理财业务发展模式。

⑤指导与创新。包括指导低级别理财规划师开展工作及相关培训，对理财案例分析总结并提出创新理财模式，对规范理财行业提出建设性意见，树立行业领军形象。

鉴定方式分为理论知识考试、专业能力考核、综合评审(包括方案评估和专题论文两部分)，三科成绩皆达 60 分及以上者为合格。按全国统一鉴定的有关程序核发证书。其中单科成绩不合格者，在成绩保留期内，可参加一次补考。

5.3 金融理财师①(Associate Financial Planner，缩写为：AFP)

(1) 金融理财师职业资格认证简介

目前，中国国内实行的是金融理财师(AFP)和国际金融理财师(CFP)两级认证

---

① 根据 2014 年 11 月 24 日国务院发布的决定，第二批 67 项职业资格许可和认定事项被取消。其中，金融理财师、国际金融理财师职业资格许可均在被取消之列。

制度。

根据中国金融理财标准委员会与国际金融理财标准委员会的框架协议，中国金融理财标准委员会进行金融理财师（AFP）的资格认证和国际金融理财师（CFP）的资格认证。AFP 培训为 CFP 培训的第一阶段，也就是说，必须先获得 AFP 资格，才能参加 CFP 的资格认证。

另外，据业内人士表示，国务院文件取消的是金融理财师、国际金融理财师职业资格的许可和认定，是一种行政审批行为的变更，目的在于简政放权，将一些职业资格的认定交给社会和市场，而不是认证本身被取消。

①AFP 掌握的技能知识。AFP 为中国本土化的金融理财师，要求 AFP 了解现代金融理财理论，基本掌握各项理财工具，具备为客户服务的主要技能，具有崇高的金融理财职业道德。

②AFP 的培训项目。AFP 的培训时间为 108 学时。内容包括五个模块的学习：综合理财原理 42 学时；投资规划 24 学时；保险规划 12 学时；员工福利与退休计划 6 学时；个人税收与遗产筹划 6 学时；综合理财规划案例示范与讨论 18 学时。

(2) 金融理财师职业资格认证标准

按照中国金融理财标准委员会的规定，必须达到其制定的教育（Education）、考试（Examination）、从业经验（Experience）和职业道德（Ethics）标准（以下简称为“4E”标准）后，方可申请获得 AFP 资格证书。获得 AFP 资格证书需要满足以下四个条件：

①获得 AFP 有效培训合格证书，即有中国金融理财标准委员会颁发的理财金融师培训合格证书。

②通过中国金融理财标准委员会组织的 AFP 资格考试，并获得中国金融理财标准委员会颁发的 AFP 资格考试合格证书。

③满足中国金融理财标准委员会制定的从业经验标准。

5.4　注册金融理财师（Certified Financial Planner，缩写为：CFP）

(1) 注册金融理财师职业资格认证简介

①CFP 掌握的技能知识。CFP 为国际化的金融理财师，要求 CFP 洞悉现代金融理财理论，掌握各项理财工具，具备为客户服务的综合技能，具有崇高的金融理财职业道德。

②CFP 的培训项目。CFP 的培训时间为 132 学时。内容包括五个模块的学习：高级投资规划 30 学时；高级风险管理与保险规划 24 学时；高级员工福利与退休计划 18 学时；高级个人税收与遗产筹划 18 学时；综合理财规划案例示范与讨论 42 学时。

(2) 注册金融理财师职业资格认证标准

CFP 学员须具备大专以上学历，达到中国金融理财标准委员会制定的“4E”标准后，方可申请获得 CFP 资格证书。获得 AFP 资格证书需要满足以下五个条件：

①获得金融理财师 AFP 资格证书。

②获得 CFP 有效培训合格证书，即有中国金融理财标准委员会颁发的理财金融师培训合格证书。

③通过中国金融理财标准委员会组织的 CFP 资格考试，并获得中国金融理财标

准委员会颁发的 CFP 资格考试合格证书。

④满足中国金融理财标准委员会制定的从业经验标准。

5.5 注册财务顾问师(Certified Financial Consultant,缩写为:CFC)

(1) 注册财务顾问师职业资格认证简介

注册财务顾问师是经过美国政府专利与商标局和美国国家认证委员会注册的一个国际认可的理财专业资格,是由美国注册理财顾问师协会(Institute of Financial Consultants,缩写为:IFC)所颁发及认可的一个全球性会员资格。其会员遍布世界各地,包括欧洲、澳洲、美国、加拿大、新加坡、马来西亚及香港等,人数已累计超过8 000人。他们效力于金融管理公司和大型外资合资企业的财务部门,为富裕的群体提供个人及商业投资理财规划服务,涉及金融投资、投资组合管理、证券分析等。

(2) 注册财务顾问师职业资格认证标准

①认证方式:IFC 是率先采用实践认证方式取代单一培训认证方式的专业机构,实行"教育培训+考证+国外实习"的认证方式。

②报考条件:有金融、保险、证券、投资、银行等行业经验者皆可报名参加认证考试。

③考试内容:包括综合财务报表解释和分析、公司理财规划、个人理财规划、投资管理四部分内容。通过考试的人员如具有相关的工作经验,可申请注册财务顾问师资格。

6. 培养建立和提升管理客户关系能力

满足客户的需求和需要是理财规划师的本职工作。为客户做理财规划,帮客户理财,在市场红火之时皆大欢喜,客户赚到钱实现了理财目标肯定高兴,理财规划师也有实现自身价值的光荣感;在市场遇到调整时,特别是深度调整的当前,客户们在风险面前惶恐不安、六神无主,理财规划师这时候的作用就更加重要。因此,理财规划师要做好客户关系管理工作。客户关系管理是新经济、新技术背景下的实践产物,也是营销理论不断深化的思想结晶。理财规划师应该提升自己的客户关系管理能力,持续做好客户维护工作。

6.1 客户关系管理(customer relationship management 缩写为:CRM)能力的含义

客户关系管理是一项综合的 IT 技术,也是一种新的运作模式,它源于"以客户为中心"的新型商业模式,是一种旨在改善企业与客户关系的新型管理机制,其核心是客户价值管理,通过"一对一"营销原则,满足不同价值客户的个性化需求,提高客户忠诚度和保有率,实现客户价值持续贡献,从而全面提升企业盈利能力。CRM 是伴随着因特网和电子商务的大潮进入中国的,从管理科学的角度来考察,客户关系管理源于市场营销理论。个人理财业务已经成为当今银行业的主要业务之一,如何大力发展个人理财业务,挖掘客户资源,留住优质客户,是我国银行业亟待解决的一大问题,CRM 在个人理财业务领域的运用可以帮助银行有效解决这一难题。

客户关系管理能力是指企业以实施客户关系管理为导向,在经营活动中配置、开发和整合企业内外部的各种资源,主动利用、分析和管理客户信息,迅速满足客户个性化需求,从而建立、发展和提升客户关系,形成竞争优势的知识和技能的集合。

6.2 客户关系管理能力的构成

客户关系管理能力可划分为三种能力:客户洞察能力、创造和传递客户价值的能力以及管理客户关系生命周期的能力。这三种能力既密切联系又保持相对独立。

(1) 客户洞察能力,是指企业通过各种行为特征识别客户、分析客户偏好和行为习惯并从中得到有价值的决策信息的能力。由于客户洞察过程涉及数据以及对数据的分析和对分析结果的理解,因此,客户洞察能力受到数据资源、数据分析能力和对分析结果理解力的影响。

客户洞察能力包括市场信息反馈能力、对客户的了解程度、客户信息分析能力、黄金客户识别能力等。

(2) 创造和传递客户价值的能力,是指为在客户购买理财产品和服务过程中,使客户价值和企业价值最大化的能力。创造价值就是为客户提供各种理财产品和提供各种服务,而传递客户价值则是尽为可能为客户提供购买和使用便利,同时传递理财产品和企业的信息,与客户进行良好的沟通。

创造和传递客户价值的能力包括研发新产品的能力、定制化生产能力、员工的服务水平、交货能力、销售渠道的多样性、客户使用产品的方便性、品牌管理能力等。

(3) 管理客户关系生命周期的能力,是指与目标客户发展和保持良好关系的能力。如果说创造和传递客户价值的能力是让目标客户满意的能力,那么管理客户关系生命周期的能力就是培养目标客户忠诚的能力。理财人员应该具备与客户充分交流的能力、追踪客户的能力,还应当具备根据交流和追踪的结果针对不同客户提供个性化、情感化服务的能力。为客户提供个性化、情感化服务主要是进行客户关怀和产品关怀。

管理客户关系生命周期的能力包括对客户关系的把握能力、对客户变化的反应能力、处理客户抱怨的能力,以及交流渠道的多样性、交流的即时性、交流的有效性等。

客户洞察能力为提高创造和传递客户价值能力及管理客户关系生命周期能力提供了支持,创造和传递客户价值能力和管理客户关系生命周期能力的提高也为客户识别和分析收集到更多更有价值的客户数据提供了便利。同时,这三种能力之间不存在必然的因果关系,也没有固定的发展顺序。

6.3 客户关系管理能力的影响因素

(1) 高层领导。制定合理的客户关系管理能力发展目标;协调企业的各个部门;提供足够的财务支持。

(2) 信息技术。使相关流程实现优化和自动化,提高效率;提供多种方式与客户随时地交流;实现客户信息共享。

(3) 企业文化。使企业员工建立起以客户为中心的价值取向;激励员工为提升客户关系不断创新;树立形象,吸引更多的潜在客户。

(4) 人力资源管理。员工是否具有以客户为中心的价值观并用其指导实际行动直接影响客户的购买欲望;员工的知识结构和服务技巧影响企业为客户服务的情感化和个性化水平;企业员工的全局观影响最终的客户价值。

(5) 组织设计。企业的集权程度影响员工的积极性和创造性;中间管理层的多少影响信息流动速度和真实性;各部门整合程度影响为客户服务的效率。

6.4 建立并提升管理客户关系能力

(1) 实施企业文化的变革。企业文化应强调以客户为中心的价值观,强调企业对客户资源等外部资源的关注,让要素的活动围绕客户资源为主的企业外部资源来展开,使企业上下更加重视客户的利益,逐步消除损害客户利益满足企业利用的短期行为。应当使企业更加重视客户的个性化要求,更注重为客户提供情感交流层次的服务。

(2) 领导观念的转变。企业领导对客户关系的建立与管理起决定性的作用。高层领导对客户关系的建立认识和理解得越充分、越深入,对客户关系建立越支持与关心,就越有利于企业根据客户关系管理的作用以及企业的实际情况,制定合理的易于量化的考核客户关系建立的发展目标。

(3) 人力资源变革。企业应实施人力资源管理的变革,为客户关系建立与管理提供保障,客户对企业的感观和客户关系的建立与维护依赖于与客户交流的企业员工的服务质量。因此,客户无论是通过何种方式与企业接触,都是与企业中的人员交流。企业员工的观念、技能和素质直接影响到企业为客户创造和传递的价值以及企业与客户的关系。所以,企业要做好以下几方面工作:

①改善员工招聘方式与用人标准,将高度关注客户关系并且性情和善的人补充进企业,这样有利于加速提升企业的客户关系管理能力。

②加强对员工的培训,提高员工的客户服务质量。企业要重视对员工的培训,使员工树立起以客户为中心的价值观;强调企业对客户资源的关注,让企业的一切活动围绕以客户为中心展开,使企业上下更加重视客户利益,逐步消除损害客户利益满足企业利益的短视行为;更加关注客户的个性化需求,使员工更注重为客户提供感情层次的交流。总之,企业员工是否具有以客户为中心的价值观并指导行动,对企业形象和客户关系有重大影响。

③强调员工的全局观对客户关系建立与管理的重大影响。影响企业与客户关系的不只是企业营销部门的营销人员和直接为外部顾客提供服务的其他人员,还包括企业所有的员工。因为,建立客户关系与为客户创造价值的过程,任何一个环节的低效率或低质量都会影响到客户的满意度。所以,企业的每一名员工都应当具有全局观念,及时了解市场的变化和客户的需求,积极配合营销部门的要求,为企业建立和开发客户奠定基础。

④变革绩效考评与激励体系,把员工为保持和改善客户关系所做的贡献大小作为奖励与提升的依据,充分调动员工建立、维持与发展客户关系的积极性,以便为企业营造更好的销售环境和销售机会,提升企业绩效。

(4) 数据挖掘技术的运用。数据挖掘是一种新的商业信息处理技术,应对商业数据库中的大量业务数据进行抽取、转换、分析和模型化处理,从中提取辅助商业决策的关键性数据。在激增的数据背后,隐藏着许多重要的信息,传统的分析方法(如查询、报表等)很难发现其中隐藏着的规律。数据挖掘就是在没有明确假设的前提下去挖掘信息,发现知识,挖掘出的信息越是出乎意料,就可能越有价值。

·理财情景 1 分析·

应该说，王健和蔡靖都是很不错的年轻人。王健性格开朗，认真做事，快乐生活，但是，蔡靖对人生更有规划性，目标明确。蔡靖和他的女朋友在就业和结婚之前就对未来的生活提出了种种构想，内容包括拟从事什么职业、何时结婚、何时买车买房、何时生育、如何培养子女、退休后怎样养老、财产如何传承等，这种规划涵盖了从就业到死亡的全过程（也可以说是从出生到死亡的整个人生过程）。随着时间的推移，蔡靖夫妇一步步实现自己的人生目标，生活很幸福。王健虽然每月也从收入中拿出一部分钱存入银行，准备买车买房，但是从银行获得的存款利息不足以弥补通货膨胀造成的购买力损失，生活品质不如蔡靖。显然，蔡靖生活品质高于王健得益于他对人生的科学规划和对理财方式的正确选择。王健虽然对生活也有规划，但是缺乏整体性，具有短期行为和片面性，而且对理财方式的选择也考虑不周。可见，了解个人理财知识，树立正确的理财理念，掌握一定的理财技能对人们的生活十分重要。

理财情景讨论和能力训练

“理财情景讨论和能力训练”要求学习者在学习领会相关知识点的基础上，完成给定的工作任务，掌握相应的技能。

训练方式：组建项目团队（或学习团队），项目任务以团队形式完成。

训练步骤：

(1) 团队成员独立阅读项目任务书的相关内容，包括了解项目情景，分析项目目标，思考工作内容和方法；

(2) 团队负责人组织团队成员讨论、交流对项目情景、目标、工作内容和方法的看法；

(3) 团队成员合作完成工作任务，即编制项目活动计划与评价表，包括研究制定项目工作计划，明确项目预期成果；

(4) 团队负责人组织团队成员交流训练收获并对团队及团队每个成员的工作进行评估（写出评语并打分）。

本书各项目后的“理财情景讨论和能力训练”要求相同，以后不再赘述。

项目任务书

项目(或工作任务)名称	分析评价胡适先生的理财生活
项目负责人	
项目组成员	
项目情景	胡适先生是著名的学者、教育家、外交家,他在步入中年之前,就有丰厚的收入。1917年,27岁的胡适留学回国,在北京大学任教授,月薪280银元。那时一银元相当于现在的人民币40多元,他的月薪约合人民币11 200元。除了薪水,他还有版税和稿酬。1931年,胡适从上海回北大,任文学院院长,月薪600银元。当时他的著作更多,版税、稿酬更加丰厚。据估算,每月收入1 500银元。那时一银元约合现在的人民币30多元,月收入相当于现在人民币45 000元,年收入达到50多万元。他家住房十分宽敞,雇有6个佣人,生活富裕。但胡适不注重理财,经常吃干花净,长期没有积蓄。在1937年抗日战争爆发时,也就是胡适步入中年以后,他的经济生活开始拮据起来,且持续一生。进入暮年,胡适每次生病住院医药费都告急,总要提前出院。晚年的他多次告诫身边的工作人员:“年轻时,要注意多留点积蓄。”这句话是多么发人深省啊! (摘自刘彦斌:《理财有道》,人民出版社2007年版。)
项目(或工作任务)目标	阐述你对胡适先生的理财生活的看法和建议。
项目工作内容和方法	1. 讨论:胡适先生的理财生活。 2. 分析:胡适步入中年以后,经济生活开始拮据起来,且持续一生的原因。 3. 思考:运用所学的知识,谈谈你对胡适告诫身边的工作人员之“年轻时,要注意多留点积蓄”的看法。
学习目标	通过讨论、分析、思考胡适的理财生活,加深对个人理财的重要性及如何成功理财的理解。
学习提示	完成本工作任务主要应用“个人理财的重要性”和“个人如何成功理财”两个知识点。
说明	

项目活动计划与评价表

<table>
<tr><td colspan="4">项目（或工作任务）名称</td><td colspan="6"></td></tr>
<tr><td colspan="4">项目负责人</td><td colspan="6"></td></tr>
<tr><td colspan="4">项目组成员</td><td colspan="6"></td></tr>
<tr><td colspan="4">项目实施时间</td><td colspan="6"></td></tr>
<tr><td rowspan="2">项目计划</td><td colspan="3">项目实施计划</td><td colspan="6">包括（但不限于）：计划目标、实现计划目标的要素、计划进度等。</td></tr>
<tr><td colspan="3">工作方案</td><td colspan="6">包括（但不限于）：工作流程、阶段任务、工作思路、工作方法措施等。</td></tr>
<tr><td colspan="4">项目成果</td><td colspan="6"></td></tr>
<tr><td colspan="4">收获</td><td colspan="6"></td></tr>
<tr><td rowspan="6">工作评价</td><td colspan="3" rowspan="2">团队及成员</td><td rowspan="2">团队</td><td colspan="5">成员</td></tr>
<tr><td>1.</td><td>2.</td><td>3.</td><td>4.</td><td>5.</td></tr>
<tr><td rowspan="4">评语与成绩</td><td rowspan="2">团队评价</td><td>评价</td><td></td><td></td><td></td><td></td><td></td><td></td></tr>
<tr><td>成绩</td><td></td><td></td><td></td><td></td><td></td><td></td></tr>
<tr><td rowspan="2">教师评价</td><td>综合评价</td><td></td><td></td><td></td><td></td><td></td><td></td></tr>
<tr><td>成绩</td><td></td><td></td><td></td><td></td><td></td><td></td></tr>
</table>

※ 项目二　领悟个人理财规划 ※

学习目标：通过本项目学习，应清楚个人理财规划包括职业规划、现金规划、保险规划、教育规划、住房规划、退休养老规划、财产分配与传承规划、投资规划和税收筹划等内容，熟悉个人理财规划流程，掌握个人理财规划应遵循的原则。

项目二工作任务分解(WBS)

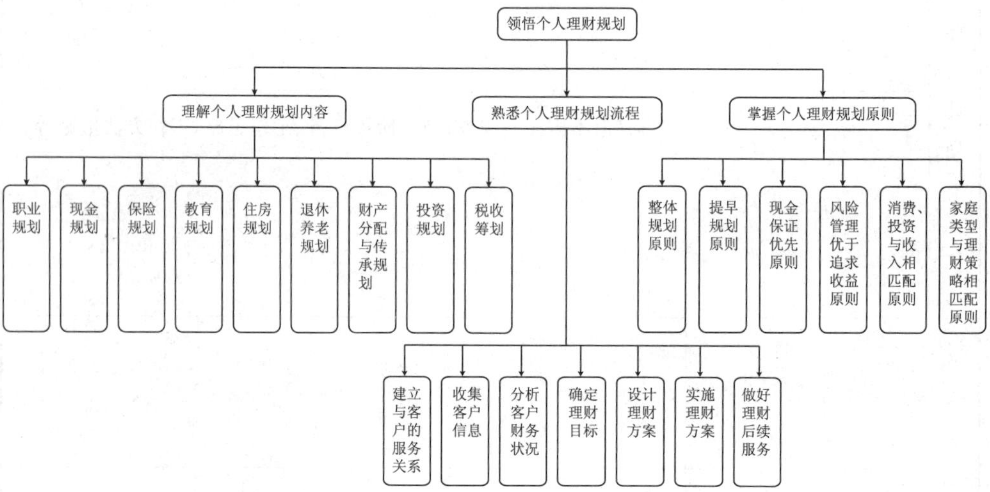

• 理财情景 2 •

蔡林夏的父亲是农业银行干部，炒股赚了不少钱，一家三口，日子过得温馨幸福。受父亲影响，蔡林夏上大学三年级时，用自己多年积攒的 15 000 元红包钱给自己开了一个股票账户，也许是继承了父亲的"炒股基因"，也可能是得益于大学所修的专业——国际会计专业，到大学毕业时，她在股票账户上已经有 50 000 元的资金了。大学毕业后，蔡林夏找到一份满意的工作，月薪 3 500 元，年底奖金约 20 000 元，单位还为她缴纳了住房公积金、医疗保险、失业保险和养老保险。因为和父母住在一起，她个人的开支比较少，每个月大约有 2 800 元的结余资金。蔡林夏是个有主见、有计划的女孩，除了努力工作等待升职外，还希望通过理财积累资金，五年后拥有小汽车并和男朋友共同支付购房首付款，拥有自己的房子，然后结婚生小孩，继续创造美好的未来。

请思考：蔡林夏该如何实现自己的理财目标呢？请你给她一些建议。

任务一 理解个人理财规划内容

制定并实施科学的个人理财规划是实现个人理财目标的前提和保障。个人理财规划是个人理财者根据个人客观情况和财务资源(包括存量和预期增量)而制定的旨在实现人生各阶段目标的一系列互相协调的财务计划。通俗地讲,就是为实现人生各阶段理财目标所做的财务预算。其内容包括职业规划、现金规划、保险规划、教育规划、住房规划、退休养老规划、财产分配与传承规划、投资规划和税收规划等。

1. 职业规划

职业与个人理财密切相关,个人理财是一项贯穿终生的经济活动,职业规划则是对人的一生的职业生涯所做的设计。拥有收入是个人理财的基础,职业则是收入的主要来源,因此,在理财的一系列规划中,职业规划处于中心位置,是其他规划得以实施的前提。中国职业规划师协会对职业规划的定义是:对职业生涯乃至人生进行持续的系统的计划的过程。一个完整的职业规划由职业定位、目标设定和通道设计三个要素构成。做好职业规划至少有三个方面的作用:

1.1 认识社会,评估自己,找到合适的位置

职业规划可以帮助规划者认识社会需求,了解社会能够提供的机会及可能存在的威胁,可以评估自己的个性特质,清楚自己的优势和不足,继而抓住机会,发挥优势,规避劣势和威胁,找到适合自身发展的职业,即找准自己的角色定位,明确自己的职业取向和职业理想。

1.2 增强人生的目的性和计划性,提升成功的机会

机会永远属于有准备的人,在确定了职业取向和职业理想目标之后,职业规划还针对确定的目标运用科学的方法设计一套可行的步骤与措施,引导规划者按计划的安排,针对性地采取行动,既增强职业竞争力,也提升成功的机会。

1.3 获取持续收入,为个人科学理财提供基础和保障

通过职业规划,确立明确的职业目标后,也就清楚了自己是为什么在工作,能够增强对所从事工作的认同感,更加主动、积极地投入工作,提高对从事工作的满意度,不会轻易离职或被辞职,从而能够获取持续的收入,取得更好的发展,既为个人科学理财提供资金基础和保障,也有助于实现人生价值。

2. 现金规划

2.1 现金规划的含义

现金规划是为满足个人或家庭短期需求而对日常的现金、现金等价物及短期融资活动进行管理和安排的过程。现金规划的目的在于确保个人有足够的资金来支付计划中和计划外的开支,并使消费模式处于预算范围之内。狭义上的现金是指库存现金和随时可以支取的存款,广义上的现金还包括期限短、流动性强、易于转换成已

知金额现金、价值变动风险较小的现金等价物，如支票账户、储蓄账户、货币市场账户和其他短期投资工具上的资金。从内容上看，现金规划包括现金收入预算和现金支出计划，前者关注现金流入，后者关注现金流出，其实质是保持流畅的现金流，以避免出现周转不灵的情况。

2.2 现金规划的原则

现金规划遵循两个原则：一是现金规划既要使所拥有的资产具有一定的流动性，以满足个人或家庭支付日常费用的需要，又要使流动性较强的资产保持一定的收益。二是短期需求可以用手头的现金来满足，而预期的或者将来的需求可以通过各种类型的储蓄或者短期投资、融资工具来满足。

2.3 现金规划的作用

(1) 满足日常现金需要。现实生活中，个人的现金收入与现金支出不仅在数额上不相等，在时间上也不同步，因此，通过现金规划，根据家庭的消费特性确定一定的现金持有数额，既可以满足个人日常开支对现金的需求，又可以降低不必要的现金持有成本。

(2) 满足计划外现金消费需求。未来的收入和支出都存在一定的不确定性，通过现金规划，确定一定数额的现金持有量，可以预防意外事件对现金的需求，确保个人不会因为意外事件的发生而打乱生活计划或降低生活质量。

(3) 有助于提高现金的利用率。持有一定的现金，当突然出现获利的机会的时候，可以利用持有的现金获取相应的利益。

3. 保险规划

3.1 保险规划的含义

保险规划是为避免人生中遇到人身(包括死亡风险、残疾风险、医疗风险、养老风险等)和财产等风险时给生活带来冲击，在对保险需求额度进行定量分析基础上所做出的财务安排。它是个人理财的一个重要组成部分。保险规划的目的就在于通过对个人经济状况和保险需求的深入分析，帮助理财主体选择合适的保险产品并确定合理的期限与金额，免除财务上的后顾之忧。

3.2 保险规划的作用

(1) 利用保险产品的保障功能，保证理财规划的顺利进行。由于人身和财产风险，特别是人身风险可能对理财主体实现人生目标造成非常严重甚至灾难性的影响，因此，在拟定任何一个理财方案时，防控风险被认为是首要的任务，优先于任何其他理财策略。保险规划便在理财规划实施中发挥了保障功能。

(2) 利用保险产品附带的理财功能，可以获取收益。在理财规划中，保险产品通常被作为防守型工具发挥作用，它具有以小御大的特点，即可以用少量的资金抵御数十倍、数百倍甚至数千数万倍于保险费本身的风险，这一点是其他金融理财工具无法替代的。而投资型保险产品则不仅具有保障功能，而且具有投资功能，二者实现完美结合，既可抵御风险，又可以获取收益。

4. 教育规划

4.1　教育规划的含义

教育规划即教育投资规划，是指为实现预期教育目标所进行的资金策划和投资活动。教育投资是一种人力资本投资，科学的教育投资规划，不仅可以提高人的文化水平与生活品位，还可以提升受教育者的就业、择业竞争力。教育规划包括理财者本人教育规划和子女教育规划，重点是子女的教育规划。子女教育规划包括基础教育规划和中、高等教育规划。目前基础教育属于义务教育，中等职业教育也逐步实现义务教育，因此，子女教育规划的重点是高等教育规划。

4.2　教育规划的重要性

(1) 教育是一种生产性投资，可以提高生产力，是增加收入的重要手段。具有劳动能力并不断提升劳动能力是获取持续收入的前提，而劳动能力的生成和发展，主要通过两个途径：一是社会劳动的实践，二是社会的教育与培养。在市场经济条件下，劳动者的收入水平与接受教育程度成正比。早在100多年以前，马克思就指出，“教育会生产劳动能力”。当代教育经济学也采用多种公式和计算方法计量人力资本和教育收益水平，人类劳动能力的发展，实际上就是一部教育功能不断扩大和增强的历史。毋庸置疑，接受教育是提升劳动能力、增加劳动收入的主要途径。

(2) 子女教育是一项长期的投资，对理财目标的影响大。孩子从出生到参加工作以前，一般要经历学前教育、小学和初中教育、高中教育和高校教育，每一个教育阶段都会发生相应的教育支出，其中，高校教育属于非义务教育，费用较大，主要包括学费和生活费用。子女成长的每一个阶段都有相应的教育目标，而且每个阶段的目标都具有延续性。由此可见，教育规划是一项长期的规划，教育投资是一项长期的投资。通常，一个人从出生到参加工作，大约有20年的时间处于接受教育阶段，没有或者只有很少的收入，而且教育支出占家庭总支出的比重大，约占30%，显然，没有合理的教育规划，个人理财目标将难以实现，个人的生活品质也将受到冲击。

5. 住房规划

1998年我国告别福利分房制度，实施住房货币化改革，拥有自己的住房成为老百姓人生的一件大事。房产既是家庭的重要资产，也是家庭生活的必需品，而老百姓在经历了从每平方米几百元到每平方米几万元的住房市场化过程之后，购房行为日趋理性，越来越重视购房的时机选择和资金的合理运用，住房规划也因此成为个人理财规划的重要内容。

住房规划是在对个人经济状况和住房需求进行分析的基础上，就买房或租房所做的财务安排。首先，住房规划要在租房和购房之间做出选择，但就中国人的观念看，最终都是希望拥有自己的住房。租房和购房各有优点，租房的优点是：一样的家庭状况如果租房居住，可以有更多的居住空间，而且能够快速适应家庭的收入变化，有很大的迁徙自由度。购房的优点是：可以对抗通货膨胀，还能达到强迫储蓄、累积财富的效果，能够提高居住质量，资产随着房地产的升值而增值。是租房还是购房，主要取决于理财主体的购买能力，由于购买住房的支出数额巨大，因此，一般在衣食住行、子女的教育、父母及自己的医疗、养老等基本生活有保障的情况下，再考虑买房，心里会比较踏实，也不会影响家庭未来生活的质量。其次，购房有两种目的：一种是投资性的，另一种是自用性的。投资性购房分长期收租用和短线买卖，自用性购房分为新购房和以旧换新。住房规划考虑的购房是针对自用性的，投资性购房属于实物投资理财——房地产投资理财范畴。再次，对于购买自用住房进行规划。重点在于科学选择住房和合理选择贷款方式，即科学规划买房时间、价位、区域及具体的地点，合理确定贷款数额、贷款年限和贷款方式等。

6. 退休养老规划

人的一生大约有 20 年的退休养老时间。一般情况下，人的一生只有在工作和谋生阶段有收入，包括主动收入和被动收入；在参加工作以前的求学期间基本没有或者只有很少的主动收入，一般没有被动收入，甚至可能需要借钱读书；退休以后，也基本不再有主动收入，可能会有被动收入。为了确保退休以后不会因为收入减少影响生活品质，必须在退休以前依据自身经济状况，并综合考虑家庭收入和支出的情况，对自己退休后的生活方式和生活质量进行恰当的评估和合理的安排，也就是要做好退休养老规划。退休养老规划是个人理财规划的重要组成部分，它是人们为了在退休之后拥有自主、尊严、高品质的退休生活，而进行的财富积累和资产规划，通俗地讲，就是对退休后的生活所做的财务安排。合理而有效的退休养老规划不但可以满足退休后漫长生活的支出需要，抵御通货膨胀的影响，保证自己的生活品质，而且可以提高个人的净财富，同时还能减轻子女的负担。退休养老规划是一个长期的过程，不是简单地在退休之前存一笔钱就可以解决的，而且不同的人对退休后的生活也会有不同的期望，不同期望下所需要的费用也不尽相同。就当前中国的人口结构看，一对独生子女夫妇将要照顾四个老人，其负担可想而知，因此，应及早做好退休规划。制定个人退休计划时，对退休生活的期望应尽可能详细，并根据各个条目列出大概所需的费用，据此来估算个人退休后的生活成本，在对自己退休以后想过的生活有了清晰的认识之后，再考虑自身已经准备了多少养老金及将通过什么工具获取更多的养老金。

7. 财产分配与传承规划

财产分配是将家庭财产在家庭成员之间进行合理分配而制定的财务计划。而传承规划是指当事人在其健在的时候通过选择遗产管理工具和制定遗产分配方案，将拥有或控制的各种资产或负债进行安排，确保在自己丧失行为能力或去世时能够实现家庭财产的代际相传或安全让渡等特定目标。财产分配和传承规划在个人理财规划中起着至关重要的作用。从形式上看，制定财产分配和传承规划只是对个人和家庭财产进行合理合法的配置，但从更深层次的角度看，财产分配与传承规划还能成为个人及家庭规避风险的一种保障机制。在实际生活中，个人及家庭可能遭遇的风险主要有家庭经营风险、夫妻一方或双方丧失劳动能力或经济能力的风险、离婚或者再婚风险、家庭成员去世风险等。家庭及个人遭遇的风险都是不确定、不可预测的，这些风险一旦发生，就会对个人及家庭的经济能力产生不利影响。科学的财产分配和传承规划在个人及家庭遭遇到现实中存在的风险时，能够帮助其隔离风险或降低风险带来的损失，最大限度地消除现实风险带给个人及家庭的不利影响。

8. 投资规划

投资规划是根据个人的财务状况和风险承受能力，为实现人生各阶段的理财目标所制定的合理的资产配置方案。它包含四层意思：第一，投资规划是理财规划的一项内容，或者说，理财规划包含投资规划。第二，投资规划是实现理财目标的一种手段，它是为实现理财目标而制定的资产配置方案。第三，投资规划需要考虑投资主体所处生命周期的不同阶段和风险承受能力。在家庭和事业的形成期，现实收入低、预期收入高，有风险承受能力，但也存在不确定性，而且，开支项目多、数额大，因此，首先要保障即时消费，不宜做风险太大的投资，可以选择中度风险投资组合，以免影响当前生活品质和后续发展；在家庭和事业的成长期，现实收入和预期收入均比较高，风险承受能力比较强，适合选择风险较高的投资组合，以取得较高的收益；退休前期主动收入即将中断，退休后没有或只有很少的主动收入，风险承受能力较弱，适合选择风险较低的投资组合。第四，投资规划是以实现资产增值最大化为目标的一系列投资计划，通常是在满足个人生活理财目标财务安全的基础上，借助股票、债券、基金、外汇、期货、实物及实业投资工具，对个人的财务资源进行合理配置和组合，前面提到的教育规划、养老规划、住房规划、保险规划等也带有投资的性质。

9. 税收筹划

在市场经济环境下，个人进行实业投资、创办企业后，便成为自主经营、自负盈亏、自我发展的经济组织。任何经济组织都始终把追求税后收益最大化作为其理财的目标，可见税收作为企业的一项支出，它的数额的大小直接影响企业理财目标的实现，而进行税收筹划则是实现实业投资理财目标的前提和保证。

税收筹划是在法律许可的范围内，通过对企业各项活动的事先计划和安排，应用政府给予的税收优惠或者选择性机会，选择合理的纳税方案，尽可能达到节约税收支出目的的一种经营筹划行为，简单地说，就是在企业的经营活动中通过事先计划安排合理减免税负的一种经营筹划行为。

个人进行实业投资的税收筹划空间比较大，因此这里主要讨论个人实业投资的税收筹划问题。但是，个人进行其他的理财也会涉及税收问题，无论何种税收都是投资者的一项支出，税收的发生会减少投资者的投资收益，因此了解个人理财涉及的税收问题及国家有关的税收优惠政策，可以帮助投资者减轻税收负担，增加投资收益。

任务二 熟悉个人理财规划流程

个人理财规划包括上面所述九大方面的内容，分别对应人生不同生命阶段所要达成的各种生活目标。个人理财规划不仅涉及的内容多，而且专业性很强，通常委托专业人员（如理财规划师或个人客户经理）运作或在专业人员的指导下运作，是理财专业人员提供的一种全方位、多层次、个性化的综合金融服务，其标准流程可以分为七步：建立与客户的服务关系、收集客户信息、分析客户财务状况、确定理财目标、设计理财方案、实施理财方案、做好理财后续服务。

1. 建立与客户的服务关系

作为理财规划整个工作流程的第一个环节，“建立客户关系”成功与否直接决定了理财规划业务是否可以得以开展。建立客户关系的方式多种多样，包括但不限于电话交谈、互联网沟通、书面交流和面对面会谈等，有时可能需要经过多次沟通才能达成共识。最重要最常用的沟通方式是面对面会谈。会谈的目的是了解客户的基本情况，寻求建立客户关系的可能性，包括了解客户的理财目标、投资偏好和其他相关信息。在建立客户关系的过程中，理财专业人员的沟通技巧显得尤为重要。除了语言沟通技巧以外，理财专业人员还要懂得运用各种非语言的沟通技巧，包括眼神、面部表情、身体姿势、手势等。此外，理财专业人士在与客户交谈时要尽量使用专业化的语言，而在涉及投资回报率等财务指标方面，则不宜给出过于具体、明确的承诺，避免因不确定性因素的影响，达不到目标而承担不必要的法律责任。

通过与客户的交谈和沟通，理财专业人员在确认客户有真实的理财需求，且客户建立了对理财专业人员的信任，并有意委托该理财专业人员所在机构帮助其理财的情况下，就可以与客户签订理财规划服务合同。

理财规划合同宜采用书面形式，不宜采用默认或口头形式。另外，理财专业人员提供理财规划服务均不是个人行为，因此，理财专业人员是代表所在机构与客户签订书面合同的。合同的主要条款包括当事人条款、鉴于条款、委托事项条款、理财服务费用条款、陈述与保证条款、当事人权利与义务条款、违约责任条款、争议解决条款和特别声明条款等。为了消除客户对其私人基本情况和财务信息是否可以得到严格保密的顾虑，在签订服务合同的同时还要单独再签署一份保密合同。保密合同的条款通常包括当事人条款、鉴于条款、保密信息定义条款、双方权利与义务条款、违约责任条款和争议解决条款。

2. 收集客户信息

理财专业人员为客户制定的理财方案是否适合客户的实际情况，关键取决于理财专业人员是否对客户的财务信息、与理财相关的非财务信息和客户的期望目标有充分的了解。收集、整理和分析客户信息，是制定理财方案的关键一步。如果无法收集到准确的客户信息，也就不可能针对不同客户提出切实可行的理财方案。

客户的财务信息主要有客户的收支情况、资产与负债情况、社会保障方面的信息（社保和企业年金等）、风险管理信息（人身保险、财产保险、责任保险）及遗产管理信息（遗嘱和遗嘱信托）等。客户的非财务信息和财务信息同等重要，主要包括姓名和性别、职业和职称、工作的安全程度、出生日期和地点、健康状况、子女信息、婚姻状况及联系方式等。客户的心理和性格特征、风险偏好和理财期望目标也是理财专业人员需要收集的信息。

3. 分析客户财务状况

客户现行的财务状况是达到未来财务目标的基础，理财专业人员在提出具体的理财计划之前必须客观地分析客户的现行财务状况，并对客户未来的财务状况进行预测。对客户现行财务状况的分析主要包括客户家庭资产负债表分析、客户家庭现金流量表分析以及财务比率分析等。其中资产负债表分析主要是分析客户家庭资产和负债在某一时点上的基本情况。现金流量表分析是对客户在某一时期的收入和支出进行归纳汇总，为进一步的财务现状分析与理财目标设计提供基础资料。需要分析的基本的财务比率包括：结余比率、投资与净资产比率、清偿比率、负债比率、即付比率、负债收入比率和流动性比率等。

4. 确定理财目标

如项目一任务二所述，个人理财的最终目标可以描述为，实现个人的财务安全和财务自由。如果按照实现时间进行分类，理财目标可以分为短期目标、中期目标和长期目标。短期目标是指在短期内（一般在5年左右）就可以实现的目标；中期目标是指一般需6～10年才可能实现的愿望，中期目标在制定后，一般不进行频繁的修改，只在必要的情况下才进行调整；长期目标是指一般在10年以上的时间才能实现的愿望。如果按照重要性进行分类，理财目标可以分为必须实现的理财目标和期望实现的理财目标。必须实现的理财目标是指对于客户正常生活而言，必须要完成的计划；期望实现的理财目标是指在保证客户正常生活水平的前提下，客户期望完成的计划。

确定理财目标应遵循五条原则：一是必须具有现实性；二是以改善客户财务状况，使之更加合理为主旨；三是要具体明确；四是必须考虑客户的现金准备；五是要兼顾不同的期限和先后顺序。

确定理财目标应注意三点：首先，理财专业人员应确保了解客户的财务和重要的非财务信息，并且通过交流和沟通，已经了解了客户的风险偏好、投资需求和期望目标等主观判断信息。在确定客户的理财目标前，先征询客户的期望目标。其次，理财专业人员根据对客户的财务状况和期望目标的了解，初步拟定客户的理财目标后，应再次征询客户的意见并取得客户的确认。最后，如果在制定理财方案的过程中，理财专业人员拟对已确定的理财目标进行调整，必须对客户说明，并征得客户同意，以避免双方在以后的合作中出现纠纷。

5. 设计理财方案

理财专业人员在进行理财规划时，要综合考虑每一个具体项目的规划，运用掌握的专业知识，结合客户的实际情况，最后形成整体理财方案。因此，理财专业人员要确保已经掌握客户的所有相关信息，弄清客户的理财目标和要求，保证客户当前的财务安全。在此基础上，才能针对客户具体的理财目标提出具体的理财方案，其内容包括职业规划方案、现金规划方案、保险规划方案、教育规划方案、住房规划方案、退休养老规划方案、财产分配与传承规划方案、投资规划方案和税收规划方案等一系列专项规划方案，并注意各专项方案之间的统筹协调。理财专业人员应认真制作整套理财方案文本，将方案文本交付委托人，在交付文本时，应重申方案实施成本，协助客户理解理财方案并让客户自行理解方案。

理财专业人员可以根据以下情况修改方案：一是根据其他专业人士的意见改进理财方案，二是根据客户意见修改理财方案，三是因理解差异而修改理财方案。

当理财方案经过必要的修改最终交付客户后，确认客户自己已经完全理解了整套方案，并且对方案内容表示满意，此时理财专业人员可以要求客户签署客户声明。客户声明应包括如下内容：第一，已经完整阅读该方案；第二，信息真实准确，没有重大遗漏；第三，理财专业人员已就重要问题进行了必要解释；第四，接受该方案。这是理财专业人员提供理财服务的必要程序，有助于明确责任。

6. 实施理财方案

其一，理财专业人员实施理财方案要取得用户授权。取得客户授权是理财专业人员开始实施理财方案的第一步。客户授权应包括两方面的内容：一是代理授权，二是信息披露授权。授权书中应对对外披露客户信息的条件、场合、披露程度等必要内容进行规定。其二，要获取客户声明。与理财方案制定的声明不同，前份声明是对理财方案的认可，而此份声明重在强调理财方案的执行人，包括四个方面的内容：关于理财专业人员资质的声明；关于客户许可的声明；关于实施效果的声明及其他双方认为应当声明的事项。其三，具体实施理财方案。为了确保理财规划的执行效果，理财专业人员应遵循三个原则：准确性、有效性、及时性。理财方案要真正得到顺利执行还需要理财专业人员制定一个详细的实施计划。在这个实施计划中，理财专业人员先要确定理财计划的实施步骤，然后根据理财方案的要求确定匹配资金的来源，最后还需要列出理财方案实施的时间表。其四，文件存档管理。在理财方案的实施过程中，保存客户的记录和相关文件是相当重要的：一方面为避免法律纠纷，另一方面是为了积累经验。文件可以以书面形式保存，也可以以电子文档形式保存。其五，关于理财规划实施中的争端处理原则和步骤。解决争端的原则包括：本着尊重客户的原则，本着客观公正的原则和遵循行业中已有的争端处理程序原则。争端处理分三个步骤：第一步是协商，第二步是通过第三方调解，第三步是诉讼或仲裁（“两审终审制”和“一裁终局”制）。

7. 做好理财后续服务

理财服务并不是一次性完成的。在完成方案后很长一段时间内，仍需要理财专业人员根据新情况不断地调整方案，提供持续的理财服务，帮助客户更好地适应环境，达到预定的理财目标。持续理财服务包括定期对理财方案进行评估以及不定期的信息服务和方案调整。定期评估是理财服务协议的要求，是理财专业人员应尽的责任。评估频率取决于客户的资本规模、客户个人财务状况变化幅度及客户的投资风格等因素。评估的步骤包括：回顾客户的目标与需求、评估当前方案的效果、研究环境的变化、适应新情况、解释新方案和实施新方案。当宏观经济的重要参数发生变化，或金融市场发生重大变化，或客户自身情况突然变动时，应进行不定期的信息服务和方案调整。方案调整的程序包括：情况说明、会谈记录、客房声明、方案确认和修订执行计划。

任务三　掌握个人理财规划原则

1. 整体规划原则

整体规划原则包含规划思想的整体性和规划方案的整体性。个人理财是对人一生的学习、工作和生活等各项活动所做的财务安排，而人生各项活动之间相互联系、相互影响，其中某一方面发生变化，必然会对相关部分产生影响。因此，在做理财规划时，必须树立整体的思想，设计整体的理财方案，避免顾此失彼，影响财务安全和生活质量。理财规划不是单一的规划，而是一个包括职业规划、现金规划、保险规划、教育规划、住房规划、退休养老规划、财产分配与传承规划、投资规划和税收筹划等九个专项规划在内的综合性规划，九个专项规划相辅相成，相互协调，构成整体性综合规划和综合理财解决方案。

2. 提早规划原则

理财目标并不是依靠一次性的大笔投入才能实现的，很小数目投资的积累，也会带来不少的财富。资金是有时间价值的，提早规划一方面可以尽量利用复利的“钱生钱”的功效，另一方面由于准备期长，可以减轻各期的经济压力。能否通过理财规划达到预期的财务目标，与金钱多少的关联度并没有通常人们想象得那么大，却与时间长短有很直接的关系，因此理财规划要趁早，早规划、早受益。

3. 现金保证优先原则

进行理财规划，应首先考虑并重点安排现金保障规划，只有建立了完备的现金保障，才能考虑对家庭的其他资产进行专项安排。建立一个现金保障系统，当遭遇失业、大病、灾难等意外事件时，也能安然度过危机。一般来说，家庭建立现金储备要包括日常生活覆盖储备和意外现金储备。建立日常生活覆盖储备，在家庭主要经济收入创造者因故（失业或其他原因）失去劳动能力或失去收入来源时，可以保障家庭的正常生活，使家庭生活质量不受严重影响。建立意外现金储备，是为了应对因重大疾病、意外灾难、突发事件等发生的计划外开支而做的准备，用以预防可能发生的重大事故对家庭经济短期的冲击。

4. 风险管理优于追求收益原则

理财规划首先要考虑的因素是风险，而非收益。个人理财规划的目的是通过财务安排和合理运作来实现个人或家庭财富的保值增值，使生活更加舒适、快乐，最终实现财务安全和财务自由。风险无处不在，理财的核心是保值，保值是增值的前提，追求理财收益最大化应基于风险管理基础之上。制定理财规划，应评估可能出现的各种风险，并根据所处的不同的生命周期阶段、风险承受能力，制定不同的理财方案，采取措施，合理利用理财规划工具规避风险。

5. 消费、投资与收入相匹配原则

理财规划应该正确处理消费、资本投入与收入之间的矛盾，形成资产的动态平衡，确保在投资达到预期目的的同时保证生活质量的提高。理财规划是一个长期的过程。在理财开始的阶段，个人应该清楚地了解自己的收入状况，并且制定一个明确的生活支出及投资计划。控制不当消费是进行理财的良好开端，避免没有必要的时间和金钱支出，以比较低的成本维持生活水准，是理财的必要内容。在考虑当前消费时，要量入为出，应特别注意使消费与收入相匹配、投资规模与收入相匹配、投资和消费支出安排与现金流状况相匹配等，消费支出用于满足短期需求，投资则为追求将来更高的收益。

6. 家庭类型与理财策略相匹配原则

家庭可划分为青年家庭、中年家庭和老年家庭三种基本类型。不同类型的家庭有不同的财务收支状况、不同的风险承受能力、不同的理财目标。青年家庭处于家庭和事业形成期，现实收入不高，开支项目多、数额大，风险承受能力中等，宜采取攻守兼备型策略。中年家庭分为两个阶段：第一阶段，处于家庭和事业的成长期（大约35～50岁之间），收入稳定，风险承受能力强，可以选取进攻型策略；第二阶段处于即将退休时期（大约50～55岁之间），虽然收入高且稳定，但是主动收入即将中断，风险承受能力中等，采取攻守兼备型策略较合适。老年家庭处于即将退休或者已经退休的时期，主动收入即将或已经中断，没有或者只有很少的主动收入，风险承受能力较低，适宜选择防守型策略。

• 理财情景2分析 •

对于像蔡林夏这样刚入职场的新人，我的理财建议是：

首先，要努力工作，这是积累财富也是理财的前提。

其次，要树立正确的消费观念，合理安排开支，养成良好的消费习惯，保证有利于提升自己生活品质的消费，坚决削减可要可不要的开支。

第三，要树立正确的理财观念，做好理财的准备，包括资金准备、知识准备等。

第四，要有明确的理财目标。

第五，要给未来制定一个合理的综合理财规划，包括职业规划、现金规划、保险规划、教育规划、住房规划、退休养老规划、财产分配与传承规划、投资规划和税收筹划等。

第六，要尽早开始理财行动。

第七，父母经济条件较好，个人有一定投资经验的，可以采取进攻型的投资策略。

理财情景讨论和能力训练

项目任务书

项目(或工作任务)名称	林强家庭理财规划综合方案(提思路就可以了)
项目负责人	
项目组成员	
项目情景	林强夫妇均为高校老师，都是38岁，育有一个8岁的男孩，夫妇俩的税后家庭年收入约为20万元。2005年夫妇俩购买了一套90平方米的商品房，每月房屋按揭还贷1 000元，一年后还清贷款。银行存款10万左右。双方父母独立生活，均有退休金，林强夫妇每月补贴双方父母生活费各500元。家庭日常开销在3 000元左右，孩子教育费用每年1万元左右。林强夫妇都参加了社会养老、医疗、事业保险，但未购买任何商业保险。为接送孩子读书与自己出行方便，夫妇俩有购车的想法，目前看好的车辆总价约30万元。他们还有在未来5年置换150平方米左右住房的家庭计划(约需增加房款50万元)。此外，夫妇俩想在10年后(2025年)送孩子出国念书，每年需要约15万元的各种支出，共7年(本科加硕士)。
项目(或工作任务)目标	谈谈你将如何为林强家庭设计理财规划综合方案，说说你对林强家庭的理财建议。
项目工作内容和方法	1. 分析林强夫妇的家庭财务状况。 2. 讨论确定林强夫妇的理财目标。 3. 研究制订林强夫妇的理财方案。
学习目标	通过讨论、分析，熟悉个人理财的程序、主要内容和原则。
学习提示	完成本工作任务主要应用个人理财的程序、主要内容和原则三个知识点。
说明	

项目活动计划与评价表

<table>
<tr><td colspan="4">项目(或工作任务)名称</td><td colspan="6"></td></tr>
<tr><td colspan="4">项目负责人</td><td colspan="6"></td></tr>
<tr><td colspan="4">项目组成员</td><td colspan="6"></td></tr>
<tr><td colspan="4">项目实施时间</td><td colspan="6"></td></tr>
<tr><td rowspan="2">项目计划</td><td colspan="3">项目实施计划</td><td colspan="6">包括(但不限于):计划目标、实现计划目标的要素、计划进度等。</td></tr>
<tr><td colspan="3">工作方案</td><td colspan="6">包括(但不限于):工作流程、阶段任务、工作思路、工作方法措施等。</td></tr>
<tr><td colspan="4">项目成果</td><td colspan="6"></td></tr>
<tr><td colspan="4">收获</td><td colspan="6"></td></tr>
<tr><td rowspan="6">工作评价</td><td colspan="3" rowspan="2">团队及成员</td><td rowspan="2">团队</td><td colspan="5">成员</td></tr>
<tr><td>1.</td><td>2.</td><td>3.</td><td>4.</td><td>5.</td></tr>
<tr><td rowspan="4">评语与成绩</td><td rowspan="2">团队评价</td><td>评价</td><td></td><td></td><td></td><td></td><td></td><td></td></tr>
<tr><td>成绩</td><td></td><td></td><td></td><td></td><td></td><td></td></tr>
<tr><td rowspan="2">教师评价</td><td>综合评价</td><td></td><td></td><td></td><td></td><td></td><td></td></tr>
<tr><td>成绩</td><td></td><td></td><td></td><td></td><td></td><td></td></tr>
</table>

※ 项目三　学习个人理财基本理论 ※

学习目标：通过本项目学习，应了解时间价值理论、风险报酬理论、生命周期理论的含义和要点，清楚以上各理论对个人理财的影响，明白如何将这些理论应用于个人理财方案的设计与选择。

项目三工作任务分解(WBS)

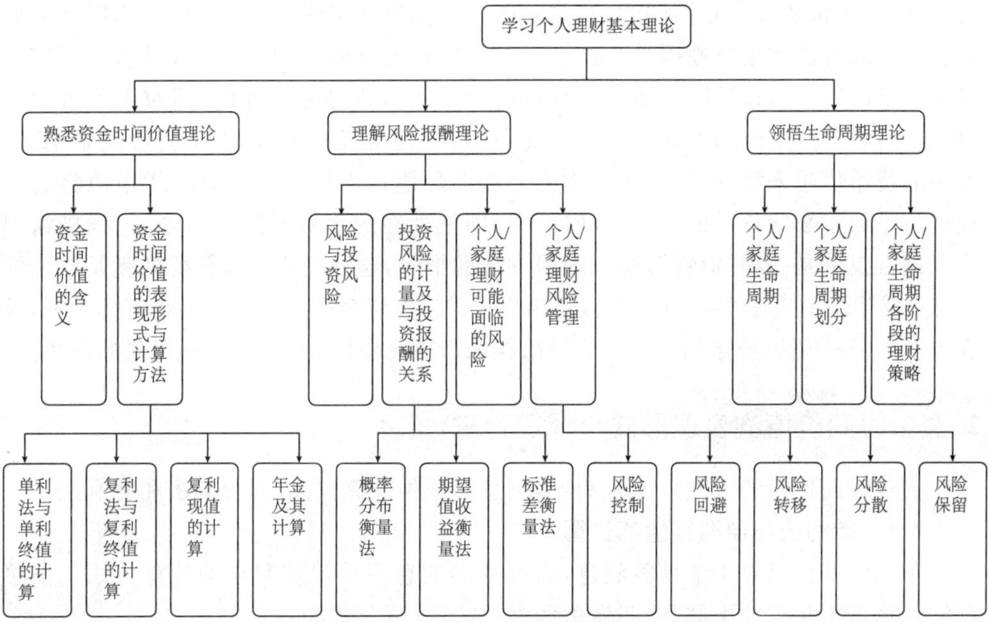

• 理财情景 3-1 •

一次性付款还是分期付款？

刘先生拟购房一套，开发商提出两种方案：方案一，一次性付 100 万元；方案二，首付 30 万元，余下 70 万元分 10 年等额还本付息，银行贷款利率为 5%，市场利率为 7%。

思考：刘先生应如何付款？

• 理财情景 3-2 •

需要准备多少钱？

刘先生女儿已获得德国某高校硕士研究生录取通知书，明年 1 月到德国留学。德国公立大学基本都是免学费的，但是，每月衣食住行各项开支大约需要人民币 7 000 元。现在刘先生准备在东亚银行为女儿存一笔钱，以满足其在德国留学 3 年的开支。东亚银行活期存款利率为 2%。

思考：刘先生需要在东亚银行存入多少钱，才能满足其女儿留学期间的开支？

任务一　熟悉资金时间价值理论

个人理财的根本目的是获取尽可能多的收益，以便让自己和家人都能过上更好的生活。由于资金具有时间价值，因此理财规划要趁早，早规划、早受益。掌握资金时间价值理论，可以帮助理财者科学地选择投资理财时间和获取收益的时间。

1. 资金时间价值的含义

资金时间价值就是资金在时间推移中的增值能力。同等数额的资金处于不同的时间点上，其价值大小是不同的，其差额即为资金的时间价值。西方经济学家认为形成资金时间价值的主要原因是"时间偏好"。所谓时间偏好，就是人们对当前一定质量和数量的财物与以后同样质量和数量的财物的估价是有偏异的，即对于前者的估价大于后者。产生时间偏好有三个主要原因：一是通货膨胀，即由于物价越来越高，同额的货币值越来越低（货币由于物价上涨而贬值），人们认为现时的货币值会高于同样数量的将来的货币值；二是现时消费，即把现在的消费推迟到将来，把钱借给别人或进行投资是一种"牺牲"，应当获得一定的报酬，这种报酬的最低要求就是资金的价格——利息；三是风险，即一笔钱借出去或进行投资会产生什么后果是不确定的，存在收不回来的风险，资金持有者认为自己在承担风险，因此，要取得承担风险的报酬。

2. 资金时间价值的表现形式与计算方法

资金时间价值的表现形式是利息，利息有两种计算方法，即单利法和复利法。

2.1　单利法与单利终值的计算

单利法就是只对本金计算利息，而每期的利息不再计算利息的计算方法。按单利法计算若干年后的本利和，叫做单利终值，其计算公式为：

$$F=P(1+n\cdot i)$$

公式中：F 为本利和，即终值；P 为本金，即现值；i 为年利率；n 为资金占用时间内的计息期数。

单利法的缺点是每年所得利息不再计息，不考虑利息再投入生产或流通过程中参与资金周转，因而不符合资金实际运动规律，也不完全反映资金的时间价值。所以在企业投资和政府投资中一般不用单利法，但在个人投资中则常用到单利法。例如，王某将 10 000 元借给李某，双方约定的利率为 12%，借期 3 个月，则 3 个月后，王某收回资金 10 300 元$[10\,000\times(1+12\%\times\frac{3}{12})]$。储蓄和购买债券都是个人理财的主要形式，而我国对储蓄和债券利息则多采用单利计息的方法。

2.2　复利法与复利终值的计算

复利法就是对本金和利息均计算利息的计算方法。按复利法计算若干年后的本利和，叫做复利终值。其计算公式为：

$$F=P(1+i)^n$$

公式中符号含义与单利法的相同。$(1+i)^n$ 为复利终值系数，可从复利终值系数表查得。复利法把前期所得的本利和作为本期的本金，再全部投入生产流通继续实现增值。复利法广泛应用于企业投资和政府投资，也应用于个人投资，如个人进行实业投资，按政策向银行申请建设项目投资贷款，利息一般按复利计算。

又如，某储户将 5 000 元存入银行，存期 10 年，年利率为 10%，复利计息，则 10 年存期满后，该储户可收回资金 12 968.5 元。即：

$$\begin{aligned}F&=P(1+i)^n\\&=5\,000\times(1+10\%)^{10}\\&=5\,000\times2.593\,7\\&=12\,968.5(\text{元})\end{aligned}$$

复利终值的计算，对投资者的投资决策起着重要的作用，投资者可以利用它来了解某一项投资最终是否能达到自己的目标，要达到目标的投资期限需要多长，报酬率需要多高等。

如，某人手中有 6 000 元，6 年后儿子上大学需交学费 10 000 元，问：选择投资机会的最低报酬率应为多少？

$$F=P(1+i)^n$$
$$10\,000=6\,000\times(1+i)^6$$

即 $(1+i)^6=1.667$，查复利终值系数表，在 $n=6$ 的行中寻找 1.667，对应的 i 为 9%，说明选择投资机会的最低报酬率应为 9%。

又如，某人手中有 10 000 元，选择报酬率为 10% 的投资机会，问：要经过多少年才能使手中的现金增加两倍？

$$\begin{aligned}F&=10\,000\times(1+10\%)^n\\&=30\,000(\text{元})\end{aligned}$$

即 $(1+10\%)^n=3$，查复利终值系数表，在 $i=10\%$ 的项下寻找到最接近的值为 3.138，对应的 n 值为 12，即 12 年后可以使现有的资金增加 2 倍。

2.3　复利现值的计算

复利现值是复利终值的逆运算。它是资金的现时瞬间价值。现值一般通过贴现计算求得。贴现是把经过一定时间间隔后的资金折算成现时的价值，用以计算现值的利率叫贴现率或折现率。现值的计算公式为：

$$P=F\cdot\frac{1}{(1+i)^n}$$

公式中，$\frac{1}{(1+i)^n}$ 为现值系数，也叫折现系数，可通过现值系数表查得。

现值的研究对于投资理财具有现实意义。在比较和选择理财方案时，各个方案在资金收入和支出的时间上有很大的差异，缺乏可比性。贴现可以把收支统一在同一时间点上，这样就可以鉴别方案的优劣。另外，还可以用来评定预期的净收入，计算预期的收益率。

如，某人计划5年后购买一套房子，首期需一次性付款10万元，当时市场上正在发行5年期、年利率为12%、复利计息的债券，则他现在只需要买56 700元债券，5年后即有10万元的资金用以支付首期房款。即：

$$\begin{aligned}P&=F\cdot\frac{1}{(1+i)^n}\\&=\frac{100\ 000}{(1+12\%)^5}\\&=100\ 000\times0.567\\&=56\ 700(\text{元})\end{aligned}$$

又如，某个投资者有10万元的现金，经过调查研究有2个可行的投资方案：甲方案是购买债券，债券票面利率为10%，期限5年，复利计息；乙方案是投资某实业，期限也是5年，5年的收益分别为1.5万元、1.3万元、0.6万元、0.7万元和0.9万元。如果不考虑资金时间价值因素的影响，甲、乙两方案5年收益总额均为5万元，似乎购买债券或投资实业无所谓。但如果考虑了资金时间价值因素的影响，假设市场利率为8%，则甲方案的收益现值总额为3.993万元，乙方案的收益现值总额为4.107万元，即：

$$\begin{aligned}\text{甲方案的收益现值总额}&=\sum_{t=1}^{n}\frac{F}{(1+8\%)^t}\\&=100\ 000\times10\%\times(0.926+0.85)+0.794+0.735+0.681)\\&=3.993(\text{万元})\end{aligned}$$

$$\begin{aligned}\text{乙方案的收益现值总额}&=\sum_{t=1}^{n}\frac{F}{(1+8\%)^t}\\&=1.5\times0.926+1.3\times0.857+0.6\times0.794+0.7\times0.735+0.9\times0.681\\&=4.107(\text{万元})\end{aligned}$$

显然，选择乙投资方案可使该投资者多得0.116万元的收益现值。

2.4 年金及其计算

在一定时期内，每期等额收入或支出称为年金。在个人投资理财中，常常会遇到年金的计算问题，如养老金、保险金、储蓄当中的零存整取等。年金分为普通年金、预付年金和永续年金等。

(1) 普通年金，又称后付年金，是指各期期末收付的年金。普通年金终值，是指最后一次支付时的本利和，它是每期支付的复利终值之和，可以利用年金终值系数表计算。其计算公式为：

$$F=A\cdot\frac{(1+i)^n-1}{i}$$

公式中，A为年金，$\frac{(1+i)^n-1}{i}$为年金终值系数，可通过年金终值系数表查得。

如每月存入500元，年利率为12%，则5年后可收回40 835元资金。即：

$$F=500\times\frac{\left(1+\frac{12\%}{12}\right)^{60}-1}{\frac{12\%}{12}}$$

$$=500\times81.67$$

$$=40\ 835(\text{元})$$

又如,某人拟在 5 年后送儿子出国留学,首笔学费需 100 000 元,从现在起每月等额存入银行一笔款,假设银行存款利率为 12%,则每月需存入 1 224.44 元资金。即:

$$F=A\cdot\frac{(1+i)^{n}-1}{i}$$

$$100\ 000=A\times\frac{(1+1\%)^{60}-1}{1\%}$$

$$A=\frac{100\ 000}{81.67}$$

$$=1\ 224.44(\text{元})$$

普通年金现值是指为在每期末取得相等金额的款项,现在需要投入的资金。其计算公式为:

$$P=A\cdot\frac{1-(1+i)^{-n}}{i}$$

公式中,$\frac{1-(1+i)^{-n}}{i}$为年金现值系数,可通过年金现值系数表查得。

如,某人出国 4 年,请银行代扣物业管理费,每年 1 000 元,假设银行存款利率为 6%,则他现在只要在银行存入 3 465.1 元的资金即可付清 4 年的物业管理费。即:

$$P=1\ 000\times\frac{1-(1+6\%)^{-4}}{6\%}$$

$$=1\ 000\times3.465\ 1$$

$$=3\ 465.1\text{元}$$

又如,某人一次购买健康保险,保期 10 年,每年年末得保险金 2 000 元,年利率为 12%,则需付保险费 11 300.4 元。即:

$$P=2\ 000\times\frac{1-(1+12\%)^{-10}}{12\%}$$

$$=2\ 000\times5.650\ 2$$

$$=11\ 300.4\text{元}$$

(2) 预付年金是指在每期期初支付的年金,又称即付年金或先付年金。预付年金终值的计算公式为:

$$F=A\times\left[\frac{(1+i)^{n+1}-1}{i}-1\right]$$

公式中,$\left[\frac{(1+i)^{n+1}-1}{i}-1\right]$可以用普通年金终值期数加 1,系数减 1 求得。

预付年金的计算公式为:

$$P=A\times\left[\frac{1-(1+i)^{-(n-1)}}{i}+1\right]$$

公式中，$\left[\frac{1-(1+i)^{-(n-1)}}{i}+1\right]$是预付年金现值系数，它和普通年金现值系数相比，期数要减1，而系数要加1。可利用普通年金现值系数表查得($n-1$)期的值，然后加1，得出预付年金现值系数。

如，某人购房，有两种付款方式供选择：一种是分10年付款，每年初支付15 000元，银行存款利率为8%；另一种是一次性支付现金120 000元。问：选择哪种购房方式合算？

$$\begin{aligned}\text{分期付款购房现值}&=15\,000\times\left[\frac{1-(1+8\%)^{-(10-1)}}{8\%}+1\right]\\&=15\,000\times(6.246\,9+1)\\&=114\,643.5(\text{元})\end{aligned}$$

显然，采用分期付款购房比较合算。

(3) 永续年金，是指无限期定额支付的年金。现实中存本取息、股票长期投资等，可视为永续年金的例子。

永续年金没有终止的时间，也就没有终值。永续年金的现值可以通过普通年金现值的计算公式导出：

$$P=A\times\frac{1-(1+i)^{-n}}{i}$$

当$n\rightarrow\infty$时，$(1+i)^{-n}$的极限为零，所以上式可写成：

$$P=A\times\frac{1}{i}$$

如，某人出国，为其父母留下一笔永久性的生活费，每年12 000元，若利率为10%，则现在应存入120 000元资金。即：

$$\begin{aligned}P&=A\times\frac{1}{i}\\&=12\,000\times\frac{1}{10\%}\\&=120\,000(\text{元})\end{aligned}$$

又如，某种优先股股票，每季分得股息2元，而利率是4%，对于一个准备买这种股票的人来说，一般价格低于200元即可以购买，即：

$$\text{优先股现值}=\frac{2}{4\%\times\frac{1}{4}}=200\text{ 元}$$

上述关于资金时间价值的计算方法，在投资理财中有广泛的用途。掌握资金时间价值理论可以帮助投资者进行科学的投资决策。

任务二　理解风险报酬理论

在市场经济条件下，绝大多数投资活动都会面临许多不确定性因素，或者说都存在一定的风险，即投资理财常常在有风险的情况下进行。由于存在风险，因此投资者往往要求获得一笔报酬来弥补风险可能带来的损失。

1. 风险与投资风险

1.1　风险

风险就是指事件的不确定性，或者说某一不利事件发生的可能性。冒风险，就要求得到额外的收益，否则就不值得去冒风险。投资者由于冒风险进行投资而获得的超过资金时间价值的额外收益，称为投资的风险价值，或风险收益、风险报酬。投资者进行投资理财，必须研究风险，计量风险并设法控制风险，以期获得最大的投资收益。

1.2　投资风险

投资风险是指投资所产生的实际收益偏离期望收益(预期收益)的程度，或者说是投资收益的不确定性。与投资有关的所有风险称为总风险，总风险可分为系统风险和非系统风险两大类。系统风险是由于全局性的因素引起的风险，这种因素以同样的方式对所有的投资对象产生影响，包括社会、政治、经济等各个方面，如战争、经济衰退、通货膨胀、高利率等。由于这些风险涉及所有的投资对象，是无法控制和回避的，因此叫不可回避风险，或叫不可分散风险。例如，某人投资于股票，无论买哪一种股票都要承担市场风险，经济衰退时各种股票都不同程度地下跌，不可能通过多元化投资来分散此风险。非系统风险是指只对某个行业或个别项目产生影响的风险，如某投资项目产品因市场需求减少而导致盈利下降，因经营不善、工人罢工、新产品开发失败而发生亏损等，这类事件是随机发生的，是可以通过多元化投资来回避或分散的，即发生于一个投资对象的不利事件可以被其他投资对象的有利事件所抵消，所以这类风险又称为可回避风险，或可分散风险。

2. 投资风险的计量及与投资报酬的关系

衡量风险的工具有很多种，常见的有概率分布衡量法、期望值衡量法和标准差衡量法等。

2.1　概率分布衡量法

概率分布衡量法是根据预期收益的概率分布的疏密情况来判断风险的大小。一般情况下，概率分布较为集中，风险较小；概率分布较为分散，风险较大。概率分布是所有随机变量可能出现的概率取值的分布情况，随机变量是表示随机变量结果或程度的变量。如果随机变量的各种可能结果能一一列举出来，称为离散型随机变量。在进行投资风险概率分析时，一般只分析和研究离散型随机变量，这是因为风险是指事前可以预知所有可能的后果，以及每种后果的概率。

如，某投资者手中有10万元资金，有两个投资方案可供选择，经过市场调研和各方面信息汇总后，预计两个方案的收益和概率分布如表3-1。

单位：万元

表3-1 收益分布情况表

收益情况	甲方案		乙方案	
	收益	概率	收益	概率
较好	1.8	0.3	2.0	0.3
一般	1.0	0.4	0.9	0.4
较差	0.6	0.3	0.5	0.3

根据两个方案的分布情况，可分别绘制收益概率分布直方图，如图3-1。

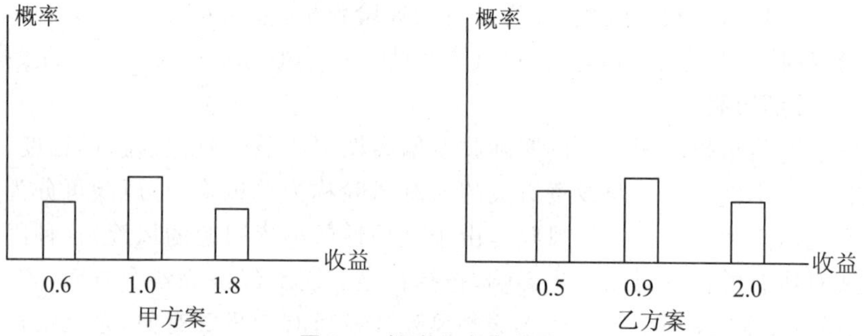

图3-1 概率分布直方图

从图中可以看出，甲方案的概率分布较集中，乙方案的概率分布较分散，所以，甲方案的风险较小。

2.2 期望值收益衡量法

期望值收益衡量法是根据期望值大小来判断投资风险的一种方法。一般情况下，期望值大的方案风险较小，期望值小的方案风险较大。期望值表示随机变量的平均状态，即在各概率 $P(A_i)$ 下随机变量的加权平均值。其计算公式为：

$$E(A)=\sum_{i=1}^{n}A_iP_i=\bar{A}$$

如，上例中甲乙两方案的期望收益值分别为：

$$\begin{aligned}\bar{A}_{甲}&=\sum_{i=1}^{n}A_iP_i\\&=1.8\times0.3+1.0\times0.4+0.6\times0.3\\&=1.12(万元)\end{aligned}$$

$$\begin{aligned}\bar{A}_{乙}&=\sum_{i=1}^{n}A_iP_i\\&=2.0\times0.3+0.9\times0.4+0.5\times0.3\\&=1.11(万元)\end{aligned}$$

甲方案的期望收益值大于乙方案，所以甲方案的风险较小。

2.3　标准差衡量法

标准差衡量法是根据标准差大小来判断投资风险大小的方法。标准差也叫均方差，是方差的平方根，方差是收益变量与其平均值之差，反映各变量与期望之间的偏离程度。其计算公式为：

$$\partial=\sqrt{\sum_{i=1}^{n}(K_i-\bar{K})^2\times P_i}$$

如上例甲、乙两方案的标准差分别为：

$$\begin{aligned}\partial_{甲}&=\sqrt{(1.8-1.12)^2\times0.3+(1.0-1.12)^2\times0.4+(0.6-1.12)^2\times0.3}\\&=\sqrt{0.226}\\&=0.475\end{aligned}$$

$$\begin{aligned}\partial_{乙}&=\sqrt{(2.0-1.11)^2\times0.3+(0.9-1.11)^2\times0.4+(0.5-1.11)^2\times0.3}\\&=\sqrt{0.368}\\&=0.607\end{aligned}$$

甲方案的标准差小于乙方案，所以甲方案的风险较小。

标准差是收益变量偏离期望值的绝对值。为了比较不同方案的风险程度，也可以求其相对值，即标准差率(v)，也称变化系数。其计算公式为：

$$v=\frac{\partial}{A}$$

不同的投资者对待风险的态度是不同的。有的人愿意冒风险，有的人则尽量回避风险，但一般的投资者都在回避风险，人们不愿做只有一半成功机会的赌博。在一般情况下，报酬率相同时人们会选择风险小的投资机会；风险相同时，人们会选择报酬率高的投资机会。问题在于，风险和报酬的基本关系是风险越大的要求报酬率越高。即高风险的投资必须有高报酬，否则没有人会投资；低报酬的投资也必须低风险，否则也没有人去投资。风险和报酬的这种关系，是市场竞争的结果。理性的投资者一般不喜欢这种风险的不确定性，他们要求期望报酬率与其承担的风险相适应。所以一项投资的报酬一般由无风险报酬和风险报酬两部分组成，即：

期望投资报酬率＝无风险报酬率＋风险报酬率

如果不考虑物价变动因素，无风险报酬一般是指资金的时间价值。在现实中，购买国家发行的公债，到期连本带利肯定能收回来。因此，人们通常以公债的利率作为无风险报酬率，这是投资者可以得到的最低的社会平均报酬率。风险报酬率则与风险大小有关，风险越大要求的风险报酬率越高，风险与风险报酬率成正比，即：

风险报酬率＝风险报酬斜率×风险程度

其中的风险程度可以用标准差率进行计量。风险报酬斜率取决于全体报资者的风险回避程度，如果大家愿意冒风险，风险报酬斜率就小，风险溢价不大；如果大家不愿冒风险，风险报酬斜率就大，风险附加率也较大。风险报酬斜率是一个经验数值，可根据历史数据利用高低点法求出。假设中等风险程度的变异系数为0.5，通常要求含有风险的最低报酬率为11%，无风险最低报酬率为6%，则风险报酬斜率为：

$$风险报酬斜率=\frac{11\%-6\%}{0.5}=0.1$$

实际运用中，风险报酬率还可通过以下公式计算：

风险报酬率＝市场投资预期收益率－无风险利率

市场投资预期收益率就是从市场投资组合中得到的投资收益率。这一市场投资组合由所有经营性投资组成，由于风险性投资包含在里面，所以市场组合是一种完整的分散组合。市场投资预期收益率可以运用一种或几种具有市场代表性的投资组合系列而计算求得，如证券投资，可以运用证券指数通过以下公式计算：

$$R_t=\frac{I_t-I_{t-1}}{I_{t-1}}$$

公式中，R_t 代表市场投资预期收益率，I_t 为第 t 期的证券指数，I_{t-1} 为第 $t-1$ 期的证券指数。

风险和报酬是影响投资者进行投资决策的重要因素，投资者可以根据风险和报酬的关系科学地选择投资方案。最常见的方法就是利用风险调整贴现率计算各投资方案的复利净现值，再根据复利净现值大小判断投资方案的优劣。利用风险调整贴现率计算各投资方案净现值时既考虑了时间价值因素对收益现值的影响，也考虑了风险价值因素对收益现值的影响，更容易判断出不同投资方案的优劣，可以帮助投资者尽快地做出投资抉择。

3. 个人/家庭理财可能面临的风险

3.1 系统性风险和非系统性风险

从作用范围来讲，个人理财可能面临的风险可以分为系统性风险和非系统性风险。

系统性风险，是指由于经济主体外部、不为经济主体所预计和控制的因素造成的风险。通常表现为国家、地区性战争或骚乱，全球性或区域性的石油等资源恐慌，国民经济严重衰退或不景气，国家出台不利于经济主体的宏观经济调控的法律法规，中央银行调整利率等。这些因素单独或综合发生，导致经济发生动荡，它涉及面广，人们根本无法事先采取针对性措施予以规避或利用，即使分散投资也丝毫不能降低其风险。从这一意义上讲，系统性风险也称为不可分散或宏观风险。判断系统性风险，一般可以从国民经济增长率、信贷资金供给、中央银行贴现率及银行利率、通货膨胀、国际收支与汇率、政府财政收支、政府经济政策等几方面着手。总之，当国民经济健康发展，各项经济指标正常，国家政治形势稳定时，投资风险较小；反之，投资风险就较大。防范系统性风险的方针，是了解宏观经济运行的周期性变化规律。

系统性风险主要包括利率风险、购买力风险和市场风险等。

非系统性风险，是由经济主体自身某种原因而引起资产价格下跌的可能性，它只存在于相对独立的范围，或者是个别行业中。非系统性风险它来自经济主体内部的微观因素。这种风险产生于某一行业的独特事件，如破产、违约等，与整个市场不发生系统性的联系，它可以通过分数投资的方式予以消除或减轻，所以，非系统性风险又称非市场风险或可分散风险。

非系统性风险主要包括：经营风险、财务风险、流动性风险。个人理财过程中，碰到较多的是财务风险和流动性风险。要防范非系统性风险，一般采用分散投资的方法，不要把所有的鸡蛋放在同一只篮子里。

3.2 具体风险

个人理财中可能遇到的具体风险主要有：

(1) 市场风险。市场风险是指在证券市场中因股市价格、利率、汇率等的变动而导致所投资的产品遭遇未预料到的潜在价值损失的风险。

(2) 汇率风险。汇率风险又称外汇风险，指经济主体持有或运用外汇的经济活动中，因汇率变动而蒙受损失的可能性。个人理财中的汇率风险主要指由于汇率变化对所投资的国外证券收益率产生的影响。

(3) 购买力风险。购买力风险又称通货膨胀风险，是由于通货膨胀、货币贬值给投资者带来实际收益水平下降的风险。在通货膨胀情况下，物价普遍上涨，证券价格也会上升，投资者的货币收入有所增加。但由于货币贬值，货币购买力水平下降，投资者的实际收益不仅没有增加，反而有所减少。

(4) 经济周期风险。经济周期风险是指随着经济运行的周期性变化，各个行业及上市公司的盈利水平也呈周期性变化，从而影响到个股乃至整个行业板块的二级市场的走势。

(5) 利率风险。利率风险是指利率的变动导致证券价格与收益率或其他投资理财收益发生变动的风险。比如，利率上升导致债券价格和股票估值下跌。

(6) 政策风险。政策风险是指因国家宏观政策(如货币政策、财政政策、行业政策、地区发展政策等)发生变化或者推出新的法律文件，导致市场价格波动而产生的风险。

(7) 商业风险。商业风险是指由于交易双方中的某一方，或与之关联的某一方的原因导致的风险。比如，决策失误、价格过高、质量投诉、商业机密泄露等都属于商业风险。

(8) 经营风险。经营风险是指公司的决策人员和管理人员在经营管理中出现失误而导致公司盈利水平变化，从而产生投资者预期收益下降的风险，或由于汇率的变动而导致未来收益下降和成本增加。

(9) 财务风险。财务风险是指公司财务结构不合理、融资不当使公司可能丧失偿债能力而导致投资者预期收益下降的风险。

(10) 信用风险。信用风险是指交易对手未能履行约定契约中的义务而造成经济损失的风险，即受信人不能履行还本付息的责任而使授信人的预期收益与实际收益发生偏离的可能性。它是金融风险的主要类型。

(11) 投资风险。投资风险是指对未来投资收益的不确定性，在投资中可能会遭受收益损失甚至本金损失的风险。例如，股票可能会被套牢，债券可能不能按期还本付息，房地产可能会下跌等都是投资风险。

4. 个人/家庭理财风险管理

在个人/家庭的理财过程中,风险始终伴随左右,理财者在识别风险后,应针对不同的风险采取不同的管理方式。

4.1 风险控制

风险控制是指风险管理者采取各种措施和方法,消灭或减少风险事件发生的各种可能性,或者减少风险事件发生时造成的损失。广义上的风险控制包括风险预防、风险回避、风险保留、风险分散和风险转移。狭义上的风险控制一般指风险预防。风险预防不是放弃风险,而是制订计划和采取措施降低损失的可能性。它是一种以预防为主的风险管理手段,而预防是需要付出成本的,进行风险预防付出的成本与风险损失相比较,孰大孰小成为是否采取这一方法的决定性因素。

4.2 风险回避

风险回避是指考虑到风险存在和发生的可能性,主动放弃或拒绝实施可能导致风险损失的方案。风险回避具有简单易行、全面彻底的优点,能将风险的概率降低到零,但回避风险的同时也放弃了获得收益的机会。回避风险也要考虑几个因素:一是有时候回避高风险也会丧失获得高回报的可能性,二是回避一种风险的同时有可能产生其他新的风险,三是有些风险是无法回避的。

4.3 风险转移

风险转移是指通过各种手段将风险转移给他人。非保险类转移是通过订立经济合同,将风险及可能的损失转移给别人,常见的主要有租赁、互换、套期保值等。保险类转移是通过订立保险合同将风险转移给保险公司。并不是所有风险都可以通过风险转移手段来处理的,只有符合一定条件的可保风险才可转移,一般来讲投机风险是不可以投保的,比如购买股票的收益风险。

4.4 风险分散

风险分散是指通过多样化的投资来分散和降低风险的方法。分散投资意味着持有多种资产,采用分散投资的资产组合投资策略,降低人们拥有任何单一资产所面临的风险。个人理财为个人或者家庭整个生命周期规划了许多阶段性的目标,这些目标往往需要通过分散投资的手段来实现。

4.5 风险保留

风险保留,是指理财者自己承担风险并承受可能带来的损失。风险保留包括:无计划自留、有计划自我保险。

(1) 无计划自留。指风险损失发生后从收入中支付,即不是在损失前做出资金安排。一般来说,无计划保留应当谨慎使用,因为如果实际总损失远远大于预计损失,将引起资金周转困难。

(2) 有计划自我保险。指可能的风险损失发生前,通过做出各种资金安排以确保损失出现后能及时获得资金以补偿损失。有计划自我保险主要通过建立风险预留基金的方式来实现。

任务三 领悟生命周期理论

1. 个人/家庭生命周期

1.1 家庭的含义

家庭是指在婚姻关系、血缘关系或收养关系基础上产生的，亲属之间所构成的社会生活的基本单位。家庭通常具有相当的稳定性、持久性和连续性。家庭对人类生存和社会发展具有重要的作用。家庭的功能是多方面的，能满足人和社会的多种需求。家庭的主要功能包括：作为一个群体担当着组织家庭成员分工合作，开展生产、分配、交换、消费等经济功能；满足两性生活需求的性生活功能；生育、培养教育子女及家庭成员之间相互教育等教育功能；抚养下一代和供养上一代的抚养与赡养功能；家庭成员之间的感情交流功能及休息与娱乐功能。

1.2 家庭生命周期的含义

家庭生命周期是一个家庭从诞生、发展直至消亡的运动过程，它反映了家庭从形成到解体循环运动的变化规律。家庭人数的变化是划分家庭生命周期不同阶段最重要的标志。一般来说，家庭生命周期可分为形成期、成长期、成熟期和衰老期。不同世代的家庭，其生命周期会出现交集，比如自己的家庭处于成长期时，父母的家庭可能已经进入了成熟期。家庭处于生命周期的不同阶段，其资产、负债状况及风险承受能力会有很大不同，理财目标、理财需求和理财重点也会有很大差异。因此，了解一个家庭正处于哪个生命周期阶段，对于理财方法与策略的制定具有重要意义。家庭生命周期是研究理财主体不同阶段行为特征和价值取向的重要工具，可以帮助理财专业人士或理财主体本人根据家庭生命周期所处的阶段设计适合的理财方案。

2. 个人/家庭生命周期划分

对于一般人来说，其生命周期一般需要经过单身期、家庭形成期、家庭成长期、家庭成熟期和家庭衰老期五个阶段，如表 3-2 所示。

表 3-2 家庭生命周期

周期	定义	年龄	特　征
单身期	起点：参加工作 终点：结婚	一般为 30 岁以前	自己尚未成家，在父母组建的家庭中；从工作和经济的独立中建立自我。
家庭形成期	起点：结婚 终点：子女出生	一般为 25～35 岁	婚姻系统形成，家庭成员数随子女出生而增长（经常被称为筑巢期）。
家庭成长期	起点：子女出生 终点：子女独立	一般为 30～55 岁	孩子来临，加入教养孩子、经济和家务工作，与大家庭关系的重组，包括养育下一代和照顾上一代的角色；家庭成员数固定（经常被形象地称为满巢期）。

续表

周期	定义	年龄	特征
家庭成熟期	起点：子女独立 终点：夫妻退休	一般为 50～65 岁	重新关心中年婚姻和生涯的议题；生活侧重点开始转移到照顾更老的一代身上；家庭成员数随子女独立而减少（经常被称为离巢期）。
家庭衰老期	起点：夫妻退休 终点：夫妻身故	一般为 60 岁以后	家庭成员只有夫妻两人（经常被称为空巢期）。

3. 个人/家庭生命周期各阶段的理财策略

个人理财是一项贯穿终生的经济活动，因此，理财目标的确定和理财策略的选择应体现出人生各个阶段的生活特点和财务要求，理财方案设计（理财规划）也必须和生命周期的不同阶段、不同的家庭类型相结合才能产生最佳的效果。表 3-3 反映了生命周期不同阶段、不同家庭类型的理财需求（目标）和理财规划。

单身期：从参加工作到结婚的一段时期，一般为 1～5 年。这一时期的青年人几乎没有经济负担，收入较低，承担风险的能力较强，财务支出方面主要集中在基本生活支出、为组建家庭做准备的家庭建设方面的支出以及社交方面的支出。

家庭形成期：从结婚到新生儿诞生的一段时期，一般为 1～5 年。这一时期是家庭的主要消费期。经济收入增加而且生活稳定，家庭已经有一定的财力和基本生活用品。在此时期，为提高生活质量往往需要较大的家庭建设支出，如购买一些较高档的用品，特别是贷款买房的家庭还需准备一笔大开支，即月供款。

家庭成长期：从小孩出生直到上大学的一段时期，一般为 18～25 年。在这一时期，家庭成员不再增加，家庭成员的年龄都在增长，家庭的最大开支是生活费用、医疗保健费、教育费用，财务上的负担通常比较重。同时，随着子女的自理能力增强，自身精力充沛，又积累了一定的工作经验和投资经验，投资能力大大增强，风险承受能力也比较强。

家庭成熟期：子女参加工作到自己退休为止的这段时期，一般为 15 年左右。这一时期自身的工作能力、工作经验、经济状况都达到高峰状态，子女已完全自立，债务已逐渐减轻，理财的重点是扩大投资。不过，其理财策略可以分为两个不同的阶段：前半阶段，收入稳定，风险承受能力比较强，可以选择风险较高的投资组合，以取得较高的收益；后半阶段，即退休前 5 年左右的时间，虽然收入高且稳定，但是，风险承受能力减弱，宜选择风险较低的投资组合。

家庭衰老期：从退休以后到身故的一段时期。这一时期主要是安度晚年，可以进行适度的投资，但是，通常宜选择风险较低的投资组合。

表 3-3　不同生命周期、不同家庭类型的理财规划

生命周期	家庭类型	理财需求分析	理财规划
单身期 （大约 30 岁以前）		（1）租赁房屋；（2）满足日常支出；（3）偿还教育贷款；（4）储蓄；（5）小额投资积累经验 。	（1）现金规划；（2）消费支出规划；（3）投资规划。 重点：开源节流，为投资做准备
家庭与事业形成期 （一般在 25～35 岁之间）	青年家庭 （一般在 25～35 岁之间）	（1）购买房屋；（2）子女出生和养育；（3）建立应急基金；（4）增加收入；（5）风险保障；（6）储蓄和投资；（7）建立退休资金。	（1）消费支出规划；（2）现金规划；（3）风险管理规划；（4）投资规划；（5）税收筹划；（6）子女教育规划；（7）退休养老规划。 重点：购置住房等家产，为子女教育做准备
家庭与事业成长期 （一般在 35～50 岁之间）	中年家庭 （一般 35～50 岁之间）	（1）购买房屋、汽车；（2）子女教育费用；（3）增加收入；（4）风险保障；（5）储蓄和投资；（6）养老金储蓄。	（1）子女教育规划；（2）风险管理规划；（3）投资规划；（4）退休养老规划；（5）现金规划；（6）税收筹划。 重点：子女教育，投资获利，偿还房贷，风险管理
家庭与事业成熟期 （一般在 50～65 岁之间）		（1）提高投资收益的稳定性；（2）养老金储蓄；（3）财产传承。	（1）退休养老规划；（2）投资规划；（3）税收筹划；（4）现金规划；（5）财产传承规划。 重点：子女教育，投资获利，偿还房贷
	退休前期老年家庭 （一般 50～60 岁之间）	（1）保障财务安全；（2）养老金储蓄；（3）建立信托；（4）财产传承。	（1）现金规划；（2）退休养老规划；（3）财产传承规划；（4）投资规划。 重点：投资获利，为退休养老做准备
家庭与事业衰退期 （一般在 60 岁之后）	退休后老年家庭 （一般在 60 岁之后）	（1）保障财务安全；（2）遗嘱；（3）准备善后费用。 重点：退休养老，财产传承	（1）现金规划；（2）财产传承规划。 重点：退休养老，财产传承

· 理财情景 3-1、3-2 分析 ·

这两个情景都是关于资金时间价值换算的案例。

理财情景 3-1

方案一，100 万元，按市场利率 7%计算，十年后终值为 196.7 万元。即：

$$F=100\times(F/P,7\%,10)=196.7(\text{万元})$$

方案二，首付 30 万元，十年后终值为 59.01 万元。加上，70 万元分 10 年等额还本付息额，十年后终值为 121.65 万元，方案二累计终值 180.66 万元。即：

$$A'\cdots\cdots=70\times(A/P,5\%,10)=8.804\,6(\text{万元})$$
$$F'=8.804\,6\times(F/A,7\%,10)=121.65(\text{万元})$$

比较以上计算结果，刘先生选择方案二的付款方式比较合算。

理财情景 3-2

刘先生现在需要在东亚银行存入 24.22 万元人民币，才能满足其女儿在德国留学三年的开支。即：

$$P'=(7\,000\times12)(P/A,2\%,3)=24.22(\text{万元})$$

理财情景讨论和能力训练

项目任务书

项目(或工作任务)名称	分析拿破仑让法兰西尴尬的原因
项目负责人	
项目组成员	
项目情景	1797年3月,拿破仑在卢森堡第一国立小学演讲时说了这样一番话:“为了答谢贵校对我,尤其是对我夫人约瑟芬的盛情款待,我不仅今天呈上一束玫瑰花,并且在未来的日子里,只要我们法兰西存在一天,每年的今天我将亲自派人送给贵校一束价值相等的玫瑰花,作为法兰西与卢森堡友谊的象征。”时过境迁,拿破仑穷于应付连年的战争和此起彼伏的政治事件,最终惨败而流放到圣赫勒拿岛,把对卢森堡的诺言忘得一干二净。可卢森堡这个小国对这位“欧洲巨人与卢森堡孩子亲切、和谐相处的一刻”念念不忘,并载入他们的史册。 1984年年底,卢森堡旧事重提,向法国提出违背“赠送玫瑰花”诺言案的索赔:要么从1797年起,用3路易作为一束玫瑰花的本金,以5厘复利(即利滚利)计息全部清偿这笔玫瑰案;要么法国政府在法国各大报刊上公开承认拿破仑是个言而无信的小人。起初,法国政府准备不惜重金赎回拿破仑的声誉,却又被电脑算出的数字惊呆了:原本3路易的许诺,本息竟高达1 375 596法郎。经过冥思苦想,法国政府斟词酌句地答复:“以后无论在精神上还是物质上,法国将始终不渝地对卢森堡大公国的中小学教育事业予以支持与赞助,来兑现我们的拿破仑将军那一诺千金的玫瑰花信誉。”这一措辞最终得到了卢森堡人民的谅解。 (摘自《读者》2000年第17期第49页。)
项目(或工作任务)目标	讨论分析拿破仑让法兰西尴尬的原因及其对个人理财的启示。
项目工作内容和方法	1. 讨论:1984年年底,卢森堡向法国提出违背“赠送玫瑰花”诺言案的索赔金额高达1 375 596法郎,是怎么算出来的? 2. 分析:拿破仑让法兰西尴尬的原因是什么? 3. 思考:此案例对个人理财有哪些启示?
学习目标	通过讨论、分析、思考拿破仑让法兰西尴尬的原因,熟悉资金时间价值的含义与计算,理解资金时间价值对个人理财的影响。
学习提示	完成本工作任务主要应用资金时间价值含义及其计算的知识点。
说明	

项目活动计划与评价表

<table>
<tr><td colspan="4">项目(或工作任务)名称</td><td colspan="6"></td></tr>
<tr><td colspan="4">项目负责人</td><td colspan="6"></td></tr>
<tr><td colspan="4">项目组成员</td><td colspan="6"></td></tr>
<tr><td colspan="4">项目实施时间</td><td colspan="6"></td></tr>
<tr><td rowspan="2">项目计划</td><td colspan="3">项目实施计划</td><td colspan="6">包括(但不限于):计划目标、实现计划目标的要素、计划进度等。</td></tr>
<tr><td colspan="3">工作方案</td><td colspan="6">包括(但不限于):工作流程、阶段任务、工作思路、工作方法措施等。</td></tr>
<tr><td colspan="4">项目成果</td><td colspan="6"></td></tr>
<tr><td colspan="4">收获</td><td colspan="6"></td></tr>
<tr><td rowspan="6">工作评价</td><td colspan="3" rowspan="2">团队及成员</td><td rowspan="2">团队</td><td colspan="5">成员</td></tr>
<tr><td>1.</td><td>2.</td><td>3.</td><td>4.</td><td>5.</td></tr>
<tr><td rowspan="4">评语与成绩</td><td rowspan="2">团队评价</td><td>评价</td><td></td><td></td><td></td><td></td><td></td><td></td></tr>
<tr><td>成绩</td><td></td><td></td><td></td><td></td><td></td><td></td></tr>
<tr><td rowspan="2">教师评价</td><td>综合评价</td><td></td><td></td><td></td><td></td><td></td><td></td></tr>
<tr><td>成绩</td><td></td><td></td><td></td><td></td><td></td><td></td></tr>
</table>

项目群二　个人生活理财

项目群二包括个人职业规划、现金与教育规划、保险规划、住房规划、退休养老规划、财产分配与传承规划等七个生活理财项目，它以实现个人基本生活保障为目标，向学习者传授通俗易懂的生活理财方法和策略。

※ 项目四　职业规划 ※

学习目标：通过本项目学习，应明白什么是职业规划，职业规划的作用，职业规划与个人理财的关系；熟悉职业规划的影响因素、原则、常用的方法与步骤；清楚职业核心能力的内涵、主要内容及其在职业生涯中的作用。

项目四工作任务分解(WBS)

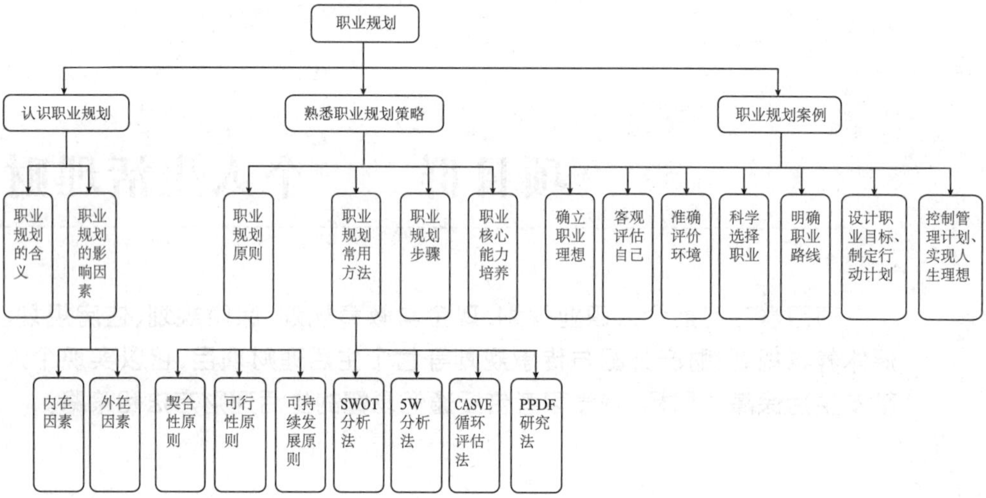

• 理财情景 4 •

经过努力，李明顺利考入中州经贸大学。高考冲刺阶段，他经常听到这样的话："加油！再坚持一下，考上大学就轻松了。"事实并非如此，李明上大学的第一天就感到非常忙碌。上午在辅导员的带领下，熟悉校园环境后，分别听教务处长、学生处长、图书馆馆长介绍学校教学组织与管理、纪律与社团活动、资料检索与运用等情况。下午分别听系主任、系书记、系辅导员和班主任介绍专业、系部、班级的情况。晚上听校领导上第一堂课："我的人生规划"。校领导详细地讲解了"什么是人生规划？为什么要做人生规划？如何做人生规划？怎样才能实现自己的人生规划目标？"等内容。课后，要求所有的新生一个月后必须提交一份《我的人生规划书》，并要求辅导员和班主任抓落实，遴选出10篇优秀的规划书，在校园的学生学习宣传栏进行展示。

请思考：李明希望自己的人生规划书能够被选为优秀的规划书，但是又不知如何写，请你给他一些建议。

任务一　认识职业规划

1. 职业规划的含义

职业规划，是职业生涯规划的简称。职业生涯是一个人终生经历的职业发展历程，职业生涯规划，是指个人在对职业生涯的主客观条件进行预测、分析、总结的基础上，结合时代特点和自己的职业倾向，选择确定一生的职业奋斗目标，并为实现这一目标做出的行之有效的安排。它是对个人职业生涯乃至人生进行持续的系统的计划的过程，通常由职业定位、目标设定、通道设计三部分内容组成。

2. 职业规划的影响因素

影响职业规划的因素主要有内在和外在两个因素。

2.1　内在因素

内在因素指影响个人职业选择的个性化因素，包括个人的健康、性别、气质类型、能力、价值观、职业兴趣等。内在因素是内因，对个人职业生涯选择起决定性作用，决定着个人的职业目标。在做职业选择时，应尽可能选择与个性相匹配的职业，即选择自己喜欢做、能做好的职业，以便充分发挥自身的优势。

(1) 健康与体质。健康对于职业选择特别重要，身体健康是获取职业的首要条件，几乎所有的职业都需要有健康的身体。不同的体质条件有时限制着某些职业的选择或职业的流动方式。譬如，录音师依赖听力，教师依赖声音，投递员依赖两腿，色盲者无法从事服装、交通管理等与色彩打交道的工作，飞行员不仅要有健康的身体，还要有良好的视力、抗眩晕能力、注意力和心理承受力等。

(2) 性别。美国心理学家麦考比和杰克林分析了 1 500 多项研究，发现女性的语言表达能力胜过男性，男性在视觉和空间能力测验、推理运算及体力上胜过女性。美国宾夕法尼亚大学的 Ragini Verma 及其同事，通过一项关于脑连接性别特异性差异的研究指出，男性有更好的运动和空间能力，而女性有良好的记忆力和社会认知能力。

麦可思的调查也得出“性别差异影响男女生职业选择”的结论。麦可思对全国 2012 届毕业生毕业半年后的抽样调查数据显示，本科男生毕业半年后就业率占优势，高职男女生毕业半年后就业率无差异。调查数据还显示，对于职业、行业选择，男女生大不同。其中，2012 届就业量较大的职业类、行业类中，在计算机与数据处理、机械/仪器仪表、建筑工程职业类，建筑业、电子电气仪器设备及电脑制造业、机械五金制造业行业类中男生占比明显高于女生；财务/审计/税务/统计、行政/后勤职业类，教育业、零售商业行业类中女生占比明显高于男生。可见，职业、行业中男女生占比有差异。调查数据还显示，同岗不同酬，男生薪资及涨幅均占优势，即使是在女生就业比例较高的职业类上，男生薪资仍高于女生。因此，在职业规划中应正视性别的职业优势和现实的职业性别门槛的问题。

(3) 气质类型。气质是个人生来就具有的心理活动典型而稳定的动力特征,是人格的先天基础。古希腊著名医生希波克拉底认为体液即是人体性质的物质基础,人体中有四种性质不同的液体,它们来自不同的器官。其中,黏液生于脑,黄胆汁生于肝,黑胆汁生于胃,血液出于心脏。欧洲古代医学的集大成者格林(盖伦),从希波克拉底的体液说出发,创立了气质说,他认为气质是物质(或汁液)的不同性质的组合,共有 13 种气质。后来,气质说继续发展,现在人们普遍认为,人有四种经典气质,即胆汁质气质、多血质气质、黏液质气质、抑郁质气质。

气质本身并没有善恶、好坏之分,每种气质都有其积极的一面,也有消极的一面。气质并不能决定一个人活动的社会价值和成就高低。每一种职业领域都可以找出各种不同气质类型的代表,同一气质的人在不同的职业部门都能做出突出的贡献。但是,人们所从事的不同的职业和岗位,却对从业人员的气质有不同的要求。某种气质特征,往往能为胜任某项工作提供有利条件,而对另一些工作又表现出明显的不适应。研究和实践都表明:气质特征是选择职业的重要依据之一。

胆汁质的基本特征是直率,热情,精力旺盛,脾气急躁,情绪兴奋性高,易冲动,反应迅速,心境变化剧烈。择业时主动性强,具有竞争意识,通常倾向选择且适合于竞争激烈、冒险性和风险性强的职业或社会服务型的职业,如运动员、改革者、探险者等,甚至到偏远或开放地区从业。

多血质的主要特征是活泼,好动,敏感,反应快,善于交际,兴趣与情绪易转换。择业时积极主动,热情大方,善于推销自己,适应性强,很受用人单位欢迎。通常适合从事出头露面、交际方面的职业,如记者、律师、公关人员、秘书和艺术工作者等。

黏液质的主要特征是安静,稳定,反应迟缓,沉默寡言,情绪不易外露,善于忍耐。择业时沉着冷静,目标确定后,具有执着追求、坚持不懈的韧性,从而弥补了其他素质的不足。一般适合从事医务、图书管理、情报翻译、教员、营业员等工作。

抑郁质的典型特征是情绪体验深刻,孤僻,行动迟缓,感受性强,敏感,细致。择业时,思虑周密,有步骤,有计划,一般较适合从事理论研究工作等。

在做职业规划时,应从自己的气质特征出发,认真考察职业气质要求与自身特征的对应关系,选择那些能使自己气质的积极方面得到发挥的职业与岗位,避开消极的一面。

(4) 能力。能力是指完成一定活动的本领,它是一个人能否进入职场的先决条件,是能否胜任职业工作的主观条件。无论从事什么职业,总要有一定的能力做保证。没有任何能力,根本谈不上进入职业工作,对个人来讲也就无所谓职业生涯可言。人在其一生之中,要从事各种各样的社会生活和社会生产活动,必须具备多种能力与之相适应。这里所言的能力,是指劳动者从事社会生产活动的能力,亦即职业工作能力。

人的能力可分为一般能力和特殊能力两大类。一般能力通常又称为智力,包括注意力、观察力、记忆力、思维能力和想象力等,它是人们顺利完成各项任务都必须具备的一些基本能力。特殊能力是指从事各项专业活动的能力,也可称特长,如计算能力、音乐能力、动作协调能力、语言表达能力、空间判断能力等。能力是一个人完成任务的前提条件，是影响工作效率和效果的基本因素。因此，了解自己的能力倾向及不同职业的能力要求对合理地进行职业选择具有重要意义。能力不同，对职业选择就有差异。从能力差异的角度来看，在职业选择时应遵循以下原则：一要注意能力类型与职业相吻合。从能力差异的角度，人的能力类型是有差异的，即人的能力发展方向存在差异。对职业研究表明，职业也是可以根据工作的性质、内容和环境而划分为不同的类型的，并且对人的能力也有不同的要求，因而应注意能力类型与职业类型的吻合。能力水准要与职业层次一致或基本一致。对一种职业或职业类型来说，由于所承担的责任不同，又可分为不同层次，不同的层次对人的能力也有不同的要求。因而，在根据能力类型确定了职业类型后，还应根据自己所达到或可能达到的能力水准确定相吻合的职业层次，只有这样，才能使能力与职业的吻合具体化，充分发挥优势能力的作用。每个人都具有一个多种能力组成的能力系统，每个人在这个能力系统中，各方面能力的发展是不平衡的，常常是某方面的能力占优势，而另一些能力则不太突出，在职业选择时应主要考虑最佳能力，选择最能运用优势能力的职业。二要注意一般能力与职业相吻合。不同的职业对人的一般能力的要求不同，有些职业对从业者的智力水准有绝对的要求，如律师、工程师、科研人员、大学教师等都要求有很高的智商。智力在相当大的程度上决定着其所从事的职业类型。三要注意特殊能力与职业相吻合。要顺利完成某项工作，除了要具有一般能力外，还要具有该项工作所要求的特殊能力，如从事教育工作需要有阅读能力和表达能力，从事数学研究需要具有计算能力、空间想象能力和逻辑思维能力，从事法律工作应具有很强的逻辑推理能力，从事建筑工作应有空间判断能力。

人的职业能力并不是一成不变的，可以通过多种途径进一步培养和提高。最有效的方法首先就是不断接受教育和培训，掌握一定的基础知识和职业技能。一些有针对性的岗前培训对于提高职业能力的作用更是明显而迅速。此外，在职业实践过程中，职业能力也同样可以得到提高。

(5) 价值观。价值观是人认定事物、辨别是非的一种思维或取向，它使人的行为带有稳定的倾向性，反映人对客观事物的是非及重要性的评价，支配着人的行为、态度、观点、信念、理解等。人不同于动物，动物只能被动适应环境，人不仅能认识世界是什么、怎么样和为什么，而且还知道应该做什么、选择什么，发现事物对自己的意义，设计自己的奋斗目标并努力实现目标，这些都是由每个人的价值观支配的。价值观具有三大特性：首先，价值观是因人而异的。由于每个人的先天条件和后天环境不同，人生经历也不尽相同，每个人的价值观的形成会受到不同的影响，因此，每个人都有自己的价值观和价值观体系。在同样的客观条件下，具有不同价值观和价值观体系的人，其动机模式不同，产生的行为也不同。其次，价值观是相对稳定的。价值观是人们思想认识的深层基础，它形成了人们的世界观和人生观。它是随着人们认知能力的发展，在环境、教育的影响下，逐步培养而成的。人们的价值观一旦形成，便是相对稳定的，具有持久性。其三，价值观在特定的环境下又是可以改变的。由于环境的改变、经验的积累、知识的增长，人们的价值观有可能发生变化。

这里主要考察人的职业价值观，它是人生目标和人生态度在职业选择方面的具体表现，是一个人对职业的认识和态度以及对职业目标的追求和向往。一个人的理想、信念、世界观对于职业的影响，集中体现在职业价值观上。由于个人的身心条件、年龄、阅历、教育状况、家庭影响、兴趣爱好等方面的不同，人们对各种职业有着不同的主观评价。每种职业都有各自的特性，不同的人对职业意义的认识不同，对职业好坏有不同的评价和取向，这就是职业价值观。职业价值观决定了人们的职业期望，影响着人们对职业方向和职业目标的选择，决定着人们就业后的工作态度和劳动绩效水平，从而决定了人们的职业发展情况。

根据不同的划分标准，人们对职业价值观的种类划分也不同。美国心理学家洛特克在其所著《人类价值观的本质》一书中，提出13种价值观，即：成就感、审美追求、挑战、健康、收入与财富、独立性、爱及家庭与人际关系、道德感、欢乐、权利、安全感、自我成长和社会交往。我国职业专家通过大量的调查，从人们的理想、信念和世界观角度把职业价值观分为九大类。一是自由型（非工资工作者型），不受干涉，希望充分施展自己的才华，如室内装饰专家、摄影师、作家等。二是经济型（经理型），认为金钱可以买到世界上所有的幸福。各种职业中都有这种类型的人，商人为甚。三是支配型（独断专行型），以自我为中心，飞扬跋扈，无视他人的想法，为所欲为，如广告宣传员、律师、政治家等。四是小康型，追求虚荣，渴望能有社会地位和名誉，希望常常受到众人尊敬，如会计、税务员、打字员、计算机操作员等。五是自我实现型，不考虑收入、地位及他人对自己的看法，尽力挖掘自己的潜力，施展自己的本领，如各类学者、科研人员等。六是志愿型，富于同情心，不愿干表面上哗众取宠的事，如福利机构工作者、咨询人员、社会工作者、护士等。七是技术型，性格沉稳，做事组织严密，井井有条，凭自己的本事挣钱，希望工作相对稳定，不必经常奔波找工作。如木匠、技师、司机等。八是合作型，认为朋友是最大的财富，如公关人员、推销人员等。九是享受型，喜欢安逸的生活，不愿从事任何挑战性的工作，追求比较舒适、轻松、自由、优越的工作条件和环境，无固定职业类型。

在为自己做职业生涯规划之前，一定要清楚和明确自己的价值观和职业价值观。分析哪些因素对你是重要的，哪些是不重要的；哪些是你优先考虑和选择的，哪些是次要的。对自己的价值观，特别是职业价值观进行分析时，可以参照学者们所提出的价值观类型，判断自己到底属于哪一类型，明确自己的职业核心需求，以便合理制定自己的职业生涯规划和相关策略。

在选择职业时，重点要处理好几方面的关系：一要处理好职业价值观与金钱、名利的关系。应理性地对待金钱、名利的期望值，把眼光放远一些，尽可能地将自我成长和自我实现作为首选价值观。二要处理好职业价值观与个人兴趣和特长的关系。应尽可能选择自己喜欢和擅长的工作。三要处理好职业价值观的排序与取舍的问题。要对自己的职业价值观进行排序，找出你认为最重要、次重要的方面，并提醒自己不可能什么都得到。四要处理好职业价值观中个人与社会的关系。要把个人的愿望和国家、社会的需要有机结合起来。

（6）职业兴趣。职业兴趣是一个人对待工作的态度，对工作的适应能力，表现为有从事相关工作的愿望和喜好，拥有职业兴趣将增加个人的工作满意度、职业稳定性和职业成就感。

职业兴趣是以一定的素质为前提，在职业生涯实践过程中逐渐产生和发展起来的。它的形成与个人的个性、自身能力、实践活动、家庭环境、受教育程度、客观环境和所处的历史背景有着密切的关系，因此，职业规划对兴趣的探讨不能孤立进行，应当结合个人的、家庭的、社会的因素来考虑。

美国心理学家、职业指导专家霍兰德根据大量的研究结果，将职业兴趣分为常规型、艺术型、实践型、研究型、社会型、管理型等六种类型。

常规型职业兴趣的人，尊重权威和规章制度，喜欢有秩序的、安稳的生活；惯于按照计划和指导做事，按部就班，细心有条理；不习惯自己对事情做判断和决策，较少发挥想象力；没有强烈的野心，不喜欢冒险。

艺术性型职业兴趣的人，热爱艺术，富于想象力、拥有很强的艺术创造力；乐于创造新颖、与众不同的成果，渴望表现个性，展现自己；做事理想化，追求完美；擅长用艺术形式来表现自己和社会；进行艺术创作或创新时，不喜欢受约束和限制。

实践型职业兴趣的人，喜欢使用工具或机械从事操作等动手性质的工作，动手能力强；通常喜欢亲自体验或实践理论和方法甚于与他人讨论；一般不具有出众的交际能力，喜欢从事户外工作。

社会型职业兴趣的人，乐于助人和与人打交道，乐于处理人际关系；喜欢从事对他人进行传授、培训、帮助等方面的服务工作；愿意发挥自己的感染力和说服力引导别人；通常具有社会责任心，热情，善于合作，善良，有耐心，重视社会义务和社会道德。

研究型职业兴趣的人，喜欢理论研究，潜心于专业领域的创新和应用；喜欢探索未知领域，擅长使用逻辑分析和推理解决难题；不喜欢官僚式的管理行为过多地影响研究工作。

管理型职业兴趣的人，能够对其所能支配的各种资源进行有效的计划、组织、领导和控制；喜欢影响别人，敢于挑战，自信、有胆略、有抱负；沟通能力出色，擅长说服他人；追求声望、经济成就和社会地位。

2.2　外在因素

外在因素指社会、行业、企业、学校、家庭、职业锚等影响个人职业选择的外在条件。外在因素是外因，对个人职业选择起制约和平衡作用，影响并制约个人职业的成功度。个人在做职业选择时，不仅要选择与个性相匹配的职业，还要考虑个性与职业环境适应性的相匹配程度，要抓住外部环境为自己提供的职业机会，规避外部环境对自身职业选择的威胁。职业选择关键要处理好影响职业选择的内在因素与外在因素的平衡关系，抓住外部机会，发挥自身优势，规避外在威胁和自身劣势，选择自己喜欢做、能做好且具有良好发展前景的职业。

(1) 社会因素。社会因素是指社会上各种事物，包括社会制度、社会群体、社会交往、道德规范、国家法律、社会舆论、风俗习惯等。社会因素对每个人的职业生涯都有重大的影响。社会的构成因素是众多而复杂的，但就对人的职业生涯的影响来说，主要有三个因素：经济发展水平、社会文化环境、政治制度和氛围。

经济发展水平影响个人的职业选择。在经济发展水平高的地区,企业相对集中,优秀企业也比较多,个人职业选择的机会就比较多,因而有利于个人职业的发展;反之,在经济落后的地区,个人职业选择的机会就比较少,个人职业生涯也会受到限制。

社会文化是影响人们行为、欲望的基本因素。它主要包括教育水平、教育条件和社会文化设施等。在良好的社会文化环境中,个人能力受到良好的教育和熏陶,从而为职业生涯打下更好的基础。

政治和经济是相互影响的,政治不仅影响到一国的经济体制,而且影响着企业的组织体制,从而直接影响到个人的职业发展。政治制度和氛围还会潜移默化地影响个人的追求,从而对职业生涯产生影响。

分析和了解影响职业的社会环境因素,有助于我们个人制定正确的职业生涯规划,使个人在变化的社会环境中不断取得职业生涯的新发展。

(2) 行业因素。人的工作与生活息息相关,相互影响,一个人选择什么样的工作,就会有什么样的生活状态。古语说"女怕嫁错郎,男怕入错行",选择行业是每个人一生中的重要决定。行业环境直接影响着企业的发展状况,进而也影响到个人的职业生涯发展。通过分析和了解影响职业生涯的行业因素,有利于个人选择有发展前途的行业和职业,有助于个人职业目标的更好实现。行业环境分析主要包括三方面的内容:一是行业发展现状。对行业发展现状进行分析,首先应了解自己现在或拟从事的是什么行业,这个行业目前是怎样一个发展趋势,是一个逐渐萎缩的行业还是一个朝阳产业。还要分析其处于行业生命周期的哪个阶段,是在导入期、成长期、成熟期还是衰退期。通常朝阳产业和处于成长期、成熟期的产业就业前景比较好。二是国际国内重大事件的影响。行业的发展容易受到国际国内重大事件的影响,进而影响到该行业能否提供较多的职业机会,比如 2008 年的北京的奥运会给建筑业、旅游业和服务业提供了较多的发展机会。三是行业发展前景预测。发展前景预测可以从两个方面进行:一方面是行业自身的生命力,是否有技术、资金支持等;另一方面也要考虑和研究国家对相关行业的政策。政府会根据经济与社会发展状况,针对行业发展发布法规政策,如对一些行业实施鼓励、扶持;对一些行业则实行限制发展,缩小其规模。

(3) 企业因素。企业内部环境对个人的职业生涯有直接的影响,所有的人都处于企业的小环境之中,个体的发展与企业的发展息息相关。对企业环境进行分析,可以使个人及时地了解企业的实际发展状况和前景,把个体的发展与企业的发展联系在一起,并融入企业发展之中,这有利于个人做出合适的职业生涯规划。企业内部的环境主要包括企业文化、企业制度、领导人的素质和价值观等。

企业文化决定了一个企业如何看待其员工,员工的职业生涯是为企业文化所左右的。一个主张员工参与管理的企业显然比一个独裁的企业能为员工提供更多的发展机会,渴望发展、追求挑战的员工也很难在论资排辈的企业中受到重用。当然,一个人的价值观与企业文化有冲突,难以适应企业文化,这也决定了他在组织中难以得到发展。所以企业文化是个人在制定职业生涯时要考虑的重要因素。

企业员工的职业发展,归根到底要靠企业管理制度来保障,包含合理的培训制度、晋升制度、绩效考核制度、奖惩制度、薪酬制度等。企业价值观、企业经营哲学也只有渗透到制度中，才能使制度得到切实的贯彻执行，没有制度或者制度定得不合理、不到位的企业，员工的职业发展就难以实现。

企业的文化和管理风格与其领导人的素质和价值观有直接的关系，企业经营哲学往往就是企业家的价值观。企业主要领导人的抱负及能力是企业发展的确定因素。

(4) 学校因素。学校教育在很大程度上决定着一个人的未来发展方向及其对工作的适应性。一方面，学校的职业生涯规划教育状况影响学生职业生涯规划质量，另一方面，学校的软硬件基础影响学生的职业准备和阶段性职业生涯规划的实施。此外，当今社会是一个终生学习的时代，人们接受继续教育的机会越来越多，也可以根据职业发展来选择所接受的教育。

(5) 家庭因素。家庭作为一个人生活和成长中最亲密的小环境，对人的影响是巨大的。任何人，其的性格和品质的形成及个人的成长都离不开家庭环境的影响，个人职业发展规划的确立，总是同自身的成长经历和家庭环境相关联的，在进行职业生涯规划时，必须考虑家庭的经济状况、家人期望与支持度及家族文化等因素，只有正确而全面地评估家庭情况才能有针对性地设计适合自己的职业规划。一是家庭经济状况的影响。家庭经济状况较好的，在个人职业选择时受收入因素的影响较小，其职业选择的起点比较高，有更多机会选择能够实现自身理想的职业。二是家人期望与支持度的影响。如果家人期待与个人的想法相吻合，则可获得更多的家庭支持，个人职业选择的自由度较高；如果不吻合，则要在个人的需求与家人的期待之间进行平衡，或许听取家人的建议，能更正确地进行生涯计划的制定。三是家族文化的影响。包括两方面：其一是文化资本相对充足的家庭与外界接触面广，拥有较多的社会关系，因而能为子女获得与其发展前景密切相关的实践机会和有效信息；其二是家庭所处的社会阶层的影响。社会阶层是指全体社会成员按照一定标准划分为彼此地位相互区别的社会群体。同一社会群体成员在价值观、兴趣爱好和行为方式等方面具有相似性，不同群体成员存在差异性。无论什么样的社会，社会成员都会被人为划分或自然形成不同的社会阶层。每个社会阶层都有自己的文化，发展机会也有所不同。新中国成立以后，我国逐步形成了工人阶级、农民阶级和知识分子阶层组成的社会结构，改革开放以后，我国的社会阶层结构发生了巨大的变化，呈现出多元化的结构，逐步形成与现代经济结构相适应的现代化社会阶层结构。当代中国社会阶层大体分为"十大阶层"，即：国家与社会管理阶层、经理阶层、私营企业主阶层、专业技术人员阶层、办事人员阶层、个体工商户阶层、商业服务人员阶层、产业工人阶层、农业劳动者阶层和城市无业、失业及半失业阶层。家庭中父母所处的社会阶层对孩子的职业地位有很大影响，非技术工人的孩子大多进入非技术的和半技术的职业，只有少数人成功地进入了大企业的经营者和上层专业人员的行列；专业人员及成功企业主的孩子大部分进入了职业声望较高的职业，几乎没有成为工匠、技术工人和非技术工人的。多数孩子是在父母的职业范围内就业，从事与其父母相同或相似的职业，而父母职业地位较高的，子女职业地位也比较高。可见，家庭的社会关系网络和拥有的社会资源对子女的选择机会和发展速度的影响不容忽视。不过，社会阶层的界限并非牢不可破，从一个阶层进入另一个阶层尽管要付出一定的代价和时间，却是有可能的。

（6）职业锚。职业锚，又称职业系留点。锚，是使船只停泊定位用的铁制器具。职业锚，是指当一个人不得不做出职业选择的时候，无论如何都不会放弃的职业中的那种至关重要的东西或价值观。它是人们选择和发展职业时所围绕的中心。每一个人都有自己的职业锚，职业锚是自我意向的一个习得部分。个人进入早期工作情境后，由习得的实际工作经验所决定，与在经验中自省的动机、价值观、才干相符合，达到自我满足和补偿的一种稳定的职业定位。职业锚强调个人能力、动机和价值观三方面的相互作用与整合。职业锚是个人同工作环境互相作用的产物，可将其视为内在因素，也可以视为外在的因素，它在实际工作中是不断调整的。

职业锚理论产生于在职业生涯规划领域具有“教父”级地位的美国麻省理工学院斯隆商学院，美国著名的职业指导专家埃德加・H. 施恩（Edgar H. Schein）教授领导的专门研究小组，是在对该学院毕业生的职业生涯研究中演绎成的。施恩先生将职业锚分为八种类型，并推出了职业锚测试量表。八类职业锚分别是：①技术／职能型，追求在技术/职能领域的成长和技能的不断提高，以及应用这种技术/职能的机会。②管理型，追求并致力于工作晋升，倾心于全面管理，并将公司的成功与否看成自己的工作。③自主／独立型，追求能施展个人能力的工作环境，最大限度地摆脱组织的限制和制约。④安全／稳定型，追求工作中的安全与稳定感。⑤创业型，希望用自己能力去创建属于自己的公司或创建完全属于自己的产品（或服务），而且愿意去冒风险，并克服面临的障碍。⑥服务型，追求他们认可的核心价值。⑦挑战型，喜欢解决看上去无法解决的问题，战胜强硬的对手，克服无法克服的困难障碍等。对这类型人而言，参加工作的原因是工作允许他们去战胜各种不可能。新奇、变化和困难是他们的终极目标。⑧生活型，希望将生活的各个主要方面整合为一个整体，需要一个能够提供足够的弹性让他们实现这一目标的职业环境，认为自己如何去生活、在哪里居住、如何处理家庭事务，以及在组织中的发展道路是与众不同的。埃德加・H. 施恩教授提出的职业锚八个类型，是将个人能力、工作动机和职业价值取向相结合的职业价值观分类法。

任务二　熟悉职业规划策略

1. 职业规划原则

职业生涯规划是对自己的职业生涯进行合理设计的过程。正确的职业生涯规划可以使职业目标与生活目标相一致，最大限度地实现自我价值，有助于个人走向成功，而不正确的职业生涯规划将影响个人的生活品质。正确制定职业生涯规划应遵循以下原则：

1.1 契合性原则

正确的职业生涯规划应该把个体的特质和社会需求结合起来，把个体发展与社会的发展结合起来，使职业发展目标契合自身的性格、价值观、兴趣与能力等内在的条件，符合家庭、行业和社会等外在的需求。也就是要发挥自身的优势，抓住外在的机遇，做自己擅长的事、自己喜欢的事、自己有能力做好的事，做社会需要的事，总之，要做对自己和社会有利的事。职场人士在职业规划时，必须考虑到行业的特性与个人的优缺点，这样才能制定合理、有指导意义的职业规划。

1.2 可行性原则

职业规划的实施过程是一种人力资本的积累过程，是资历的积累、经验的积累、知识的积累、能力的积累和成果的积累的过程，因此，职业规划应具有可操作性，切实可行。一是必须以自身的实际情况为依据，不能好高骛远，或仅仅是美好的幻想或不着边际的梦想。二是必须合理确定职业规划总目标，并将总目标分解为具体的目标和分阶段的目标。三是必须明确各项主要活动何时实施、如何实施、何时完成。只有做到以上三点，才能一步一个脚印，层层晋升，最终成就个人人生梦想。

1.3 可持续发展原则

职业发展规划是对人的一生的职业所做的整体设计，是对贯穿自己整个职业发展生涯的远景展望，所以职业发展规划必须具有可持续发展性。一是职业生涯规划一定要从长远来考虑，只有这样才能为自己的职业生涯设定一个大方向，一个总目标，以便集中精力紧紧围绕这个目标做出努力。二是人生每个职业发展阶段的规划应保持连贯性，各项具体的职业规划与职业总目标应保持一致，若摇摆不定，前后矛盾，则会浪费各发展阶段的人力资本积累，继而阻碍职业目标的顺利实现。三是规划是预测未来的行动，牵涉到许多可变因素，因此规划要有弹性，到了一定的时间要视具体情况反省修正职业生涯目标和职业生涯行动方案，以便能够适应环境的变化。

2. 职业规划常用方法

2.1 SWOT 分析法

SWOT 分析法广泛应用于企业战略研究与竞争分析，它是基于内外部竞争环境和竞争条件下的态势分析，是将与研究对象密切相关的各种主要内部优势 S(strengths)、劣势 W(weaknesses)和外部的机会 O(opportunities)、威胁 T(threats)等，通过调查列举出来，并依照矩阵形式排列，然后用系统分析的思想，把各种因素相互匹配起来加以分析，从中得出一系列相应的结论，并根据结论制定相应的发展战略、计划以及对策的一种分析方法。

采用 SWOT 分析法制定个人的职业生涯规划，就是将与职业生涯规划密切相关的各种主要内部优势因素、劣势因素和外部机会因素、威胁因素，通过调查和挖掘罗列出来，并将这些因素相互匹配起来进行综合分析，得出一个关于自我的系统认识，并依此准确地定位自己的职业生涯目标和行动方案。

SWOT 分析包括三个环节：首先，分析环境因素。运用自我评价、长辈评价（老师、家长等）、同辈评价（同学、朋友等）及其他各种调查研究方法，分析影响职业生涯规划的各种环境因素,包括内在因素和外在因素,判断影响职业生涯设计的机会和优势,威胁与劣势,并预测未来的发展趋势。简单地说就是评估自己的优势和劣势,找出职业的机会和威胁。其次,构造 SWOT 矩阵(如表 4-1)。将分析得出的各种因素根据轻重缓急或影响程度等进行排序,构造 SWOT 矩阵。在此过程中,将那些对自身的职业发展有直接的、重要的、大量的、迫切的、久远的影响的因素优先排列出来,而将那些间接的、次要的、少许的、不急的、短暂的影响因素排列在后面。最后,制定行动计划。将内外在因素进行综合考虑,匹配出适合个人发展的战略,并制定确实可行的行动计划。制定计划的基本思路是,发挥优势因素,克服弱点因素,利用机会因素,化解威胁因素;考虑过去,立足当前,着眼未来。具体做法是,先列出自己职业生涯中最想实现的 3～5 个目标,如希望在哪个行业工作,从事什么工作,薪酬多少,达到什么职位;再列出达成每一个目标的具体行动计划,包括如何做,需要哪些资源支持,何时完成,阶段性目标评估条件、方式,等等。

表 4-1　个人分析 SWOT 矩阵

内部	优势 S 列出自己的优势 如:优秀的品质、健康的体魄、乐观的性格、成功的经历、接受教育与培训等	劣势 W 列出自己的劣势 如:性格的弱点、失败的经历等
外部	机遇 O 列出自己感兴趣的一两个行业,分析其可能为自己提供的就业创业机会	威胁 T 列出自己感兴趣的一两个行业,分析其可能对自己就业创业造成的威胁

2.2　五 W 分析法

五 W 法,是一种归零的思考模式。归零思维认为,做事的前提是先要有好心态,如果想要获取更多的知识、技能,获得更大的成就,必须定期给自己的内心清零,不能沉迷于过去的业绩,要调整自己去适应环境的变化和要求,也就是要让自己的想法、能力与环境相匹配。五 W 指职业生涯规划中的五个具体的问题,即:Who I am?(我是谁?)、What do I want?(我想干什么?)、What can I do?(我能干什么?)、What can support me?(条件支持或允许我干什么?)、What can I be in the end?(我的最终的职业目标是什么?)。客观地回答这五个 W,并找到它们的最大一致性,就有了自己职业生涯规划的出发点。

对于第一个问题"我是谁?",回答的要点是:面对自己,一一列出自己的优点和不足,写完了再想想有没有遗漏,认为确实没有了,按重要性进行排序。

对于第二个问题"我想干什么?",是指对自己的职业发展有一个心理趋势的检查,知道自己需要什么样的职业和生活。可将思绪回溯到孩童时代,从人生初次萌生第一个想干什么的念头开始,然后随年龄的增长,回忆自己真心向往过想干的事,并一一记录下来,写完后再想想有无遗漏,确实没有了,就进行认真的排序。

对于第三个问题"我能干什么?",则把自己已证明的能力和自认为还可以开发出来的潜能都一一列出来,认为没有遗漏了,就进行认真的排序。

第四个问题"环境支持或允许我干什么?",环境支持在客观方面包括本地的各种状态,如经济发展、企业制度、人事政策、职业空间等,主观方面包括同事关系、领导态度、亲戚关系等,应综合两方面加以分析。在这些环境中,认真想想自己可能获得什么支持和允许,搞明白后一一写下来,再按重要性排序。

第五个问题"我最终的职业目标是什么?",通过对上面四个问题的详尽回答,综合分析,便可找准自己的职业定位、职业选择和职业目标,最终形成自己有效的职业生涯规划。一般情况下,那种不利条件最少,自己想做而又能做到的职业便是自己的最终职业。

2.3　CASVE 循环评估法

CASVE 循环评估法是一种职业生涯规划决策技术。CASVE 循环包括五个阶段:沟通(communication)、分析(analysis)、综合(synthesis)、评估(valuing)和执行(execution),CASVE 就是这五个词的英文单词首字母。职业生涯的规划也就是这五个阶段之间的往返循环过程。第一阶段,沟通(communication)。在这个阶段,主要是识别问题和找出差距。当个体在做职业规划时,首先会对自己想做什么及他人建议自己做什么职业、社会能为自己提供什么样的职位进行思考。当个人将自己想从事的职业与长辈、同辈的建议及杂志媒体等对自己所学专业的评价等进行比较时,通常会得到关于职业理想与现实之间存在差距的信息,而这种差距是客观存在的,是不容忽视的,也是个人在做职业规划时必须面对的问题。第二阶段是分析(analysis)。在这阶段需要分析和思考各种选择。需要花时间去思考、观察、研究,从而更充分了解差距,分析造成差距的真正原因,以便更好地做出选择。第三阶段是综合(synthesis)。主要是综合和加工前两个阶段提供的信息,从而制订消除差距的行动方案,最终确定几个可供选择的方案。第四个阶段是评估(valuing)。通过评估,对综合阶段提出的各种方案进行排序。它的第一步是评估每个方案对生涯决策者和他人的影响。每一种选择都要从对自己和对他人的代价和益处两方面进行评价,并综合物质上和精神上的因素。第二步就是对综合阶段得出的方案进行排序,把消除差距最好的方案排在第一位,次好的排在第二位,依此类推。第五阶段是执行(execution)。就是从评估方案中选出一个最佳方案,采取相应的措施去实施它。在执行阶段,需要制订计划,进行实践尝试和具体行动,消除差距;如果差距没有消除可以再次回到沟通阶段,重新开始一次 CASVE 循环,直到职业生涯问题被解决,并找到合适的职业生涯目标和行动方案为止。

2.4　PPDF 研究法

PPDF 的英文全称是:personal performance development file,中文意思是"个人职业表现发展档案"或"个人职业生涯发展道路"。PPDF 是一种极有效的人力资源开发的方法。现实中,有不少的企业、公司依靠 PPDF 将自己的员工凝聚成一种合力,形成团队,使其为了单位的目标去努力实现自我价值。为什么它能起到这样的作用呢? 主要是它将所有员工的个人发展,同企业的发展紧紧地联系在一起。它为每个员工都设计了一条经过努力可以达到个人目标的道路，使员工明确只要公司发展了，其个人的目标也就可以实现了。

PPDF 的主要内容包括个人情况、现在的行为和未来的发展。个人情况包括个人简历、文化教育、曾接受过的培训、工作经历、有成果的工作经历、以前的行为管理论述、评估小结(对档案里所列的情况进行自我评估)等。现在的行为包括现时工作情况、现时行为管理文档、现时目标行为计划等。未来的发展包括职业目标、所需要的能力、知识、发展行动计划、发展行动日志等。

PPDF 是两本完整的手册。当你希望去达到某一个目标时，它为你提供了一个非常灵活的档案。将 PPDF 的所有项目都填好后，交给你的直接领导一本，自己留下一本。领导找你谈话时，你要告诉他你想在什么时间内，以什么方式来达到你的目标。他会同你一起研究，分析其中的每一项，给你指出哪一个目标你设计得太远，应该再近一点儿；哪一个目标设计得太近，可以将它往远处推一推。他也可能告诉你，在什么时候应该和电大、夜大等业余培训单位联系。他也可能会亲自为你设计一个更适合于你的方案。总之，不管怎样，你将单独地和你相信的领导一同探讨你该如何发展、奋斗。

PPDF 是对员工工作经历的一种连续性的参考，它能使员工和他的主管领导，对该员工所取得的成就，以及员工将来想做些什么有一个系统的了解。它既指出员工现时的目标，也指出员工将来的目标及可能达到的目标。它会标示出，如果要达到这些目标，在某一阶段你应具有什么样的能力、技术及其他条件等。同时，它还帮助你在实施行动时进行认真思考，看你是否非常明确这些目标，以及你应具备的能力和条件。

3. 职业规划步骤

3.1 确立志向

志向是事业成功的基本前提，没有志向，事业的成功也就无从谈起。俗话说："志不立，天下无可成之事。"纵观古今中外，各行各业的佼佼者，都有一个共同的特点，就是具有远大的志向。立志是人生的起跑点，反映着一个人的抱负、胸怀、情趣和价值观，影响着一个人的奋斗目标及成就。所以，在制定职业生涯规划时，首先要确立志向，这是制定职业生涯规划的关键，也是生涯设计最重要的一点。确立志向实际上就是明确自己的职业理想，职业理想是人们在职业上依据社会要求和个人条件，借想象而确立的奋斗目标，即个人渴望达到的职业境界，它是人们实现个人生活理想、道德理想和社会理想的手段，并受社会理想的制约。职业理想是人们对职业活动和职业成就的超前反映，与人的价值观、职业期待、职业目标密切相关，也与世界观、人生观密切相关。列夫托尔斯泰说："职业理想就像一盏指路的明灯，它不仅照亮了我们的职业发展之路，也照亮了我们人生之路。"

3.2 准确评估

准确评估包括两个方面的内容，即自我评估和职业生涯机会的评估。准确评估是进行职业生涯设计的基础。

自我评估就是对自己做全面分析,通过自我分析,认识自己、了解自己,因为只有认识了自己,明确了自己的长处,才能扬长避短,对自己的职业做出正确的选择,才能选定适合自己发展的生涯路线,才能对自己的生涯目标做出最佳抉择。因此,自我评估是职业生涯设计的重要步骤之一。通常自我评估包括自己的兴趣、特长、性格、学识、技能、智商、情商、思维方式、道德水准以及组织管理、协调、活动能力等内容。自我评估的根本目的就是要弄清自己想干什么、能干什么。

职业生涯机会的评估,也称环境评估,主要是分析内外环境因素对自己生涯发展的影响。职业生涯规划要充分熟悉与了解相关的环境,评估环境因素对自己职业生涯发展的影响,分析环境条件的特点、发展变化情况,把握环境因素的优势与限制。了解本专业、本行业的地位、形势以及发展趋势。职业生涯机会评估的目的就是要结合自我评估的结果,在众多的职业面前选择最适合自己的职业。

3.3　选择职业

通过自我评估、职业生涯机会的评估,认识自己,分析环境,在此基础上对自己的职业或目标职业做出选择。也就是在选择职业时,要充分考虑到自身的特点,考虑到环境因素对自己的影响,努力做到职业与性格匹配(做自己会做的事)、职业与兴趣匹配(做自己喜欢做的事)、职业与能力匹配(做自己能做好的事)、职业与环境相适应(做自己有机会做的事)。

3.4　确定职业生涯路线

在职业(或目标职业)选择后,还须考虑向哪一条路线发展:是走行政管理路线,还是走专业技术路线,或者是走技术＋管理路线,还是先走技术路线再走管理路线等。由于发展路线不同,对职业发展的要求也不同,因此,在职业生涯规划中,必须对发展路线做出抉择,以便及时调整自己的学习、工作以及各种行动措施,使之沿着预定的方向前进。

3.5　设定职业生涯目标

职业生涯目标的设定,是职业生涯设计的核心。一个人事业的成败,很大程度上取决于有无正确适当的目标。职业生涯目标的设定,是继职业选择、职业生涯路线选择后人生目标的抉择。其抉择是以自己的最佳才能、最优性格、最大兴趣、最有利的环境等条件为依据。通常目标分短期目标、中期目标、长期目标和人生目标。短期目标又分日目标、周目标、月目标、年目标,中期目标一般为三至五年,长期目标一般为五年以上。

有效的职业生涯设计需要切实可行的目标,以便排除不必要的犹豫和干扰,全心致力于目标的实现。

3.6　制订行动计划与措施

在确定了职业生涯目标后,行动便成了关键的环节。这里所指的行动,是指落实目标的具体措施,主要包括工作、培训、教育、轮岗等方面的措施,这些计划和措施要特别具体,以便跟踪检查,同时可以根据环境变化制订和调整短期行动计划,并针对具体的计划目标采取有效措施。职业生涯中的措施主要指为达成既定目标,在提高工作效率、学习知识、掌握技能、开发潜能等方面选用的方法。行动计划要有相应的措施，层层分解、具体落实，细致的计划与措施便于进行定时检查和及时调整。

3.7 评估与回馈

影响职业生涯规划的因素很多，有的变化因素是可以预测的，而有的变化因素难以预测。在此状态下，要使职业生涯规划行之有效，就必须不断地对职业生涯规划执行情况进行评估。首先，要对年度目标的执行情况进行总结，确定哪些目标已按计划完成，哪些目标未完成。然后，对未完成目标进行分析，找出未完成原因及发展障碍，制定相应的解决障碍的对策及方法。最后，依据评估结果对下年的计划进行修订与完善。如果有必要，也可考虑对职业生涯规划进行修正，其修订的内容包括：职业的重新选择、职业生涯路线的选择、人生目标的修正、实施措施与计划的变更等，但是，涉及职业和路线的重新选择一定要谨慎考虑。

4. 职业核心能力培养

4.1 职业核心能力内涵及分类

(1) 职业核心能力的内涵

职业核心能力是职业生涯中除岗位专业能力之外的基本能力，它适用于各种职业，适应岗位的不断变换，是伴随个人终生的可持续发展能力。它是任何职业或行业工作都需要的，具有普遍适用性和可转移性的，且在职业活动中起支配和主导作用的能力。职业核心能力是具有相通性的职业能力。德国、澳大利亚、新加坡称之为“关键能力”；美国称之为“基本能力”；英国称之为“核心能力”；我国大陆和台湾称之为“关键能力”“核心能力”，香港称之为“基础技能”“共同能力”等。职业核心能力是成功就业和可持续发展的“关键能力”。

(2) 职业核心能力的分类

职业核心能力可分为职业方法能力和职业社会能力两大类。

职业方法能力是指主要基于个人的，一般有具体和明确的方式、手段的能力。它主要指独立学习、获取新知识技能、处理信息的能力。职业方法能力是劳动者的基本发展能力，是在职业生涯中不断获取新的知识、信息、技能和掌握新方法的重要手段。职业方法能力包括自我学习、信息处理、数字应用等能力。

职业社会能力是指与他人交往、合作、共同生活和工作的能力。职业社会能力既是基本生存能力，又是基本发展能力，它是劳动者在职业活动中，特别是在一个开放的社会生活中必须具备的基本素质。职业社会能力包括与人交流、与人合作、解决问题、创新创造、外语应用等能力。

世界各国用于考核职业核心能力的项目及项目数不完全相同。最早提出“职业核心能力”的德国重点关注 9 个项目，英国 6 项，美国 7 项，澳大利亚 8 项，中国香港 9 项，新加坡 10 项。我国劳动和社会保障部综合各国重点关注项目并结合我国实际情况，在《国家技能振兴战略》(1998 年)中确定“八项核心能力”，包括：与人交流、数字应用、信息处理、与人合作、解决问题、自我学习、创新创造和外语应用。

4.2 职业核心能力在职业生涯发展中的作用

职业核心能力对职业活动的意义，就像生命需要水一样普通，一样重要。

（1）社会发展要求职业人必须具备职业核心能力。当今社会科学技术发展日新月异，社会的产业结构和劳动力结构不断发生变化，一方面，改变了各国社会经济发展的格局和速度，另一方面，从根本上影响了社会职业结构和工作方式的变化。首先，大批新职业以超出人们想象的形式和速度出现在社会生产和生活之中。这些新职业工作岗位的技术更新快，技术复合性强，智能化程度高，工作的完成更多地依靠劳动者善于学习、善于发现问题、善于分析使用信息、会解决实际问题，并具有改革创新精神。其次，现代职业的工作方式发生了根本变化，社会产品、服务和管理更注重以人为本的理念，工作的完成更多地依靠每一个人的团队合作精神和与人沟通的能力。此外，人们发现不再有终生职业，工作流动加快，人们在职业生涯中要不断改变职业，不管你现在掌握了什么技术，都不能保证你能成功地应对明天的工作，社会最需要的是能不断适应新的工作岗位的能力。因此，职业人必须具备职业核心能力，以便能够快速适应职业发展的需要，适应不断改进的生产方法和工作条件。

（2）各类组织在新员工聘用和在职员工的考评中，越来越关注员工的职业核心能力素质。对组织而言，人才是第一生产力，人力资源是最重要的资源，组织的生存和发展都离不开人才，在激烈的市场竞争条件下，如果组织的员工具有职业核心能力，由于核心能力具有普遍适用性和可迁移性，组织便可以降低产业调整或技术升级时产生的人才短期缺口风险，从而使组织在日益激烈的市场竞争中提高应变能力。因此，职业核心能力越来越成为组织赖以取得成功的基本要素，全面提升员工的职业核心能力，不仅能够提高工作绩效和组织效益，而且是增强组织核心竞争力的根本和保障。从现实情况看，越来越多的组织在招聘员工时，愈加注重应聘者的职业精神和职业核心能力的素质；越来越多的组织在进行员工考评工作中，愈加侧重员工的道德素养及职业核心能力。

（3）职业核心能力是个人职业可持续发展的重要保障。首先，具备职业核心能力，可适应就业需要，能够帮助职业人在任何工作中调整自我、处理难题，并很好地与他人相处。其次，具备职业核心能力是职业生涯得以持续发展的重要保障，它可以帮助职业人在变化的环境中重新获得新的职业技能和知识。有较好的职业核心能力，能帮助职业人更好地发展自己，适应更高层次职业和岗位的要求，在晋职中取得成功。

4.3　职业核心能力内容

（1）方法能力。方法能力是劳动者的基本发展能力，是在职业生涯中不断获取新的技能、知识、信息和掌握新工作方法的能力。职业方法能力包括：自我学习、信息处理和数字应用等能力。

①自我学习能力。自我学习能力是指个人运用有效的方式去独立地获取信息，并加工和利用信息，分析和解决实际问题的一种个性特征，主要包括人的注意力、理解力、记忆力、阅读力、思维力和想象力等六项素质。具有自我学习能力的人，能够在各种活动中，根据个人发展的需要，确定学习目标和计划，灵活运用各种有效的学习方法，并善于调整学习目标和计划，不断提高自我综合素质，从而顺利地完成活动任务。

自我学习能力是从事各种职业必备的一种方法能力。提高学习能力最有效的办法就是认识学习能力的六项素质，并逐个改善它们。

有人把注意力、理解力、记忆力三项素质称为基本学习能力，把阅读力、思维力和想象力三项素质称为高级学习能力。提高学习能力，首先要提高基本学习能力；但是，如果想要学得更多更好，让自己有更强的竞争力，就需要努力提高三个高级学习能力。

②数字应用能力。数字应用能力是指根据实际工作任务的需要，通过对数字的采集与解读、计算及分析，在计算结果的基础上发现问题并做出一定评价与结论的能力，是日常生活以及从事各种职业必备的方法能力。数字应用能力包括：能准确地采集职业活动所需的数据，并进行分类、整理；能掌握职业活动所需的计算方法，并应用和展示计算结果；能运用采集、整理、计算的数据，并通过获得的数据结果对职业活动问题进行分析、预测和判断；能够利用数据解决工作中的实际问题。

③信息处理能力。信息处理能力，是指根据职业活动的需要，运用各种方式和技术，收集、开发和展示信息资源的能力，是日常生活以及从事各种职业必备的方法能力。信息处理能力通常包括：文献检索能力、使用工具书的能力、网络资源的开发利用、多媒体技术运用能力等。职业活动中应不断提高收集选择信息、处理开发信息、展示应用信息及应用信息解决相关问题的能力。

(2) 社会能力。社会能力是经历和构建社会关系；感受和理解他人的奉献与冲突，并负责任地与他人相处的能力。它是指与他人交往、合作、共同生活和工作的能力。社会能力既是基本生存能力，又是基本发展能力，它是劳动者在职业活动中，特别是在一个开放的社会生活中必须具备的基本素质。社会能力包括：与人交流(包括外语应用)、与人合作、解决问题、创新创造等能力。

①与人交流(包括外语应用)能力。与人交流能力是指在与人交往活动中，通过交谈讨论、当众讲演、阅读以及书面表达等方式，来表达观点、获取和分享信息资源的能力，是日常生活以及从事各种职业必备的社会和方法能力。它是人们在听、说、读、写技能的基础上，通过对语言文字的运用，以促进与人合作和完成工作任务的一种能力，具体包括交谈讨论、演讲、阅读和书面表达三种能力。与人交流沟通能力的高低直接影响着每个人的职业发展、社会地位及社会关系的建立，在职业场合中，与人交流能力的高低常常决定着职业活动的成败。

②与人合作能力。与人合作能力是指根据工作活动的需要，协商合作目标，相互配合工作，并调整合作方式，不断改善合作关系的能力。它是从事各种职业必备的社会能力。

在职业活动过程中，人们往往需要通过与人交流的方式，结合其他解决问题的能力、信息处理或数字应用等技术或手段，协商合作，完成工作任务和解决实际问题。在现代社会中，一个完全孤立的人，几乎什么事情也做不成。在现代任何职业环境中，无论是求职、履职还是谋求职业的进一步发展，都要与人合作，所以，每个人都应该正确认识自己的个性特点，提高与人合作共事的能力，以适应职业发展的要求。

③解决问题能力。解决问题能力就是通过掌握一定的方法和技巧，准确地把握职业活动中发生问题的关键，利用有效的资源，对问题的处理提出意见和方案，并付诸实施，最终使问题得到解决的能力。解决问题需要经历分析问题、提出对策、实施计划三个阶段，解决问题的能力也就由解决问题的三个阶段的能力组成。解决问题

能力是从事各种职业必备的社会能力。在职业活动过程中，会不断地遇到新的问题，职业人只有拥有解决问题的素质和能力，才能从容应对职业的挑战，才能在不断变化的环境和职场中，游刃有余地解决出现的各种新矛盾和新问题。具有解决问题能力的人，首先，应能正确地收集和处理与问题相关的信息，能通过现状预见问题的发展方向；然后，应能全面利用资源和条件，做出工作计划，并合理地决定解决问题的最佳方式；最后，还应能全面通过测试、观察、测量或询问等方法进行检查，合理地说明跟踪事态发展的结果，并采取措施修正和反馈，最终成功地解决问题。

④创新创造能力。创新创造能力是指在工作活动中，为改变工作现状，以创新思维和技法为主要手段，通过提出改进或革新的方案，勇于实践，以推动工作不断发展、获得更好结果的能力。它是从事各种职业都特别需要的一种社会和方法能力，是一种勇于探索、开拓进取的职业能力。思维创新、方法创新、应用创新都是创新，超越别人是创新，自我超越是创新，推陈出新是创新，创造性地解决难题也是创新。对于职业人而言，创新不仅是一种卓越的工作方法，也是一种卓越的人生信念。追求卓越的职业人总是立足岗位，善于学习，勇于创新，在方式、方法、内容上，时时寻求更好的解决方案，精益求精，谋求更好的成果水平，在自我成长的同时，推动组织不断发展与成长，成为组织不可或缺的知识型、创新型、专家型人员。

任务三　职业规划案例

1. 确立职业理想

志向是事业成功的基本前提，“志不立，天下无可成之事”。

本人，蔡靖，男性，汉族，现年22岁，福建省厦门市人，工商管理专业大四学生，我的职业理想是成为一名体育产业组织的职业经理人（CEO）。我坚信列夫托尔斯泰说的话：“职业理想就像一盏指路的明灯，它不仅照亮了我们的职业发展之路，也照亮了我们人生之路。”

2. 客观评估自己

辩证唯物主义认为，事物的发展是内外因共同起作用的结果，内因是事物发展的根据，它是第一位的，决定着事物发展的基本趋向；外因是事物发展的外部条件，它是第二位的，对事物的发展起着加速或延缓的作用；外因必须通过内因而起作用。

客观评估自己实际上就是客观分析影响职业生涯的内在因素，包括个人的健康、性别、气质类型、能力、价值观、职业锚等，在做职业选择时，应尽可能选择与个性相匹配的职业，即选择自己喜欢做、能做好的职业，以便充分发挥自身的优势。

2.1 我的健康状况

本人身体健康，兴趣广泛，喜好文体活动，尤其是篮球和足球运动，是二级学院篮球队队长兼教练，会弹电子琴和吉他；心理健康，精力充沛；具有较强的社会适应能力。

注：世界卫生组织对健康的定义：健康不仅仅是没有疾病或虚弱状态，而是指个体在身体、心理和社会三方面的完满状态。

2.2 我的性格

通过九型人格测试，结果显示我属于领袖型兼具活跃型性格的人，具有把握全局的能力，自信、热情、雷厉风行、有号召力、有创新精神。

注：九型人格学(Enneagram/Ninehouse)是一个有2 000多年历史的古老学问，它按照人们习惯性的思维模式、情绪反应和行为习惯等性格特质，将人的性格分为九种类型：(1)完美者(改进型)，(2)助人者(给予型)，(3)成就者(实干型)，(4)浪漫者(艺术型)，(5)观察者(智慧型)，(6)谨慎者(忠诚型)，(7)享乐者(活跃型)，(8)权威者(领袖型)，(9)调停者(和谐型)。

2.3 我的气质

通过测试，结果显示我属于胆汁、多血混合型气质。优点是思维敏捷、动作急速、乐观果断、适应性强。主要缺点是说话太直、易怒、急躁。

注：古希腊著名的医生希波克拉底认为人体中有四种性质不同的液体，它们来自于不同的器官。其中，黏液生于脑，是水根，有冷的性质；黄胆汁生于肝，是气根，有热的性质；黑胆汁生于胃，是土根，有渐温的性质；血液出于心脏，是火根，有干燥的性质。人的体质不同，是由于四种体液的不同比例所致。罗马帝国时期著名的生物学家和心理学家格林(盖伦)，从希波克拉底的体液说出发，创立了气质学说，他认为气质是物质(或汁液)的不同性质的组合，共有13种不同的气质。在此基础上，气质说继续发展，成为经典的四种气质，即：多血质、黏液质、胆汁质和抑郁质。

2.4 我的能力

通过测试，结果显示我具有扎实的专业理论知识。在大学学习期间，我每年都获得奖学金，每年寒暑假都到企业去实习，有一定的企业管理经验，实习期间，爱岗敬业，工作负责，注重细节，具有良好的职业道德，深受好评。在大学学习期间，通过职业核心能力考试，具备独立学习、获取新知识技能、处理信息等职业方法能力以及与人交流、与人合作、解决问题、创新创造、外语应用等社会能力。缺点是管理经验不足，综合管理能力弱，缺乏社会资源，与外界沟通能力有待提高。

注：职业综合能力从其作用看，可以分为两类，一类是专业(职业)能力，另一类是职业核心能力。专业能力是某个岗位特殊的能力或某个行业通用的能力，职业核心能力是各类岗位通用的能力，是可以迁移、转换的适应性的能力。在《国家技能振兴战略》一书中，劳动和社会保障部把“与人交流、数字应用、信息处理、与人合作、解决问题、自我学习、创新革新、外语应用”等八项能力确定为“职业核心能力”。

2.5 我的价值观

通过测试，结果显示我主要具备自我实现型和技术型两种职业价值观。不太重视收入和他人对自己的看法，希望尽力挖掘自己的潜力，施展自己的本领，做自己喜欢做的事情。追求做事组织严密，井井有条，凭自己的本事挣钱。

注：美国心理学家洛特克提出13种价值观，即：成就感、审美追求、挑战、健康、收入与财富、独立性、爱及家庭与人际关系、道德感、欢乐、权利、安全感、自我成长和社会交往。我国职业专家把职业价值观分为9大类：自由型、经济型、支配型、小康型、自我实现型、志愿型、技术型、合作型和享受型。

2.6　我的职业兴趣

通过霍兰德职业兴趣测试，结果显示我属于管理型为主，兼具社会型职业兴趣的人。喜欢影响别人，敢于挑战，自信，有胆略，有抱负，乐于助人和与人打交道，善于处理人际关系，追求声望、工作成就和社会地位。

注：美国心理学家、职业指导专家霍兰德根据大量的研究结果，将职业兴趣分为常规型、艺术型、实践型、研究型、社会型、管理型等六种类型。

2.7　我的职业锚

通过测试，结果显示我的职业锚属于管理型和技术／职能型。我希望在自己的工作岗位上得到成长，技能不断提高，并有施展自己能力的机会，追求并致力于工作晋升，倾心于全面管理，将组织的成功与否看成自己的工作。

注：职业价值观也称为工作价值观，是行为的标准。企业有企业的价值观，并要求员工服从企业价值观。如果个人价值观与企业价值观不符，或者企业和职位不能满足个人价值观的要求，就会出现价值观冲突，需要调整职业。职业锚是对职业规划的反思，职业锚测试也称作职业定位，通常是在工作一段时间之后再做职业锚测评，以便找到自己期望的和适合的职业定位。首先，兴趣、性格和价值观需要在实际的工作环境中去检验和加深理解。其次，只有在实际的工作环境中，才能够真正接触职业、行业和职位，遇到实际的职业问题，了解工作对知识技能的实际要求。所以，职业锚是工作了一段时间之后综合了职业规划内外在因素后所做的职业定位。

我还请我的家人、亲戚、朋友、同学、老师、实习单位的指导老师对我进行了评估，并将评估结果作为我进行职业规划的参考。评价结果（略）。

3. 准确评价环境

评价环境与评估自己相对应，评估自己是客观分析影响职业生涯的内在因素，评价环境是客观判断影响职业生涯的外部因素，包括社会、行业、企业、学校、家庭、职业锚（这是内外综合因素，已在评估自我中完成）等。

3.1　“十三五”期间的就业形势分析

据人社部官员及就业指导专家判断，“十三五”期间大学生就业形势依然严峻。一方面，就业总量压力依然很大，劳动力供大于求的格局并未改变。城镇每年约有1 300万的劳动力供求缺口，应届大学毕业生年平均规模超过700万人，比“十一五”期间压力更大。另一方面，就业的结构性矛盾进一步加剧，其现实表现是部分企业“招工难”与部分劳动者“就业难”问题并存，且有常态化趋势，而随着经济结构战略性调整的推进，就业结构性矛盾将会更加突出。不论是产业转型升级，还是节能减排、淘汰落后产能等，都对就业结构产生深刻影响，技能人才短缺问题凸显，结构性失业问题也在进一步加剧。与此同时，复杂多变的世界经济也使就业形势增加了更多变数。

3.2 体育产业评价

(1) 朝阳产业，发展空间大。随着经济的发展，体育本身所蕴含的巨大经济功能与价值越来越被人们认同。在发达国家，体育产业的发展比较成熟。我国自 20 世纪 70 年代末改革开放以来，伴随经济的发展，体育产业也迅猛发展，被誉为我国的“朝阳产业”。目前，我国体育运动人口约 6.8 亿，2014 年的体育产业总值 3 563 亿元，占 GDP 的比重为 0.6%，这个比重远低于发达国家的 1%～3%的水平，我国体育产业发展相对还处于较低水平，未来空间很大。

(2) 领导重视，政策支持，发展前景好。近年来，我国体育产业发展步伐进一步加快，但总体规模依然不大、活力不强，还存在一些体制机制问题。为进一步加快发展体育产业，促进体育消费，国务院于 2014 年发布了《加快发展体育产业促进体育消费的若干意见》，意见提出，到 2025 年，基本建立布局合理、功能完善、门类齐全的体育产业体系，体育产品和服务更加丰富，市场机制不断完善，消费需求愈加旺盛，对其他产业带动作用明显提升，体育产业总规模超过 5 万亿元，成为推动经济社会持续发展的重要力量。同时，国家领导曾不止一次在公开场合表达了要振兴我国体育产业的决心，国务院和各部门也积极地响应，各级政府也积极出台各类体育改革和发展的相关政策，在自上而下政策层面的推动下，未来几年将会是我国体育产业高速发展的黄金时期，特别是足球、路跑、健身俱乐部和体育触网等领域将会是未来整个体育产业发展的重点。

3.3 意向单位评价

我的专业是工商管理专业，本人对体育具有浓厚的兴趣和较全面的了解，我的就业意向是先选择一家小规模的体育用品类企业就业，工作 2～3 年，积累一定的工作经验后，再到国外攻读体育管理硕士学位，以便能够理论联系实际地进行学习和提升。之所以选择小企业，一是社会就业形势严峻，本科毕业生的就业压力大，刚毕业的学生缺乏经验，很难被大企业接受；二是小企业人才较少，机制灵活，岗位界限不明显，工作不会很专一，锻炼的机会多；三是我希望熟悉体育用品企业各个岗位的工作职责，为将来的深造和选择新的同类职业积累经验。

3.4 学校评价

本人就读的本科学校是省属重点建设高校，学校拥有良好的硬件设施，较为雄厚的师资力量，在省内具有较高的知名度，部分工科类的专业在全国名列前茅，一些专业在国际上有一定的影响力。但是，本人所学的专业是该校办学历史较短的专业，社会知名度不高，缺乏择业优势。因此，我选择就业 2～3 年后，到国外继续深造，提高学历和能力，谋求更好的发展。

3.5 家庭因素

我家是一个温馨的大家庭，爸爸在五个兄弟中排行老二，每个小家庭 3 口人，加上爷爷奶奶，全家共 17 口人。爸爸是五个兄弟中唯一一个不留在父母城市工作的，全家人除了在春节和重大节日聚在一起外，平时基本上都是小家庭的组织方式。爸爸妈妈说，由于他们工作忙，爷爷奶奶也还在职，先后雇了两个保姆协助父母照顾我，到三岁上幼儿园之后就由父母自己带。爸爸妈妈都在大学工作，爸爸从事行政工作，妈妈是老师，家庭经济条件还不错。我家住在大学校园里的教职工住宅，上的幼儿园也是大学的幼儿园，小时候的玩伴基本都是大学教职工的子女，大学校园有比较完善的各种运动场所、设施，上高中后，我经常和大学的教职工及大学生一起打球，曾经参加过大学生的毕业旅行，校园生活对我影响较大。我们家比较民主，爸爸妈妈基本采用西方的教育方式，尊重我的个性发展，不强迫我做各种事情，也不请补习老师，这样做，反倒让我的个性得到比较全面的发展。我的兴趣广泛，对文体都感兴趣，特别对体育有一定的研究。父母要求我自己的事情尽量自己处理，人生的道路要自己设计，要自己学着慢慢地长大、成长和成才。他们说，父母的责任是给我健康的身体、健康的人格和读书期间的经济支持，其他的要靠自己努力。

4. 科学选择职业

我选择职业的原则是，努力做自己会做的事，做自己喜欢做的事，做自己能做好的事，做自己有机会做的事。通过自我评估和环境评价，我将评价结果制作成SWOT分析表，如表4-2。

表4-2 我的职业生涯SWOT分析表

优势(S)	机遇(O)
身心健康、兴趣广泛； 自信、热情、雷厉风行、有创新精神； 思维敏捷、动作急速、乐观果断、适应性强； 待人真诚，有责任心和合作精神； 专业知识扎实，有一定的实践经验； 生活态度比较积极	体育产业是朝阳产业，发展空间大； 从中央到地方，各级领导都重视体育产业的发展，政策支持、群众喜爱，发展前景好； 学校提供就业信息和促进就业的政策； 家人支持我的职业选择
劣势(W)	**威胁(T)**
说话太直、易怒，急躁； 工作经验不足； 计算机操作和外语应用能力不强	高校毕业生就业压力大； 所在学校的专业知名度不够高

根据SWOT分析，我坚信把“成为一名体育产业组织的职业经理人(CEO)”作为自己的职业理想的选择是正确的，在今后的人生中，我将抓住机遇、发挥优势，规避劣势和威胁，努力实现自己的人生理想。

5. 明确职业路线

通过PDP领导性格测试，我属于支配型和沟通型人格。兼具老虎的果断、注重实力、积极性、意志力强、危机处理能力强和孔雀的乐观、积极、好玩、善于营造氛围、展示自我的双重特质；注重效率，对事不对人，喜抓大方向，希望具有或取得完成任务的权威；喜欢做与人有关的事，重视团队，擅长激励，会主动经营愉快活泼气氛，建立快乐工作情绪和同仁感情。

根据测试结果，我将充分发挥支配型和沟通型领导的优点。一方面，我会通过学习和实践熟悉自己所从事工作的特性、内涵，对其发展趋势做出准确的判断，并总结出自己一整套的工作要求和模式，努力使自己成为行家领导，树立权威、提升人气，争取获得下属的支持和组织的认可，在推动工作开展的同时也使自身得到发展。另一方面，我喜欢分享，注重合作和培养员工间和谐的人际关系，希望通过员工互相合作来一起实现组织目标。

因此，我会选择走“技术＋管理”路线，在重视自身业务能力提升的同时，不断提高自己的管理水平，最终使自己成为兼具支配型和沟通型的优秀领导，并创造既充满活力又和谐稳定的组织。

注：PDP 的全称是 Professional Dyna-Metric Programs（行为特质动态衡量系统），它是一个用来衡量个人的行为特质、活力、动能、压力、精力及能量变动情况的系统。PDP 根据人的天生特质，将人群分为五种类型：支配型、沟通型、耐心型、精确型、整合型；为了将这五种类型的个性特质形象化，根据其各自的特点，这五类人群又分别被称为“老虎”、“孔雀”、“考拉”、“猫头鹰”、“变色龙”。PDP 是一个进行人才管理的专业系统，能够帮助人们认识与管理自己，帮助组织做到“人尽其才”。

6. 设计职业目标，制订行动计划

我的职业目标是成为一名体育产业组织的 CEO。我的职业目标和实现目标的计划，如下表（见表 4-3）。

表 4-3 我的职业目标与行动计划表

年龄 / 分项目标	23～25 岁	26～29 岁	30～35 岁	32～38 岁	38 岁以后
知识学历目标	参加体育产业管理培训，了解体育产业发展现状及前景、项目运作、市场开发、品牌培育和经营管理等方面的实践经验。	在欧美的高校修完 MBA 全部课程，获得研究生学历证书和硕士学位证书。	参加企业经理人培训。通过中级职业经理人资格认证。	边工作边学习。在职获得管理学博士学位。通过高级职业经理人资格认证。	到科隆体育大学访学一年，进德国某知名企业博士后流动站从事体育管理研究工作，五年内顺利出站。
能力目标	基本掌握体育类组织的人、财、物、信息、技术、时间等要素的计划、决策、组织、协调和控制等管理技能。	熟悉体育类组织的计划、组织、指挥、协调、激励和控制业务。	能够带领团队开展全国性篮球俱乐部活动策划和宣传等工作，熟悉组织文化，善于沟通，有一定的社会活动能力。	掌握计划、决策战略和策略，善于沟通和协调，有组织、领导团队的能力。	具备处理突发事件的素质和能力，有广泛的社交圈，在业内有一定的知名度，有战略眼光。能够胜任篮球俱乐部总经理工作。

续表

分项目标＼年龄	23～25岁	26～29岁	30～35岁	32～38岁	38岁以后
职务目标	体育类小企业从事管理工作	学习期间获取在体育俱乐部兼职的机会	在欧美国家的篮球俱乐部担任部门经理	在欧美国家的篮球俱乐部担任副总经理	回国在体育俱乐部担任总经理
经济目标（年薪）	2万～4万	1万～3万	10万～20万	25万～35万	45万以上

7. 控制管理计划，实现人生理想

影响职业生涯规划的因素很多，而且在执行过程中可能会发生变化，尤其是外在因素变化更是主观上难以控制的。因此，我会建立我的职业生涯管理档案，如表4-4，及时评估目标和行动计划的执行情况，使我的职业生涯规划行之有效，成就我的理想人生。首先，我将在每年年底对当年的目标执行情况进行总结，确定哪些目标已按计划完成，哪些目标未完成。然后，对未完成目标进行分析，找出未完成的原因及发展障碍，制定解决障碍的路线图和时间表。最后，依据评估结果，对下年的计划进行修订与完善。

表4-4　我的职业生涯档案

评估结果 分项目标	计划目标	完成情况	差异情况（＋或－）	差异原因分析	解决方案	调整计划（若必要）
知识学历目标						
能力目标						
职务目标						
经济目标						

·理财情景4分析·

建议李明按以下步骤编制自己的人生规划书：

1. 确立志向。俗话说："志不立，天下无可成之事。"建议李明首先要根据自己的世界观、人生观、价值观和职业期待，确立职业目标和职业理想，以职业理想作为指路的明灯，照亮自己的职业发展之路和人生之路。

2. 准确评估。准确评估自我和职业生涯机会，这是进行职业生涯设计的基础。自我评估包括自己的兴趣、特长、性格、学识、技能、智商、情商、思维方式、道德水准以及组织管理、协调、活动能力等内容。自我评估的根本目的就是要弄清自己想干什么，能干什么。

职业生涯机会的评估，也称环境评估，主要了解本专业、本行业的地位、形势以及发展趋势。职业生涯机会评估的目的就是要结合自我评估的结果，在众多的职业面前选择最适合自己的职业。

3. 选择职业。选择职业时，努力做到做自己喜欢做的事、做自己能做好的事及做自己有机会做的事。

4. 确定职业生涯路线。为确保职业目标的实现，应设计好自己职业发展的时间表和路线图，以便及时调整自己的学习、工作以及各种行动措施，使之沿着预定的方向前进。

5. 设定职业生涯目标。有效的职业生涯设计需要切实可行的目标，以便排除不必要的犹豫和干扰，全心致力于目标的实现。职业生涯目标的抉择应以自己的最佳才能、最优性格、最大兴趣、最有利的环境等条件为依据。目标通常分短期目标、中期目标、长期目标和人生目标。

6. 制定行动计划与措施。在确定了职业生涯目标后，应制定细致的计划与措施，以确保目标的实现。

7. 评估与回馈。为使职业生涯规划行之有效，必须不断地对职业生涯规划执行情况进行评估，并依据评估结果对下阶段的计划进行修订与完善。

理财情景讨论和能力训练

项目工作任务书

项目名称	规划职业生涯
项目负责人	
项目组成员	
项目情景	经过努力，小林今年顺利进入大学学习。报到当天晚上，班主任组织召开班会：一是同学们自我介绍，相互认识；二是班主任布置开学第一周的工作；三是班主任要求每位同学要制定一份职业生涯规划，一周内完成。
项目或工作任务目标	制定个人的职业生涯规划
项目工作内容和方法	1. 调查并预测：在毕业之后，你将面临什么样的外部机遇和威胁？你将在哪些方面最好地发挥你的竞争力？在你将来的工作中可能会出现什么障碍？ 2. 思考：你的使命是什么？你准备从事什么行业？你为别人创造的价值是什么？ 3. 分析：作为一个员工或自主创业者，你的优势和弱点是什么？你的核心技能和竞争力是什么？ 4. 决策：你喜欢在哪个行业从事 5 年或 10 年甚至更长的时间？你对事业的前景是怎么看的？ 5. 计划：你需要采取什么行动来达成你的事业目标？ 6. 控制：你如何知道你的技能正在顺利地发展？你如何定期检查你的事业进程？
学习目标	通过编制个人职业生涯书，明确个人的人生目标，并与理财规划有机结合。
学习提示	1. 列出你毕业之后将遇到的机会和威胁，你的竞争优势，你可能遇到的问题。 2. 列出你的优点和缺点，你的核心技能和竞争力。 3. 说说你大学毕业后准备从事什么样的工作，你能为社会提供什么，希望从社会得到什么。 4. 列出你的职业倾向和人生目标。 5. 说说你将采取哪些措施使你的人生目标得以实现。
说明	

项目活动计划与评价表

<table>
<tr><td colspan="4">项目(或工作任务)名称</td><td colspan="6"></td></tr>
<tr><td colspan="4">项目负责人</td><td colspan="6"></td></tr>
<tr><td colspan="4">项目组成员</td><td colspan="6"></td></tr>
<tr><td colspan="4">项目实施时间</td><td colspan="6"></td></tr>
<tr><td rowspan="2">项目计划</td><td colspan="3">项目实施计划</td><td colspan="6">包括(但不限于):计划目标、实现计划目标的要素、计划进度等。</td></tr>
<tr><td colspan="3">工作方案</td><td colspan="6">包括(但不限于):工作流程、阶段任务、工作思路、工作方法措施等。</td></tr>
<tr><td colspan="4">项目成果</td><td colspan="6"></td></tr>
<tr><td colspan="4">收获</td><td colspan="6"></td></tr>
<tr><td rowspan="6">工作评价</td><td colspan="3" rowspan="2">团队及成员</td><td rowspan="2">团队</td><td colspan="5">成员</td></tr>
<tr><td>1.</td><td>2.</td><td>3.</td><td>4.</td><td>5.</td></tr>
<tr><td rowspan="4">评语与成绩</td><td rowspan="2">团队评价</td><td>评价</td><td></td><td></td><td></td><td></td><td></td><td></td></tr>
<tr><td>成绩</td><td></td><td></td><td></td><td></td><td></td><td></td></tr>
<tr><td rowspan="2">教师评价</td><td>综合评价</td><td></td><td></td><td></td><td></td><td></td><td></td></tr>
<tr><td>成绩</td><td></td><td></td><td></td><td></td><td></td><td></td></tr>
</table>

※ 项目五　现金与教育规划 ※

学习目标:通过本项目学习,应明白什么是现金规划及现金规划的作用;清楚影响现金规划的主要因素及其编制程序;认识现金规划工具;了解子女教育规划资金来源、原则、特点和教育规划工具;熟悉教育规划流程。

项目五工作任务分解(WBS)

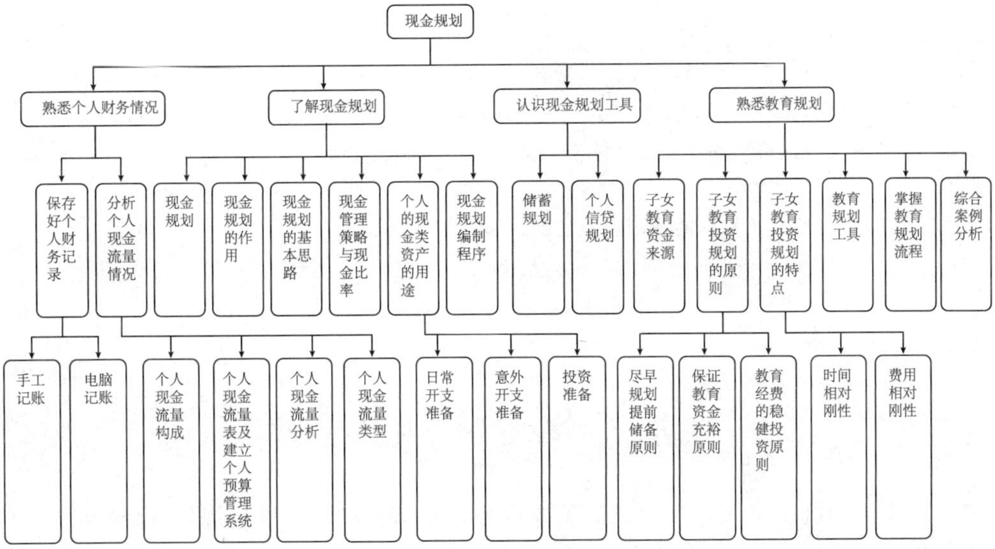

· 理财情景 5-1 ·

王悦是一家外企的办公文员,月收入 3 000 元,丈夫在事业单位上班,月收入 4 000 元。夫妻二人共有 9 万元存款。在双方父母帮助下,购买了一套三居室的住房,现房贷按揭每月 2 500 元,水电物业管理费等每月 500 元,交通费用每月 500 元,早晚饭在家里吃,午饭在单位吃,月伙食支出约 2 500 元。

请思考:你对王悦夫妻有何现金理财建议?

· 理财情景 5-2 ·

张龙的儿子今年 6 岁,上小学一年级。他的子女教育投资规划目标是:在儿子 18 岁上大学时能积累足够的大学本科和硕士的教育费用。

请思考:张龙应如何制定儿子的教育投资规划?

· 理财情景 5-3 ·

王美是一家企业的办公文员,月收入 4 500 元,有社保,丈夫在事业单位上班,月收入 5 000 元,公积金 1 500 元/月。资产状况:夫妇共有现金 10 万元;房子是在双方父母帮助下购买的,现市值 70 万元,房贷按揭每月 2 500 元,须按揭 15 年;水电物业管理费等每月 500 元,交通费用每月 500 元;早晚饭在家里吃,午饭在外面吃,月伙食支出约 2 500 元。现在王美想要买一辆 10 万元左右的小车来改善家庭生活。那么应该如何进行现金规划才能实现自己的家庭梦想？她决定去找在银行工作的同学小王咨询一下，看看是否有好建议。

小王根据王美家庭的资产收入结构，建议王美进行如下现金规划：

1. 家庭生活支出账户

王美将现金10万元中的3万元存入类似余额宝的银行货币理财项目。这样的理财产品不但可以随时存取更有高达1.5%的年利率水平。既高于银行的现金存款利率，又避免了选择银行定期存款所带来的流动性限制问题。

2. 家庭应急支出账户

在满足了基本家庭消费支出后，还需建立一个家庭应急支出账户。家庭应急支出额度可预留3万元，选择×××基金公司的货币市场基金，预计年收益3%。在急需用钱的时候，可以通过赎回很快变现。

3. 购车支出账户

购买小车可以像买房一样，选择按揭贷款。购车贷，一般首付30%即3万元，税费约1万元。王美现金10万元，在扣除日常生活准备3万元和家庭应急准备3万元后，剩余4万元正好用于购车首付和税费支出。购车按揭选择按揭3年，则每月平均按揭费用为2 500元，每月平均新增用车费用1 000元。

请思考：小王给王美家庭的现金规划建议合理吗？

任务一　熟悉个人财务情况

现金规划既是个人理财规划的重要内容，也是教育规划、住房规划、保险规划、退休养老规划和财产传承规划等其他理财规划的基础。做好现金规划的前提是熟悉个人的财务情况，即保存好个人财务记录，分析个人现金流量情况，建立个人预算管理系统。

1. 保存好个人财务记录

保存好个人财务记录，就是跟踪个人的财务活动，记录、保存并管理个人的相关财务信息，以便为个人财务活动提供信息支持。个人财务信息主要包括个人资产、负债、收入、开支等。

养成记账习惯是记录、保存个人财务信息的根本手段。记账就是对个人的资产、负债、收入、开支情况进行系统的记录。通过记账可以了解现金具体去向，有效平衡收支和增加节余；可以合理安排支出计划并方便对个人资产进行管理。记账可以采用手工记账，也可以采用电脑记账。

1.1　手工记账

购买一本现金日记账或者自制一本现金日记账，对发生的每一笔收入或开支进行记录。采用流水账的格式，每发生一笔收入或者支出，就在账本中记录一行。账本格式如表5-1。

表 5-1 现金日记账

日期		摘要	类别	收入	支出	余额
月	日					

(1) 日期

日期中记录的是每一笔收入、开支发生的时间。

(2) 摘要

摘要中记录每一笔收入的来源,如工资收入;开支的用途,如购买大米。

(3) 类别

类别中记录反映资产、负债、收入和开支的具体类别,如现金、支票、活期存款等。

(4) 收入和支出

如果该笔发生的是收入,则发生的金额记入收入栏;如果该笔发生的是开支,则发生的金额记入支出栏。

(5) 余额

每一行的余额等于上一行的余额加上本行发生的收入额减去本行发生的支出额。

手工记账的优点是随时可以记账,并且可以帮助熟悉其中的勾稽关系;缺点在于编制报表和分析时,要手工整理信息,工作量比较大。

1.2 电脑记账

网上有很多个人理财软件可供下载,简便易学,只要个人对理财软件的基本概念有初步的了解,就可以选择电脑记账方式。用电脑记账的优势在于记账后,电脑会自动生成一些基本财务报表,并且可以进行单项分析,这是手工记账不能比拟的。

2. 分析个人现金流量情况

2.1 个人现金流量构成

个人理财的最终目标是实现财务安全和财务自由。了解个人现金流量情况,是做出正确的消费和投资决策的基础,也是实现财务安全和财务自由的前提。个人现金流量包括现金流入量、现金流出量和净现金流量。其中净现金流量是现金流入与现金流出的差额。净现金流量的计算往往以年为时间单位,即比较个人在一年内现金流入和现金流出的差额。当个人的现金流入大于现金流出,即净现金流量为正值时,说明有结余的资金可以用来投资,如果投资得当,随着投资和收益的不断增加,当投资收入超过消费支出时,就获得了财务自由。当现金流入与现金支出相等,即净现金流量为零时,如果个人过去没有任何的投资,那么,也就不可能取得财务自由。但是,如果过去有投资,而且投资是有收益的,那么,还是有可能实现财务自由,不过需要较长的时间。当个人的现金流入小于现金流出,即净现金流量为负值时,说明存在消费资金缺口,不得不动用过去的积蓄甚至父母的积蓄来弥补缺口,如果这种情况持续下去,便会陷入财务危机。

(1) 现金流入

个人现金流入就是个人取得的现金收入,包括主动收入、被动收入和其他现金流入。

① 主动收入。又称工作收入、工资性收入,是用工作(劳动)换取的收入,如果停止工作就会失去主动收入,具体包括薪酬、奖金、劳动分红、津贴和补贴等。主动收入一般较为稳定,但也有失业和丧失劳动能力的风险。

② 被动收入。又称理财收入、财产性收入,是非工资性收入,主要通过资金运作或出让财产使用权产生的收入,包括房屋租金、利息、股息和投资利得等。理财收入受经济等环境的影响大,不太稳定,风险较大。

③ 其他现金流入。主要是为个人平衡收支或进行资产重组时产生的现金流入,包括借入款、资产变现款和债权收回等。另外,还有其他非经常性的收入,如接受捐赠、保险理赔收入等。

(2) 现金流出

与现金流入相对应,现金流出包括主动支出、被动支出和其他现金支出。

① 主动支出。又称生活支出,是维持家庭日常生活的各项支出,主要包括衣食住行、教育和娱乐支出,不包括车贷、房贷、商业保险、退休金养老、财产传承和非义务教育准备金等生活理财和投资理财规划支出。

主动支出是个人期望水准下的基本消费支出,其计算公式为:

主动支出＝期望水准的生活费用需求×家庭人口数

如,某家庭的期望水准生活费用支出为每月每人 2 000 元,家庭人口 4 人,则:

月主动支出＝2 000×4＝8 000(元)

如果有消费贷款,则还应包括消费信贷本息负担。

② 被动支出。又称理财支出,是为了获取投资收益而安排的支出,主要有借款利息、保费和投资手续费等支出。

③ 其他现金支出。是个人为平衡收支或进行资产重组时产生的现金流出,包括偿还负债、投资置产等,以及其他非经常性的支出,如意外伤害支出等。

(3) 净现金流量

净现金流量是现金流入与现金流出的差额,其计算公式为:

净现金流量＝现金流入－现金流出

2.2 个人现金流量表及个人预算管理系统

(1) 个人现金流量表

个人现金流量状况通常以现金流量表的形式体现。个人现金流量表也可以称为个人收入支出表,是反映过去一段时间内(如 1 个月或 1 年)个人收支状况的财务报表。编制现金流量表的目的是总结个人过去的收入、支出情况及其结构和结果,为安排个人将来的收入和支出提供依据。表 5-2 为个人现金流量表参考格式。现金流量

表一般按年编制，具体编制多少年根据个人情况来定，一般以 3 年期较常见。

表 5-2　个人现金流量表（个人收入支出表）　　单位：元

年份 序号	项目	1	2	3	···	备注说明
1	现金流入					
1.1	主动收入（工作收入）					
1.1.1	工资					
1.1.2	奖金					
1.1.3	津贴					
1.1.4	其他					
1.2	被动收入（理财收入）					
1.2.1	现金股利					
1.2.2	债权现金收入					
1.2.3	利息收入					
1.2.4	租赁收入					
1.2.5	生产经营收入					
1.2.6	其他					
1.3	其他现金流入					
1.3.1	借入款					
1.3.2	资产变现款					
1.3.3	债权收回					
1.3.4	其他					
1.3.4.1	回收股票投资本金					
1.3.4.2	回收债券投资本金					
1.3.4.3	回收储蓄等其他投资本金					
1.3.4.4	退休金等其他收入					
2	现金流出					
2.1	主动支出（生活支出）					
2.1.1	饮食支出					
2.1.2	日用品支出					

续表

年份 序号	项目	1	2	3	···	备注说明
2.1.3	服装鞋帽支出					
2.1.4	文化娱乐支出					
2.1.5	医疗保健支出					
2.1.6	教育支出					
2.1.7	其他各项杂项支出					
2.2	被动支出(理财支出)					
2.2.1	储蓄支出					
2.2.2	购买股票支出					
2.2.3	购买债券支出					
2.2.4	购买投资基金支出					
2.2.5	房地产投资					
2.3	其他投资支出					
2.3	其他现金支出					
2.3.1	偿还债务					
2.3.2	其他支出					
3	现金净流量(1—2)					

(2) 个人预算管理系统

建立个人预算管理系统是家庭理财的一个重要组成部分，这种“先算后花”的原则可以保证家庭收支基本平衡，防止陷入入不敷出的窘境。

个人预算是控制个人现金流入和流出的计划，重点对个人收入、支出、储蓄等进行统筹安排，同时考虑理财支出安排。编制预算的目的在于管理收入和支出，检查资金短期流动性，最大限度地利用个人的财务资源。个人预算通常包含月预算和年预算，一般以个人现金流量表(如表 5-2)的形式体现。月预算比较详细，通常包括日常生活开销，可以分为固定开支和非固定开支。固定开支是指在一定时期内金额变化较小，无法省略的费用，主要是衣食住行、教育等主动支出和应偿还负债本息。非固定开支是指弹性较大，可多可少的支出项目，主要包括报刊、美容、医药、娱乐、社交活动、临时杂用等其他主动支出和储蓄、其他投资等被动支出。预算时固定开支部分必须留足，非固定开支可根据每月的实际情况予以调整。储蓄一项可以开列一个固定数目，也可在年预算中予以计划。其余各项可视实际情况作合理的规划。

年预算一般以月预算为基础，增加家庭的一些大目标计划，比如购置大件家用电器、更换家具、装修房屋、较远距离的旅行等，并为此进行储蓄筹款，或在月预算中注意压缩某些开支，以保证目标完成。

预算的原则是根据情况，宽紧适度，尤其是非固定开支部分，一定要计划运用得当，打得太宽，容易造成浪费；太紧则难以做到，甚至影响夫妻感情。同时，要考虑大项目，压缩一些可支可不支的项目。

2.3　个人现金流量分析

个人现金流量分析就是对现金流流入、流出情况进行对比分析，并计算相关的财务指标，以判断个人过去和现在的财务状况并为将来的财务安排提供依据。通常通过以下指标进行分析：

(1) 净现金流量

净现金流量，也称现金盈余，是现金流量表最终结果的反映，是现金流入与现金流出的差额。保证净现金流量大于零，是个人理财的最基本任务之一，也是个人理财最基本的目标。

净现金流量大于零，说明个人在这个财务周期内财务是有盈余的；如果净现金流量为负数，说明个人在这个财务周期内财务入不敷出，应在下一个财务周期进行调整，或增加收入或减少支出。

(2) 财务自由比率

财务自由比率是指被动收入与主动支出的对比值，其计算公式为：

$$财务自由比率=\frac{被动收入(理财收入)}{主动支出(生活支出)}$$

财务自由比率是衡量个人财务状况达到财务自由状态的程度。如果该比率大于等于1，说明已经实现了财务自由的目标；该比率如果非常小(比如小于30%)，说明距离财务自由还有很长的路要走。

(3) 储蓄比率

储蓄比率是指储蓄支出与主动收入的比值。其计算公式为：

$$储蓄比率=\frac{储蓄支出(储蓄支出)}{主动收入(主动收入)}$$

储蓄兼顾了投资和保持适度流动性的特点。一年以内的储蓄是个人流动资金管理的重要工具，3～5年的储蓄既可以作为长期无缝隙的稳定投资工具，也可以作为特殊情况时的现金来源。

储蓄比例多少为宜，没有固定值，因个人收入和开支情况而异。一般收入高、消费谨慎的个人会有较高的储蓄比例，相反则较低。在个人理财规划中，应根据个人的实际情况确定一个合理的比例，不要轻易更改，选择20%～35%比例的较多。

(4) 投资收益率

投资收益率是投资成本与投资收益的比率，是反映投资效率的指标，其计算公式为：

$$投资收益比率=\frac{投资收益(投资利润)}{被动支出(投资支出)}$$

该比率越高说明投资效果越好。如果只有银行储蓄，那么投资收益率就是银行存款利率。如果有一组投资组合，那么投资收益率是该投资组合所得到的收益总额与投入的成本总额的比值。投资收益如果高于等于社会平均投资收益率，说明投资效率好。

2.4 个人现金流量类型

个人现金流量有两种类型：一种是基础现金流量，另一种是期望现金流量。以此相对应，薪金流量表也分为基础现金流量表和期望现金流量表。

(1) 基础现金流量

基础现金流量指已知或者根据已知条件可以合理估算的现金流量，也可以把基础现金流量理解为未做理财规划的现金流量。这样，基础现金流入就是主动收入(工作收入)，基础现金流出就是主动支出(生活支出)，主动支出是维持家庭日常生活的各项支出，主要包括衣食住行、教育和娱乐支出，不包括车贷、房贷、商业保险、退休金养老、财产传承和非义务教育准备金等生活理财和投资理财规划支出。

(2) 期望现金流量

期望现金流量指考虑理财规划因素影响后的现金流量，也可以把期望现金流量理解为通过理财规划后获得的现金流量。其中，期望现金流出由期望基础现金流出和预期理财规划现金支出组成。

期望基础现金流出是个人期望水准下的基础现金流出，其计算公式为：

$$\text{期望基础现金流出}=\text{期望水准的生活费用需求}\times\text{家庭人口数}$$

如，某家庭的期望水准生活费用需求为每月每人 2 000 元，家庭人口 4 人，则：

$$\text{月期望基础现金流出}=2\,000\times4=8\,000(\text{元})$$

如果有消费贷款，则期望基础现金流出还应包括消费信贷本息负担。

根据我国城乡居民的生活理念，住房、养老、教育属于刚性的需求，对这三个项目进行理财规划宜持稳健原则，其理财工具一般选择储蓄。因此，预期理财规划现金支出主要指这三方面的支出，其计算公式为：

$$\begin{matrix}\text{预期理财规划}\\\text{现金支出}\end{matrix}=\begin{matrix}\text{预计住房}\\\text{规划支出}\end{matrix}+\begin{matrix}\text{预计退休}\\\text{金储蓄}\end{matrix}+\begin{matrix}\text{预计教育准}\\\text{备金储蓄}\end{matrix}+\begin{matrix}\text{预期其他必要}\\\text{的现金支出}\end{matrix}$$

预计必要的现金支出因家庭而异，旅游支出、保险支出、娱乐支出等是较多家庭可能考虑的支出。

下面以夫妇 2 人抚养 1 个孩子为例，假设储蓄报酬率等于通货膨胀率，预计各项理财规划支出。

预期住房规划支出，购房款 80 万元，贷款期 10 年，利率 5%，首付 20%：

$$\begin{aligned}\text{估计月还款额(本利合计)}&=\frac{(\text{房价}\times80\%)}{(\text{年金现值系数}\times12)}\\&=\frac{800\,000\times80\%}{(7.722\times12)}\\&=6\,906.67(\text{元})\end{aligned}$$

预计退休金储蓄，假设夫妇两人距离退休年数为 25 年，假设退休金储蓄的投资报酬率等于通货膨胀率：

$$退休金月储蓄=\frac{期望水准的月生活费用需求\times退休人数\times退休后生活年数}{距离退休年数}$$

$$=\frac{2\,000\times2\times20/25}{25}$$

$$=3\,200(元)$$

预计教育准备金储蓄，期望水准的月教育费用需求 1 500 元，预计受教育年数 10 年，距离子女上大学年数 6 年，假设教育储蓄投资报酬率等于学费增长率：

$$教育准备金月储蓄=\frac{期望水准的月教育费用需求\times受教育人数\times预计受教育年数}{距离子女上大学年数}$$

$$=\frac{1\,500\times1\times10}{6}$$

$$=2\,500(元)$$

期望现金流入是个人期望水准下的现金流入。期望现金流入由期望基础现金流入和预期理财规划现金流入组成，其计算公式为：

期望现金流入＝期望基础现金流入＋预期理财现金流入

预期理财现金流入＝预期理财规划现金支出－期望基础现金流入

＝(预计住房规划支出＋预计退休金储蓄＋预计教育准备金储蓄＋预期其他必要的现金支出)－期望基础现金流入

预期其他必要的现金支出主要指紧急备用金及其他临时性开支，为了避免当收入临时中断(如失业、失能等)或支出突然增加时陷入一时的财务困境，必须准备紧急备用金(应急金)，通常情况下，失业找到一份新工作大约需要 3～5 个月的时间，因此，应准备 3～5 个月的固定支出金额以应对急需。

月固定支出＝月生活支出＋应偿还负债本息

应偿还负债本息包括房贷款本息支出、分期付款支出等。

任务二　了解现金规划

1. 现金规划

现金规划是为满足个人或家庭短期需求而进行的管理日常的现金及现金等价物和短期融资的活动。现金等价物是指流动性比较强的各类银行存款和货币市场基金等金融资产。

现金规划的基本内容是对家庭或者个人日常的、日复一日的现金及现金等价物的管理，是确保个人有足够的费用来支付计划中和计划外的费用，并且个人的消费模式是在其预算限制之内。

现金规划的核心是满足个人的短期需求。现金规划解决问题的原则是：短期问题用直观现金解决，预期问题用短期储蓄、短期投资、融资（尽量少用）等现金等价物解决。

2. 现金规划的作用

现金规划主要有两个作用：一是有助于所拥有的资金既能满足家庭的费用又能满足储蓄的计划；二是使得即期的需求可以用手头现金来满足，而未预期的或者将来的需求则可以通过各种类型的储蓄或短期工具来满足。

3. 现金规划的基本思路

具体预留多少现金，每个家庭都会不同，主要根据以下主要因素确定：

(1) 风险偏好程度。风险偏好低的家庭，可以预留较多的现金；反之则可以预留较少的现金。

(2) 持有现金的机会成本。有些家庭有较好的理财渠道，持有现金所放弃的机会成本较高，则可以少预留一些现金。

(3) 现金收入来源及稳定性。家庭中工作人数较多，工作稳定性佳，有其他收益并较稳定，如房屋租金等，则可以少留现金。

(4) 现金支出渠道及稳定性。如果家庭开支稳定，意外大项支出较少，也可以少留现金。

(5) 非现金资产的流动性。如果一个家庭除了现金外，其余大多是房产或实业投资等变现周期长、变现价格不确定性高、流动性差的资产，则需要多留一些现金。

我们可以通过进行现金流量分析来掌握现金收支的情况，这一般是通过编制现金流量表来实现的。

4. 现金管理策略与现金比率

通常有两种现金管理的策略：一种是建立较高的现金头寸，获得流动性，但牺牲一些收益；另一种是现金预留较少，如有需要则通过变现其他类资产来获取现金。

无论采取何种策略，每个家庭都应至少预留够 3～5 个月使用的现金以应付日常生活开支。即，个人应在考虑流动性要求和机会成本，并综合分析个人财务状况的基础上，合理确定合适的现金比率。现金比率指的是现金等价物与月支出的比值，即“现金比率＝现金等价物/月支出”，它可以反映个人支出能力的强弱。一般情况下，现金比率应当保持在 3～5 比较合适，不同的人有不同的最适合的流动性比率，如果是收入支出均比较稳定的人，流动性比率低一点有助于降低机会成本，反之对于收入或支出波动较大的个人，建议其维持较高的流动性比率，但一定不要超过 10，以免机会成本过高。

5. 个人的现金类资产的用途

个人的现金类资产主要有三种用途：日常开支准备、意外开支准备和投资准备。

5.1 日常开支准备

在没有领到工资前，需要用自己持有的现金支付一段时间的生活费。一般提前准备1～2个月的日常生活费比较安全。

5.2 意外开支准备

在正常的收入与开支范围内，每月或多或少都有节余，但是当收入突然中断或支出剧增时，若没有一笔紧急备用金则会陷入财务困境。因为房产等固定资产无法在短期内转化为可以使用的现金，而股票等证券资产如果临时变现，可能会蒙受很大的损失。紧急备用金主要用以应对以下风险：

失业导致的工作中断和意外伤害或疾病导致的暂时停止工作。

失业后能否顺利找到工作，取决于当时的经济景气状况和自身的调整弹性。职场经济景气时3个月内要找到类似薪资的工作不难，不景气时除非降低收入要求，否则一年半载找不到工作是常事。一般为应对失业风险，准备的财富应该足够3个月的开支；如果考虑在失业后要寻找好的工作，则需要更长时间，可能需要准备6个月左右的开支。

个人的一生中难免会遇到一些意外伤害或疾病，它们可能会导致短期内无法工作，为维持个人和家庭的正常运转，需要事先准备3～6个月的生活费用，因为一般的疾病或伤害在3～6个月内都可以治愈和恢复。

5.3 投资准备

为了实现走向财务自由的理财目标，需要适当减少当前消费，将收入尽可能积累下来用以投资，这部分资金在投资之前要先以现金类资产的形式存放，数量越多越好。

综上所述，人们会按月取得收入并用以支付各项开支。拖欠工资、失业和意外伤害、疾病等一般不会同时发生；投资准备金越多越好，但不是基本必需的；为了维护个人和家庭的财产安全，需要准备3～5个月的开支比较适合。

6. 现金规划编制程序

现金规划的编制程序一般包括以下四个步骤：

第一，应当分析个人现金需求，合理确定现金比率，并计算现金规划额度。

第二，使用现金、存款、货币基金等现金规划一般工具对个人的现金规划额度进行配置。具体配置中，注意平衡资产的流动性与收益性。

第三，在现金额度配置的基础上，采用信用卡、贷款等现金规划的特殊工具解决个人超额现金需求。

第四，应形成完整的现金规划方案，并组织实施和监控。

任务三　认识现金规划工具

现金规划一般选择具有较高流动性的现金等价物，主要包括现金、各类储蓄和货币市场基金，以及信用卡、贷款等投资工具。这里主要介绍个人储蓄和贷款。

1. 储蓄规划

1.1　个人储蓄的种类

目前我国有很多品种的储蓄供投资者选择。

(1) 活期储蓄。活期储蓄是储户可以随时支取，存期和金额不受限制的储蓄。该种储蓄利息比较低，每年 6 月 30 日为结息日，到时银行自动根据储户的存款余额和国家规定的利息率结计利息，记入储户的账户并将利息并入本金，下期一起计息。

(2) 活期支票储蓄。活期支票储蓄是以个人信誉为保证，使用支票为支付结算凭证的活期储蓄。该储蓄适用于个人日常经济往来比较多，收入比较高，经常有大笔现金进出的储户。具备开户条件的个人，可向储蓄机构提出开户申请，经受理开户储蓄机构资信审查同意后，按规定存入最低金额（一般为 5 000 元，多存不限）后，即可向开户机构购买支票簿。

储户签发储蓄支票必须印章相符、数字清晰、日期明确，否则银行即行退票，并按规定给予警告或处以罚金，对严重者直至终止其使用支票账户。储户签发的支票的有效期为 5 天，从签发日的第二天算起，到期遇节假日可以顺延。收款人为单位或流通转让的支票，不得支取现金；支票的左上角画有两条斜行平行线的“画线支票”也只限转账，不能支取现金。

(3) 旅游支票储蓄。旅游支票储蓄是专为个人外出旅游、探亲、出差，减少大量携带现金的不便而设置的储种。个人向储蓄机构申购储蓄旅游支票时，储蓄机构向申购人收取一定的手续费，支票面额为 100 元、500 元、1 000 元和 5 000 元四种，不计息、不挂失、不记名、不受理查询，只限于个人使用，不能作为现金进行流通。有效期内若支票不用，可向原签发机构申请退款，但不退手续费。

(4) 整存整取定期储蓄。整存整取定期储蓄是在存款时由储户事先约定存期，一次存入本金，到期一次支取本息的储蓄。适合于较长时间不用的整笔款项或者数额较大的节余款项的存储。储户存入款项时由储蓄机构发给存单，到期凭存单支取本息，存单记名，可挂失。这种储蓄具有期限长、利率高的特点，而且期限越长利率越高。

(5) 零存整取定期储蓄。指事先约定存期，分次（一般一个月一次）存入开户时选定的固定金额本金，到期一次支取本息的储蓄。这种储蓄具有积零成整的优点。零存整取不得提前支取款项。

(6) 整存零取定期储蓄。整存零取定期储蓄指一次存入本金，分次（按一个月或三个月或半年）支取约定的本金，到期支取利息的储蓄。储户有大笔款项拟分次使用时可选择此种储蓄。利率与零存整取相同，可办理部分或全部提前支取。

(7) 存本取息定期储蓄。存本取息定期储蓄指一次存入本金，分次（一个月或几个月一次）支取利息，到期收回本金的一种储蓄。如果储户需要提前支取本金，则要按定期存款提前支取的规定计算存期内的利息，多支取的利息一次性从本息中扣回。适用于有较大数额的结余资金，在较长时间内不必动用本金，只需定期支取利息作生活零用的家庭储户。

(8) 贴水定期储蓄。贴水定期储蓄指存款时支取到期利息，到期收回本金的一种储蓄。存期分为一年、两年和三年，不能提前支取，可以挂失。

(9) 大额可转让定期存单。大额可转让定期存单指储户在储蓄机构存入一笔固定金额的款项，到期按与储蓄机构约定的利率计算利息并收回本金的一种储蓄。与整存整取定期储蓄基本相同，但它可以转让，不能提前支取，不分段计息，到期还本付息，不计逾期利息。经人民银行批准，利率可以在同期整存整取定期储蓄的基础上最高上浮不超过5%。

(10) 定活两便定额储蓄。定活两便定额储蓄指不确定存款期限，利率随存期的长短而变动的储蓄。利率按同期整存整取利率打六折计算。这种储蓄兼有活期储蓄灵活方便和定期储蓄利率较高的优点，适用于存期难以确定的储户。

(11) 购房储蓄。购房储蓄指为帮助居民和职工筹集购房资金而开办的一种存贷结合的储蓄。购房储蓄与一般的储蓄相同，利率也一样，但办理购房储蓄的储户可以获得向银行取得住房贷款的资格。该储蓄实行存款自愿、取款自由、先存后贷、以存定贷、存贷结合的原则。

(12) 教育储蓄。教育储蓄是国家为鼓励公民投资教育而开办的一种储蓄品种。凡在校就读的中小学生，为应付将来非义务教育的开支需要，都可以在家长的帮助下参加教育储蓄。教育储蓄采用实名制。参加教育储蓄的储户若申请助学金贷款，在同等条件下可以优先解决。

1.2　个人储蓄原则

个人进行储蓄投资必须了解储蓄原则。储蓄原则是我国政府鼓励个人储蓄的经济政策，是储蓄机构开展储蓄工作的法律准绳和主要依据。我国政府对个人储蓄实行"存款自愿、取款自由、存款有息和为储户保密"的原则。存款自愿是指参加储蓄必须出于存款人的自愿。储蓄存款是属于个人的私有财产，存款人完全有自由支配的权利。个人存不存款、存多少款、何时存款、存在哪个信用机构、存哪一种储蓄、存多长期限，都由储户自己定，任何单位或个人不得以任何借口或方式加以干涉。取款自由是指储户有按照银行储蓄存款政策的规定支取存款的自由。储户要求取款时，在其存款金额内不论取多少、取款用途均由储户自己决定，银行或他人不得加以干涉，银行只能照章付款，不得喜存厌取，故意刁难。对于没有到期的定期存款，如果储户急需用款，可按银行规定的手续办理提前支取。存款有息是指储蓄机构对储户的存款要按照国家统一规定的利率付给一定的利息。利息是国家使用储户资金而付出的代价，是国家对储蓄的一种鼓励。它使储户在节约储蓄、支援国家建设的同时，个人也能取得一定的利息收入，这有利于调动广大群众参加储蓄的积极性。为储户保密是指储蓄机构对储蓄存款的户名、地址、数目、存款方式、存款期限、印鉴等均不得向外泄露，要为储户保守秘密。存款自愿、取款自由、存款有息和为储户保密四项原则是相互联系、不可分割的整体，必须全面贯彻执行。这是搞好储蓄工作，使储蓄事业健康发展的必要前提。

1.3 储蓄利息的计算方法

利息是储蓄投资的收入，掌握利息计算的基本原则可以帮助个人科学地进行储蓄投资。我国银行对储蓄存款采取单利计息方法，即只对本金计算利息，对利息收入不并入本金计算利息。单利计息的计算公式是：

$$利息=本金\times月数\times月利率$$

计算储蓄存款利息的范围包括金额范围和期限范围。

(1) 金额范围的计算。对储蓄存款金额中，元以下的尾数不计算利息；计算出的利息额，在货币单位分以下的四舍五入；在分段计息时，每一段时间的利息计算至厘，各段汇总相加后再四舍五入。

(2) 期限范围的计算。储蓄存款天数每年按360天计算，每月按30天计算，不满一月的按实际天数计算；存款计息期采取算头不算尾的方法，即由存入日计息，支取日停止计息；各种储蓄存款在银行休假日到期，储户可以在银行休假日前一天到银行取款或转存，银行按到期计算储蓄存款的利息。

(3) 其他计息规定。定期储蓄在没有到期的时候提前支取，银行按实存天数计付利息。实际存期不满半年的，按活期利率计息；存满半年不满一年的，按半年定期利率计息；存满一年的按一年利率计息，存满两年的按两年利率计息，依此类推。在存期遇到国家调整利率时，银行按照分段计息的原则计息。调整前的一段存期，按原定利率计算；调整后的一段存期，按调整后的新利率计算，并采取就高不就低的办法，即储户在存款期内遇到利率调整，利率调高按新利率计息，利率调低按原定利率计息。由银行自动办理，储户不必到银行重新办理手续。定期储蓄过期支取，其到期利息和过期利息，银行按存单上所定的利率合并计算利息。

1.4 储蓄理财策略

"做正确的事比正确做事重要。"因此，个人投资者要想通过储蓄投资达到自己的理财目标，关键还是要进行科学的理财决策。具体要考虑以下几个问题：

(1) 合理选择储蓄时机

由于国家根据经济发展状况会经常调整储蓄存款利率，并对利率调整采取分段计息，就高不就低的计息原则，投资者便可在利率调高或预计利率有可能调低之前将资金存入银行，以便获得较高的利息收入。例如某储户预计由于刺激消费政策的实施，政府有可能调低储蓄存款利率，他便可以做出决定在利率调低前将资金及时存入银行，而且尽可能选择较长时期的储种。

(2) 正确选择储蓄种类

储种的选择取决于多方面的因素。储蓄动机是储种选择的主要决定因素。储蓄动机主要有投资动机、预防动机和消费动机。投资动机是一个人出于在未来某个时刻便于进行投资的意图而产生的储蓄动机，即为将来某个投资机会到来时可较快地从银行取出投资准备金，去实施自己投资计划而进行储蓄。如预计一年后政府会发行公债，投资者也有意选择这种有较高收益和较小风险的投资工具进行投资，那么他就可以事先储备一笔资金，等政府公债发行时及时取出进行购买。如果未来的投资机会可以预期，如上例，则投资者的储蓄行为就较好预定的计划性。如上例投资者可以肯定地预计政府在一年后发行公债，那么他就可以选择一年期储蓄和零存整取两类储蓄品种，将当前手中持有的资金选择一年期定期储蓄，对将来分期获得的收入则选择零存整取的储种，这样既可以使当前手中持有的资金获得较高的利息收入，又可以使以后分期取得的收入发挥积少成多的作用。但是，现实生活中，投资机会的出现往往难以准确的进行预期，由于受多种复杂因素的影响，可能提前出现，也可能推迟出现。这样一来，储蓄行为就不具有预期的计划了，但是投资机会一出现又不能白白的让它溜掉，因此出于投资动机的需要选择定活两便的储种可能会较合适一些。当然投资者也可以根据自己的条件、实力及对市场未来投资机会的判断，定出一个大约的投资准备金额和多品种相结合的储蓄策略。预防动机是指出于应对生活中一些事先无法预料的事件而进行储蓄的动机。在现代生活中，人们的生活有许多始料未及的事件发生，需要为了应对这些意外的发生，不得不储蓄一笔。但由于突发事件的不可预见性，所以也很难确定与预防动机相对应的储种，只要在银行存款有一笔资金能应急就可以了，而且随着人们保险意识的增强和保险体系的日趋完善，这一动机的储蓄行为，在整体的储蓄行为中的地位也相对来说不重要了。消费动机是指人们出于未来生活的消费支出安排而进行储蓄的动机。消费按类型可以分为日常消费、耐用品消费（如汽车、电子设备、住房）、旅游消费和投资性消费（如子女教育费、家庭成员的学习费等），耐用品消费、旅游消费和投资性消费需要的数额较大，需要经过一段时间的积累才能满足。因此，投资者应根据自己及家人在不同时期的消费需求，各种需求满足的先后顺序、需要的数额、计划实现的期限，结合自己及家人的收入状况选择相应的储种进行储蓄积累。通常采用多储种搭配使用的办法，在储种的搭配组合中注意我国利率的制定原则：定期存款利率高于活期存款利率，长期存款利率高于短期存款利率，外币存款利率高于人民币存款利率。投资者应尽可能选择定期、长期和外币存款。除了储蓄动机外，存款利率、存款金额、投资者的收入和支出状况及国家对不同储种采取的区别对待政策（如教育储蓄免交利息税等）也是影响储种选择的重要因素。

（3）科学设计储蓄方式

在其他条件或指标相同的情况下，投资者通常可以通过计算比较各种储蓄方式取得利息的多少，科学设定储蓄方式。一般情况下，在用款期限能预先确定的情况，一次储蓄比分次储蓄取得的利息多。如某人手中有 5 000 元资金，计划 5 年后再动用，则可以一次存足 5 年，而不分期存入银行，如先存一个两年期，取出本息，再存个 3 年期。但也不是绝对的，比如预计政府将对利息征税，则分期存款可以规避掉一部分的利息税。

（4）明智选择储蓄银行

随着银行业开放度的提高，业内的竞争越来越激烈，银行因经营不善倒闭也不会是一种新鲜的事，因此明智选择储蓄银行是投资理财成功的基础。把钱存入好的银行，不仅保险，而且还可以享受到银行优质的理财服务，选择好的银行等于选择一个好的理财帮手。在储蓄银行的选择上要注意以下两点：第一，是否属于合法经营机构。合法的经营机构具有人民银行颁发的《金融业务经营许可证》，此类机构资本金充足，能够依法经营，倒闭的风险小。目前我国经营储蓄业务的金融机构主要有中国工商银行、中国农业银行、中国建设银行、中国银行四大国有商业银行，中信实业银行、交通银行、中国光大银行、华夏银行、民生银行、招商银行等股份制银行，广东发展银行、上海发展银行、深圳发展银行、福建兴业银行等地域性商业银行，各城市商业银行，各地信用合作社，邮政机构，部分中外合资银行，外资银行等。第二，是否具有优质的服务质量。各类银行除了融资方式、经营理念和运作模式不同外，其余各方面基本相同。因此，选择何种银行作为开户行，关键是看它的服务质量，而不是它的体制。一家理想的开户行首先应该能够提供多样化的服务业务，满足储蓄投资者不同的金融服务需求，让投资者有更多的选择机会；其次必须有方便快捷的通信结算手段；其三，要有完善的内部控制与管理制度；其四，要有高素质的服务人员。此外，能为储户提供理财建议的银行对储户的吸引力更大。

2. 个人信贷规划

2.1 个人信贷的含义

信贷是体现一定经济关系的不同所有者之间的货币借贷行为。广义的信贷是指金融机构存款、贷款、结算的总称。狭义的信贷一般指银行或信用社的贷款，本书所指的信贷是狭义上的信贷，即个人贷款。个人贷款是指银行向个人发放的用于满足其各种资金需求的贷款。个人贷款是以主体特征为标准对贷款分类的一种结果，即借贷合同关系的一方主体是银行，另一方主体是个人，这是与公司贷款相区别的重要特征。开展个人贷款有利于银行增加收入和分散风险，有助于满足城乡居民的有效消费需求，繁荣金融行业，促进国民经济健康发展。目前，我国的个人贷款具有品种多、用途广、贷款便利、还款方式灵活等特点。

2.2 个人贷款的要素

个人贷款的要素主要包括贷款对象、贷款利率、贷款期限、还款方式、担保方式和贷款额度。个人贷款对象仅限于自然人，且必须是具有完全民事行为能力的自然人，不包括法人。个人贷款利率可根据贷款产品的特性，在一定区间内浮动。一般来说，贷款期限在 1 年以内(含 1 年)的实行合同利率，遇到法定利率调整时，执行原合同利率；贷款期限在 1 年以上的，合同期内遇法定利率调整时，借贷双方可按商业原则调整。贷款期限指从具体贷款产品发放到约定的最后还款或清偿的期限，不同产品的贷款期限不同。借款期限越长，每月还款越少，但总还款额上升，合理的贷款期限应是 15～20 年。个人贷款还款方式主要有到期一次还本付息法、等额本息还款法、等额本金还款法、等比累进还款法、等额累进还款法、组合还款法等，贷款人可根据自己的收入情况，与银行协商，转换不同的还款方法。

2.3 个人贷款的种类

按用途可划分为：

(1) 个人消费贷款。个人消费贷款指拥有一定收入的公民为实现消费目的,向银行申请借款并提供一定的担保,到期归还借款、支付利息的行为。主要包括:个人耐用消费品贷款、个人住房装修贷款、个人助学贷款、个人旅游贷款、汽车消费贷款等业务品种。

(2) 个人综合消费贷款。个人综合消费贷款指银行为进一步满足个人日趋多样的消费需求,向个人发放的不指定具体用途的贷款。

(3) 信用卡透支贷款。信用卡透支贷款指信用卡持卡人在信用卡账户余额不足消费或购物所需金额时,根据银行与持卡人事先商定的限额自动给予持卡人所需的贷款额度。

(4) 个人住房贷款。个人住房贷款指银行向借款人发放的用于购买自用普通住房的贷款。

(5) 个人质押贷款。个人质押贷款指借款人按照其借款的金额将相应的质押物交给银行作为保证的一种贷款。当借款人的现金流量不足以偿还借款时,银行就行使对质押品的处置权。

(6) 个人信用贷款。个人信用贷款指银行或其他金融机构向资信良好的借款人发放的无须提供担保的人民币信用贷款。以个人信用及还款能力为基础,额度一般不会超过20万,借款期1～2年。目前,有几家商业银行都陆续开展了此项业务,其中中安信业是国内最大的小额信用贷款机构,在全国有很多分行,信誉也比较好。只要保持和拥有良好的个人资信,就可免担保获得一定额度的银行贷款。

2.4　个人信贷流程

(1) 借款人向银行提交相关资料,包括:贷款申请审批表;本人有效身份证件及复印件;居住地址证明(户口簿或近3个月的房租、水费、电费、煤气费等收据);职业和收入证明(工作证件原件及复印件、银行代发工资存折等);有效联系方式及联系电话;在拟贷款开立的个人结算账户凭证;银行规定的其他资料。

(2) 银行对借款人提交的申请资料审核通过后,双方签订借款合同。

(3) 银行以转账方式向借款人发放贷款。

2.5　个人信贷条件

在中国境内有固定住所、有当地城镇常住户口(或有效证明)、具有完全民事行为能力,并且符合下列条件的中国公民均可申请个人信用贷款:

(1) 有正当职业和稳定的收入来源(月工资性收入须在1 000元以上),具有按期偿还贷款本息的能力。

(2) 借款人所在单位必须是由银行认可的并与银行有良好合作关系的行政及企业、事业单位且需由银行代发工资。

(3) 遵纪守法,没有违法行为及不良记录。

(4) 在中国工商银行开立个人结算账户,并同意银行从其指定的个人结算账户中扣收贷款本息。

(5) 银行规定的其他条件。

2.6 个人信贷偿还

(1) 按所签的贷款合同规定分月等额偿还贷款。若双方约定按所签的贷款合同规定分月等额偿还贷款，客户应于贷款合同规定的每月还款日前主动在其储蓄账户上存足其每月应还的贷款本息，由银行扣收每月应还款。

(2) 提前还款。客户提前还款应提前一个月向银行提出申请，能免去所提前时间的贷款利息，但利率仍按原贷款期限的同期利率执行。

2.7 个人信贷相关费用

(1) 期限利率。贷款期限可根据实际情况合理确定，但最长不得超过30年；贷款利率按中国人民银行有关利率政策规定执行。

(2) 贷款费用。货款费用包括律师审查费、公证费、产权登记费和保险费等。

2.8 个人消费贷款技巧

申请办理个人消费贷款时有一定的技巧的。

(1) 申请贷款额度要适当。个人消费类无抵押贷款的贷款额度一般是依据申请人的工资流水作为依据，一般为个人税前工资的6～15倍之间，申请人的单位性质和个人负债、信用状况也是重要的衡量因素。对于工资流水的形式打卡工资为所有贷款机构认可，而现金和工资转账的方式发放工资只有部分银行和贷款公司认可。

(2) 良好的信用记录很重要。对于办理信用贷款的人士，客户需要自身的信用记录良好、工作收入稳定。如果个人信用记录良好，银行会给出更高的贷款额度，一般能达到个人工资的10倍左右。如果属于大中型国企的工作人员、国家公务员以及高校教师、律师、医生等具有专业技术职称的专业人员别忘了在申请贷款时出示相关工作证明及专业技术职称证书等。

(3) 可以选择抵押贷款。相对个人信用贷款来说，抵押贷款更受银行的青睐。这是由于贷款有抵押，这样银行的放贷风险就降低了。因此，手头如果有住房、银行理财产品、车子等可作为抵押或质押的财产，就能较快地申请到贷款。即使在申请无抵押信用贷款时，如果借款人有房产，贷款额度也会有所提高，只需提供房产证验证房产证不抵押，复印后原件可以带走。

(4) 寻找认可的第三方担保。没有可抵押或质押的财产，申请人也可考虑通过第三方担保来申请贷款。由于有第三方担保，银行也能在借款人不能及时还贷的情况下，向第三方索取还贷，这样也比较容易通过审批。自然人担保要提供保证人证件、户口、月收入、家庭借款以及与借款人的关系等资料，对于法人担保的应提供法人的营业执照副本、经营范围、财务状况、联系地址以及与借款人的关系等资料。

2.9 信用卡透支贷款技巧

(1) 信用卡透支额度的申请要适当。信用卡透支是一把双刃剑，它可以帮助客户买到大件物品和一直舍不得买的心爱的东西以外；但如果还款额度超过了工资收入的负荷，它还有可能成为埋下的一个陷阱。所以要控制好自己的信用额度。业内人士建议持卡人信用卡透支额度最好在可支配的自由收入的3倍之内，才能不影响个人正常的生活。

(2) 信用卡透支消费应以刷卡为主。信用卡透支消费应以刷卡为主，慎用信用卡取现，取现后也要按时还款。对于透支取款，银行按日万分之五的利率收取利息外，如果用户一个月未还款，银行还可计收复利。

(3) 注意“信用卡领用合约”中有“全额罚息”的条款。持卡人如对信用卡还款时只还了整数，就会因“几毛钱”零头欠款产生一笔不小的罚息，因为大多数银行规定若发生逾期欠款，就按照全部透支金额来计算罚息。

(4) 信用卡透支消费要巧用免息期。目前，各银行信用卡的免息期在20～50天之间，消费者在信用卡透支消费前应注意银行的账单日和还款日，计算好自己信用卡的还款时间。刷卡透支后，最好能在免息期内还上。除了最基本的柜台还款、自动存款机存款外，网络、电话转账也可以还款。总之，正确使用信用卡透支，别让信用卡“卡住”自己。

(5) 养成记账的好习惯。很多人消费用信用卡，而自己手里的钱总是觉得还是有很多，都没有花，卡就先刷着，反正下个月才还，而手里的钱也有这么多，还可以买点别的。为了防止消费透支，需要有一个很清楚的理财系统，养成记账的好习惯，时刻提醒钱都流到哪里去了。

2.10 个人质押贷款技巧

个人以未到期的金融产品作质押，从银行取得贷款是应急的好办法，但应该注意以下几个事项：

(1) 注意贷款期限的选择。建议选择贷款利息与所质押的理财产品收益率相近的那档贷款期限，这样，相当于用理财产品的收益来抵贷款利息。还有，贷款期限不能比理财产品剩余期限还长。

(2) 了解计息要求。实际借款30天以上的，利率按照约定执行，短于30天提前还款的，利息将上浮。

(3) 网上个人质押贷款如果逾期，只能到柜面办理还款手续。

此外，在办理业务之前，应把质押贷款的适用性、质押比例、利率、期限、还款方式等细节了解清楚。若想用贷款资金进行再投资，还要算好贷款成本和产品收益率之间的差异，如果理财产品质押贷款期限过长将得不偿失。

还有，存单质押贷款也是质押贷款的一种类型，是以存单作为质押物来向银行申请贷款。存单质押贷款是贷款利率最低的，也是手续最少的贷款方式，办理存单质押贷款非常简单，主要是因为存单本身作为质押，对银行来说风险非常小，甚至可以说是零风险。不过，这看似简单的贷款，对借款人来说，仍然是需要考虑全面，讲究一定的技巧。

申请存单质押贷款需要注意哪些事项呢？

首先，要在质押贷款和提前支取存单之间进行选择。存单可以作为质押的物质财产，也可以通过存单直接提取资金。不过提前提取现金，银行会对此进行收取一定的费用，也就是说未到期的存贷提前提取所获得资金并不是原储蓄的资金了。而入股选择质押贷款的话，则会多支付一些利息。究竟选择哪种方式比较划算，就需要资金需求者自己来计算一下了。其次，要注意贷款的时间。作为质押的存单都是有期限的，一般来说存单质押的贷款时间不超过存单到期日期，到期后直接就能提取资金了，这种贷款最多不超过一年。也有多单质押贷款，当一张存单的面值不够的时候，就会选择多张存单质押贷款，这种情况以最近的存单期限为基准。借款人所选择的贷款期限，最好是半年期限的，即便是一年期限也要分为两个半年期。其三，要注意贷款资金的多少。存单质押贷款金额会直接影响利息，如果是存单资金够质押的贷款资金，以够用为主，尽量不要多贷，避免多支出利息。

2.11 个人信用贷款技巧

申请个人信用贷款也是有技巧的，主要从以下几方面考虑：

(1) 保持良好的信用记录。个人申请信用贷款，银行会调查其信用情况，良好的信用不仅能使得借贷人轻松获得贷款，并且贷款额度也会较高，为此，还需借贷人平日里养成良好的信用习惯，避免信用逾期造成信用不良的现象。

(2) 如实填写有关贷款资料。有的人认为自己的收入不算高，担心无法取得个人信用贷款，于是要求单位开具较高的收入证明。这种做假的行为，一旦被贷款机构查出，也是无法取得贷款的。

(3) 保持较高的个人收入水平。一般来说，信用贷款的贷款额度通常在借贷人月收入的5～10倍之间，也就是说，借贷人收入越高，其贷款额度自然也就越高，具体情况还需借贷人前往有关银行进行咨询了解。此外，贷款机构通常看重申请人的还款能力，所以，贷款人的工作年限也是影响贷款额度的因素，如果贷款人的工作年限不够，很可能工作和收入都不太稳定，较难贷到款。

任务四 熟悉教育规划

教育规划包括个人教育规划和子女教育规划两种，这里主要讨论子女教育规划。子女教育规划主要是对子女将要接受的教育活动进行一系列目标确定和财务考量的计划，其主要目的在于防止因为资金问题而放弃子女可能接受的教育，避免因为高昂的教育费用而负债，并与其他家庭理财计划相互适应。近年来，随着各类教育费用的不断上升，人们越来越重视制订合理的教育理财计划，为子女积累未来的教育资金。

1. 子女教育资金来源

子女接受教育所需的资金在人生的不同阶段有所不同。我国实行九年义务教育体制，在中小学义务教育阶段，资金来源以政府教育资金为主，家庭教育资金为辅；高中教育阶段以家庭教育资金为主，政府教育资金为辅；大学和研究生教育阶段，教育支出相对较大，以家庭教育资金为主，其他来源有助学贷款、政府教育资金、奖学金、子女勤工俭学金等。

1.1 教育资助

教育资助是国家和社会为保障适龄人口获得接受教育的公平机会而对贫困地区和贫困家庭子女提供物质援助的一种救助方式。其特点是通过减免学杂费用，资助学杂费等方式帮助贫困人口完成相关阶段的学业，以提高其文化程度。教育部全国学生资助管理中心（网址：www.xszz.uestc.edu.cn/）负责落实国家助学贷款政策，同时作为国家助学贷款部际协调小组的日常办事机构，并负责各级各类家庭经济困难学生教育资助工作。中心内设高校学生资助工作处、中等职业学校学生资助工作处、中小学学生资助工作处、信息与法律处、外资贷款处、政府采购处、财务处和办公室。符合资助条件的学生可以申请办理资助取得相应的教育资金。

1.2　奖学金

奖学金是提供给特定学生的金钱奖励，颁发对象包括学业成绩优异、操行良好或体育、艺术等方面表现杰出者。奖学金的额度不等，有些额度很小，仅是象征性的；有些则额度很大，足以支付学杂费、书籍费，甚至是生活费，让学生得以在无经济压力下专心学习。奖学金来源有私人捐资或学校、政府、企业、团体组织等提供。

为资助世界各国学生、学者到中国高等学校进行学习和研究，增进中国人民与世界各国人民的相互理解和友谊，促进中国与世界各国在教育、科技、文化、经贸等领域的交流与合作，中国政府设立了中国政府奖学金。教育部负责根据中国政府与外国政府或国际组织达成的协定或计划对外提供中国政府奖学金，并委托国家留学基金管理委员会（Chinese Scholarships Council，简称 CSC）具体负责享受中国政府奖学金来华留学的外国学生的招生及日常事务的管理工作。

1.3　助学贷款

国家助学贷款是政府专门为家庭贫困的学生提供的各种低息或免息的贷款。国家助学贷款帮助对象为：家庭人均收入低于当地最低平均生活线的困难学生。经办银行在与借款学生签署借款合同后 20 个工作日内，将首年学费、住宿费和生活费贷款统一划入学校在经办银行开立的指定账户。贷款年利率按中国人民银行规定的同期限贷款利率执行，不上浮。在校期间贷款利息由财政补贴，毕业后开始计付利息。助学贷款还款可最晚于毕业后第二年开始还贷；6 年内还清。

1.4　教育规划

家长利用教育储蓄、教育保险等各种理财工具，为子女的学习准备相应的资金。

此外子女在学习期间自己从事兼职、勤工俭学等，既可以获取教育资金，还可以积累一定的社会经验。

2. 子女教育投资规划的原则

2.1　尽早规划提前储备原则

教育投资准备的时间越长，给家庭带来的财务压力越小。小学、中学阶段都是基础性教育，我国实行九年制义务教育，投入的教育资金较少，但是到了高等教育阶段，投入的教育资金就较多，故可以利用早期教育资金投入较少的阶段，通过提前储备、事先规划和合理配置理财等获得稳定客观的收益率，以备未来较高教育投入时使用。除了基础性教育外，在子女成长过程中，其兴趣爱好培养的教育资金投入也是需要重点考虑和积极准备的。

2.2 保证教育资金充裕原则

子女受教育程度更多取决于父母对其的期望，也受制于子女的资质和兴趣爱好等，所以教育费用投入往往难以准确估算，但应保证教育资金的充裕，宁多毋少，倘若出现子女的教育资金多余，届时也可以顺理转作他用，如转为家庭的养老资金使用。

2.3 教育经费的稳健投资原则

由于子女教育具有时间相对刚性的问题，当需要使用教育资金时没有可以推延的机会，所以教育资金的准备应该遵守稳健性原则。高风险的投资工具虽然可以带来高收益率，但是也存在较高的投资风险，将影响到子女的教育投资规划实施。而仅仅采用银行储蓄的方法也不甚可取，银行储蓄虽然收益稳定但由于利率较低，如果考虑未来通胀水平即便储存的时间较长也未必能有较高收益，可能仅仅抵抗通胀贬值而已。所以，教育经费的准备应采取稳健的投资组合方式，在保证资金平稳的情况下，尽量争取获得较高的收益，以确保未来的教育需求。

3. 子女教育投资规划的特点

3.1 时间相对刚性

教育资金的支出时间相对刚性。子女每到一个教育阶段都必须接受特定的教育，不像购房或旅游计划那样可以选择在财力适当时再行实施。子女的教育阶段随着年龄的不断增加而有不同的项目选择。例如，现在家庭往往选择在幼儿早期进行艺术文化方面的教育培训，小孩在这个时段比较适合开展这方面的训练，推迟恐效果欠佳。又如，到了 18 岁左右就要念大学，推迟就读将影响日后的就业、生活等。可见教育投资规划从早计划是很有必要的。

3.2 费用相对刚性

子女的教育费用相对刚性。教育费用通常较为固定，对每一个学生基本都是相同的，不会有贫富差异。只要家庭选择这方面的教育就要准备接受这个教育费用，基本没有可以选择的空间。不论子女在哪个教育阶段，家庭都是价格的接受者，既不像购房计划在财力不足的情况下可以选择较为偏远房价较低的地段购房，也不像退休规划在财力不足的情况下可以选择降低生活水平来克服。一般家庭只能被动接受教育费用，所以教育投资规划从宽计划是很有必要的。

教育经费支出除了时间和费用上的刚性特点外，还存在与其他家庭理财规划争夺理财资金的问题，如家庭的退休养老规划和购房所需的月供还款等。所以，在进行教育理财规划的同时需要兼顾其他家庭理财。

4. 教育规划工具

子女的教育理财规划重在一个“稳”字。由于教育投入的时间刚性，家庭在规划教育投入时不可以冒太大的风险，因此一些高风险的投资理财工具并不适合教育理财规划，如股票型投资基金、高风险的企业债券等。我国现有的教育规划工具主要有教育储蓄、教育金保险、基金定投、银行的理财产品等，它们各有特色和优劣。现阶段，金融机构推出的理财产品相互竞争且相似度很高，既可以用在教育理财中亦可用在退休养老理财中。如何选择教育规划工具？关键是根据自身需求，选择合适家庭财务状况和教育目标的理财产品，必要时采取不同理财产品组合来最大限度地优化子女的教育理财规划，提高投资收益来满足未来教育金的需求。

4.1　银行定期存款

银行定期存款是家长们储备教育金最传统的方式，可以采取零存整取方式，每月定期定额存入一笔资金，注重长期积累，积少成多。

4.2　教育储蓄

教育储蓄是个人按国家有关规定在指定银行开户、存入规定数额资金、用于教育目的的专项储蓄，其优势就是采用了零存整取方式，却能获取整存整取的利息，起投金额 50 元，最高 2 万元，存期分为 1 年期、3 年期以及 6 年期。但是此种方式投资规模较小，预计满足不了孩子教育金的准备。

4.3　中低风险基金产品

如果仅仅以财富增值为目的，而不考虑保障需要，筹备教育金往往可以通过投资货币市场基金、短期债券基金与偏债型平衡基金等低风险金融产品等渠道来实现。投资对象的投资报酬率要高于学费增长率。依照过去的经验，学费成长率在 4%～6%之间。只靠存款或货币市场基金、短债基金，难以达到 4%以上的报酬率。可以采取定期定额购买平衡型基金，将储蓄转化为投资。定期定额购买基金具有投资起点低、管理水平高、收益共享、风险分担和灵活方便等特点，能积少成多，平摊投资成本，降低整体风险，它有自动逢低加码、逢高减码的功能，无论市场价格如何变化，总能获得一个比较低的平均持仓成本。

4.4　教育保险

教育保险主要是以为孩子准备教育基金为目的的保险，其优势就是教育保险既能进行强制性储蓄又有一定的保障功能。投资年限通常最高为 18 年，而且越早投保家庭的缴费压力越小，领取的教育金越多。不过理财规划师提醒，教育保险无须多买，适合孩子的需要就够了，因为保险金额越高每年需要缴付的保费也会越多。

保险公司推出的教育保险，大多可分为两种方式：一是教育金保障，二是教育金储蓄。教育金保障是通过保障父母而保障子女教育，在大人出事后子女可以得到一笔保险赔偿从而保证子女的教育开销。教育金储蓄是通过定期的教育存款，到期领取来保证子女教育。个别保险公司会同时提供相关保险业务（如小孩的人生意外、疾病等保险），来满足客户对规避未来风险的需要。

4.5　子女教育金信托

有整笔资金，想送子女出国念书，可以设立子女教育金信托，即找一个境外受托人管理此笔资产，指定投资的标的范围与预期收益率，以子女为受益人。

高资产或高收入人群，为了同时实现多个理财目标，可以找适当的专业受托人，针对每一个理财目标设立一个信托，并根据不同的达成期限与目标弹性，确认不同的信托账户可承受的风险与预期报酬率。其中最重要的就是退休养老金信托与子女教育金信托。

4.6 银行理财产品

有些略为保守的投资者会选择银行保本型结构性理财产品来进行投资，以积累教育金。银行保本型结构性理财产品在保证本金安全的同时，可为投资者带来较高的潜在回报。但其投资期都较为固定，投资者要根据教育金的需求时间来选择匹配的理财产品。

5. 掌握教育规划流程

实施子女教育规划一般包括四个步骤的工作：第一，根据家庭的实际情况和子女特点，确立子女预期的教育目标；第二，估算出所需的教育费用及资金缺口，同时考虑通胀因素造成的教育费用增长问题；第三，选择合适的教育理财产品或产品组合，设定教育投资规划方案；第四，执行并检查规划方案。子女教育规划步骤如图 5-1、图 5-2。

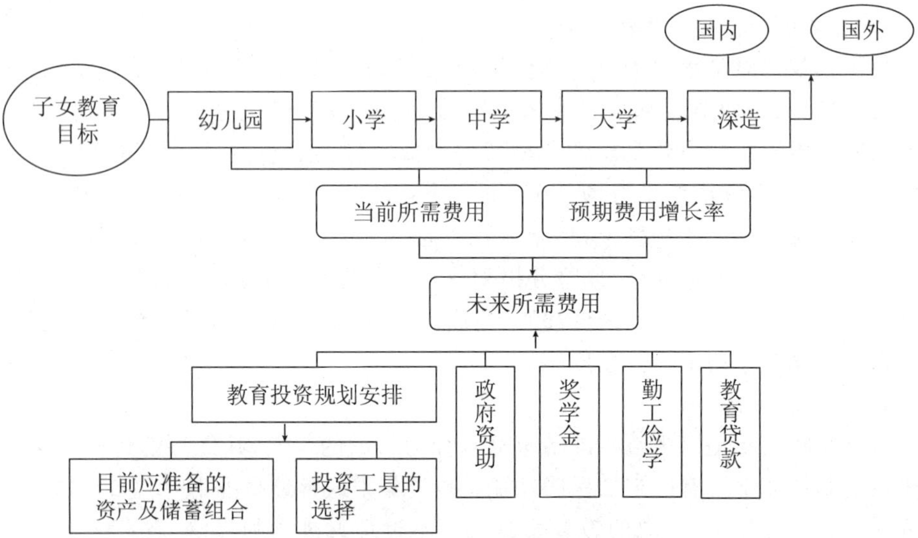

图 5-1 子女教育投资理财规划的步骤

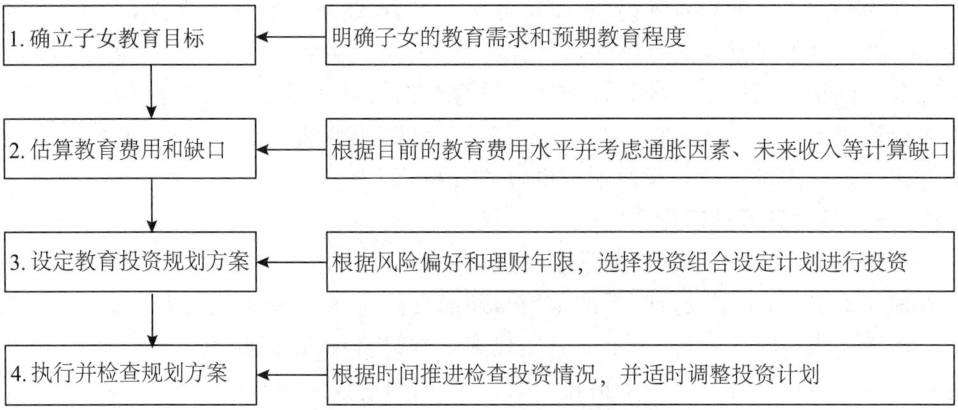

图 5-2 子女教育投资理财规划的步骤

5.1　确立子女教育目标

一个合理的教育目标可以方便家庭规划教育资金安排，以便及早储备教育资金。在子女的成长过程中，他们的心智、兴趣也在不断变化中，生活中也往往有些事情会改变家庭原有的教育目标，所以子女教育目标是一个动态的变化过程。家庭在具体设定子女教育目标时，取决于多方面因素，包括子女目前的年龄和兴趣爱好、家庭的财务情况、希望子女完成哪个级别的教育、希望子女在何种类型的学校完成教育等。

关于教育阶段，按我国现有的教育体制可分为学前教育（幼儿教育）、初等教育（小学教育）、中等教育（初中教育、高中和中等职业教育）、高等教育（专科和高等职业教育、本科教育、研究生教育）等。此外，我国还有成人系列的教育体系。

5.2　估算子女教育费用及资金缺口

子女的教育费用主要分为必要性支出和选择性支出。必要性支出主要是指各个教育阶段的学费、生活费等；选择性支出主要是指国家教育体制外的教育费用，包括子女上才艺班、兴趣班以及其他辅导班的支出等。估算子女教育费用应关注五个影响因素：一是家庭的经济能力水平；二是子女预期完成的教育目标；三是子女完成预期教育的学校类型和地点；四是预期教育目标对子女成长的重要程度和可能的变化；五是未来教育费用可能的增长率（通常按照当地的通胀水平估计）。

表 5-1 为某市孩子从幼儿到研究生的教育规划费用一览表，从表中可以看出，父母为子女从幼儿到研究生的教育所需要投入的教育费用约为 15 万元。如果考虑通胀水平，实际投入教育资金会更多；如果考虑出国留学（国外教育费用往往比较高昂，且需要考虑汇率波动等因素造成学费和生活费的增加），教育费用还会更高。

估算出子女的教育费用后，与家庭已准备的教育费用相比较，差额就是资金缺口（这里需要考虑资金时间价值因素的影响），也就是需要通过理财筹集的资金数额。

表 5-1　某市孩子从幼儿到研究生的教育规划费用一览表

教育阶段	入学年龄(岁)	教育年限(年)	教育类型	保育费/学杂费(元)	总学费(元)
幼儿园	3	3	幼儿园（公办/民办）	1 200/5 500	3 600/16 500
小学	6	6	小学（公办/民办）	0/2 800	0/16 800
初中	12	3	初中（公办/民办）	0/3 200	0/9 600
高中	15	3	高中（公办）	1 000	3 000
大学	18	4	大学本科	7 000	28 000
研究生	22	3(2)	硕士	11 000	33 000
	25	3	博士	13 000	39 000
合计					106 600/145 900

注：本表参考 2014 年《厦门市中小学、幼儿园收费项目和标准一览表》（网址 http://www.

xmedu. gov. cn/publish/portal0/tab122/info38684. htm)和厦门某高校的 2014 年招生简章等编制，数据为综合性数据。本表未考虑通胀和政策变化。

5.3 设定教育投资规划方案

设定教育投资规划方案，就是根据子女教育需要的资金量，结合自身的风险承受程度及前面介绍的教育规划工具，设定合适的投资组合方案。考虑教育费用具有时间和金额刚性，教育投资规划应重视长期投资工具的运用和选择，还应注重安全性，而且距离教育资金使用的时间越短，要求投资工具的安全性越高。

设定教育投资规方案应遵循三个原则。第一，追求较高的收益率。子女教育金的投资不能太保守，至少要使投资收益率高于学费增长率。应根据家庭的风险偏好程度和家庭实际情况，选择合适的投资组合促进教育基金的收益最大化。第二，应分散投资。根据投资组合理论，家庭在进行子女教育资金理财规划时不应过于依赖某一投资理财工具，可以建立投资组合以降低非系统风险。第三，要有一定的灵活性。在子女的不同年龄段选择不同的投资产品，合理调整各种理财投资工具的比例，对于年龄较小的子女，因为需要的教育费用较少，可以采取比较积极的投资方案，如以股票和股票型基金配合一定储蓄产品，随着子女的成长，可以考虑逐渐减少股票投资比重，增加银行类理财产品，提高资金的安全行和流动性，避免盲目追求收益率，对于一次性大额支出，如大学学费和出国留学费用，应注意投资期限的合理搭配，避免因资金的流动性而造成障碍。

5.4 执行并定期检查教育投资规划方案

教育规划制定后应根据时间推进，积极安排投资理财，坚持专款专用，确保教育资金按照规划要求适时投入。同时，由于教育投资规划理财时间跨度较长，子女的兴趣爱好、家庭经济能力和市场环境可能会发生变化，因此，每隔一段时间，应对教育资金的投资情况进行检查，适时调整投资计划。对投资产品的表现进行跟踪和调整，并注意随着用款时间的临近逐步将教育资金的投资风格转向稳健型以降低风险。

6. 综合案例分析①

李先生和夫人的税后月收入 12 000 元，夫妇俩希望小孩高中后可出国上大学，期间希望聘请保姆照看小孩并注重培养孩子具有某项特长。夫妇计划用 20 万元为孩子做教育金规划，预计教育金和抚育金支出如表 5-2。假设学费增长率 4%，通胀率 3%，收入增长率 4%，无风险利率 3%。则到子女年满 23 岁大学毕业，教育资金开支和费用比例如表 5-3。

---

① 节选自周华：《子女教育金理财规划》案例分析，昆明理工大学硕士学位论文，第 38～44 页。

表 5-2　教育金和抚育金支出情况

年龄(岁)	教育阶段	教育金(元/年)	抚育金(元/月)
0～2			2 000
3～6	幼儿园	24 000	1 500
7～12	小学	20 000	1 500
13～15	初中	10 000	1 500
16～18	高中	10 000	1 500
19～22	大学(出国留学)	80 000	5 000

表 5-3　理财规划前的现金流量表　　单位:万元

年龄(岁)	教育金	抚育金	教育支出	家庭收入	教育支出占比(%)
0	0	−2.40	−2.40	14.40	16.67
1	0	−2.47	−2.47	14.98	16.51
2	0	−2.55	−2.55	15.58	16.35
3	−2.70	−1.97	−4.67	16.20	28.81
4	−2.81	−2.03	−4.84	16.85	28.69
5	−2.92	−2.09	−5.01	17.52	28.58
6	−3.04	−2.15	−5.19	18.22	28.46
7	−2.63	−2.21	−4.74	18.95	25.03
8	−2.74	−2.28	−4.91	19.71	24.92
9	−2.85	−2.35	−5.09	20.50	24.81
10	−2.96	−2.42	−5.26	21.32	24.70
11	−3.08	−2.49	−5.45	22.17	24.59
12	−3.20	−2.57	−5.64	23.05	24.48
13	−1.67	−2.64	−4.31	23.98	17.99
14	−1.73	−2.72	−4.46	24.94	17.88
15	−1.81	−2.80	−4.61	25.93	17.78
16	−1.87	−2.89	−4.76	26.97	17.64
17	−1.95	−2.98	−4.92	28.05	17.54
18	−2.03	−3.06	−5.09	29.17	17.44
19	−16.85	−10.52	−27.37	30.34	90.22

续表

年龄(岁)	教育金	抚育金	教育支出	家庭收入	教育支出占比(%)
20	－17.53	－10.84	－28.37	31.55	89.88
21	－18.23	－11.16	－29.39	32.81	89.55
22	－18.96	－11.50	－30.46	34.13	89.22
总计	－110.85	－91.08	－201.93	527.30	38.29

从上面的资料可以看到李先生儿子教育支出与家庭收入的平均占比为38.29%，但不同时期的占比不同，当他儿子19岁出国后，4年的教育支出占家庭收入的比例接近90%，家庭经济压力陡增，而在此之前家庭教育支出占比一直低于30%，此期间李先生家庭如果没有房屋贷款类似的负债，家庭收支结构较为合理。显然，如果要实现儿子出国留学没有经济后顾之忧，李先生需要制定相应的规划弥补出国留学的教育金储备。

假设家庭教育理财规划，选择综合性投资组合策略，具体情况见表5-4。理财规划后的现金流量见表5-5。从表5-5看出，如果长期收益率区间在10%～15%以内，并考虑到上面的年金保险在18年后的现金价值，18年后留学目标可以如期完成。

表5-4　综合投资组合策略

理财目标	投资产品	投资比例	投资收益
聘请保姆、培养特长、18岁后留学	美满人生年金保险	每年3万元，缴5年	终身年金(1 890元/年)＋红利
	华夏稳增基金	每月1 500元	10%～15%
	东方红3号投资基金	10万	6.2%～10%
	本利丰银行理财产品	5万	
	稳健收益债券基金	5万	

表5-5　理财规划后的现金流量表　　单位：万元

年龄(岁)	教育支出	目标支出	投资支出	投资收益	薪金收入	年金收入	家庭收入	教育支出占比(%)
0	－2.40	－2.00	－23.00	1.22	14.40	0.19	15.81	27.83
1	－2.47	－2.08	－3.00	1.22	14.98	0.28	16.48	27.63
2	－2.55	－2.16	－3.00	1.22	15.58	0.37	17.17	27.42
3	－4.67	－1.12	－3.00	1.22	16.20	0.46	17.88	32.37
4	－4.84	－1.17	－3.00	1.22	16.85	0.54	18.61	32.27

续表

年龄（岁）	教育支出	目标支出	投资支出	投资收益	薪金收入	年金收入	家庭收入	教育支出占比(%)
5	−5.01	−1.22		1.22	17.52	0.64	19.38	32.13
6	−5.19	−1.27		1.22	18.22	0.64	20.08	32.15
7	−4.84	−1.32		1.22	18.95	0.64	20.81	29.14
8	−5.02	−1.37		1.22	19.71	0.64	21.57	29.12
9	−5.20	−1.42		1.22	20.50	0.64	22.36	29.10
10	−5.38	−1.48		1.22	21.32	0.64	23.18	29.10
11	−5.57	−1.54		1.22	22.17	0.64	24.03	29.10
12	−5.77	−1.6		1.22	23.05	0.64	24.91	29.08
13	−4.31	−1.67		1.22	23.98	0.64	25.84	23.16
14	−4.45	−1.73		1.22	24.94	0.64	26.80	23.10
15	−4.60	−1.80		1.22	25.93	0.64	27.79	23.07
16	−4.76	−1.87		1.22	26.97	0.64	28.83	22.99
17	−4.93	−1.95		1.22	28.05	0.64	29.91	22.97
18	−5.09	−2.03		1.22	29.17	0.64	31.03	22.93
19		−27.4		32.19	30.34	0.64	63.17	43.33
20		−28.4		32.19	31.55	0.64	64.38	44.05
21		−29.4		32.19	32.81	0.64	66.64	44.76
22		−30.5		32.19	34.13	0.64	66.96	45.48
合计	−232.73						692.60	33.60

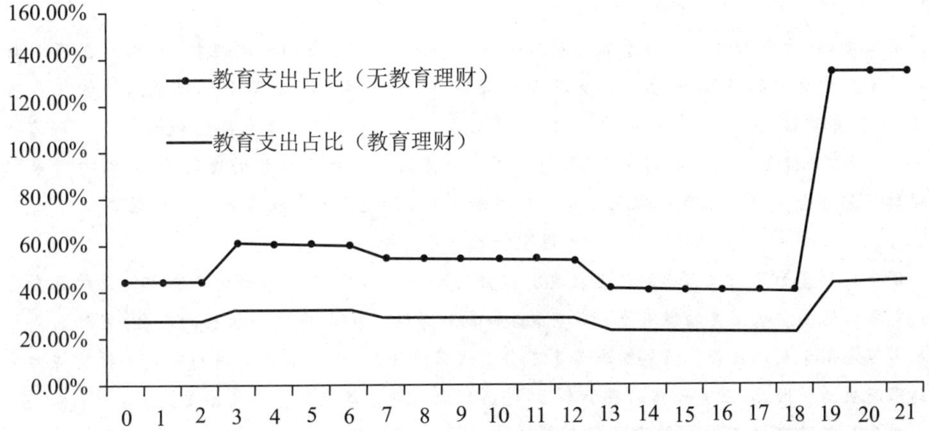

图 5-3 理财规划前后教育支出占比分析

从图 5-3 中可以看到，经过教育金理财规划后，李先生夫妇的儿子教育支出比例的曲线变得较为平稳，在其儿子成长过程中并不会因为某一时段的教育支出剧增而造成家庭负担过于沉重。在满足李先生夫妇的三个期望目标后，其儿子养育支出的比例均值由 38.29%下降至 33.60%，理财目标最终实现的可能性很大。

总体来说，通过进行教育金理财规划，李先生夫妇可以较为顺利地实现其三个目标，并且使教育支出占家庭收入的比重较为平稳，不会出现某个时期占比异常大的情形，从而使家庭在各个时期的收支结构较为合理，这也有利于家庭更好地应对一些意外支出的风险。

• 理财情景 5-1 分析 •

现金规划是理财规划的组成部分。家庭资产的流动性通常保留相当于 3～5 个月支出的现金及现金等价物。王悦家庭每月还贷及日常开支约需 6 000 元，建议留出 18 000～30 000 元的流动性资产作为满足家庭的短期需求的备用金，以防突发性支出。由于备用金使用时间的不确定性，建议以现金、银行活期储蓄和货币市场基金的形式来配置。这样既能满足流动性所需，又能获得一部分收益。

• 理财情景 5-2 分析 •

建议张龙按照以下步骤制定儿子的教育投资规划：

第一步，明确儿子的教育目标。从资料看，张龙希望儿子上大学并获得硕士学位。目前张龙儿子 6 岁，从现在到他儿子 18 岁上大学还有 12 年的时间。所以在这 12 年中，王先生的儿子还会经历小学 6 年、初中 3 年和高中 3 年。

第二步，确定儿子教育目标所需费用。由于我国基础教育阶段实行义务教育，张龙儿子上大学之前的教育费用估计不多，主要是上大学需要的费用多。

根据张龙所在地区的中小学学杂费和代办费的收费标准估算，他的儿子小学 6 年、初中 3 年、高中 3 年的教育费用分别约需 3 000 元、1 800 元、4 500 元，大学 4 年的学费、生活费约100 000元，硕士研究生 3 年学费、生活费约 90 000 元，以上费用共计约 199 300 元。

第三步，预测教育费用增长率。教育费用往往与物价同步上涨，要考虑未来的通货膨胀率。通过对近年来我国的通货膨胀率的分析，我国过去几年年均通胀率约 5%，考虑不确定因素影响，选择 6%作为教育费用的预期增长率，则 12 年后王先生儿子所需要的教育费用为211 258元[199 300×(1+6%)]。

第四步，设计理财方案。由于教育投入具有时间和费用支出相对刚性特点，家庭在规划教育投入时不宜冒太大的风险，子女的教育理财规划重在一个“稳”字，应尽量选择低风险的投资理财工具，如教育储蓄、教育金保险、基金定投、银行的理财产品等，它们各有特色和优劣。如何选择教育规划工具，关键是根据自身需求，选择合适家庭财务状况和教育目标的理财产品，必要时采取不同理财产品组合来最大限度地优化子女的教育理财规划，提高投资收益满足未来教育金需求。

• 理财情景 5-3 分析 •

现金规划是为了保证家庭的资金在具有较强流动性的同时，让其余暂时不需要使用的资金能够得到充分的运用。从王美的现有资产状况看，如果全额购买小车将用去所有的现金，另外需要临时借入 1 万元用于交纳税费。虽然购车养车不会造成家庭困难，但是如果遭遇到突发事件将极大地威胁到家庭生活。因此，王美如需购买小车，须进行现金规划才能满足其生活需要。

我们认为小王为王美所做出的现金规划建议是比较合理。

王美家庭每月支出共计 6 000 元，收入 9 500 元，净收入为 3 500 元。在现金规划中为满足家庭的日常开支需要，通常要求每个家庭都应至少预留够 3～5 个月使用的现金以应付日常生活开支，因此王美家庭需要预留 2 万～3 万元的现金。小王在家庭生活支出账户中设计了 3 万元家庭生活预留金十分恰当。小王还设计家庭应急准备金 3 万元，这样设计既降低了现金成本，提高了收益水平，又能满足王美家庭在遇到突发事件时的资金需求。在购车项目上，小王的设计也很合理，从首付款、按揭年限、按揭金额到月用车开支，都很切合王美家庭财务状况。

小王的现金规划还有进一步优化的空间。比如说：建议王美夫妇申请办理银行信用卡，每月的透支额度限定为 1 万元，将使得家庭应急备用金部分更为完善。此外，如果王美的丈夫选择向公积金管理中心提出申请，将其每月缴存的公积金直接用于抵扣银行按揭款，则家庭可以增加结余 1 500 元。

理财情景讨论和能力训练

项目任务书

项目(或工作任务)名称	合理制定教育规划
项目负责人	
项目组成员	
项目情景	仍以本项目王美的理财情景分析为例，假设时间过了 5 年，购车款已全部按揭完。现在，王美家庭准备为即将到来的小宝宝做好教育规划。假定王美家庭各项开支不变，小孩出生后每月需要平均新增支出 2 500 元。王美夫妇已积累了 5 万元作为小孩从幼儿园到初中的兴趣培养资金，投资购买某基金产品，预期年平均收益在 4%。
项目(或工作任务)目标	掌握教育规划中教育投资额的计算方法，并学会合理分配教育资金。
项目工作内容和方法	1. 计算：根据表格 5-3《某市孩子从幼儿到研究生的教育规划费用一览表》，假设通胀水平和各类教育费用的年增长率 3%，计算出王美的小孩从小学(小学初中都读民办学校)到大学本科毕业所需的教育资金总额。 2. 分析：假设王美家庭的收入水平年增长率为 5%，那么王美家庭收支是否可以满足小孩教育需要？请建立 EXCEL 表格进行计算。 3. 思考：假设每年的兴趣培养开支在 5 000 元，那么王美夫妇的 5 万元兴趣培养资金是否够用？
学习目标	
学习提示	
说明	

项目活动计划与评价表

<table>
<tr><td colspan="4">项目(或工作任务)名称</td><td colspan="6"></td></tr>
<tr><td colspan="4">项目负责人</td><td colspan="6"></td></tr>
<tr><td colspan="4">项目组成员</td><td colspan="6"></td></tr>
<tr><td colspan="4">项目实施时间</td><td colspan="6"></td></tr>
<tr><td rowspan="2">项目计划</td><td colspan="3">项目实施计划</td><td colspan="6">包括(但不限于):计划目标、实现计划目标的要素、计划进度等。</td></tr>
<tr><td colspan="3">工作方案</td><td colspan="6">包括(但不限于):工作流程、阶段任务、工作思路、工作方法措施等。</td></tr>
<tr><td colspan="4">项目成果</td><td colspan="6"></td></tr>
<tr><td colspan="4">收获</td><td colspan="6"></td></tr>
<tr><td rowspan="6">工作评价</td><td colspan="3" rowspan="2">团队及成员</td><td rowspan="2">团队</td><td colspan="5">成员</td></tr>
<tr><td>1.</td><td>2.</td><td>3.</td><td>4.</td><td>5.</td></tr>
<tr><td rowspan="4">评语与成绩</td><td rowspan="2">团队评价</td><td>评价</td><td></td><td></td><td></td><td></td><td></td><td></td></tr>
<tr><td>成绩</td><td></td><td></td><td></td><td></td><td></td><td></td></tr>
<tr><td rowspan="2">教师评价</td><td>综合评价</td><td></td><td></td><td></td><td></td><td></td><td></td></tr>
<tr><td>成绩</td><td></td><td></td><td></td><td></td><td></td><td></td></tr>
</table>

※ 项目六　保险规划 ※

学习目标：通过本项目的学习，了解保险基本知识、保险的基本功能和派生功能；理解保险的原则；熟悉保险合同的内涵、基本内容和形式；清楚保险规划的设计原则与步骤；了解保险规划策略。

项目六工作任务分解(WBS)

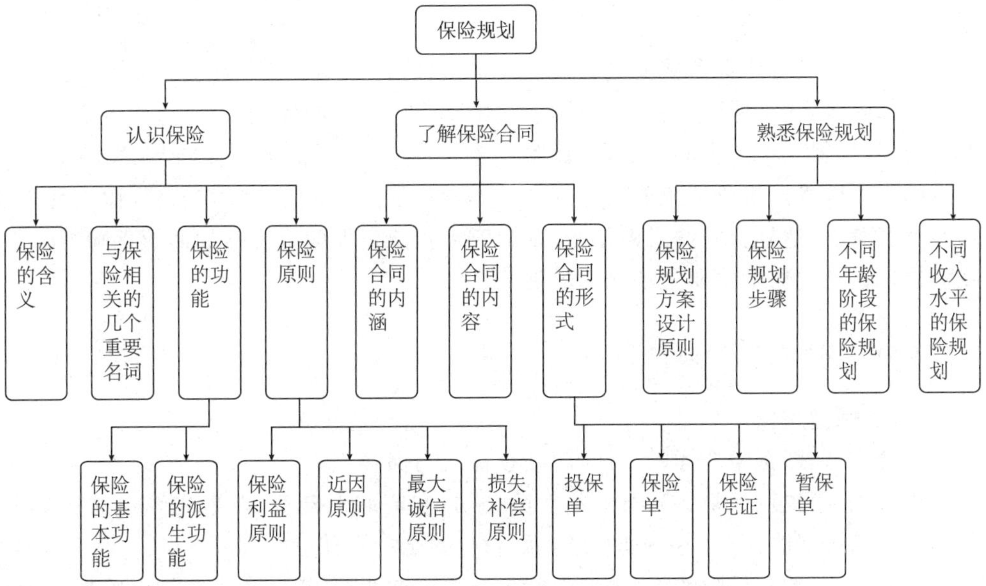

· 理财情景 6-1 ·

陈伟大学毕业后来到××城市闯荡，多次更换工作单位后，最终在一家国有企业稳定下来。3年后他买了房结了婚，现在小孩刚满5岁，小日子过得有滋有味。但是在最近的一次体检中，发现小孩患有先天性心脏病，医院建议立即手术治疗，治疗费用预计25万元。这个突如其来的打击让陈伟感到前所未有的压力。前期购房结婚开支较大，现在每月需偿还银行3 000多元按揭款，因此手术费对于陈伟来说不是一个小数目。虽然小孩有基本医保，但是保险额度有限，仍然面临着10万元医疗费用缺口。最后，在双方父母的帮助之下，才凑齐足够的手术费用，完成了手术。

在医院病房里，陈伟认识了小李一家。小李的女儿同样患有先天性心脏病，病情与陈伟的小孩相同。小李家庭情况与小陈差不多，也面临着按揭房款的压力。但是，由于在小孩出生后不久，小李就为女儿购买了××保险公司的E+18种儿童大病险，投保期间如果发现小孩患病，即可获得最高40万元赔付。有了普通的医疗保险加上重大疾病险，面对同样的重大疾病，小李可以从容处置。

思考：陈伟和小李的小孩都患病，为什么陈伟会感到前所未有的压力，小李却能从容应对？

任务一　认识保险

1. 保险的含义

对于保险的理解可以分别从经济角度和法律角度来理解。从经济角度理解，保险是分摊意外事故损失的一种财务安排，即通过保险行为将被保险人的损失在所有被保险人中分担，这是一种非常有效的财务安排。从法律角度来理解，保险是一种合同行为，即履行了交付保费这一义务后，保险人同意补偿投保人损失的一种合同安排。

保险的含义有广义和狭义之分。广义保险包括了商业保险、社会保险、相互保险和合作保险等，狭义保险仅指商业保险。《中华人民共和国保险法》对保险的定义是：保险是指"投保人根据合同约定，向保险人支付保险费，保险人对于合同约定的可能发生的事故因其发生所造成的财产损失承担赔偿保险金责任，或者当被保险人死亡、伤残、疾病或者达到合同约定的年龄、期限时承担给付保险金责任的商业保险行为"。我们这里讨论的保险主要是狭义上的保险。

2. 与保险相关的几个重要名词

2.1　保险主体

保险主体，即保险合同的主体，包括投保人与保险人。

保险人，指提供保险保障服务的保险公司，它收取保险费，在事先约定的保险事故的发生给被保险人造成损失时，承担赔付保险金的责任。

投保人，指购买保险的人，他向保险公司提出购买要求，并负责交纳保险费。

2.2　保险合同的关系人

保险合同的关系人指受益人和被保险人。

受益人，是人身保险中特有的一种身份，由被保险人或者投保人指定(投保人指定须经被保险人同意)，在被保险人因死亡不能申领保险金时，受益人则享有申领的权利，类似于遗产继承人的角色。

被保险人，指受保险公司保障的人，保险公司赔付的保险金由其申领。

2.3　保险客体

保险客体，即保险合同的客体，是指投保人对保险标的所具有的法律上承认的利益。

2.4　保险标的

保险标的，即保险对象，它是保险利益的载体。在人身保险合同中，保险的标的是被保险人的身体和生命；在财产保险合同中，是以财产及其有关经济利益和损害赔偿责任为保险标的的，其中，财产损失保险的标的是被保险的财产，责任保险的标的是被保险人所要承担的经济赔偿责任，信用保险的标的是被保险人的信用导致的经济损失。

2.5 保险费率

保险费率，即保险费与保险金额的比例，一般以每百元或每千元保险金额应缴纳的保险费来表示。保险人通过精算量化风险估算未来损失水平(预定损失率)，通常采用合理的近似。

2.6 保险价值

保险价值是保险标的物的实际价值，即投保人对保险标的所享有的保险利益的货币估值。保险价值的确定有三种方法：第一，根据法律具体规定确定保险价值；第二，根据保险合同和双方当事人的合同约定；第三，根据事故发生后保险标的的市价变动来确定保险价值。

3. 保险的功能

买保险就是把自己的风险转移出去，而接受风险的机构就是保险公司。保险公司接受风险转移是因为可保风险还是有规律可循的。通过研究风险的偶然性去寻找其必然性，掌握风险发生、发展的规律，为众多有危险顾虑的人提供了保险保障。

保险的功能可以分为基本功能和派生功能。①

3.1 保险的基本功能

基本功能体现保险的机制，用收取保费的方法来分摊灾害事故造成的损失，以实现经济补偿的目的，分为分摊损失和经济补偿两项功能。

(1) 分摊损失功能。保险是分摊损失的方法，是建立在灾害事故的偶然性与必然性的对立统一基础之上的。保险机制能够运转的原因是被保险人愿意以交付小额确定的保险费来换取对大额不确定的损失的补偿。保险公司向大量的投保人收取保险费来分摊其中少数成员不幸遭受的大额损失。

(2) 经济补偿功能。保险用分摊损失的方法来实现其经济补偿的目的，按照保险合同对遭受灾害事故而受损的单位、个人进行经济补偿，保险的产生和发展都是为了满足补偿灾害损失的需要。

3.2 保险的派生功能

保险的派生功能主要是投融资功能和防灾防损功能。

(1) 投融资功能。一方面它是对保险人而言，因为保险费的收取与保险金的给付或赔偿之间存在着一定的时间差，保险人此时可以对保险基金进行投资经营，使得保险基金能够保值增值；另一方面它是对投保人而言，投保人可以选择某些保险产品以获取预期的保险金的给付，从而将保险作为一种投资。

(2) 防灾防损功能。一般说来，保险人可以通过提供损失管理服务来实现防灾防损功能，即帮助被保险人对潜在的损失风险进行预测、分析与评估，提出合理的事前预防方案和损失管理措施。

---

① 邱成学主编：《农村财政与金融》，东南大学出版社 2011 年版。

4. 保险原则

保险原则是在保险发展的过程中逐渐形成并被社会公认的基本原则，坚持这些基本原则有利于维护保险双方的合法权益，更好地发挥保险的职能和作用，有利于人们的生活安定和社会进步。

国际上，保险的基本原则包括：保险利益原则、近因原则、损失补偿原则、最大诚信原则。

4.1 保险利益原则

保险利益概念源于14世纪末的海上保险，《1906年英国海上保险法》首次对保险利益做出定义。我国2009年修订的《保险法》第12条对关于保险利益的规定做了明显修订："人身保险的投保人在保险合同订立时，对被保险人应当具有保险利益。财产保险的被保险人在保险事故发生时，对保险标的应当具有保险利益。"

保险利益是指被保险人或投保人对保险标的具有的法律上承认的利益。保险利益成立的三个条件是：合法性利益、客观存在利益、经济上有价的利益。

4.2 近因原则

近因是造成保险标的损失的最直接、最有效、起决定作用的原因。近因原则是指判断风险事故与保险标的的损失之间的关系，从而确定保险补偿或给付责任的基本原则。

近因原则既有利于投保人也有利于保险人。如果近因属于被保风险，则保险人应赔偿；如果近因属于除外责任或者未保风险，则保险人不负责赔偿。

4.3 最大诚信原则

最大诚信是指诚实、守信。最大诚信原则可以表述为：保险合同当事人在订立保险合同时及在合同的有效期内，应依法向对方提供影响对方决定是否缔约条件的全部实质性重要事实；同时，绝对信守合同订立的约定与承诺。

我国《保险法》第5条规定："保险合同当事人行使权利，履行义务应当遵循诚实信用原则。"最大诚信原则主要通过保险合同双方的诚信义务来体现，具体包括投保人或被保险人如实告知的义务及保证义务，保险人的说明义务及弃权和禁止反言义务。

4.4 损失补偿原则

损失补偿原则是指保险事故发生后被保险人遭受损失时，保险人必须按照保险合同在其保险责任范围内对被保险人进行补偿。

一般来说，损失补偿原则主要适用于财产保险合同。在实际运用过程中，应当以实际损失为限，以保险金额为限，以保险利益额度为限。损失补偿原则有两个派生原则，即重复保险分摊原则和代位追偿原则。在重复保险的条件下，为了避免被保险人因保险事故获得超额赔偿，因此采用顺序、限责和分摊等原则。在我国，重复保险依法主要采用比例责任方式赔偿。代位追偿是指因第三者对保险标的的损害造成保险事故时，保险人向被保险人赔偿保险金以后，在赔偿金额范围内取代被保险人的地位行使对第三者请求赔偿的权利。

任务二　了解保险合同

1. 保险合同的内涵

保险合同是投保人与保险人约定保险权利义务关系的协议。保险合同属于民商合同的一种，其设立、变更或终止时具有保险内容的民事法律关系。因此，保险合同不仅适用保险法，也适用合同法和民法通则等。

依照保险合同，投保人承担向保险人交纳保险费的义务，保险人对保险标的可能遭受的损失承担提供保障的义务。在保险事故发生后，保险人根据合同约定的范围向被保险人或受益人进行保险给付，或者在合同约定期限届满时向投保人或受益人给付保险金。

2. 保险合同的内容

保险合同的内容，指保险合同当事人的权利和义务。由于保险合同一般都是依照保险人预先拟定保险条款订立的，因而，保险合同成立后，双方的权利义务主要体现在这些条款之中。保险合同的条款可分为法定条款和约定条款两种类型，法定条款是指法律规定保险必须具备的条款，《保险法》第 18 条规定保险合同的必备条款有 10 项，即：

（1）保险人名称和住所。

（2）投保人、被保险人名称和住所以及人身保险的受益人的名称和住所。

（3）保险标的。

（4）保险责任和责任免除。

（5）保险期间和保险责任开始时间。

（6）保险金额。

（7）保险费以及支付办法。

（8）保险金赔偿或者给付办法。

（9）违约责任和争议处理。

（10）订立合同的年、月、日。

3. 保险合同的形式

《保险法》规定：投保人提出投保要求，经保险人同意承保，并就合同的条款达成协议，保险合同成立。保险人应当及时向投保人签发保险单或其他保险凭证，并在保险单或者其他保险凭证中载明当事人双方约定的合同内容。经投保人和保险人协商同意，也可以采取其他协议形式订立保险合同。由此可见，我国保险合同的形式为书面形式，主要包括投保单、保险单、暂保单和保险凭证。

3.1 投保单

投保单是投保人向保险人申请订立保险合同的书面要约，投保单通常由保险人事先统一印制，投保人依其所列项目逐一据实填写后交付给保险人，投保人在投保单上需要填写的主要内容有：

(1) 投保人、被保险人的名称和住所。

(2) 保险标的的名称及存放地点。

(3) 保险险别。

(4) 保险责任的起讫。

(5) 保险价值和保险金额等。

投保人在投保单中，必须将投保危险的程序或状态等有关事项，据实向保险人告知。

投保单本身并非正式合同文本，但一经保险人接受后，即成为保险合同的一部分。

3.2 保险单

保险单简称保单，它是保险人与投保人之间订立的保险合同的正式书面凭证，由保险人制作、签章并交付给投保人，一旦发生保险事故，保险单是被保险人向保险人索赔的主要凭证，也是保险人向被保险人赔偿的主要依据法。

3.3 保险凭证

保险凭证也称小保单，它是保险人出立给被保险人以证明保险合同已有效成立的文件，它也是一种简化的保险单，与保险单具有相同的法律效力。凡是保险凭证未列明的内容均以正式保单为准。

保险凭证通常在以下几种情况下使用：

(1) 保险人承揽团体保险业务时，一般对团体中的每个成员签发保险凭证，作为参加保险的证明。

(2) 在货物运输保险中，保险人与投保人订立保险合同明确该保险的责任范围和时间，事后再对每笔运输货物单独出具保险凭证。

(3) 在机动车辆及第三者责任保险中，为便于被保险人随身携带，保险人通常出具保险凭证。

3.4 暂保单

暂保单又称临时保单，它是保险人或其代理人在正式保险单签发之前出具给被保险人的临时保险凭证。它表明保险人或其代理人已接受了保险，等待出立正式保险单。

暂保单的内容比较简单，只载明被保险人的姓名、承保危险的种类、保险标的等重要事项，凡未列明的均以正式保险单的内容为准。

暂保单的法律效力与正式保险单相同，但有效期较短，一般为30天。正式保险单发出后，暂保单失效。暂保单也可在保险单发出之前中止效力，但保险人必须提前通知投保人。

任务三 熟悉保险规划

1. 保险规划方案设计原则

保险规划是个人投资理财的一个重要部分，它根据人生或家庭生活中的各种风险（死亡风险、残疾风险、医疗风险、养老风险以及财产风险等），对保险需求做出分析决定和财务安排，通过化解潜在风险的冲击，保障个人和家庭生活的高品质。

通常，保险规划有两层含义：一是利用保险产品的保障功能来管理理财过程中的风险，二是保险本身附带的储蓄、投资、资金融通的理财功能。通过对保险需求的分析，保险规划有利于帮助个人或家庭选择合适的保险产品，确定合理的保险期限和金额，免除财务上的后顾之忧。

购买保险的目的就是为了保障个人和家庭生活的安全稳定，基于此，在设计保险规划时主要应掌握以下原则：

1.1 转移风险的原则

购买保险都是为了转移风险，希望在遭遇保险事故时可以得到来自保险公司约定的经济补偿。因此，个人或家庭在购买保险产品之前，需要审视自身的保险需求，明确哪些风险可以自留，哪些风险可以通过回避、预防和抑制等排除，哪些风险可以通过其他非保险的方式转移，哪些风险只能通过购买保险来化解。

1.2 量力而行的原则

许多人可能不太清楚到底应该使用多少资金来投保。通常，个人或家庭应根据自身的收入支出和保险需求等多个因素来确定保险产品和保费支出，不可一概而论。按照常例，每年的保费支出在年收入10%以内为宜。过多的保费支出可能会影响家庭的正常生活，投入不足也可能导致得不到足够的保险保障。在实际操作中，如果不能确定需要投入多少资金时，可请保险经纪人根据个人或家庭情况确定。

1.3 合理搭配险种原则

目前市场上，商业保险的种类繁多，选择不同的险种并合理搭配，可以最大限度地获得保险利益。在投人身保险时，可以在保险项目上进行一定的组合，选择主险后再选择1～2个附加险，以得到更为全面的保障。一般在购买保险时，保险公司的理赔经理都会建议客户，最好根据家庭需要、经济状况、保障期限合理搭配险种，并注意避免个别险种的重复投保，以便在发生意外或疾病时可以获得充足保障。

1.4 高额损失优先原则

高额损失原则是指某一风险事故发生的频率虽然不高，但造成的损失严重，投保人应优先投保。损失严重性是衡量风险程度的根本，如果损失较小大可不必投保，但是如果损失较大就有必要采取投保的方式来化解风险。高额损失往往需要投保高额保险，险费自然较高。在投保之前，投保人应该充分分析其所将面临的损失程度，根据可能的损失程度来选择。

1.5 先保障后投资的原则

保险包括了保障和投资两种功能，前者以较低的保费投入取得较高的保额保障，后者偏向于资本投资，保障功能一般较简单。在购买保险时，应根据自己的需要进行选择，在购买以保障功能为主的保险产品时，获得最基本的保险保障后，再根据个人和家庭情况适当进行投资型保险的配置。

2. 保险规划步骤

保险规划步骤如图 6-1 所示。

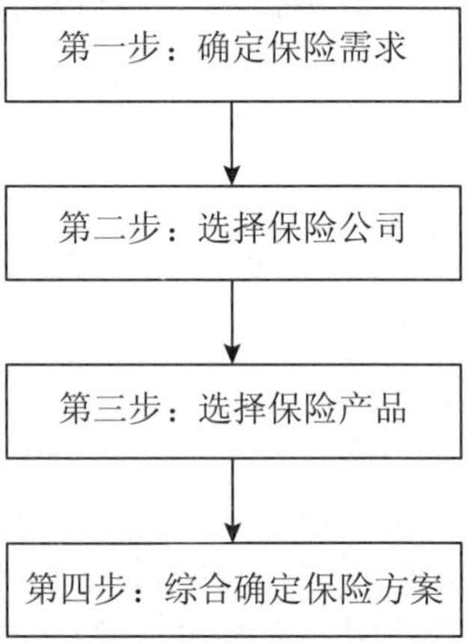

图 6-1 保险规划步骤图

2.1 确定保险需求

确定到底需要购买什么保险，这有两个最关键的地方要搞清楚，即确定保险标的和保险利益。保险标的可以是人的生命或身体，也可以是财产及其相关利益。投保人可以以本人、与本人的密切关系人、所拥有的财产和可能依法承担的民事赔偿责任作为保险标的。在确定保险标的后需要确定可保利益，可保利益指投保人对保险标的具有的法律上承认的利益。可保利益必须是法律认可的利益、客观存在的利益、可以衡量的利益。

个人或家庭在购买保险产品时，须考虑其适应性、经济能力和选择性。在购买保险时，应该将可能造成较大损失的风险作为投保的标的。在具体投保时可以运用“双十原则”来制定保险规划和保费预算。“双十原则”即合理的保险金额为家庭年支出的 10 倍，合理的保费为家庭年收入的 10％。保险市场的险种和产品十分丰富，在财力约束下，可以根据家庭人员组成差异来决定。例如，年轻人可以侧重于保障型险种，随着年龄的增加将投保方向侧重于健康保险，而儿童的保险则侧重于意外伤害和教育储蓄保险。

2.2 选择最为合适的保险公司

保险产品既有短期的，也有长达几十年的，因而在选择购买保险产品时需要综合考虑保险公司资质、信誉和服务。一家经营稳健、口碑良好、服务周到的保险公司是首选。通常在选择保险公司时需要综合考虑以下三个因素：

（1）保险公司的类型。传统的保险公司类型既有财产保险公司又有人寿保险公司，也有健康保险、养老保险、汽车保险等专业保险。不同的专业性决定其经营范围和专业服务水平，购买时需要根据风险类型选择最为合适的保险公司，通常越专业的保险公司其保险产品的专业细分程度越高，选择性越高。例如，汽车保险公司，对机动车辆在承保、定损、理赔等方面提供更为专业的保险服务，甚至还能对汽车保养、维修等问题提供免费的专业咨询。

（2）经营偿付能力水平。选择保险公司时还需要考察其财务状况和偿付能力。通常，保险监管部门或权威评级机构对保险公司的评定结果可以作为较为可信的参考。评定等级越高的保险公司，偿付能力越强，反之则越弱。查看保险公司的财务报表，并分析保险公司的保费收入、赔款、费用和利润等财务指标，判断其经营偿付能力。偿付能力是影响保险公司经营的最重要因素，具备充分偿付能力，能确保发生保险事故时有足够的保险金支付。目前，一家保险公司机构网络分布情况也反映出其业务规模和经营实力，这体现了其客户服务能力。

（3）服务质量水平。面对保险产品同质化不断加深的局面，各保险公司都追求服务差异性以争取更多的客源。服务质量好的公司，总是以投保需求为导向，从更大程度上体现其服务专业化特点。在选择保险公司时可关注两个方面的服务：一是从公司获得的服务，二是从其代理人获得的服务。一份长效的保单是保险公司给予的保险承诺，详细了解保险公司的服务细节很关键，而个性化的服务体现营销员的专业程度和综合素质，间接体现公司业务管理水平。

2.3　合理选择适合的保险产品

合理选择适合的保险产品需要考虑三个方面问题：功能、价格和险种搭配。

关于保险产品的功能主要涉及保险标的情况。以人寿保险为例，被保险人是自己、爱人、孩子还是父母，在相应投保保费的支出上要分主次和重点。在家庭中，往往自己或爱人是投保的重点，因为对于父母他们是其最大保障，对于年幼子女他们也是其最大保障，对于家庭他们又是经济支柱。显然，不同的家庭成员需要投保的险种应该有所差异。关于父母的养老保险可以采取社保打底、商保提升、投资健全的策略，关于子女教育保险可以采取储蓄打底、商保提升、投资健全的策略。

选择保险产品不是选择便宜商品，需要重点关注保险责任、保障范围、免责条款。例如，健康险可分短期保障和长期保障，大病险有保 10 种也有保 27 种等。这些保险条款上的差异往往被投保人所忽略，在遭遇保险事故时会发生理赔困难。保险是要买最适合自己的，不是买最便宜的。个人或家庭也可以结合其经济能力确定购买的保险产品，买保险不一定非要一步到位，随着经济条件的改变，再按需做出调整。

以子女教育为例，由于子女教育投入容易形成预期，可方便计算出一个教育资金总额后进行比例分配，再适当考虑通货膨胀影响和准备周期，合理规划出子女出生到大学毕业，以及出国留学等费用支出需要，最终选择需要投资购买的保险产品并注意与不同保险产品或投资理财产品的搭配。仅靠储蓄太慢，仅靠保险难以保证，仅靠投资又风险太大，选择其一难以绝对保证，需要综合起来，多种保险理财产品搭配。

2.4 综合选择，确定最优的保险方案

在综合权衡各保险公司和其保险产品的优劣情况，做出一个满意的决定。必要时，可以将不同保险公司的产品优缺点制作成表格，进行详细的比较，方便做出选择。保险方案确定后基本可以确定保险金额。保险金额是当保险事故发生时，保险公司所赔付的最高金额，通常保险金额的确定应该以财产的实际价值和人身的评估价值为依据。

需要特别提醒的是，购买保险产品，其真正能发挥作用是在未来发生保险事故造成损失的时候，所以认真阅读复杂的保险条款是非常重要的，尤其是保险公司的售后服务、理赔条件以及免责声明，因为这是及时获得保险赔偿的基础。

3. 不同年龄阶段的保险规划

安全与保障是人生中最大的需求，在一生中不同的阶段面临不同的财务需求和风险，这种财务需求可以通过保险来安排。下面以人身保险为基础，针对不同的年龄阶段讨论购买人身保险的规划，如表 6-1。

表 6-1 不同年龄阶段的理财需求和保险规划

阶段	学业/事业	特点	理财需求和保险规划重点
0～14 岁	学前教育、义务教育等	个人无经济来源，以父母家庭为重心	教育基金、医疗保险、健康意外险等，储蓄教育基金、意外险和寿险等
14～22 岁	初、高中学习，高等教育和留学	个人无经济来源、可能半工半读，以父母家庭为重心	教育基金、医疗保障、入学贷款、留学基金、创业基金等；保费由父母负担，此阶段是学习生涯的后半段，未来将进入社会，此时可以开始储蓄未来
22～35 岁	初入社会，确定事业方向	中低经济能力和中低家庭压力，子女需学前教育、有房贷	创业基金、医疗和意外保障、失业养老保险等，股票证券投资和基金定投，寿险
35～55 岁	事业逐渐稳固，有所成就	高经济能力和高家庭压力，房贷或车贷快清偿结束，子女接受小、初、高等教育	医疗费用、子女结婚基金、家人生活费、养老基金；在家庭生活、教育、投资、税收、养老等方面对理财技能要求较高，建立多元投资组合
55 岁～退休	进入退休时代	子女成家，领取退休金，享受生活、规划遗产	养老金（生活费）、医疗费用、税务规划、遗产规划

例如：王女士今年 35 岁，是公务员，平均年收入 6.5 万元，按保险投资额占年收入的 10%来计算，年保险金为 6 500 元。王女士担心自身如果发生重大疾病可能给家庭生活带来影响，计划购买重疾险，经了解该地区的医疗加陪护费用需 20 万左右。保险理财经理建议：用 6 500 元的投入要解决客户 20 万左右的重疾费用，如果还能

兼顾养老就是比较适合王女士的保险产品。选择购买XX保险公司的万能险，该万能险需要年缴保费6 350元，缴交20年。该保险产品的特点是：(1)最高赔付45万，一旦突发事件造成不幸，即有20万～45万经济赔偿；(2)重大疾病医疗金20万，一旦发生重疾，也不用担心生活品质会受影响；(3)住院补贴150元/天，三天免赔。无论大病小病，只要住院即可享受补助。若王女士平平安安到60岁，账户中的养老金可达20万左右，可一次性领取，也可每年领取补充社会保险的不足，保证王女士老年生活的品质。

4. 不同收入水平的保险规划

按照经济收入水平，家庭分为普通收入阶层、中等收入阶层和高收入阶层。不同的阶层对保险规划的需求偏好不一样，普通收入阶层，由于收入较低，对风险的抵抗脆弱，保障需求更加突出；中等收入阶层，多数保障需求较明显，同时也对资产的保值、增值有一定兴趣；高收入阶层，多数投资的理念较强。

4.1　高收入阶层

高收入阶层具有较强的经济能力和抵御风险能力，往往优越感强。普通健康、养老的保险理财产品对这个阶层的意义不大，可以根据社会身份、地位、满足度来制定保险规划。针对这一阶层，在除了选择具有转移风险、保值增值的保险产品外，还可以增加具有资产传承、合理避税、合法避债等功能的保险产品。遗产税已经成为国际上多数国家采用的一种重要税种，我国政府也正在讨论酝酿中，为了将更多的资产合法转移给下一代，可以提前考虑利用寿险规避遗产税。此外，人寿保险不属于债务的追偿范围，资金账户不受债务纠纷影响，配置人寿保险避债也可作为高收入阶层的选择。意外险也是一个重要选择，意外事故往往造成重大的财务波动，因此合理安排意外伤害保险可转移较大的财务风险。许多保险公司推出专门针对高收入阶层的保险产品，涉及定制化养老保险、人寿保险，以及专门针对遗产税征收的保障，高收入阶层应考虑配置此类高端保险产品规划定制。

高收入阶层可以将保费的支出定为年收入的20%以上。

4.2　中等收入阶层

中等收入阶层通常衣食无忧，物质生活和精神生活都比较优越、充实。该阶层对于保险的要求主要偏向于兼顾保险的投资理财方向，应考虑的重点是：购买足够的健康保险和医疗保险以应对疾病风险；购买保障期限较长的养老保险、终身寿险；购买一定的投资连结产品，在确保保险保障的同时，享受保险公司专业的稳健的经营成果。选择配置投连险，一方面作为强制储蓄的一种，有比较可观的投资收入；另一方面，作为养老金的补充，使得家庭成员在退休后仍能够享有较高的生活水平。对于工作压力较大的中产阶层，也可再适当配置重大疾病险给自己和家庭多添一道保障。

中等收入阶层可以将保费的支出定为年收入的10%～20%。

4.3　普通收入阶层

普通收入阶层的人口比例最大，其收入与支出基本对等，各种福利保障也相对不高，抵御风险的能力较低。普通收入阶层最应注重基本保障，因此人寿保险对于这个阶层是首要选择。现如今,我国正不断深化兼顾就业、福利和保障三位一体的社会保障制度改革,一般的工薪阶层都会有社保、医保、失业保险等政府统筹项目的保险,但就其保障程度而言,显然还不能完全满足一个家庭的全部保障需求,一旦遇到一次重大疾病或许会使整个家庭经济陷入窘境。所以,保险专家一般会建议此类人群可重点考虑投保适当的意外险和重大疾病险,以减轻一部分因意外、疾病给家庭带来的负担。此外,可以尽早考虑子女教育费用的储备(年金类教育保险),以及老人的重疾保险。

下面举一个综合案例。

王晓琳,今年 30 岁,未婚,年收入 9 万元,年支出约 5 万元,自有住房和汽车。王晓琳在外企工作,平时工作压力比较大。随着 30 岁的到来,她开始对自己的健康产生忧虑,担心未来的生活。她的公司有社保,目前没有其他商业保险,存款 8 万元,她希望通过保险来为自己的未来增添一份保障。

保险需求分析:

王小姐目前处于事业的上升期,仅有社保保障,无任何商业保险保障。王小姐为单身女性,不久的将来需要考虑婚嫁问题及生育问题,但王小姐目前没有任何负债,在理财方式上以保守型银行存款为主,在保险需求上主要考虑以转嫁风险为主,完善风险较大的意外伤害、重大疾病、寿险保障,并兼顾养老需求。

根据保险规划保障额度的一般建议标准,王小姐的保障还存在以下缺口:

(1)寿险保障:建议保障额度不低于 10 倍的年收入,据此计算,总保额约 90 万元。

(2)意外保障:王小姐有日常出行及公务出差的风险存在,建议购买 50 万元的意外伤害保险。

(3)健康保障:建议保障额度不低于单次重疾治疗的自费费用(根据北京市现行医疗费用标准约为 16 万元)+康复周期费用(约 10 万元)+治疗期间的误工费用(约为 2 年~3 年的年收入),则王小姐的重疾保额应为 53 万元。

(4)养老规划:养老保险保额的确定原则为:未来领取的社保养老金+商保养老金,要占退休前工资的 50%,目前王小姐的未来社保养老金的替代率约为 25%,因此规划的商业养老保险的月度领取额度应不低于 1875 元。但王小姐处于事业的上升期,养老保险规划可逐步进行,可先做部分规划,其余部分随着日后收入的提升与社保养老险的变化,再进行完善。

方案推荐理由

(1)寿险/意外保障:此次规划的保障重点在于工作期间及退休早期,在重点时期覆盖缺口需求,王小姐的意外和寿险保障为 100 万元,目前已超过其年收入的 10 倍,可满足保障需要。

(2)健康保障:此次规划了 50 万元,基本覆盖王小姐的保险额度。但针对目前王小姐的经济状况,此次以高保障的消费型的重疾险为规划,主要保障期间为工作期间及退休早期,随着日后王小姐的收入增加及家庭情况变化,可再增加长期重疾保险。

(3)养老保障:就目前水平,王小姐的商业养老保险金的月度领取额度应不低于 1 875元,此次规划后,预计到 55 岁退休时,王小姐可以每月补充约 775 元的商业养老金,距离理想额度还有一定的差距,随着王小姐收入的增加及社保养老的变化情况,日后再做补足。

综上所述,在对王小姐进行综合规划后,王小姐的寿险、健康险均已到达目前理想额度,并规划了部分商业养老保险,分散了工作与生活的风险,为未来的生活做了良好的规划。王小姐此次规划的年缴保费为 10 130 元,约占年收入的 11.26%,资金规划合理,既可使王小姐无后顾之忧,又为家庭其他规划留下了灵活的空间。

资料来源:《中国保险报》,2013-05-15。

・理财情景 6-1 分析・

小李和陈伟的遭遇处境很相似,都是毕业参加工作不久,都已购房结婚生子,都遇到了小孩诊断出重大疾病。但是两个家庭在面对突如其来的困难时,一个表现出束手无策,一个则从容应对。陈伟之所以表现出束手无策,关键的原因是在风险管理上有不妥当的地方。陈伟忽视了生活中的风险控制,让自己暴露在风险中,当疾病突如其来时难以招架。小李在小孩出生后不久,就为其购买重大疾病保险,为小孩健康购买了一份保险,也为家庭生活购买了一份保障,这使得小李在面对困难时,可以从容应对,不至于影响到家庭生活。

理财情景讨论和能力训练

项目任务书

项目(或工作任务)名称	三口之家的投保需求
项目负责人	
项目组成员	
项目情景	黄胜,今年35岁,在私企工作,常年在外跑业务,年收入8万元;妻子经营饰品小网店,年收入5万元。黄胜夫妇两人都在社区办理了社保和医保,可以享受基本的医疗保险和社会养老保险。黄胜夫妇的资产情况:现有房产一套,目前尚欠45万元的房贷需要按揭偿还,月按揭款3 000元;有银行活期存款6万元,另有股票投资市值3万元。家庭开支每月4 500元,双方父母都有稳定的退休收入来源,不需要黄胜夫妇额外支出。 黄胜夫妇的孩子出生4个月了,尚未购买任何保险。黄胜夫妇希望给小孩购买一份保险,也为自己增加购买一份商业保险。 (根据《投资与理财》2014年2月14日资料改编。)
项目(或工作任务)目标	清楚保险规划的设计原则与步骤,了解保险规划策略。
项目工作内容和方法	1. 根据教材中保险规划的"双十原则",计算黄胜家庭的保险金额应该确定为多少合适。 2. 请判断黄胜一家属于怎样的收入水平,这样的收入水平适合怎样的保险规划。 3. 就黄胜家庭的情况,请说说三人购买保险时,各自的保障需求是什么。
学习目标	通过分析讨论和思考,加深对保险理财投资中不同群体和成员的风险保障需求的理解。
学习提示	
说明	

项目活动计划与评价表

<table>
<tr><td colspan="4">项目（或工作任务）名称</td><td colspan="6"></td></tr>
<tr><td colspan="4">项目负责人</td><td colspan="6"></td></tr>
<tr><td colspan="4">项目组成员</td><td colspan="6"></td></tr>
<tr><td colspan="4">项目实施时间</td><td colspan="6"></td></tr>
<tr><td rowspan="2">项目计划</td><td colspan="3">项目实施计划</td><td colspan="6">包括（但不限于）：计划目标、实现计划目标的要素、计划进度等。</td></tr>
<tr><td colspan="3">工作方案</td><td colspan="6">包括（但不限于）：工作流程、阶段任务、工作思路、工作方法措施等。</td></tr>
<tr><td colspan="4">项目成果</td><td colspan="6"></td></tr>
<tr><td colspan="4">收获</td><td colspan="6"></td></tr>
<tr><td rowspan="6">工作评价</td><td colspan="3" rowspan="2">团队及成员</td><td rowspan="2">团队</td><td colspan="5">成员</td></tr>
<tr><td>1.</td><td>2.</td><td>3.</td><td>4.</td><td>5.</td></tr>
<tr><td rowspan="4">评语与成绩</td><td rowspan="2">团队评价</td><td>评价</td><td></td><td></td><td></td><td></td><td></td><td></td></tr>
<tr><td>成绩</td><td></td><td></td><td></td><td></td><td></td><td></td></tr>
<tr><td rowspan="2">教师评价</td><td>综合评价</td><td></td><td></td><td></td><td></td><td></td><td></td></tr>
<tr><td>成绩</td><td></td><td></td><td></td><td></td><td></td><td></td></tr>
</table>

※ 项目七　住房规划 ※

学习目标:通过本项目学习了解住房类型选择、住房规划流程;理解租购房决策,能够进行住房规划财务分析,了解租购房步骤、流程等;熟悉购房贷款含义、流程、类型和利息计算。

项目七工作任务分解(WBS)

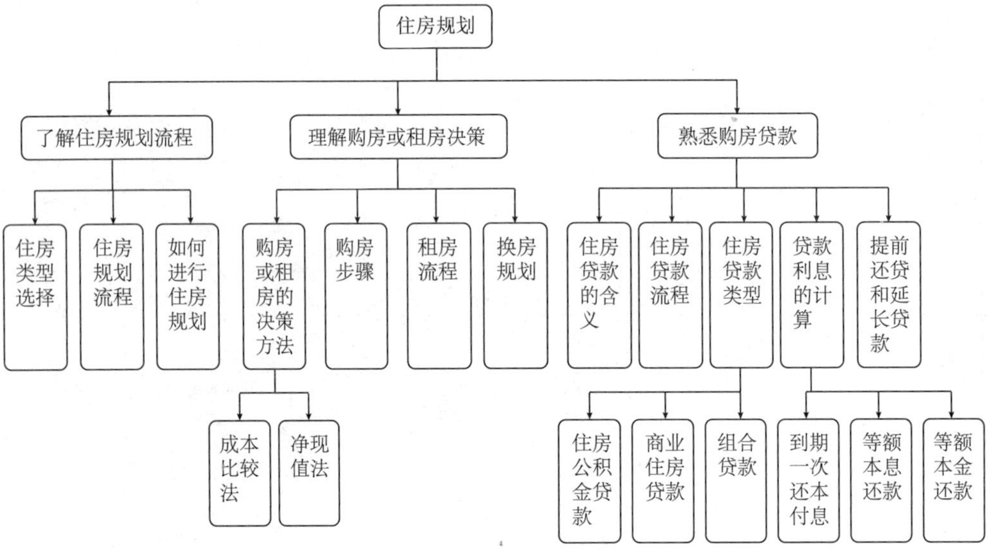

• 理财情景 7-1 •

小李夫妇来这个城市 10 年了,现在主要经营一家小饮食店,工作虽然辛苦但日子过得也很幸福。2015 年,随着女儿出生,小李夫妇有了在该城市里买套房产并落户扎根的想法。

由于家庭资金积累有限,房价是小李夫妇购房中唯一看重的因素。小李夫妇现有存款 23 万。市郊诸多小区中有小高层结构,楼层总共 15 层的房产。小李夫妇看中了位于 5 层的一套坐北朝南、南北通透的 100 平方米的房子,三室两厅两卫,布局较为合理。咨询售楼顾问,房产均价 6 000 元,总价 60 万元,首付比例为 30%,即 18 万元,其余可以申请银行贷款。小李夫妇交纳了 2 万元的定金,并签订了购房合同。这两天,小李夫妇开始准备申请贷款的文件和安排资金以便支付首付款。小李夫妇商量由于饮食店需要资金周转且装修费用也需要一大笔资金,所以尽量采用贷款买房方式。决定准备首付 18 万元,按揭 25 年,按揭采用等额本息还款法,预计月供 2 050 元。余下 5 万元作为装修和生活准备金。

请思考:小李夫妇的购房是否合理?是否存在不妥当的地方?

任务一　了解住房规划流程

1. 住房类型选择

1.1　按楼层高低分为低层、多层、中高层、高层、超高层

住宅建筑按层数划分为：1～3层为低层，4～6层为多层，7～9层为中高层，10层以上为高层。建筑物高度超过100m时，不论住宅或公共建筑均为超高层。小高层为开发商提出的概念，实际规范并没有对小高层进行定义。

1.2　按房型分为平层户型、跃层户型、错层户型、复式户型

户型就是住房的结构和形状。平层户型一般是指一套房屋的厅、卧、卫、厨等所有房间均处于同一层面上。跃层户型就是指住宅占有上下两层楼面，卧、厅、卫、厨及其他辅助用房可以分层布置，上下层之间采用户内独用小楼梯连接。错层户型指一套房子不处于同一平面，即房内的厅、卧、卫、厨、阳台处于几个高度不同的平面上。复式户型在概念上是一层并不具备完整的两层空间，层高较普通住宅(通常层高2.8米)高，可在局部掏出夹层，安排卧室或书房等，用楼梯联系上下，其目的是在有限的空间里增加使用面积，提高住宅的空间利用率。

1.3　按性质分为商品房、保障性住房

商品房是指由房产开发企业开发建设并出售、出租的房屋。保障性住房是指政府为中低收入住房困难家庭所提供的限定标准、限定价格或租金的住房，由廉租住房、经济适用住房和政策性租赁住房构成。廉租房是指政府以租金补贴或实物配租的方式，向符合城镇居民最低生活保障标准且住房困难的家庭提供的具有社会保障性质的住房。经济适用房是指根据国家经济适用住房建设计划安排建设的住宅，由国家统一下达计划，用地一般实行行政划拨的方式，免收土地出让金，对各种经批准的收费实行减半征收，出售价格实行政府指导价。政策性租赁房是指通过政府或委托机构，按照市场租价向中低收入的住房困难家庭提供的可租赁的住房，同时，政府对承租家庭按月支付相应标准的租房补贴。其目的是解决家庭收入高于享受廉租房标准而又无力购买经济适用房的低收入家庭的住房困难。此外，还有解困房和房改房。解困房是指各级地方政府为解决本地城镇居民中特别困难户、困难户和拥挤户住房问题而专门修建的住房。房改房是指城镇职工根据国家和县级以上地方人民政府有关城镇住房制度改革政策规定，按照成本价或标准价购买的已建公有住房。

1.4　按照取得时间划分为期房、现房、准现房

期房就是从房地产开发商取得商品房预售许可证开始到取得房地产权证期间的商品房。期房是当前房地产开发商普遍采用的一种房屋销售方式，消费者在这一阶段购买商品房时应签订预售合同。现房是指竣工验收合格取得房地产权证的商品房，消费者在购买时签订《商品房买卖合同》。准现房指房屋主体已基本封顶完工，小区内的楼宇及设施的大致轮廓已初现，房型、楼间距等重要因素已经一目了然，工程

正处在内外墙装修和进行配套施工阶段的房屋。准现房性质仍属于期房，政府按照期房进行管理，必须办理商品房预售许可证才能销售。

2. 住房规划流程

住房问题是每个百姓都关心的问题。1998年开始，我国实行住房货币化，从以前的全民所有制福利分房进入货币化购房，也让我们经历了从每平方米几百元到每平方米几千元甚至几万元的一个住房市场化的过程。随着百姓购房观念的日趋成熟，人们越来越重视购房时机的选择和资金的合理运用。由于住房支出数额巨大而且可供准备的时间不长，因此，在个人理财规划中，要做好住房规划。住房规划就是对租房、购房、换房与购房贷款的决策。图7-1是个人住房规划流程。

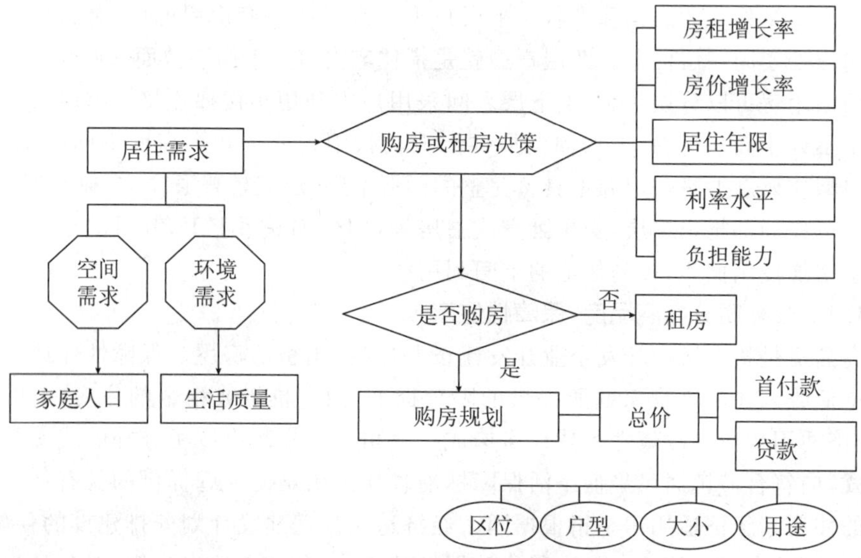

图7-1 个人住房规划流程图

3. 如何进行住房规划

3.1 租房还是购房

租房的优点是租赁现有住房，生活设施基本配套，个人或家庭可快速居住且迁徙自由度大，通常租赁合同签订后租金基本固定，具有一定的抗通胀的能力；缺点是居住不稳定。租房比较适合工作流动性较大的人群和有临时性居住需要的人群。购房的优点是能够提高居住质量，累积财富对抗通货膨胀，房产的拥有者可以获得房地产升值所带来的可观利润。参见表7-1。

表 7-1　租购房优缺点比较

	租房	购新房	购二手房
优点	迁移自由、设施齐全、快速入住	拥有个人产业，抵抗通货膨胀，保值、增值，可按自己的意愿布置	拥有个人产业，选择余地大，周围配套环境成熟，财务负担小
缺点	无个人产业，无法重新布置，租金可能提高	财务费用大，需要维修费用，迁移受限制	维修或改造费用高，设施陈旧，迁移受限制

3.2　购房是用于投资还是自用

投资性购房是指将购房作为个人或家庭理财一部分，通过购买房产获得房产升值和租赁等的收益。自用性购房是指购买房产用于自住，同样具有投资性，只是需要更多考虑个人或家庭居住使用的适用性和舒适性。

在明确购房目的后，需要对房产选择、资金运用进行规划。对房源的选择主要需要考虑以下情况：房源的价格是否适当，房源周边的购物、休闲、教育、交通、工作条件；房源的楼层、面积、户型结构、朝向以及配套设施、物业条件等。在确定这些条件后，需要考虑的主要问题就是房款的准备。

任务二　理解购房或租房决策

1. 购房或租房的决策方法

购房或租房的决策方法主要有两种：成本比较法和净现值法。

1.1　成本比较法

成本比较法是通过比较购房与买房的年成本，选择成本较小的方案的一种决策方法。

购房的成本是首付款占用的机会成本以及房屋贷款利息，而租房的成本则是房租，其计算公式为：

租房年成本＝年租金＋租房押金×投资收益率

购房年成本＝自付款×投资收益率＋贷款余额×贷款利率＋年维修及税收费用＋折旧

例如，王先生看上厦门市区一套 100 平方米可租可售的住房。如果租房，房租每月 5 000 元，3 个月房租的押金；如果购房，总价 100 万元，可申请 60 万元贷款，房贷利率为 6%，市场利率 3%，首付款 40 万元，年维修费用及税金约 1 万元，折旧约 2 万元。租与购的成本分析如下：

租房年成本＝5 000×12＋5 000×3×3%＝60 450 元

购房年成本＝400 000×3%＋600 000×6%＋10 000＋20 000＝780 000 元

显然租房年成本低于购房年成本。

但是，租房还是买房，还需要考虑房屋的租金是否提高，房价是否会上涨以及买房的税金及其他费用等隐性的影响。

买房的年成本相对固定，而房租则是变化的。假设房租上涨幅度为 X，则房租成本与买房成本相等时的房租上涨幅度为：

$$5\,000\times(1+X)\times12+5\,000\times3\times3\%=780\,000$$
$$X=1.297\,5$$

也就是说，如果房租上调累计达到 29.75%的时候，租房就划不来了。假设王先生计划租房 5 年，每年房租上涨 5%，则 5 年房屋上涨累计达到 25%，低于 29.75%，说明还是租房比购房合算。

当然，也要考虑房价的变化情况。如果房价上涨，购房后，未来如果出售房子，获取的资本回报就会上升，即使现在买房的成本较高，未来出售仍然是合算的。

还可以用成本率的方法进行租房或购房的选择。以上例而言：

$$\text{租房年成本率}=\frac{60\,450}{1\,000\,000}=6.045\%$$

$$\text{购房年成本率}=\frac{780\,000}{1\,000\,000}=7.8\%$$

购房的成本率比租房成本率高 1.755%。若计划租房为 1 年，只要房价上涨率高于 1.755%，购房就比较划算。若计划租房为 5 年，只要每年的房价上涨率超过 0.351%，还是买房合算，反之租房合算。

1.2 净现值法

净现值法是通过对比租房和购房发生的现金流量的净现值，并选择净现值较小的方案的一种方法。计算公式：

$$NPV=\sum_{t=1}^{n}\frac{CF_t}{(1+i)^t}$$

式中，t 为期数(年或月)，CF_t 为购房或租房成本，i 为贴现系数。

例如，王先生最近看上××市一套某小区的房子，该房可租可售。如果租的话，房租每月 3 000 元，租期 4 年，押金 1 万元，预计房租每年调涨 100 元。而购买的总价是 70 万元，王先生可以支付 30 万元的首付款，另外 40 万元拟采用 6%的商业贷款利率向某商业银行贷款，贷款 15 年，本利等额摊还；另外，购买该房的税费及装修费共需 10 万元。王先生估计居住 4 年后，仍能按原价出售。请问：王先生租房还是买房合算？(王先生年平均投资回报率是 4%)

王先生租房的净现金流量现值：

$$NPV_{\text{租房}}=\sum_{t=1}^{n}\frac{CF_t}{(1+0.33\%)^t}=-141\,229\text{ 元}$$

其中，折现率应调整为月利率 $i=\dfrac{4\%}{12}=0.33\%$

王先生租房现金流量表见表 7-2。

表 7-2 王先生租房现金流量表

第一年	净现金流	现值	第二年	净现金流	现值	第三年	净现金流	现值	第四年	净现金流	现值
CF_0	-13 000	-13 000	CF_{12}	-3 100	-2 979	CF_{24}	-3 200	-2 954	CF_{36}	-3 300	-2 927
CF_1	-3 000	-2 990	CF_{13}	-3 100	-2 969	CF_{25}	-3 200	-2 945	CF_{37}	-3 300	-2 918
CF_2	-3 000	-2 980	CF_{14}	-3 100	-2 979	CF_{26}	-3 200	-2 935	CF_{38}	-3 300	-2 908
CF_3	-3 000	-2 970	CF_{15}	-3 100	-2 979	CF_{27}	-3 200	-2 925	CF_{39}	-3 300	-2 898
CF_4	-3 000	-2 960	CF_{16}	-3 100	-2 979	CF_{28}	-3 200	-2 915	CF_{40}	-3 300	-2 889
CF_5	-3 000	-2 950	CF_{17}	-3 100	-2 979	CF_{29}	-3 200	-2 906	CF_{41}	-3 300	-2 879
CF_6	-3 000	-2 941	CF_{18}	-3 100	-2 979	CF_{30}	-3 200	-2 896	CF_{42}	-3 300	-2 870
CF_7	-3 000	-2 931	CF_{19}	-3 100	-2 979	CF_{31}	-3 200	-2 886	CF_{43}	-3 300	-2 860
CF_8	-3 000	-2 921	CF_{20}	-3 100	-2 979	CF_{32}	-3 200	-2 877	CF_{44}	-3 300	-2 851
CF_9	-3 000	-2 911	CF_{21}	-3 100	-2 979	CF_{33}	-3 200	-2 867	CF_{45}	-3 300	-2 841
CF_{10}	-3 000	-2 902	CF_{22}	-3 100	-2 979	CF_{34}	-3 200	-2 858	CF_{46}	-3 300	-2 832
CF_{11}	-3 000	-2 892	CF_{23}	-3 100	-2 979	CF_{35}	-3 200	-2 848	CF_{47}	-3 300	-2 822
									CF_{48}	-10 000	-8 190

王先生买房的净现金流量现值：

王先生贷款年利率 6%，月利率 0.5%(6%÷12)，共还款 15 年，即 180 期，每月还款额=400 000÷(P/A,0.5%,180)=3 375 元(详细计算见表 7-3)

王先生 4 年后房贷余额=3 375×(P/A,0.5%,132)=325 592 元

4 年后将卖房收入 700 000 元偿还当月还款额 3 375 元与房贷余额 325 592 元，还剩 371 033 元。

$$NPV_{购房}=\sum_{t=0}^{48}\frac{CF_t}{(1+0.33\%)^t}=-230\ 340\text{ 元}$$

表 7-3 王先生购房现金流量表

第一年	净现金流	现值	第二年	净现金流	现值	第三年	净现金流	现值	第四年	净现金流	现值
CF_0	-4 000	000	-400 000								
CF_1	-3 375	-3 364	CF_{13}	-3 375	-3 232	CF_{25}	-3 375	-3 106	CF_{37}	-3 375	-2 984
CF_2	-3 375	-3 353	CF_{14}	-3 375	-3 221	CF_{26}	-3 375	-3 095	CF_{38}	-3 375	-2 974
CF_3	-3 375	-3 341	CF_{15}	-3 375	-3 211	CF_{27}	-3 375	-3 085	CF_{39}	-3 375	-2 964
CF_4	-3 375	-3 330	CF_{16}	-3 375	-3 200	CF_{28}	-3 375	-3 075	CF_{40}	-3 375	-2 954
CF_5	-3 375	-3 319	CF_{17}	-3 375	-3 189	CF_{29}	-3 375	-3 065	CF_{41}	-3 375	-2 945
CF_6	-3 375	-3 308	CF_{18}	-3 375	-3 179	CF_{30}	-3 375	-3 054	CF_{42}	-3 375	-2 935

续表

第一年	净现金流	现值	第二年	净现金流	现值	第三年	净现金流	现值	第四年	净现金流	现值
CF_7	−3 375	−3 297	CF_{19}	−3 375	−3 168	CF_{31}	−3 375	−3 044	CF_{43}	−3 375	−2 925
CF_8	−3 375	−3 286	CF_{20}	−3 375	−3 158	CF_{32}	−3 375	−3 034	CF_{44}	−3 375	−2 915
CF_9	−3 375	−3 275	CF_{21}	−3 375	−3 147	CF_{33}	−3 375	−3 024	CF_{45}	−3 375	−2 906
CF_{10}	−3 375	−3 265	CF_{22}	−3 375	−3 137	CF_{34}	−3 375	−3 014	CF_{46}	−3 375	−2 896
CF_{11}	−3 375	−3 254	CF_{23}	−3 375	−3 126	CF_{35}	−3 375	−3 004	CF_{47}	−3 375	−2 886
CF_{12}	−3 375	−3 243	CF_{24}	−3 375	−3 116	CF_{36}	−3 375	−3 994	CF_{48}	371 003	316 258

注:折现率 $i=\frac{4\%}{12}=0.33\%$

可见,租房净现值−141 229 元大于购房净现值−230 340 元,王先生租房更合算。

租房与购房的策略选择:如果住房价格呈上涨趋势,往往购房合算;购房的利息负担、装修费用、房屋交易成本都较大,如果不打算在一个地方常住,租房往往比购房划算。

2. 购房步骤

购房步骤见图 7-2。

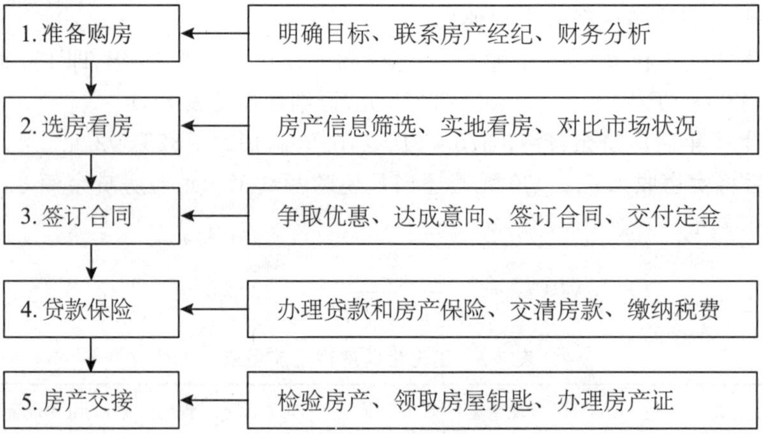

图 7-2 购房步骤

2.1 准备购房

(1) 明确自身房产需求,确定购房目标包括价格、地区、类型、样式等。

(2) 了解房产市场情况。如果是购买新房,需要了解不同楼盘的情况;如果是购买二手房,多走访几家房产中介,选择有经验服务好的房地产经纪来提供信息、出谋划策。

(3) 制定买房财务计划。可以从房产中介得到一个适合个人或家庭的购房财务计划;如果需要贷款,须到银行了解不同贷款的条件和优惠措施。

2.2 选房看房

(1) 对房产信息进行筛选,选出符合基本要求的房屋或楼盘。

(2) 合理安排时间实地看房,现房需要实地考察房产状况,期房需要了解楼盘未来开发状况。

(3) 根据市场状况修正在价格、地区、类型和样式等方面的定位,选定满意的房屋。

2.3 签订合同

(1) 购买期房须争取购房优惠,购买现房可制定价格策略。

(2) 了解合同基本条款,确立价格、定金、交房日期等条款。

(3) 双方签字,合同生效,缴纳定金。

2.4 贷款保险

(1) 到银行办理房屋抵押贷款,交清购房款和各项税费。

(2) 委托律师审核合同,调查房屋产权,债务,计算费用,准备文件。

(3) 到保险公司办理房屋保险,分为普通房屋保险和全面房屋保险。

2.5 房屋交接

(1) 委托验房师检验房屋。

(2) 到律师办公室办理房屋过户文件。

(3) 委托律师办理房屋产权的过户更名登记手续。

(4) 领取房屋钥匙,完成房屋交接。

3. 租房流程

租赁房屋与选购房产的步骤基本相似,需要考虑五个方面:

3.1 明确租房目的

锁定租房的区域范围,并根据具体的出租房信息逐步缩小具体选房的范围,如选择在工作单位附近、靠近商圈或者交通便利的小区。

3.2 寻找适合的房源

一般可以通过房产中介或相关网站查找符合意愿的房源。

3.3 实地看房选房

实地查看可出租房产质量,包括户型、采光、隔音效果、水电煤气等室内配置情况,如果有不满意的地方,房东是否可以及时修复;对于周边环境,应注意周边购物、交通等是否便利。

3.4 签订租房合同

合同应明确双方的权利和义务,以保证自己的合法权益不受侵害。包括物业费、水电费、煤气费、有线电视费等的缴纳方式,缴纳房租的时间,房屋设施如果非人为损坏时该由谁来负责维修,房屋设施出现问题或者自然老化时由谁来承担维修费用,如果房东提前终止合同该如何赔偿等。

3.5 交验房屋

房屋现场交验应注意房屋是否与合同约定的一致,家电、家具等是否与合同相符,水电煤表数字是否与合同相符等。

4. 换房规划

换房规划是指随着人们的生活变化，对房产的需求也发生了变化，因此提出改善现有住房的规划。或因经济实力增强需要改善现有住房，或因子女教育需要选择好的教育条件和环境，或因退休后选择医疗保健和居住环境清雅的住房颐养天年。

换房需要考虑的因素包括有无能力支付换房所必须支付的首付款和有无能力偿还换房后的贷款。

案例①：

郭先生，现年 40 岁，他看上了一套价值 100 万元的新房。郭先生的旧房当前市价 50 万元，尚有 20 万元未偿贷款。如果购买新房，郭先生打算 55 岁之前还清贷款。银行要求最高贷款成数是七成，贷款利率 6%。

如果换房：

$$\text{必须支付的首付款}=(100-100\times0.7)-(50-20)=0\text{ 万元}$$

$$\text{换房后每年应偿还贷款}=\frac{100\times0.7}{\text{年金现值系数}(n=15,r=6\%)}=7.21\text{ 万元}$$

如果不换房：

$$\text{每年应偿还贷款}=\frac{20}{\text{年金现值系数}(n=15,r=6\%)}=2.06\text{ 万元}$$

可见，换房后郭先生的还贷压力增加了不少(每年增加 5.15 万元)。如果郭先生未来有充裕的储蓄交纳贷款，则可以考虑换房计划。

上面案例中郭先生所进行的换房规划仅仅考虑到房产置换的房产资金安排，尚未考虑其他相关费用。这些费用主要包括：装修费用、购房需缴纳的契税(占房价的 1.5%～3%)、印花税(占房价的 0.05%)、交易手续费、权属登记费等。其中，装修费用往往是个无底洞，可谓上无止境。考虑到现今人工成本较高，一套 100 平方米的房产在城市中的普通装修费用在 15 万元左右。

任务三　熟悉住房贷款

1. 住房贷款的含义

住房贷款是指商业银行向借款人发放的用于购买自用房产的贷款。借款人申请个人住房贷款时必须提供担保，通常是将购买的房产抵押给银行从而得到银行贷款以购买房产。

① 本案例选自胡晓琳《个人理财规划研究》，大连海事大学硕士论文，2008 年，第 35 页。

2. 住房贷款流程

住房贷款流程如图 7-3。

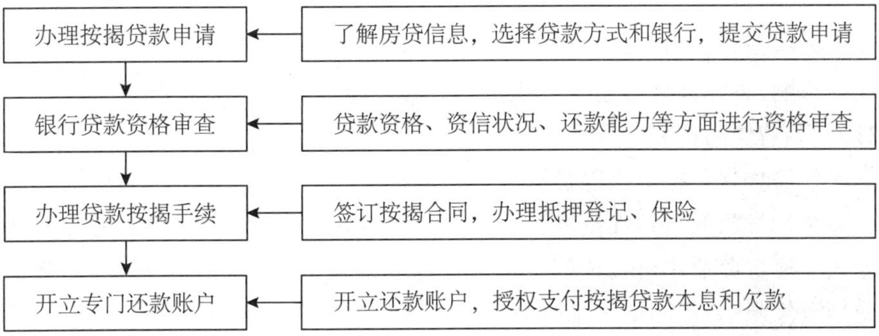

图 7-3　住房贷款流程

2.1　办理按揭贷款申请

购房人在确认所购房产可以得到银行按揭支持后，了解银行关于按揭贷款的相关规定，根据自身经济能力选择按揭方式并填报《按揭贷款申请书》。如果可获得多家银行按揭贷款支持，则可以对比银行间的按揭贷款利率和方式，选择更为优惠的银行申请按揭。为减少贷款利息成本，贷款人需要注意按揭贷款可以选择的类型，如果有缴纳公积金的个人，在政策范围内可以选择办理公积金贷款，如果公积金贷款额度不足以支付首付后的剩余房产款项，可以选择组合贷款——公积金贷款和商业银行联合的组合贷款。

2.2　银行贷款审查

银行受理贷款申请后，会对购房人的民事主体资格、资信状况和还款能力等方面进行资格审查，以确认是否给予贷款。购房者应避免盲目地与发展商签订购房合同，以防止贷款审查不符合银行条件而无法获得按揭贷款，从而影响其资金安排甚至放弃购房时造成资金损失。

2.3　办理贷款按揭手续

购房人在签订《按揭抵押贷款合同》时，应明确按揭贷款数额、年期、利率、还款方式及其他权利义务，并到房地产管理部门办理抵押登记备案手续。由于按揭还款时间相对较长，银行为防范贷款风险通常会要求购房人购买房产保险。

2.4　开立专门的还款账户

购房人在签订《按揭抵押贷款合同》后，按合同约定应在银行指定的金融机构开立专门的还款账户，授权银行从该账户中扣除按揭贷款合同的本息和欠款。

3. 住房贷款类型

3.1　住房公积金贷款

住房公积金贷款是指各地市住房公积金管理中心以归集的住房公积金资金，委托由当地政府批准的商业银行，向购买具有自有产权的普通自住房的住房公积金缴存职工发放的专项住房贷款。相对于商业银行的住房贷款，住房公积金贷款具有利率较低、还款方式灵活等优点；但是提取住房公积金和办理公积金贷款的手续烦琐，审批时间较长。

住房公积金贷款是典型的政策性住房贷款，易受到国家住房政策和当地房产市场情况的影响，不同地区的住房公积金贷款条件和政策会有所不同。

3.2 商业住房贷款

商业住房贷款是指个人因购买房产而向商业银行申请的一种贷款，属于银行用其信贷资金所发放的自营性贷款。房产的抵押贷款是商业性住房贷款中的一种常见贷款方式。通常商业住房贷款的可贷资金总额根据抵押房产价值确定，不像公积金那样受到政策限制，但利率水平会高于公积金贷款的利率水平。

3.3 组合贷款

组合贷款是指采取公积金贷款仍然不能满足个人住房贷款所需额度时，又增加商业贷款来弥补公积金贷款不足的一种贷款方式。当个人符合住房商业性贷款条件的借款人又同时缴存住房公积金的，在申请个人住房公积金贷款可同时办理个人住房商业贷款。

4. 贷款利息的计算

获得的贷款需要按合同要求还本付息，利息是借款人获得款项所必须支付的成本。2014 年央行的贷款指导利率：1 年以内（含 1 年）的利率为 5.6%，1～5 年（含 5 年）的利率为 6.0%，5 年以上的利率为 6.15%。这些是央行的基准利率，实际办理中利率会因为银行贷款用途和还款方式而出现差异。

由于利率政策基本相同，所以各家商业银行可以给出的优惠基本相似，故影响贷款利息的主要是偿还贷款的方式。根据还款方式的不同可以分为：到期一次还本付息、等额本息还款利息、等额本金还款利息等。

4.1 到期一次还本付息

是指借款人在贷款到期后一次性归还本金和利息，而在贷款期内不用偿还本金也不用偿还利息。通常贷款期限在 1 年（含 1 年）以下的会采用到期一次还本付息的方式，其计算公式为：

一年期贷款到期一次还本付息额＝贷款本金×[1＋年利率（%）]

不是一年期贷款到期一次还本付息额＝贷款本金×[1＋月利率（‰）×贷款期（月）]

其中：月利率＝年利率÷12

例如：住房贷款 6 万元，年利息为 6%，贷款期为 9 个月，则到期一次还本付息额为：

$$60\,000\times[1+(6\%\div12)\times9]=62\,700\text{ 元}$$

4.2 等额本息还款

是指借款人每月按相等的金额偿还贷款本息，这种还款方法会导致贷款前期所还的利息比例大而本金比例小，贷款后期本金比例大而利息比例小。等额本息还款法的特点是本金逐月递增，利息逐月递减，月还款数不变，适合收入稳定的工薪阶层。其计算公式为：

$$每月等额还本付息额=P\times\frac{R\times(1+R)^N}{(1+R)^N-1}$$

其中：P=贷款本金，R=月利率，N=还款期数（贷款年限×12）。

例如：商业性贷款 50 万元，贷款期为 20 年（240 月），年利率为 8%（月利率为 6.667‰），则每月等额还本付息额为 4 182.2 元。其中：第 1 期 4 182.2 元中有 3 333.33元是利息，只有 848.87 元是本金；第 240 期 4 182.2 元中有 27.7 元是利息，4 154.5 元是本金。如此 20 年后还清贷款和利息，累计支付利息 503 728.08 元，累计还款总额 1 003 728.08 元。

4.3 等额本金还款

是指借款人将本金平均分摊到每个月内归还，同时付清上一还款日至本次还款日之间的利息。等额本金贷款采用的是简单利率方式计算利息，每月归还的本金额始终不变，而对剩余的本金计算利息，因而其每月还款额逐渐减少。等额本金还款法的优点是本金等额偿还，本金偿还快，利息偿还少，故可降低贷款成本。但由于前期还款额度较高，资金压力集中在借款前期，比较适合当前收入较高者。其计算公式为：

$$每月还款金额=\left(\frac{贷款本金}{还款月数}\right)+(本金-已归还本金累计额)\times每月利率$$

例如：某人贷款 50 万，期限 20 年，年利率为 8%，每期还本金 2 083.33 元。其中：第一期应还 5 416.67 元，其中 3 333.33 元是利息，2 083.33 元是本金；最后一期应还 2 097.22，其中 13.89 元是利息，2 083.33 元是本金。如此，20 年后还清贷款和利息，累计支付利息 401 666.67 元，累计还款总额 901 666.67 元。

5. 提前还贷和延长贷款

5.1 提前还贷

贷款合同中一般有提前还款的条款，借款人可以主动向银行提出部分或者全部提前偿还贷款。提前还贷一般有两种情况：一是全部提前还款，即将剩余的全部贷款一次性还清；二是部分提前还款。部分提前还款根据实际情况又可分为：(1)剩余的贷款保持每月还款额不变，将还款期限缩短；(2)剩余的贷款每月还款额减少，保持还款期限不变；(3)剩余的贷款每月还款额减少，同时还款期限缩短。对于资金压力较大的借款者来说，选择第二种方式比较好。

如果是组合贷款，选择提前还款时应优先偿还商业贷款，因为公积金贷款含有政策性补贴成分，往往利率水平较低。

5.2 延长贷款

贷款合同一旦签订，双方就应承担相应的义务和责任，除非借款合同中已经明确延长贷款的办法和条件，否则借款人延长贷款的要求将很难被满足。履行借贷合同过程中，借款人确有需要变更合同中有关还款期限的约定时，可以向银行提出书面申请。银行可以同意变更合同，也可以不同意变更，需借款人直接与贷款银行商讨具体事宜。

·理财情景 7-1 分析·

作为一个外来务工人员，经过十年打拼能在工作的城市落户扎根，小李夫妇难能可贵。从小李夫妇的购房选择上看，其购房规划比较合理。一是近年来虽然经济不景气影响到了房产市场，但是房价仍旧维持在高位徘徊，他们选择在市郊购买房产降低了购房资金压力。市区虽然生活配套完善，周边有成熟的商业金融等服务，但是房价过高不太适合像小李这样的外来人员。二是选择购买楼层较低的房子，也是其压低房价的手段。通常来讲楼层每增加一层房价每平方米增加100～150 元，如果买在顶层小李将多支出 10 万～15 万元。三是小李选择房产时注意到了户型结构，选择坐北朝南且南北通透的房子，未来居住将十分舒适。四是小李夫妇资金安排比较合理，因为购房后资产将以固定资产的形式存在，必须考虑保留适当的现金流动性。

小李夫妇在购房中也有不太妥当的地方。一是未充分考虑接送小孩读小学、初中的要求。虽然在市郊购房可将房价压低，但是如果没有注意到小孩上学要求，未来接送小孩读书将成为他们的主要烦恼。为弥补这方面的不足，建议小李夫妇采用以租养租的方式，将自己的房产出租，再在离学校较近的地方租房子住，以方便小孩读书。二是 5 万元作为装修和生活准备金显然不足。为弥补这方面的不足，不妨试试银行正在推出的装修贷款，平均每平方米可以贷款2 000元，这意味着小李的房子可以贷款 20 万元用于装修。

理财情景讨论和能力训练

项目任务书

项目(或工作任务)名称	租房还是购房
项目负责人	
项目组成员	
项目情景	小林在一家台资企业上班,2004 年被总公司外派到××城市负责分公司具体建设工作。临行前公司经理跟小林说,分公司建设工作期间较长,估计需要 3～5 年时间,要做好长时间在××城市工作的思想准备。到××城市工作 3 个月后,小林在工作之余开始考虑是继续租房还是购房。现在小林租住某小区 120 平方米的房子,月租金 1 200 元。如果购买一套 100 平方米的房子需要 25 万元,首付需要 40%,即 10 万元。小林现有资金 8 万元,估计父母可以资助 2 万元,可以申请公积金贷款,装修费用估计在 5 万～10 万元。
项目(或工作任务)目标	了解租房和购房步骤、流程等,掌握房贷按揭方法。
项目工作内容和方法	1. 计算:采用房贷计算器,假设按揭 20 年,分别采用等额本息法和等额本金法计算小林的购房按揭压力。 2. 分析:如果房价年上涨率为 10%,房租年上涨率等于通胀率即 4%,5 年后是购房划算还是租房划算。 3. 思考:如果直接购买二手房,又有什么便利的地方。
学习目标	
学习提示	
说明	

项目活动计划与评价表

<table>
<tr><td colspan="4">项目(或工作任务)名称</td><td colspan="6"></td></tr>
<tr><td colspan="4">项目负责人</td><td colspan="6"></td></tr>
<tr><td colspan="4">项目组成员</td><td colspan="6"></td></tr>
<tr><td colspan="4">项目实施时间</td><td colspan="6"></td></tr>
<tr><td rowspan="2">项目计划</td><td colspan="3">项目实施计划</td><td colspan="6">包括(但不限于):计划目标、实现计划目标的要素、计划进度等。</td></tr>
<tr><td colspan="3">工作方案</td><td colspan="6">包括(但不限于):工作流程、阶段任务、工作思路、工作方法措施等。</td></tr>
<tr><td colspan="4">项目成果</td><td colspan="6"></td></tr>
<tr><td colspan="4">收获</td><td colspan="6"></td></tr>
<tr><td rowspan="6">工作评价</td><td colspan="3" rowspan="2">团队及成员</td><td rowspan="2">团队</td><td colspan="5">成员</td></tr>
<tr><td>1.</td><td>2.</td><td>3.</td><td>4.</td><td>5.</td></tr>
<tr><td rowspan="4">评语与成绩</td><td rowspan="2">团队评价</td><td>评价</td><td></td><td></td><td></td><td></td><td></td><td></td></tr>
<tr><td>成绩</td><td></td><td></td><td></td><td></td><td></td><td></td></tr>
<tr><td rowspan="2">教师评价</td><td>综合评价</td><td></td><td></td><td></td><td></td><td></td><td></td></tr>
<tr><td>成绩</td><td></td><td></td><td></td><td></td><td></td><td></td></tr>
</table>

※ 项目八 退休养老规划 ※

学习目标:通过本项目学习,了解退休养老规划的原则和影响因素;熟悉退休养老规划流程;清楚并能够运用退休养老规划工具。

项目八工作任务分解(WBS)

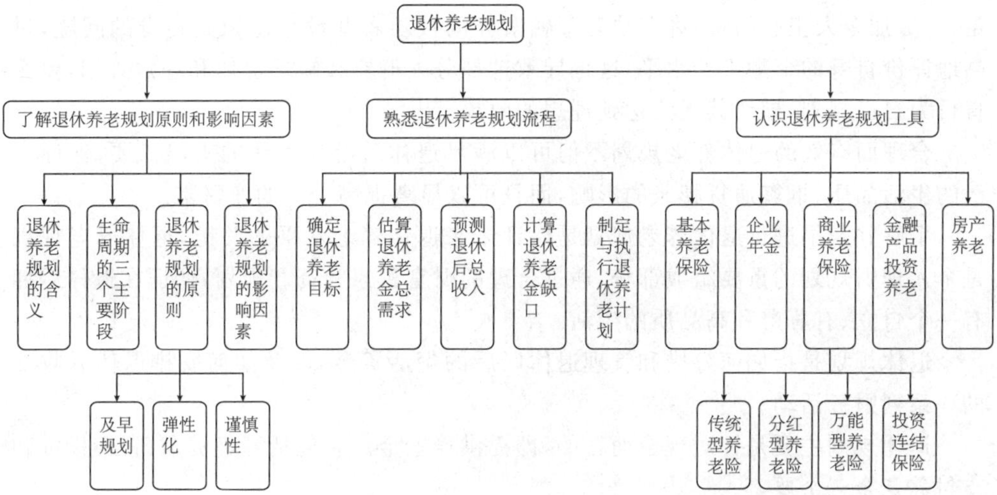

· 理财情景 8-1 ·

56 岁的老何和 55 岁的老汪,同在一个办公室里工作,两人不仅是工作上的好搭档也是生活中的好朋友。这天,他们在工作之余谈到了退休养老的事情。老何没有什么退休打算,就等着退休后每月领取退休金好在家安度晚年。老汪说自己退休之后计划 10 年内游遍祖国的山山水水。老何很不相信,说:"我们可以领取的退休金差不多,也就两三千元刚刚够满足日常开支需要,怎么能出去旅游?"老汪说为了这个退休计划,他早在 10 年前就开始规划了。首先,他把在银行的 35 万元存款进行了安排,其中 20 万元用于购买房产并采用以房养房的方法将房产出租,当时投进去的资金已经收回,现在每月房租可收入 2 500 元。其次,他将其中 10 万元,用于购买××保险公司的万能险,年收益率为 3%~6%,预计到退休可以一次性领取 18.5 万元。如果加上 8 年前开始缴交的企业年金,预计退休后每月可以领取到 6 500~9 000 元。

请思考:你怎么看老何和老汪的退休安排?

任务一　了解退休养老规划的原则与影响因素

1. 退休养老规划的含义

我国已逐渐步入老龄化社会，在老年人口比重增加的同时出现了养老资源不够充分的现象，养老问题日渐严重。然而，一份关于北京市居民金融素养与养老规划调研的报告显示，人们对养老规划知之甚少，其所显露出来的理财规划素养也明显不足。“更加令人担心的是，许多缺乏金融素养的被访者并没有意识到自身的问题，过高地评价自身的金融素养水平，这也导致这部分人群要么缺乏退休和理财规划，要么盲目为自己规划，导致其无法达到理想的效果。”①

合理而有效的退休养老规划不但可以满足退休后漫长生活的支出需要，保证自己的生活品质，抵御通货膨胀的影响，而且可以显著提高个人的净财富。

了解并及早进行退休养老规划是保证未来退休养老水平的关键，退休养老规划是个人理财规划的重要组成部分，通过合理的财富积累和资产规划，保证在退休后拥有一个自立、有尊严和高品质的生活。

退休规划是指如何筹措和管理退休以后的生活资金，以及如何安排退休后收支的一系列财务活动。

退休规划主要是针对现金而言的，即提供养老金。它包括筹集资金、管理投资和支付养老金三个要素。

2. 生命周期的三个主要阶段

美国经济学家莫迪利安尼提出了生命周期消费理论，认为理性消费者会根据其一生的收入来安排消费与储蓄，使得一生的收入与消费相等。人的一生主要分为青年、中年和老年等几个阶段，老年阶段即退休阶段。人们在退休阶段存在着收入下降而健康养老等方面开支不断增加的问题。如何在退休后保持一定的生活消费水平，是退休养老规划的关键。

假设一个人寿命为 85 岁，则他一生的三个阶段如图 8-1 所示。实线为支出曲线，虚线为收入曲线。

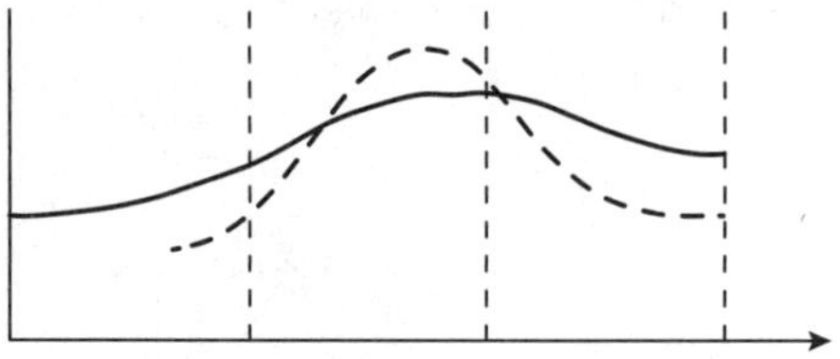

8-1　个人收入和开支在生命周期中的情况

① 高超：《北京市居民金融素养与养老规划调研报告》，首都经济贸易大学硕士学位论文，第 29 页。

假定一个人25岁开始工作，60岁退休，预期寿命85岁。工作时期为60－25＝35年，生活年数为85－25＝60年（人生前25年受父母抚养的时期不算入生活年数中）。如果每年平均收入为50 000元，则终生收入为1 650 000元。一生安稳生活的心理与追求，使得人们在60年的生活年数中有计划地均匀地消费终生收入1 650 000元，则每年的消费额27 500元。以上没有考虑利率、通胀影响、个人投资理财和缴交养老保险可能获得的退休收入等，如果考虑这些因素，需要进一步了解退休养老规划。

3. 退休养老规划的原则

3.1　及早规划

科学合理的退休养老规划可为晚年幸福的生活保驾护航。及早规划就是指退休养老规划启动的时间越早越好，在30岁左右成家立业就开始考虑退休养老规划，比到了40岁步入中年以后才开始考虑退休养老规划，运作的空间比较大，成功的可能性也比较大。一般情况下，在55～60岁就进入退休养老阶段了，通常提前20年的养老投资是基本要求。目前，我国的基本养老保险保险费最低缴交期限为15年，也是有这方面的考虑。随着平均寿命增长，在生活成本费用加剧上涨的社会发展趋势下，可以预见仅靠传统的储蓄和社保来养老将很难满足退休生活的物质和精神要求。所以人们应该在参加社会基本养老保险的基础上，积极规划自己的退休养老计划，通过投资理财产品、购买商业养老保险等多种方式为保障退休生活水平提供资金保障。

3.2　弹性化

退休养老规划弹性化是指应根据家庭的经济变化来适时调整退休养老规划。个人、家庭收入会因其经济能力发展而产生变化，在经济收入较高时可增加退休的规划投入，在经济收入较低时应维持基本水平的退休规划投入。这样随着家庭经济能力变化，弹性而合理地设计退休养老规划，有利于提高未来退休养老水平。

3.3　谨慎性

通货膨胀和其他不确定因素让人们在规划退休养老时不能过于乐观，高估未来收入和低估支出都会造成退休养老的被动，导致生活水平的下降。采取谨慎性原则，制定一个比期望略高的退休理财目标，准备充分以应付可能的意外费用增长是一个明智之举。退休理财计划应倾向于安全性，在确保稳定收益的同时，才可以适当选择收益和风险相对较高的理财产品。合理的养老规划应该对其中的资产进行适当的投资组合，一些风险不大的理财产品可在规划中占据较大比重。

4. 退休养老规划的影响因素

4.1　退休制度

我国的退休养老制度一直在修改，对人们的退休养老规划影响较大，这主要来自于两个方面：一是法定退休年龄，二是影响退休金的缴交与领取。根据我国现行的退休养老制度，退休人员的主要资金来源包括基本养老金保险、企业年金保险、商业保险和自筹退休金。这其中的缴交比例和获得途径都不同，所以个人退休养老规划很大程度上取决于自己属于这其中的哪个保险。

人口老龄化是许多国家共同面临的问题，在国外延长法定退休年龄的情况已经出现，我国也正在研究这方面的情况。或许在不久的将来，延长法定退休年龄就会落实。我国的法定退休年龄为男性60周岁，女性50周岁（女干部55岁）。2012年7月，人力资源和社会保障部社会保障研究所所长何平提出，我国应逐步延龄退休，建议到2045年不论男女，退休年龄均为65岁。延迟退休年龄显然会直接影响到实际领取退休养老金的开始时间和缴交比例，在合理安排退休养老时需要额外考虑。

4.2 市场经济状况

市场经济状况主要是指市场的通胀水平，通胀水平会影响资产的未来价值，通货膨胀率越高退休金筹备压力越大。考虑到我国经济在未来20年内仍将以8%左右的速度增长，将未来通胀水平定在3%比较合适。3%的通胀水平似乎并不高，却意味着24年后物价将翻一倍。所以，在规划退休养老时，需要首先考虑到通胀水平对消费和收入的影响，自然这也成为退休规划中选择投资理财工具的关键性评价指标。

4.3 个人经济能力

根据现行的养老保险制度，多缴纳养老保险金额可以在退休后获得更高的退休金。但多缴纳显然会减少当前的消费水平，所以具体缴交多少应该根据个人的收入水平来具体确定。高收入水平者可以提高养老保险的缴交额度，以提高未来的退休保障水平。个人理财能力的高低会影响退休养老规划。如果对理财投资不甚了解，那么退休养老的规划较为简单，未来可能获得的养老保障就会比较单一；反之则可在未来获得较高的退休保障。资产水平也是影响退休规划的重要因素。例如，拥有房产以获得稳定的房产租赁收入，可提供良好的资金来保障未来的退休生活。退休前资产累积越多，退休后每月生活费越宽裕。若资产累积迅速或退休金优厚则可以规划提早退休，趁年轻力壮完成其他人生愿望。

影响退休养老的因素还有很多，如子女教育金支出、购房支出等额外支取了退休养老金，都会影响到原有的退休养老计划。

任务二　熟悉退休养老规划流程

1. 确定退休养老目标

养老目标由两个关键因素决定：退休年龄和退休后的生活质量。

退休年龄决定了个人退休时可能的积蓄和身体健康程度。法定退休年龄一般由国家政策来确定，由于人口老龄化问题，未来可能会出台延长退休年龄的具体方案，退休年龄将会延长。退休后的生活质量决定了个人在退休后的各项生活支出成本。对退休后生活状态的不同要求决定了退休养老目标的差异性。有的人退休后喜欢旅游，利用有生之年到处走走玩玩，旅游方面的开支将较大；有的人退休后喜欢宅在家里与儿孙辈同堂而欢，生活消费成本将较小。对退休生活状态要求不同，退休养老的目标也将不同，从而决定了退休养老规划的差异性。

2. 估算退休养老金总需求

通常以当前生活消费水平为参照，综合考虑未来生活变化和通胀水平并做适当变动和增减，来估算退休养老金总需求。下面结合具体例子来说明退休后的养老资金总需求。

假设章先生还有 20 年退休，退休后生活费用发生调整，其中医疗支出明显增加，具体支出结构见表 8-1。

表 8-1　章先生生活支出年需求表

<table>
<tr><th>项目</th><th>目前支出</th><th>退休后调整</th><th>通胀率</th><th>退休时支出</th></tr>
<tr><td>饮食</td><td>1 万元</td><td>1 万元</td><td rowspan="9">3%</td><td rowspan="9">8.67 万元</td></tr>
<tr><td>衣物</td><td>0.5 万元</td><td>0.3 万元</td></tr>
<tr><td>交通</td><td>0.5 万元</td><td>0.3 万元</td></tr>
<tr><td>休闲</td><td>0.5 万元</td><td>0.7 万元</td></tr>
<tr><td>医疗</td><td>0.5 万元</td><td>1.5 万元</td></tr>
<tr><td>保费、房贷</td><td>2 万元</td><td>0 万元</td></tr>
<tr><td>子女教育</td><td>1 万元</td><td>0 万元</td></tr>
<tr><td>其他</td><td>1 万元</td><td>1 万元</td></tr>
<tr><td>合计</td><td>7 万元</td><td>4.8 万元</td></tr>
</table>

章先生在退休后虽然减少了支出，调整为 4.8 万元，但是由于每年通胀率为 3%，在保持实际购买力不变的情况下，20 年退休后第一年支出应为 8.67 万元。也就是说，退休后支出 8.67 万元就相当于现今支出 4.8 万。假设章先生夫妇可以活到 85 岁，则退休后 25 年所需退休总金额约为 325 万元。

3. 预测退休后总收入

预测退休后总的收入主要取决于缴交的退休养老保险情况和家庭的其他理财收益。社保养老金保险、企业年金保险和商业养老保险因为缴交的比例和金额差异会直接影响到退休后领取的退休金额度，而自筹退休金属于个人的投资理财，理财收益取决于所购买的理财产品，不同的理财产品收益会有差异，在具体计算时可采用低、中、高三个等级来预估可能的收益水平。

4. 计算退休养老金缺口

在不同阶段，人们的财务需求和想法都不一样，所以家庭财务的缺口测算也需要阶段性重估。只有了解养老资金缺口，才能更有意识地提前为未来做准备。

退休养老金缺口＝资金需求－退休收入＋已有资金的积累

仍以章先生为例，他希望在60岁时退休，预计退休后的生活至少25年。假设他上年度平均月工资6 000元，本市职工上年度平均月工资4 000元，现账户累积的养老金额为90 000元，个人工资增长率4%，职工工资增长率3%。则退休后每月大致能拿基础养老金约为3 459.35元，按章先生目前的工资水平，不能满足期望的退休后每月4 000的元生活水平，需要逐步提高工资待遇或者每月额外增加养老金270.33元。可见章先生需要提前进行退休养老规划，为自己购买其他投资理财产品，才能保障退休后的生活水平。

5. 制定与执行退休养老计划

制定退休养老计划就是根据养老资金缺口情况规划退休养老的投资理财计划，包括增加购买商业保险，增加投资理财规划，减少当前的消费等。

为了保证退休养老规划的准确和有效，在制定退休养老规划时必须先考虑与财务目标有关的事项，包括合理设定投资报酬率与通货膨胀率，一般来说合理可行的退休规划离不开对以下几个环节的考察，见图8-1。

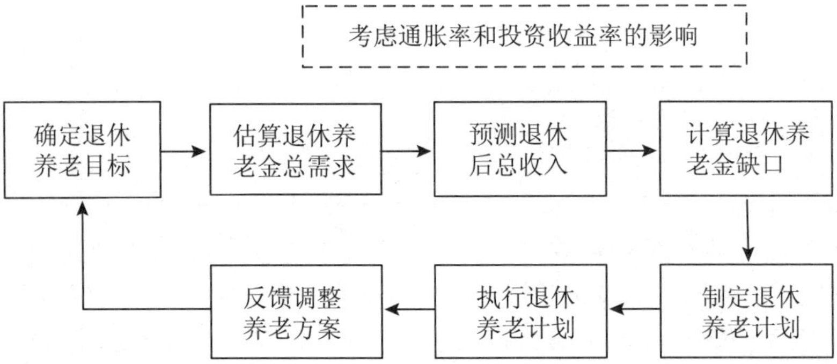

图8-1 退休规划的制定步骤

任务三 认识退休养老规划工具

1. 基本养老保险

近些年,我国已逐步建立起多层次的养老保险体系。在这种多层次养老保险体系中,基本养老保险可称为第一层次,采用社会统筹与个人账户相结合的基本养老保险制度。基本养老保险是以法律形式强制建立和实施的一种社会保险制度,要求用人单位和劳动者必须依法缴纳养老保险费,在劳动者达到国家规定的退休年龄或因其他原因而退出劳动岗位后,社会保险经办机构依法向其支付养老金等待遇,从而保障其基本生活。

基本养老保险覆盖范围包括国有企业、城镇集体企业、外商投资企业、城镇私营企业和其他城镇企业及其职工、实行企业化管理的事业单位及其职工。省、自治区、直辖市人民政府根据当地实际情况,可以规定将城镇个体工商户纳入基本养老保险的范围。基本养老保险缴费基数最高为本市职工月平均工资的300%,最低为本市职工月平均工资的60%;企业缴费不超过企业工资总额的20%;职工个人按本人工资的8%左右缴费。

如今各省市均有开通基本养老保险个人账户查询,持本人身份证或社保卡号可直接到各市社保中心养老保险处查询,或登录社保中心网站查询。

2. 企业年金

企业年金又称职业年金、企业退休金,是指企业在国家政策的指导下,根据自身经济实力和经济状况自愿建立的为本企业职工提供一定程度退休收入保障的补充性养老金制度。2004年劳动和社会保障部等部门发布了《企业年金试行办法》和《企业年金基金管理试行办法》。企业年金作为国家基本养老保险的重要补充,具有鲜明的特征:①由企业自愿建立;②经办方式多样;③政府鼓励,享受一定的税收优惠政策;④企业年金基金实行市场化经营。显然建立企业年金有利于减轻国家养老负担压力,增强企业竞争性,促进经济发展。

企业年金资金筹集方式为企业和职工个人共同缴纳。企业每年缴费不超过本企业上年度职工工资总额的1/12;企业和职工个人缴费合计一般不超过本企业上年度职工工资总额的1/6。企业年金基金实行完全积累,采用个人账户方式进行管理,即企业和个人缴费以及企业年金基金的投资运营收益都要计入企业年金个人账户。企业年金基金管理采用"信托+委托"的模式运作,委托三方管理运营企业年金基金。当职工达到国家规定的退休年龄时,可以从本人企业年金个人账户中一次或定期领取企业年金;当职工变动工作单位时,企业年金个人账户资金可以随同转移。

案例:李先生今年40岁,所在公司有参与企业年金计划。按照规定,李先生个人缴费是其当期薪酬总额的8%,公司缴费比率5%。李先生目前年金账户余额为48 000

元，该计划委托金融机构进行投资理财的净回报率在5%左右。假设李先生的缴费工资为5 000元，工资年增长率为4%，则李先生60岁退休后可以一次性领取企业年金497 545元。假若李先生选择每月领取年金，且委托金融机构年度投资收益率不变，李先生估计退休后的生存年限为20年，则李先生按月领取年金为3 240元。[①]

3. 商业养老保险

商业养老保险作为一种商业保险，以人的生命或身体为保险对象，由保险公司在被保险人年老退休或保期届满时按合同规定给付养老金。目前商业保险主要有年金保险、两全保险、定期保险和终身保险等。这些保险都有实现退休养老的作用。与前面的基本退休养老保险不同，商业性养老保险往往兼顾储蓄、投资和保险功能，弥补了被保险人在退休后收入不足的问题，提高养老规划的保障水平。

规划商业养老保险应重点注意三个方面：一是根据家庭实际情况选择好保险险种，分红型养老保险在强迫储蓄时兼顾寿险保障，万能险的特点则是在提取账户资金时手续便捷；二是合理规划养老保险金额，保险金额应根据子女教育、住房等家庭其他财产规划实际情况来合理安排；三是选择养老保险缴费、领取形式，趸式即一次性缴纳或领取，期式即按每月或每年等固定时期来缴纳或领取。

下面具体介绍几种常见的商业性养老保险险种。

3.1 传统型养老险

这是以固定的费率及生命表作为费率厘定基础的养老险，具有固定缴费、定额利息和固定领取的特点。该保险的优点是回报固定，一般利率在2.0%～2.4%，风险低；缺点是抗通胀能力低，当出现较高通胀水平时投保者存在较大的资产贬值风险，故目前各大保险公司此类险种较少。

3.2 分红型养老险

这是具有分红功能的养老保险，其预定利率水平较传统养老险稍低，为1.5%～2.0%，但是分红险除固定回报外还有来自保险公司不确定的红利分享。分红型养老险既有预定收益又与保险公司盈利相挂钩，使得养老保险既能保值又能增值。

3.3 万能型养老险

万能型养老险在扣除初始费用和保障成本后保费进入个人账户，具有保底的1.75%～2.5%收益以及不确定的额外收益。万能型养老险具有保底利率，账户透明，存取灵活，追加投资方便，兼具养老保障和投资功能，适合坚持长期投资的投资者。万能型养老险的缺点是对储蓄习惯不太好、自制能力差的投资人来说，可能无法真正实现长期投资以获得较高养老金的目的。

3.4 投资连结保险

这是一种保险与投资挂钩的保险，指一份保单在提供人寿保险的同时，在任何时刻的价值由其投资基金的投资表现来决定。投连险的灵活性类似于万能险，不同的

---

① 案例采用企业年金计算器计算，http://www.bosera.com/wealth/nianjinjijin.html。

是万能险只有一个投资账户，而投连险有几个风险度不同的投资账户。投保人自行选择保险费在各投资账户的分配比例，账户的投资组合不同，收益就不同。投资连结保险被认为是一种具有保险功能的基金，它让寿险业不仅具有一般保障给付功能，还趋向寿险产品金融证券化，使得投保人同时获得保险和投资两种收益。缺点是该险种是保险产品中投资风险较高的一种，适合风险承受能力强、以投资为主、兼顾养老的投资人。

4. 金融产品投资养老

金融产品投资养老并不等同于前面的三种养老保险形式，是老年人选择投资金融机构推出的金融理财产品获得投资回报的投资养老方式。金融产品投资理财形式主要有：一是国债和定存，对于多数老年人来说定存银行和购买国债是一种踏实的理财方法，通常国债和长期定存的收益率能跑赢通胀，但是也存在流动性差的问题；二是银行的养老理财产品，大多数的银行理财产品投资于债券和货币市场等低风险产品，符合养老投资的需要；三是购买信托、股票和基金等高风险产品，这些理财产品的预期年收益率一般为8%～10%，在具体投资组合中应控制好投资比例。

5. 房产养老

以房产养老就是老年人依据其所拥有的房产价值，采用一定的金融或非金融机制融汇提前套现，从而在其生命期间建立起持续稳定延续终生的现金流入。以房养老的操作模式可分为金融行为和非金融行为，前者须通过金融保险机构才得以顺利运营，包括倒按揭、售房养老和房产养老寿险等；后者可为老年人自行决定操作，包括遗赠扶养、房产置换、房产租换、售房入院、投房养老和售后回租等。

2014年6月，中国保监会发布了《中国保监会关于开展老年人住房反向抵押养老保险试点的指导意见》，自2014年7月1日起至2016年6月30日止，在北京、上海、广州、武汉试点实施老年人住房反向抵押养老保险。例如：在南京汤山“温泉留园”，规定凡是拥有本市60平方米以上产权房、年届六旬以上的孤残老人自愿将其房产抵押，经公证后入住老年公寓，终身免交一切费用，而房屋产权将在老人逝世后归养老院所有。在上海凡是65岁以上的老年人，可以将自己的产权房售卖给市公积金管理中心，老人在取得房款后房屋以返租形式租给老人，老人则需缴纳租金给市公积金管理中心。

·理财情景8-1分析·

从本案例中，可以看出老汪是一个比较懂得理财规划的人，他在45岁的时候就开始规划自己的退休生活，合理的资金安排使其晚年有足够的资金来源，并将生活定位为一个享受旅游式的老年生活。退休养老规划越早越好安排，虽然说45岁开始规划退休并不太早，但也不是太晚。相比之下，老何的退休生活就没有老汪的丰富多彩。由于没有注意到退休养老的问题，直到临近退休也没有规划自己的退休生活，老何只准备在退休之后简单领取两三千元退休金在家安度晚年。

理财情景讨论和能力训练

项目任务书

项目(或工作任务)名称	李先生夫妇的退休计划
项目负责人	
项目组成员	
项目情景(*)	李先生夫妇同龄,今年45岁,一块承包经营水果门店,该店一年平均有11万元的净收入。夫妇现有资产情况:房产2套,一套自住一套出租,月租金可收入2 000元;现金存款30万元,都用于购买一年期定存,年利率1.5%;购买基金20万元,预期年收益3%~4%。李先生夫妇现在生活开销每月8 000元,夫妻两人有交纳最低的社保,两人预计60岁后每月共有3 600元退休养老金。 最近,李先生夫妇开始计划两人退休的生活问题,他们打算55岁退休养老,退休后希望生活可以过得轻松愉快,可以到处走走看看。假设物价等生活开支的年增长率为3%,门店净收入年增长率为5%,基金投资年收益4%。
项目(或工作任务)目标	理解和掌握退休养老金缺口的计算方法,合理安排退休养老资金。
项目工作内容和方法	1.请计算李先生夫妇退休后第一年的月支出额度。 2.假设李先生夫妇55岁退休后头一年旅游开支为1万元,夫妇可以生活到75岁,退休后将资金包括银行的现金都用于购买基金,请计算李先生夫妇的养老退休金缺口。 3.如果李先生夫妇的退休养老计划仍旧存在资金缺口,请问李先生夫妇应将退休后的生活开支确定在多少,才能满足退休养老需要。 4.李先生夫妇的退休养老计划中还有哪个重要缺陷?
学习目标	能够计算出养老资金缺口和合理安排养老资金。
学习提示	
说明	

项目活动计划与评价表

<table>
<tr><td colspan="4">项目(或工作任务)名称</td><td colspan="6"></td></tr>
<tr><td colspan="4">项目负责人</td><td colspan="6"></td></tr>
<tr><td colspan="4">项目组成员</td><td colspan="6"></td></tr>
<tr><td colspan="4">项目实施时间</td><td colspan="6"></td></tr>
<tr><td rowspan="2">项目计划</td><td colspan="3">项目实施计划</td><td colspan="6">包括(但不限于):计划目标、实现计划目标的要素、计划进度等。</td></tr>
<tr><td colspan="3">工作方案</td><td colspan="6">包括(但不限于):工作流程、阶段任务、工作思路、工作方法措施等。</td></tr>
<tr><td colspan="4">项目成果</td><td colspan="6"></td></tr>
<tr><td colspan="4">收获</td><td colspan="6"></td></tr>
<tr><td rowspan="6">工作评价</td><td colspan="3" rowspan="2">团队及成员</td><td rowspan="2">团队</td><td colspan="5">成员</td></tr>
<tr><td>1.</td><td>2.</td><td>3.</td><td>4.</td><td>5.</td></tr>
<tr><td rowspan="4">评语与成绩</td><td rowspan="2">团队评价</td><td>评价</td><td></td><td></td><td></td><td></td><td></td><td></td></tr>
<tr><td>成绩</td><td></td><td></td><td></td><td></td><td></td><td></td></tr>
<tr><td rowspan="2">教师评价</td><td>综合评价</td><td></td><td></td><td></td><td></td><td></td><td></td></tr>
<tr><td>成绩</td><td></td><td></td><td></td><td></td><td></td><td></td></tr>
</table>

※ 项目九　财产分配与传承规划 ※

学习目标：通过本项目学习，熟悉财产分配中应注意的问题、遗产的含义和内容；掌握财产分配的基本原则、遗产分配的方式和原则，清楚常见财产分配和传承规划工具的特点和运用方法；理解进行财产分配和传承规划所需准备的个人情况记录，能够根据个人情况记录计算和评估财产，能够合理确定规划目标，了解制定财产分配和传承规划的基本方法。

项目九工作任务分解(WBS)

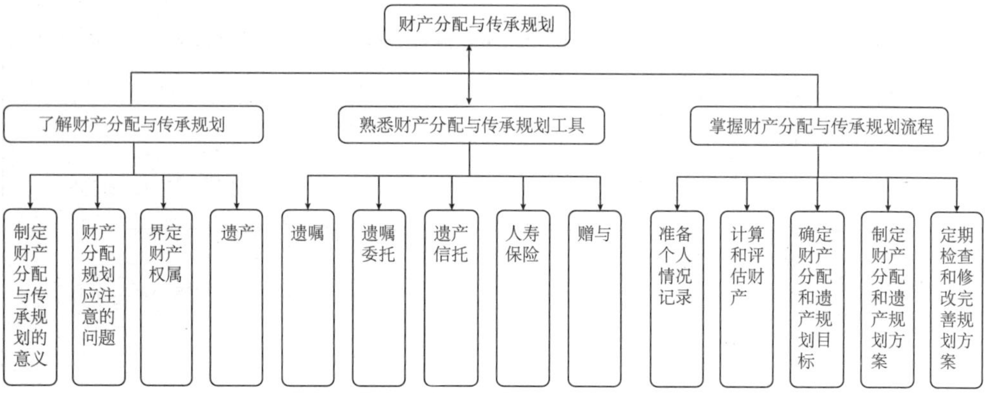

• 理财情景 9-1 •

2005 年，张涛和小敏在工作中认识，在确立恋爱关系后两人迅速进入热恋，半年后步入了婚姻殿堂。但甜蜜的爱情没过两年就出现问题：一是婚前双方接触时间较短，彼此了解还不充分，两人性格不合的问题开始出现；二是小敏的个性较强导致婆媳关系较为紧张；三是张涛长期在外面跑业务，对家庭的关爱不够。如此夫妻感情逐渐慢慢淡薄。有一天，小敏发现张涛有了外遇，夫妻感情进一步恶化，最终夫妻感情破裂提起离婚。

双方对离婚没有争议，但是在财产的分割上起了分歧。原来在双方确立恋爱关系后，女方要求男方赶紧买房以便结婚使用。催促下，张涛购买了一套商品房总价 35 万元，首付款 10 万元由张涛父母垫付，余下 25 万元为按揭贷款，期限 20 年。婚姻关系存续期间，双方共同偿还贷款 7.6 万元。如今离婚，张涛以房产是婚前财产为由拒绝将房产作为夫妻共有财产进行分割，对此小敏不同意并告上法庭。

请思考：你怎么看张涛和小敏对房产的争议？

任务一　了解财产分配与传承规划

1. 制定财产分配与传承规划的意义

财产分配规划是为了家庭财产在家庭成员之间进行合理分配而制定的财务计划。财产传承规划则是当事人在其健在的时候通过选择遗产管理工具和制定遗产分配方案，将拥有或控制的各种遗产或负债进行安排，确保在自己去世或丧失行为能力时能够实现家庭财产的代际相传或安全让渡等特定目标。

财产分配与传承规划是个人理财规划中不可或缺的部分。制定财产分配和传承规划能够对个人及家庭财产进行合理合法的配置。提前进行科学、合理的财产分配和传承规划，可以在遭遇离婚、再婚或者家庭成员去世等事件时按照本人意愿顺利实现财产分配和顺利传承，避免所关爱的亲人因为无法取得财产导致生活陷入窘境，同时也有助于避免因为财产分割问题引起亲属之间的矛盾，提高整个家族的凝聚力和幸福感。

从形式上看，制定财产分配和传承规划能够对个人及家庭财产进行合理合法的配置；从更深层次的角度看，财产分配与传承规划为个人和家庭提供了一种规避风险的保障机制。当个人及家庭在遭遇到现实中存在的风险时，这种规划能够帮助当事人隔离风险或降低风险带来的损失。在实际生活中，个人及家庭可能遭遇的风险主要有以下几类：

一是家庭经营风险。对于其成员共同从事商业经营的家庭来讲，经营收益是该家庭的主要收入来源，维持着整个家庭的正常生活。一旦该经营实体受到商业风险的冲击，整个家庭的经济状况就有可能急转直下，严重的甚至威胁到家庭成员的正常生活、教育、工作等。

二是夫妻中一方或双方丧失劳动能力或经济能力的风险。夫妻是家庭组织的核心，如果其中一方或者双方丧失了劳动能力，如工伤、意外事故造成身体残疾，或者丧失了经济能力，如对外欠债导致被追索等情形，都会导致家庭经济支付能力的下降，影响家庭的正常生活。

三是离婚或者再婚风险。离婚意味着夫妻关系的结束和一个家庭的解体，无论对家庭还是夫妻任何一方都会产生重大的影响，其中最突出的方面就体现在对家庭财产如何分割上。现实生活中经常会发生这样的情况，即离婚时，夫妻其中一方有转移、隐匿、变卖财产侵害另一方财产权益的行为，导致出现受害一方的生活质量下降及经济能力减弱等不良后果。

再婚是离异或丧偶的男女重新组建家庭的开始。很多再婚人士，特别是曾经有过离异经历且事业处于鼎盛时期的一些人，在再婚前都会在私人财产保护和个人安全感上有所考虑，对对方与自己的结婚动机产生怀疑，有孩子的还会担心再婚伴侣对前妻子女的影响。事实上，也确有一些人企图借婚姻达到一些特定目的。因此，再婚本身也存在风险。

四是家庭成员的去世。家庭成员去世后，其遗留财产的分配会使得家庭其他成员个人的财产增加或者减少，对整个家庭财产也会产生影响。同时，由于多数家庭没有事先立遗嘱的意识，遗产分割很容易在家庭内部产生纠纷，即使有的立了遗嘱，也会因为遗嘱内容表述不清，而在执行过程中出现财产被恶意侵吞或者不按照遗嘱人意愿进行分配等情况。

以上种种个人及家庭遭遇的风险都是不确定的、不可预测的，这些风险一旦发生，就会对个人及家庭的经济能力产生不利影响。如果能够在风险发生之前采取相应措施，就可以最大限度地消除或减少其可能造成的不利影响。财产分配和传承规划就具有这样的隔离风险、减少损失的功能。通过针对个人及家庭具体状况，制定财务方案，选择避险工具，进行有针对性的风险规避安排，能够最大限度地消除上述风险带给个人及家庭的不利影响。

2. 财产分配规划应注意的问题

通常意义上的财产分配规划是针对夫妻财产而言的，是对婚姻关系存续期间夫妻双方的财产关系进行调整，在进行财产分配规划时，要全面考虑分割家庭财产的因素，如离婚时进行的财产分割要考虑婚姻持续的时间及财产分割生效时双方的经济状况等。财产分配规划涉及婚姻、子女、父母等一系列的关系。具体规划时，首先应界定家庭财产和个人财产的范畴，对夫妻共有财产或夫妻约定财产中属于夫妻共有的财产进行规划时，应征得夫妻双方的同意，否则只能对个人财产和夫妻约定财产中属于个人财产的部分进行规划。

2.1 关于婚姻与夫妻的权利义务

(1) 婚姻的条件与禁止结婚条件

婚姻的实质条件又称“结婚条件”，包括结婚双方当事人自愿、双方必须达到法定婚龄两个基本条件。

禁止结婚条件包括：禁止一定范围内的血亲结婚；禁止患一定疾病的人结婚；结婚当事人不能与第三者有婚姻关系存在。中国《婚姻法》规定：“直系血亲和三代以内的旁系血亲禁止结婚。”“患麻风病未经治愈或患其他在医学上认为不应当结婚的疾病的人禁止结婚。”

夫妻双方在人身关系上的权利和义务包括：使用自己姓名的权利，参加生产、工作、学习和社会活动的自由，双方都有抚养教育子女的权利和义务等。夫妻财产方面的权利和义务是指夫妻婚姻关系存续期间在财产、抚养、继承等方面的权利和义务，夫妻财产关系与夫妻人身关系是密不可分的。

(2) 夫妻间相互抚养的义务

夫妻互相抚养是指在夫妻关系存续期间，夫妻双方在物质上和生活上互相扶助、互相供养的义务。夫妻抚养义务和被抚养的权利是对等的、相互的。夫妻任何一方丧失劳动能力或者出现生活困难，有抚养能力的一方应当自觉承担这一义务，如拒不承担义务，需要抚养的一方有权要求对方给抚养费。

(3) 夫妻对共同财产的平等处分权

我国实行的是夫妻共同财产制，夫妻对共同所有的财产有平等的占有、使用、收益和处分的权利，不能根据某一方收入多少和有无来决定或者改变其处理公共财产权利的大小。夫妻处理财产时应平等协商，达成一致，任何一方无权违背另一方意愿擅自处理夫妻公共财产。

(4) 夫妻有相互继承遗产的权利

继承是由于人的死亡而发生的一种法律关系。夫妻有相互继承遗产的权利。夫妻在婚姻关系续存期间所获得的公共财产，除事先约定的以外，在分割遗产时，应当先预提配偶所拥有的双方共同财产的一半，剩余的则为被继承人的遗产。并且夫妻互为第一顺序法定继承人。我国法律禁止任何人以任何借口侵犯配偶的继承权，配偶继承遗产后，即取得该项财产所有权，任何人不得加以侵犯和干涉。再婚老人要求继承配偶遗产时，会受对方子女的反对，他们认为财产是父亲或母亲生前的个人财产，再婚配偶不能继承父亲或母亲再婚前的个人财产，只可以继承再婚后的共同财产，这种观点不符合法律规定。只要老年再婚夫妻有合法身份，就可以继承配偶的遗产。

2.2　关于子女与赡养义务

子女对父母有赡养扶助义务。赡养是指子女或晚辈对父母或长辈在物质和生活上的帮助，是对父母年老丧失劳动能力，或者父母因为健康原因需要子女在生活上加以照顾等情况而言。主要包括：子女在经济上为父母提供必需的生活用品和费用；在生活上、精神上对父母尊重、关照；有经济负担能力者，不分性别、婚否，均应尽一定的赡养义务；子女不得虐待或遗弃父母。子女对父母的赡养扶助既是基本道德要求，也是法律明文规定的义务。子女不履行赡养义务时，无劳动能力或生活困难的父母，可通过诉讼方式要求子女给付赡养费的权利。这里的子女指法律意义上的子女：婚生子女和非婚生子女。非婚生子：未婚男女所生的子女，已婚男女与第三人所生子女，无效婚姻和被撤销婚姻当事人所生子女。养子女和生父母间的权利和义务，因收养关系的成立而消除。只有子女被他人合法收养，其与生父母之间的权利义务才得以消除。继父母如果抚养教育了继子女，便可以享受被继子女赡养的权利，但是与继子女之间的抚养关系的形成并不等同于收养关系的形成，如果未能形成收养关系，则继子女与原生父母之间的权利义务关系是不能消除的。

2.3　关于父母与抚养义务

通常父母与其所生育的子女间有着自然的血亲关系。父母子女间具有最密切的人身关系和财产关系，父母对未成年子女承担着教育管教的权利和教育抚养的义务，成年子女对父母负有赡养、扶助的义务。法律上的亲子关系即父母子女的关系：一类是自然血亲的父母子女关系，包括父母与婚生子女、父母与非婚生子女；另一类是拟制血亲的父母子女关系，包括养父母与养子女、继父母与受其抚养教育的继子女。

父母的权利义务：对子女有抚养教育的义务；有管教和保护未成年子女的权利和义务；非婚生子女、继父母继子女和养父母养子女的合法权益受法律保护；父母子女有相互继承遗产的权利。

抚养是指父母从物质上、生活上对子女的养育和照顾，如负担子女的生活费、教育费、医疗费。教育是指父母在思想、品德等方面对子女的全面培养，使子女沿着正确的方向健康成长。父母对子女的抚养教育是夫妻双方应尽的义务。父母必须对未成年子女无条件地履行抚养教育义务；而父母对成年子女的抚养教育义务是有条件的，但如成年子女无劳动能力或不能独立生活，父母仍有抚养义务。父母不履行抚养义务的，未成年子女及无劳动能力或不能独立生活的子女有要求父母给付抚养费的权利。

凡未成年人造成他人伤害的，其父母都有义务对受损害方给予补偿。如果父母已经离婚，未成年子女对他人造成伤害的，一般由与子女共同生活的一方承担民事责任；如果独立承担责任确实有困难，可以与另一方共同承担责任。

对被继承人尽了主要抚养义务的或者与被继承人共同生活的继承人，分配遗产时，可以多分。有抚养能力和抚养条件的继承人，不尽抚养义务的，分配遗产时，应当不分或者少分。

2.4 关于兄弟姐妹与抚养义务

亲属关系包括血亲和姻亲。血亲又可以分为直系血亲和旁系血亲。父子关系是典型的直系血亲关系。兄弟姐妹是血缘关系中最近的旁系血亲。兄弟姐妹在一定条件下，相互负有法定的抚养义务。兄弟姐妹是指由父母所生育的彼此具有间接血缘联系的亲属，包括全血缘的兄弟姐妹和半血缘兄弟姐妹。在我国，无论半血缘还是全血缘的兄弟姐妹，在家庭中的地位完全相同。通常有负担能力的兄、姐，对于父母已经死亡或父母无力抚养的未成年弟、妹，有抚养义务。对于未成年子女的抚养教育的义务、保护教育的权利和义务，法律规定的这种权利义务的主体是未成年子女和父母，而不是第三人(包括祖父母)。祖孙间产生抚养关系必须同时具备的三个条件：一是父母双方已死亡；或一方死亡，另一方确无抚养能力；或父母均无抚养能力。二是孙子女未成年需要抚养。三是祖父母外祖父母有负担能力。

男女双方离婚后，双方均具备亲自抚养、子女随一方共同生活的条件下，应当亲自行使抚养教育孩子的权利和义务，祖父母对小孩的抚养教育，仅是帮忙性质的抚助，决不能替代父母任何一方对子女的抚养与教育。小孩随哪方抚养应由父母双方具体情况酌情处理，选择对小孩健康生长最有利的一方。

3. 界定财产权属

3.1 财产所有权的含义

财产所有权是指财产所有人按照法律对其财产享有占有、使用、收益和处分的权利。只有个人拥有财产所有权的财产才属于理财规划的范畴。基于财产所有权的权利包括占有权、使用权、收益权、处分权等。非产权人在使用他人财产上增添附属物，财产所有人同意增添，并就财产返还时附属物如何处理有约定的，按约定办理，没有约定又协商不成，能够拆除的，可以责令拆除；不能拆除的，也可以折价归财产所有人损失的，应当负赔偿责任。

3.2 个人所有权的行使

个人财产所有权会通过占有、使用、收益、处分四项权能行使。个人行使这四项权能时,通常以个人积极主动的行为直接作用于所有物的方式进行。

(1) 个人行使生活资料所有权。个人行使生活资料所有权是与日常的生活消费紧密相连的,个人只有通过对生活资料的直接占有、使用、收益和处分才能满足自身衣食住行的需求。

(2) 承包经营户和个体工商户行使生产资料所有权。承包经营户和个体工商户行使生产资料所有权与他们的生产经营劳动联系在一起。

(3) 私营企业主对生产资料的占有、使用和处分。私营企业主对生产资料的占有、使用和处分虽然需要通过经营人员和职工的生产经营劳动来实现,但是经营人员和职工与企业主是雇佣关系,他们对生产资料的占有、使用和处分是以企业主的名义并且为企业主的利益进行的,所以仍为企业主的直接占有、使用和处分。

3.3 个人财产所有权的取得和消灭

合法取得所有权有两种方式:原始取得和继受取得。原始取得是指最初取得财产的所有权或不依赖原所有人意志而取得财产的所有权。继受取得,是指通过某种法律行为从原所有人那里取得某项财产的所有权。

所有权的丧失,是指所有权人因为一定的法定事实的出现而丧失所有权。

3.4 个人所有财产界定

合法收入、不动产、金融资产、其他财产(生活用品、古董、图书资料等)都属于个人的财产。

3.5 共有财产

共有财产有按份共有和共同共有两种分配方式。

(1) 按份共有。各共有人按照确定的份额,对共有财产分享权利和分担义务的共有。

关于按份共有的内部关系处理。按份共有人按照其份额均可以对共有财产进行占有、使用、收益及处分。按份共有可以将其份额分出或者转让。转让,是指所有人将自己的份额转让给他人。所以,共有人对其份额的转让不必征得其他共有人的同意,但法律对此有特别规定的,或共有人之间在订立合同时对共有份额的分出和转让进行了限制的除外。在共有人转让他的份额时,其他共有人有优先于非共有人购买的权利。除了共有人的特殊约定外,对共有物的管理,应由全体共有人共同进行。共有物的管理费用,应当由全体共有人按其份额比例分担。

关于按份共有的外部关系处理。按份共有人的份额虽然是所有权总量的部分,但其权利是基于共有物的全部而非局部,因此,各共有人对于所遭受的外部侵害以共有人全体的利益而向共有关系以外的侵害人主张权利。按份共有人对其应有份额享有相当于分别所有的权利。在法律或共有协议没有限制的情况下,按份共有人可以要求分出或者转让其份额。按份共有人死亡,其继承人有权继承。

(2) 共同共有。共同共有是指两个或两个以上的人基于共同关系,共同享有某物的所有权。共同共有根据共同关系而产生,必须以共同关系的存在为前提。共同共有没有共同份额，共同共有是不确定份额的共有。

关于共同共有人的内外部关系处理，共同共有人的权利基于共有物的全部。

共同共有的类型包括：夫妻共有夫妻婚前财产、家庭共有财产和遗产分割前的共有财产。

①夫妻共有夫妻婚前财产。是指夫妻各自所有的财产，不属于夫妻共有财产。但婚前财产在婚后经过长期共同使用、财产已经在质和量上发生很大变化的，应当根据具体情况，将财产的全部或部分视为夫妻共有财产。对于婚前财产在婚后通过修缮新增加的价值部分，如对共有财产进行重大修缮，应认定为夫妻共有财产。夫妻对共有财产的处分，应当经过协商，取得一致意见后进行。夫妻一方在处分共有财产时，另一方明知其行为而不做否认表示的，视为默认同意，事后不能以自己未亲自参加处分为由而否认另一方处分共有财产后产生的法律后果。男女双方协议离婚后一年内就财产分割问题反悔，请求变更或者撤销财产分割协议的，人民法院应当受理。

赠与：赠与是财产所有权变动的一种方式，即财产所有权从赠与人转移到受赠人。涉及赠与的财产是夫妻共有还是一方单独所有，具有重大现实意义，必须澄清。当事人结婚前，父母双方购置房屋出资的，该出资应当认为是对自己子女的个人赠与，但父母明确表示赠与双方的除外。

确认房屋的赠与：赠与行为是一个双方法律行为，若父母出资购置的房屋尽管登记在子女名下，但子女却并不知情时，赠与关系不成立。赠与行为相对人的认定，婚前赠与一般应理解为赠与个人，而婚后则要以“夫妻共同财产制”为原则。

②家庭共有。家庭共有财产不包括家庭成员各自所有的财产。家庭成员分配家产时，只能对家庭共有财产而不能对个人财产进行分割。家庭共有财产的某一共有人死亡，财产继承开始时，把被继承人在家庭共有财产中的应有部分分出，作为遗产继承，而不能把家庭所有财产都作为遗产继承。家庭因为生产经营发生负债时，个人经营的，以个人财产承担清偿债务的责任；家庭经营的，以家庭共有财产承担清偿债务的责任。

拆迁所得款：一般被拆除房屋价值是属于被拆除房屋的所有人的，即使共同生活，但是房屋不是家庭成员一起出资购置的，不符合家庭共有财产的形成条件，因此不是家庭共有财产。但如果一家是住房困难户，此时拆迁补偿款应被认为家庭共有财产。对于幼老病残者应给予适当照顾，一般选择采用实物分割、变价分割家庭共有财产。

③遗产分割前的共有。继承人从被继承人死亡时开始继承。这说明公民一旦死亡，其财产无论在谁的占有之下，在法律上皆作为遗产，并作为继承人所有。但当死者有数个继承人时，任何继承人都不能单独取得遗产所有权，遗产为全体继承人共有。在遗产分割前全体继承人对遗产的共有只是共同共有。

3.6 共有财产的分割原则和方法

(1) 分割原则

①遵守法律原则。分割财产时需特别注意遵守其他法律的相关规定。

②遵守约定原则。共有人对相互间的共有关系有约定的，分割共有财产时应遵

守其约定。

③平等协商、和睦团结的原则。无法达成协议的，在分割按份共有财产时，可按占半数以上份额共有人的意见分割。在共同共有财产分割比例等问题上无法达成协议的，按有关规定根据等分原则处理，并考虑共有人对共有财产的贡献大小，适当照顾共有人生产、生活的实际需要。

④不损害善意第三方原则。不损害善意第三方原则主要强调财产分配和传承之前应当先扣除财产所有人(或共有人)所欠的债务或应交的税款，以及所有人采用合法有效的方式赠给国家、集体和他人的财产。如果待分配财产在家庭或企业共有财产中，还应当先分出他人财产。在实际司法工作中，比较常见的是利用离婚财产分割逃避债务的行为。比如在离婚协议中，双方约定所有的财产归女方，而男方承担债务。当债权人向男方主张债权时，男方却说自己没有偿还能力。在实际生活中，类似夫妻恶意逃债的问题已多有出现。为了切实保护债权人的合法权益，司法解释(征求意见稿)专门规定："当事人离婚协议或者人民法院离婚判决，就财产分割的处理对夫妻双方有约束力，但不能对抗其他债权人。夫妻对婚姻关系存续期间的共同债务，应当承担连带清偿责任。"也就是说，离婚时无论当事人如何约定或人民法院如何判决，对财产分割的处理只对夫妻内部有约束力。对婚姻关系存续期间的共同债务，夫妻承担的是连带清偿责任，债权人可以要求夫妻任何一方进行清偿。

⑤赠与协议在财产转让时发生效力。赠与是财产分配的常见方式之一，这时候应当注意，赠与协议只有在财产转让时才发生效力。因此，必须督促赠与者尽快办理转让手续，否则对方如果撤销赠与，你是无权取得赠与财产的。

⑥住房最好事先明确所有。住房，通常是家庭财产的重要组成部分，尤其作为净资产额度较低的普通民众，房产在家庭财产中具有举足轻重的地位。在法院审判的离婚财产分割和遗产纠纷案件中，由于住房所有权不明晰而产生争议的情况层出不穷，使得亲人反目，这肯定是大家所不愿看到的。为了避免这种情况的出现，应当在购买房产时就未雨绸缪，确认住房的所有权。尤其是涉及福利分房和房产赠与的情况时更要注意事先明确所有权。由于单位福利分房通常使用夫妻共同财产购买，价款往往也是在夫妻双方的工龄等因素上确定的，因此在法律上一般认定为夫妻共同财产。但考虑到福利分房的价格远低于市价，而且是作为单位对职工的福利形式，通常每位员工只能享受一次，享受该福利的一方分得更多的产权也不违背公平性。但这需要夫妻双方事先约定，否则离婚双方无法达成协议就只能按市价评估后双方竞价取得。父母购买的房屋让小夫妻居住，分情况可视为对子女个人赠与或对夫妻双方赠与。"当事人结婚前，父母出资为双方购置的房屋，应视为对自己子女的个人赠与。但有证据证明房屋为赠与夫妻双方的情况除外。当事人结婚后，父母出资为夫妻双方购置的房屋，应当视为对夫妻双方的赠与。但有证据证明为赠与一方的情况除外。"从此项规定来看，父母出资购房让儿女住，最好先写下字据，或做公证，说清楚该房屋是给自己孩子的还是给孩子及其配偶双方的，以免日后产生纠纷。如果不事先说明，就可能被视为小夫妻共同取得。许多客户认为在恋爱和婚姻存续的过程中谈财产分配会损害亲情，但正如古人所言"亲兄弟明算账"，事先约定财产所有权正是为了避免亲人产生争议，保证亲情长期稳定存续和发展。

（2）分割办法

①实物分割。共有财产分割后无损于它的用途和价值，如布匹、粮食等，可在各共有人之间进行实物分割，使各共有人取得应得的份额。实物分割是分割共有财产的基本方法。除共有财产是一个不可分割的物（如冰箱），其他情况下均有办法进行实物分割。

②变价分割。将共有财产出卖换成货币，由共有人分割货币。如果共有财产是一个不可分物，又没有共有人愿意取得，就只能采取此办法进行分割。另外，如果共有财产是一套从事某种生产经营活动的集合财产（如合资兴办的一间工厂），要将共有财产整体拍卖后再分割资金。

③作价补偿。作价是指估定物的价格。当共有财产是不可分物时，如果共有人之一希望取得该物，就可以作价给他，由他将超过其应得份额的价值补偿给其他共有人。

4. 遗产

4.1 遗产的含义

所谓遗产，是指自然人在死亡之后遗留下来的个人合法财产，它包括不动产、动产以及法律规定的其他可以继承的财产权益，它是财产继承权的客体。作为一种特殊财产，遗产具有以下几种法律特征：

第一，时间上的时效性。即只有在从自然人死亡的时刻起到完成遗产分割止这一特定的时间段内，自然人遗留下来的财产才可称之为遗产。

第二，性质上的财产性。即继承人可以从被继承人处继承的只能是财产权利，而不能继承本属于被继承人的人身权利，如肖像权、荣誉权等。

第三，财产的可转移性。即遗产仅指能够与人身分离从而独立转移给他人的财产，如债权、所有权等。而一旦与人身分离便不复存在的财产权利不能作为遗产，如演出合同等。

第四，财产的合法性。即被继承人遗留的财产必须是合法的财产，否则不具有遗产的法律地位，继承人也不能继承该笔遗产。

第五，权利义务的统一性。即如果继承人继承了遗产，那么就要以继承的财产为限去承担清偿被继承人生前的债务的责任；如果继承人放弃了继承的权利，那么就不需再承担被继承人生前的债务清偿责任。

4.2 遗产的内容

遗产的内容一般由三部分构成：一是自然人享有财产所有权的财产包括合法收入、房产、存款和生活用品、文物、图书资料、大宗物件和金融资产等。二是自然人的知识产权中的财产权，包括著作权中的财产权、专利权中的财产权、商标权中的财产权、发现权、商业秘密权。三是自然人享有的他物权、债权及债务，但需要注意的是属于用益物权的承包经营权和公共财产使用权依法不得转移，因而不能作为遗产，而典权和属于担保物权的抵押权和留置权则属于遗产的范围。

4.3 遗产的分配方式

遗产的分配方式与共有财产的分配方式基本相同，主要有实物分割、变价分割、补偿分割和保留共有的分割四种方式。

(1) 实物分割。遗产分割在不违反分割原则的情况下,可以采取实物分割的方式。适用实物分割的遗产,可以是可分物也可以是不可分物。对可分物,可以作总体的实物分割,如对粮食,可划分出每个继承人应继承的数量。对不可分物,则不能作总体的分割,只能作个体的分割,如电视机、冰箱等。对不可分物不能作实物分割的,应当采取折价补偿的办法。

(2) 变价分割。对不宜实物分割的遗产,可以将其变卖,换取价金,再由各继承人按照自己应得的遗产份额的比例,对价金进行分割,各自取得与应得遗产份额相对应的价金。

(3) 补偿分割。对不宜分割的遗产,如果继承人中有人愿意取得该遗产,则由该继承人取得该遗产的所有权。取得遗产所有权的继承人按照其他继承人应继份额的比例,分别补偿给其他继承人相应的价金。

(4) 保留共有的分割。遗产不宜实物分割,继承人又都愿意取得遗产,或继承人愿意继续保持遗产共有状况的,则可将其作为共同所有的财产,由各继承人按各自应得的遗产份额,确定该项财产所应享有的权利与应分担的义务。

4.4 遗产的分配原则

(1) 份额均等原则。按《继承法》规定:同一顺序继承人继承遗产的份额一般应当均等。这里的一般是指大致上相同的意思。但有些遗产分配很难达到均等。当然,实际的分配会尊重继承人的意愿,经各继承人协商一致也可以不均等。

(2) 体现养老育幼的原则。我国《继承法》规定:对生活有特殊困难的、缺乏劳动能力的继承人,分配遗产时应当予以照顾,即多分点遗产。

(3) 权利义务相一致的原则。在遗产分配的过程中一般还需要遵循权利义务相一致的原则,即多尽义务者多分,少尽义务者少分,不尽义务者不分。对被继承人尽了主要扶养、赡养义务或者与被继承人共同生活的继承人,分配时可以多分。对被继承人尽了主要扶养义务是指对被继承人负有法定的抚养、扶养和赡养义务的继承人,为被继承人的生活提供了主要的经济来源或者提供了主要的劳务扶助。相反,对被继承人负有法定的扶养和赡养义务的继承人,在其具有履行扶养和赡养义务的条件下,如果拒绝履行上述义务,那么在分配遗产时,不应分给这类继承人任何遗产,或者仅分给其极少份额的遗产,以此作为对这类继承人的法律制裁。但应注意,如果被继承人因有固定收入和劳动能力,明确表示不要求其扶养的,分配遗产时,一般不应因此而影响其所应取得的遗产份额。

(4) 适当照顾的原则。对生活有特殊困难和缺乏劳动能力的继承人,在分配遗产时应当予以照顾,可以多分。生活有特殊困难是指继承人因为没有独立的经济收入或其他生活来源,难以维持其起码的物质生活条件。缺乏劳动能力是指继承人因尚未成年不具备劳动能力或因年迈、疾病等原因而部分丧失或全部丧失劳动能力。

4.5 遗产的范围

(1) 遗产包括的财产范围。公民的收入;公民的房屋、储蓄和生活用品;公民的林木、牲畜和家禽;公民的文物、图书资料;法律允许公民所有的生产资料;公民的著作权、专利权中的财产权利;公民的其他合法财产;担保物权和依法可继承的用益物权;有价证券;以财物为履行对象的债权债务。

(2) 遗产中不包括的事项。与被继承人人身不可分的人身权利;与人身有关的和专属性的债权债务(因为这些债权债务具有不可转让性,都不属于遗产);国有资源的使用权;承包经营权。

4.6 影响遗产顺位继承的因素

按照法律规定,根据家庭成员与死者关系的远近,第一顺序继承人为:配偶、子女、父母;第二继承人为:兄弟姐妹、祖父母和外祖父母。

(1) 配偶

①双方当事人办理了结婚登记手续,领了结婚证,即使尚未举行结婚仪式或尚未同居的,一方死亡,另一方也可以以配偶身份继承遗产。未办理结婚登记的双方,即使同居或举行了仪式,也不得以配偶身份继承遗产。

②夫妻双方因感情不和已经分居,不论分居的时间长短,分居期间一方死亡的,另一方仍可以配偶身份继承遗产。

③夫妻双方协议离婚,已经达成离婚协议,但在依法办理离婚手续期间,一方死亡的,另一方仍可以配偶的身份继承遗产。

④夫妻双方已经向法院起诉离婚,在离婚诉讼过程中,或在法院的离婚判决生效前,一方死亡的,另一方仍可以配偶身份继承遗产。

(2) 子女

子女包括婚生子女、非婚生子女、养子女、继子女。

①婚生子女。即使父母离婚后,子女对未与其共同生活的父或母仍享有继承权。

②非婚生子女。与婚生子女法律地位完全相同,但其作为继承人,其身份则需要特别予以证明。

③养子女。与婚生子女法律地位也相同。收养关系成立后,养子女只能继承养父母遗产,而不能继承生父母遗产。收养关系解除后,其与生父母的权利义务自行恢复,但成年养子女与生父母及其他近亲属间的权利义务关系是否恢复可以协商确定。形成抚养关系的继子女:一是继父母子女间没有通过共同生活形成的抚养关系,双方属于直系姻亲关系,二是继父母子女形成了事实上的抚养关系,双方有姻亲关系转化为拟制血亲关系,形成法律拟制的父母子女关系。前者,继子女可作为生父母的法定继承人;后者,继子女既可作为其生父母的法定继承人继承遗产,也可作为其继父母的法定继承人继承遗产。

(3) 父母

①对婚生子女的继承权。子女先去世,父母有权继承部分遗产。

②对非婚生子女的继承权。父母对非婚生子女同样有继承权,并且继承权不以有无抚养子女的事实为条件。但子女若被收养,生父母对该子女不再享有继承权。司法实践中,若生父母在子女生前没有承认该子女是生子女,也没有履行抚养教育义务的,仅以血缘关系享有继承权又有悖情理的,可以根据《继承法》规定:遗弃被继承人情节严重的,依法丧失继承权。在收养关系存续期间,养父母是养子女的法定继承人。

(4) 兄弟姐妹

包括亲兄弟姐妹(全血缘和半血缘的兄弟姐妹)、养兄弟姐妹、形成抚养关系的继兄弟姐妹。

（5）祖父母、外祖父母

（6）姻亲关系。对公婆、岳父母尽了主要赡养义务的丧偶儿媳、丧偶女婿与之没有自然的血缘关系，属于姻亲关系。姻亲间没有法定的权利和义务，没有赡养、扶养的权利义务。我国法律规定，丧偶儿媳对公婆、丧偶女婿对岳父母尽了主要赡养义务的，作为第一顺序继承人。

任务二　熟悉财产分配与传承规划工具

1. 遗嘱

遗嘱是遗产规划中的基本工具之一，是指遗嘱人生前在法律允许的范围内，按照法律规定的方式对其遗产或其他实物所做的个人处分，它给予了被继承人很大的遗产分派权力。现实中，大部分被继承人通过遗嘱实现自己的遗产规划目标。遗嘱可分为正式遗嘱、手写遗嘱与口述遗嘱三种。其中，正式遗嘱的法律效力最强，在现实中也最为常用。它通常由当事人的律师负责办理，经过起草、签字及见证等程序，最后由个人签字认可，在中国通常体现为公证遗嘱。手写遗嘱指由当事人自行手写完成，并在遗嘱上签署本人的姓名和日期。由于手写遗嘱容易被伪造，在许多国家都较难得到认可。口述遗嘱指在当事人病危的情况下口头表达的遗嘱，一般需要有两个以上的见证人，且一旦病危解除，口头遗嘱即失效。

遗嘱必须包含指定遗产继承人或受遗赠人、说明遗产的分配办法或份额、对遗嘱继承人或受遗赠人附加的义务等内容，并且通常需要指定遗嘱执行人。同时，一份合法有效的遗嘱还应当满足以下五个条件：第一，遗嘱人须有遗嘱能力；第二，遗嘱须是遗嘱人的真实意思表示；第三，遗嘱不得取消缺乏劳动能力又没有生活来源的继承人的继承权；第四，遗嘱中所处分的财产须为遗嘱人的合法财产；第五，遗嘱须不违反社会公共利益和社会公德。

遗嘱作为遗产规划的工具，可以根据被继承人的意愿而改变继承人的继承比例及遗产分配方式，并且继承人的身份也可以不受亲属关系的约束，一般认为是遗产规划最常见和最重要的工具。但依靠遗嘱实现财产传承也存在着三个方面的弊端：一是继承人取得遗产后的管理、处分行为，遗嘱无力干预；二是继承人处分或管理财产不当，使被继承人的财产面临短时间内被挥霍殆尽的危险；三是监护人对继承人所得财产的管理、处分行为得不到有力的约束，如果监护人侵犯继承人利益，被继承人的意愿就要落空。

2. 遗产委托

遗产委托是遗产规划的另一种工具，它授权由当事人指定的一方（即代理人）在符合一定条件下，代表当事人确定遗嘱的拟定人，或直接负责分配当事人的遗产。通过该方式，当事人可授权他人安排和分配自己的遗产，从而不必亲自处理相关的遗产继承事宜。需要注意的是，当事人以此方式作遗产规划时，一般需明确授权范围，代理人只能在该范围内行使权力。遗产委任书分为普通遗产委任书与永久遗产委任书两种。若当事人丧失了行为能力或去世，那么普通遗产委任书即失去效力。因此必要时，当事人可以订立永久遗产委任书，以防突发意外事件影响了遗产委任书的有效性。永久遗产委任书则可使代理人在当事人丧失行为能力或去世后，仍有权代表当事人处理其相关遗产事宜。所以，从法律效力来看，永久遗产委任书要高于普通遗产委任书。由于遗嘱委托对于代理人的权限有较强的约束，有助于规避代理人的道德风险，但同时也由于代理人受到了较强的约束而无法做出把遗产用于投资的决定，无法实现当事人遗产的保值增值。

3. 遗产信托

遗产信托是一种法律上的契约，当事人通过它指定自己或他人来管理自己的部分或全部遗产，从而实现各种与遗产有关的目标。根据遗产信托的指定方式，可以将其分为生命信托和遗嘱信托。

生命信托是指当事人仍健在时设立的遗产信托。例如，当事人可以在生前为其儿女建立遗产信托，并指定自己或他人为该信托的托管人，儿女为受益人。这样，当事人的儿女并不拥有该信托基金的所有权，但是，他们可以根据信托条款获得该基金产生的收益。

遗嘱信托是根据当事人的遗嘱条款设立的遗产信托，它是在当事人去世后遗嘱生效时，再将信托财产转移给托管人，由托管人依据信托的内容，管理处分信托财产。委托人设立遗嘱信托的目的一般是希望在其死亡后，通过信托延续其个人意志，确保遗产可以依照其生前的规划来运用，使受益人能够享受到信托财产的利益。具体来说包括：第一，遗产按照其意愿分配给各继承人，妥善照顾好存活人的生活，同时自己的财产在传承过程中不会被稀释；第二，在后代无意或无能力或暂时无法继承自己的事业时自己的事业能得以延续；第三，实现遗产保值增值。遗嘱信托模式的目标客户通常是拥有自己家族产业的高净值人士，希望在自己去世后自己的产业仍能可持续发展，避免因继承人之间的析产或者无法胜任而对家族产业造成不利影响。

相对于遗产委托而言，遗产信托由于托管人通常具有较强的资产运作能力，而信托合同一般会赋予托管人充分的财产处置权，有利于实现信托资产即遗产的保值增值。同时，由于采用遗产信托的形式实现财产的传承，继承人是以信托资产受益人的身份取得财产，将具有许多显著的制度功能和优势，其中比较引人关注的一项功能是税收安排。由于许多国家包括中国对信托财产收益的税率为 20%，远远低于大额遗产的应征税率（中国尚未正式收取遗产税，比较对象为《中华人民共和国遗产税草案》

中的累进税率），因此遗产信托经常被作为合法避税的手段。但遗产信托实施的前提是所处国家具有比较完善的信托资产管理体系以避免托管人的道德风险，中国目前在这方面的法律法规还不明确，因此遗产信托面临较大的风险，业务开展比较困难。2013 年 1 月初，一位高净值企业家将自有货币资金 5 000 万元委托给平安信托，信托期限 50 年，平安信托与委托人约定将共同管理信托财产，并按照合同约定在期限内分配收益给家族成员，可以视为遗产信托在国内的首次运用。相信随着信托制度的不断完善，遗产信托也将逐渐成为遗产规划的重要手段。

4. 人寿保险

通过把现金变成未来的保险给付，可以有效地减少应税资产，从而达到节税的目的。因此，人寿保险也是财产分配与传承规划的重要工具。

依照遗产及赠与税法规定，约定于被继承人死亡时，给付其所指定受益人之人寿保险金额；军、公、教人员，劳工或农民保险之保险金额及互助金，可不计入遗产总额，免征遗产税。利用这个规定，被继承人如果能在生前以现金购买高额的人寿保险，以继承人为受益人，把将来要课征遗产税的应税财产变成不课征遗产税的免税财产，不仅能有效减少被继承人的遗产总额，降低继承人应纳的遗产税额，且继承人所领到的保险给付又没有缴纳遗产税的负担，是一项一举多得的遗产税规划方式。同时还可以避免出现无力缴纳遗产税的困境。同时，人寿保险也具有任意指定受益人的优势，即投保人可以根据本人意愿指定受益人，而不以法定继承人为限，此外，投保人还具有变更受益人的权利。

5. 赠与

赠与是指当事人将自己的某项财产无偿给予受赠人，从而使该项财产将不再纳入遗产分配的范围，即不再出现在遗嘱文件中。由于许多国家实行的赠与税都远低于遗产税，因此当事人采取这种方式做遗产规划一般是为了节省税收的支出。赠与行为一般也应通过订立赠与合同来完成，以此获得法律的认可。一般说来，财产权利一旦转移给他人，当事人即失去对赠与财产的控制权，未来一般也无法将其收回。但正如我们在任务一所谈到的，赠与行为只有在财产转让时方能生效。在财产交付之前，赠与人有权撤销赠与承诺或赠与合同。

任务三　掌握财产分配与传承规划流程

1. 准备个人情况记录

进行财产分配和传承规划，首先要准备个人情况记录，这将关系到规划的科学性和可行性。记录主要包括以下内容：原始遗嘱的放置位置、信托文件的放置位置、顾问名单、孩子监护人名单、计划的葬礼安排信息、出生和结婚证明、姓名改变证明、银行存款证明、保险箱证明及记录、社会保障证明、保险单据、房产证明、投资组合纪录、有价证券证明、汽车发票证明、分期付款或贷款证明、养老金文件、信用卡、遗嘱及遗产信托文件。通过这些记录文件，理财规划师不仅可以详细掌握客户的财产情况，还能够为财产分配与传承规划的顺利进行提供充分的法律保障。

2. 计算和评估财产

准备好个人情况记录后，应当着手对个人的财产进行计算和评估。在执行本步骤时，应充分考虑所处国家或地区的税收政策，并计算在不采取任何财产分配与传承规划的情境下客户的应缴税额。这样，既可以对资产的种类和价值有一个总体了解，还可以分别了解与财产和遗产有关的税收支出，以便采取恰当的财产分配与传承规划。

比如，老李 50 岁，丧偶，有一位独子李云，其所在国家对遗产征收累进税率如表 9-1（免税额度为 20 万），并且把赠与视同遗产进行计税，但每年有 20 万元的免税赠与额度。该国家对信托收益征收 20%的所得税，对房产增值收益征收 20%的增值税。

表 9-1　遗产税适用税率表

级数	应纳税遗产净额	税率(%)	速算扣除数
1	不超 50 万(含)	10	0
2	超过 50 万至 200 万	20	5 万
3	超过 200 万至 500 万	30	25 万
4	超过 500 万至 1 000 万	40	75 万
5	超过 1 000 万	50	175 万

老李拥有财产如下：

房屋两栋，市价约 4 000 万元，公告现值为 1 500 万元；未上市股票投资额 500 万元，占所投资公司净值时价 250 万元；上市股票市值 750 万元，净值 250 万元；指定其子李云为受益人的人寿保险 100 万元；其结拜兄弟王某欠他 400 万元，有债权凭证，但王某已死亡，名下无遗产；银行存款 800 万元。

其财产评估结果如表 9-2。

表 9-2　老李财产评估表

财产名称	计入遗产	不计入遗产	计算基础
房屋两栋	1 500 万元		公告现值
未上市股票	250 万元		股票净值
上市股票	750 万元		股票市值
人寿保险		100 万元	
无法回收债权凭证		400 万元	
银行存款	800 万元		
合计	3 300 万元	500 万元	

3. 确定财产分配和遗产规划目标

制定财产分配和遗产规划方案，主要从四个方面考虑：一是最大限度地降低遗产转移的成本。二是按照自己的愿望将财产公平合理地转移给下一代以避免子女将来为遗产问题而产生纠纷。三是保障家人在自己去世后能维持原有生活水平，而不至于负担过重，影响原有生活品质。四是捐赠慈善事业，在节省税收成本的同时，为国家慈善事业做出自己的贡献。

4. 制定财产分配和遗产规划方案

在计算和评估财产，确定财产分配和遗产规划目标的基础上，就可以着手制定财产分配和遗产规划方案，主要包括以下几个内容：确定遗产的继承人及其份额；确定遗产转移的方式；降低遗产转移的成本；遗产要具有足够的流动性，以偿还其债务；保持遗产规划的可变性；确定由谁来清算遗产，即选择遗嘱执行人；计划慈善赠与。

假定以上例子中的老李的目标确定为：以最低的成本将所有的遗产转移给其子李云。那么首先应当注意到，其应税资产高达 3 300 万元，预计应缴税额为：(3 300－20)×50%－175＝1 465(万元)，而其非税遗产仅有 500 万元，扣除无法回收债权凭证 400 万元，实际可支配额度仅余 100 万元，万一老李意外去世，其子就将面临难以缴清遗产税的困境。由于该国信托收益税率仅为 20%，我们首先考虑把大部分资产转化为不可撤销信托。这样就可以用信托收益的形式实现财产传承。一方面可以实现节税，另一方面可能把应缴税额化整为零，减少继承人的纳税压力。

如果该国信托体系尚未完善，我们则退而求其次，考虑人寿保险或者赠与。但该国把赠与视同遗产进行计税，因此超出每年 20 万以外的赠与无法实现节税，虽然建议老李坚持每年赠与其子 20 万元，但并不作为财产分配和遗产规划的重点。假设老李的人寿保险净费率为 50%，而现金规划中老李需要保留的高流动性资金额度为 120 万元。如果老李花 n 万元购买人寿保险恰好能够弥补遗产税缺口，那么其应缴遗产额额度可以降为(3 300－20－n)×50%万元，而非税遗产则增加为(100＋2n)万元。

根据$(3\,300-20-n)\times 50\%=100+2n$，计算出$n$值为616，即老李花616万购买人寿保险就可以帮助其继承人李云解决遗产税缴款的问题。

5. 定期检查和修改完善规划方案

由于从制定财产分配和遗产规划方案到方案的最终实施有着较长的时间间隔，在这段时间中，如果遇到下列情况就有必要对规划进行较大幅度的调整：配偶、子女或其他继承人死亡；子女出生；结婚或离异；本人或亲友身患重病；家庭成员成年；资产受让、出售和转让；资产额度发生变化；有关税制和遗产法出现变化等。因此，制定财产分配和遗产规划方时应该留有一定的变化余地，并且要定期或不定期地审阅和修改方案。

下面是一例关于财产分配与传承规划的案例。[①]

王教授，65岁，退休后每月的退休金和各种津贴约1万元，并有一套价值200万元的房产和80万的存款，现有一子一女。李阿姨，60岁，每月退休金3 000元，有一套价值50万元的房产和30万元存款，有一女儿。经人介绍后王教授与李阿姨结婚，准备携手度过晚年。

对于像王教授和李阿姨这种家境殷实富裕的再婚家庭，二老的年龄也较大，应该及早开始财产分配与传承规划。

王教授和李阿姨都没有设立遗嘱，为了避免财产纠纷，二老应尽快设立遗嘱，对自己的财产进行故去后的分配。

首先，比较重要的问题是界定财产的范围。王教授与李阿姨的财产分配应当加以明确，夫妻共同财产和个人财产要加以区别。婚前财产归各自所有，属于个人财产。婚后取得的收入以及获得的财产属于夫妻共同财产。做财产传承安排时，夫妻共同财产不能够全部纳入遗产的范围，王教授只能够分配属于自己的个人财产，如果属于夫妻共同财产的只能分配其中的50%。

其次，设立遗嘱时一定要注意其效力。遗嘱的形式有几种，效力最大的是公证遗嘱，必须由遗嘱人亲自到公证机关办理。如果是自书遗嘱，必须亲笔书写全部内容，在上面签名，并注明年、月、日。而代书遗嘱还需要两个以上的见证人。王教授与李阿姨可以自行选择按照自己的意愿对财产进行妥善安排，以避免将来不必要的纠纷。

• 理财情景 9-1 分析 •

这是典型的财产分割案例，本案中争论的焦点是张涛的房产是不是共有财产。由于此房产为张涛结婚前所购买，应该认定为婚前个人财产，不因结婚而自动转化为夫妻共同财产。但是在本案中房产采用按揭贷款购买，在婚姻存续期间，作为妻子的小敏也共同偿还贷款7.6万元。故张涛应将用于共同还贷的7.6万元中的3.8万元还给小敏。此外，由于2005—2007年是我国房产价格快速上涨的时期，故张涛所购买的房产在两三年间已经增值不少，因此，张涛不仅要偿还小敏还贷房款3.8万元，还需要在房产市场价格上涨的情况下，计算出该套房产的增值额度，并将其升值部分中属于小敏的那一份分给她。

理财情景讨论和能力训练

项目任务书

项目(或工作任务)名称	财产传承
项目负责人	
项目组成员	
项目情景(*)	钱老先生于2014年病逝,在料理完成老人的丧事后,钱老先生的两个儿子为遗产问题争吵起来。老人生前有房产1套,市值约为110万元;股票市值15万元;汽车1部,约10万元;银行存款5万元。另外,老人以个人名义借款4万元,未还。钱老先生的两个儿子都已成家,小儿子在老人丧事办完后拿出钱老先生的遗嘱,要求按遗嘱分配遗产。遗嘱由钱老先生的小儿子所书,落款为钱老先生亲笔签名,见证人为钱老先生的保姆小林和小儿媳妇并签名。大儿子不认可上述遗嘱和内容,向人民法院提起上诉。
项目(或工作任务)目标	掌握我国遗产传承中遗嘱的有关法律知识
项目工作内容和方法	1.讨论:钱老先生的遗嘱是否有效,为什么? 2.分析:钱老先生的妻子仍然在世,钱老先生的遗嘱是否合法? 3.计算:钱老先生的遗产额是多少? 4.思考:钱老先生过世,其遗产应如何分配?
学习目标	通过讨论、分析,加深对遗产方式和原则的理解。
学习提示	完成本工作任务主要运用两个知识点:一是我国遗嘱有效性的条件,二是遗产传承中的先后顺序位。
说明	

项目活动计划与评价表

<table>
<tr><td colspan="4">项目(或工作任务)名称</td><td colspan="6"></td></tr>
<tr><td colspan="4">项目负责人</td><td colspan="6"></td></tr>
<tr><td colspan="4">项目组成员</td><td colspan="6"></td></tr>
<tr><td colspan="4">项目实施时间</td><td colspan="6"></td></tr>
<tr><td rowspan="2">项目计划</td><td colspan="3">项目实施计划</td><td colspan="6">包括(但不限于):计划目标、实现计划目标的要素、计划进度等。</td></tr>
<tr><td colspan="3">工作方案</td><td colspan="6">包括(但不限于):工作流程、阶段任务、工作思路、工作方法措施等。</td></tr>
<tr><td colspan="4">项目成果</td><td colspan="6"></td></tr>
<tr><td colspan="4">收获</td><td colspan="6"></td></tr>
<tr><td rowspan="6">工作评价</td><td colspan="3" rowspan="2">团队及成员</td><td rowspan="2">团队</td><td colspan="5">成员</td></tr>
<tr><td>1.</td><td>2.</td><td>3.</td><td>4.</td><td>5.</td></tr>
<tr><td rowspan="4">评语与成绩</td><td rowspan="2">团队评价</td><td>评价</td><td></td><td></td><td></td><td></td><td></td><td></td></tr>
<tr><td>成绩</td><td></td><td></td><td></td><td></td><td></td><td></td></tr>
<tr><td rowspan="2">教师评价</td><td>综合评价</td><td></td><td></td><td></td><td></td><td></td><td></td></tr>
<tr><td>成绩</td><td></td><td></td><td></td><td></td><td></td><td></td></tr>
</table>

项目群三　个人投资理财

项目群三以实现最大限度的个人财务自由和提升个人生活品质为目标，向学习者传授精炼实用的股票、债券、基金、外汇与期货、实业投资、实物投资等六类投资理财工具的选择与应用策略。

※ 项目十　股票理财 ※

学习目标：通过本项目学习，应明白什么是股票，什么是股票投资；了解股票的种类及股票的交易程序，清楚影响股票价格的因素；理解股票投资基本面分析、政策面分析和技术面分析的方法；熟悉选择股票品种、把握股票买卖时机和规避股票投资风险的策略和技巧。

项目十工作任务分解(WBS)

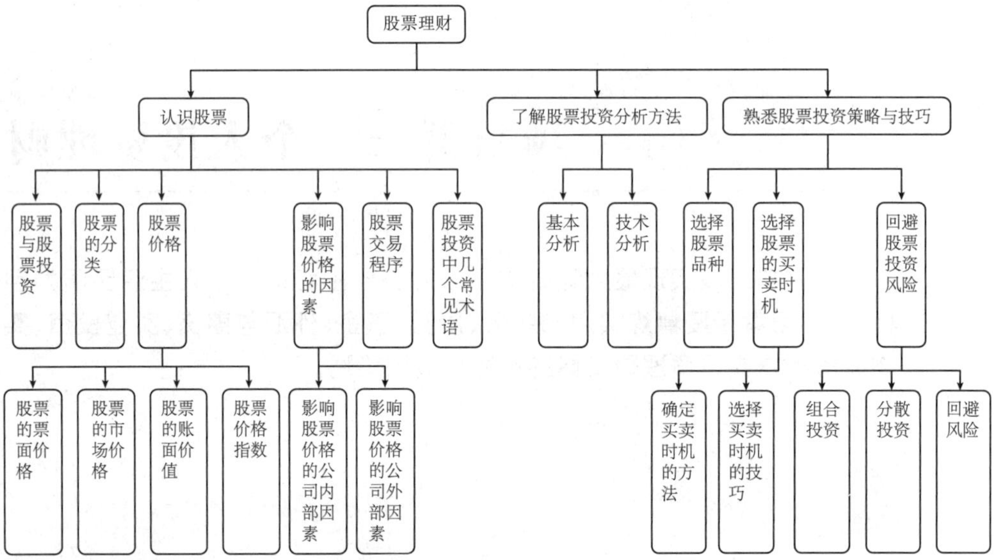

• 理财情景 10 •

王蓝和张林宇都是某 211 高校 2007 届的经济学硕士，毕业后都找到了一份收入不错的工作。有感于银行存款利率难以实现资产的保值增值，两人不约而同地决定把家庭的部分流动资产用于股票投资。经济学的专业知识提醒他们 2007 年的股票价格的上涨速度过快，已经积累了巨大的风险，因此两人都等到 2008 年 6 月上证指数跌破 3 000 点的时候才开始建仓。王蓝非常认同巴菲特的价值投资观点，决定进行长期投资，考虑到银行、地产和钢铁行业的大型企业相对比较稳健，企业倒闭的可能性较小，根据分散投资的原理，买入了中国银行、建设银行、工商银行、万科 A、招商地产、保利地产、宝钢股份、包钢股份和河北钢铁 9 只股票，之后王蓝还采取定投的方式不断地把部分结余资产投入到这些股票当中。等到 2014 年 6 月，王蓝盘点了一下股票的收益，发现几只股票盈亏相抵之后不但没有收益，还略有亏损。而张林宇则一边努力工作，一边利用业余时间认真学习股票理财知识，利用宏观经济分析、国家政策分析和技术分析相结合的方法研究股市未来一段时间的变化趋势和热点板块，并且只在比较有把握的情况下才买入股票，每年基本只进行一次投资操作，其他时间依靠货币市场工具、基金和理财产品来获取固定收益。虽然也曾经在 2008 年的大跌中受到了一定的损失，但张林宇成功抓住了 2009 年的稀缺资源板块，2010 年的券商股，

2011 年的稀土板块,2012 年的汽车板块和 2013 年的创业板,目前正在重点关注券商和保险行业,截至 2014 年 6 月累计获利超过 200%,复利的年化收益率超过 20%。成功的股票投资帮助张林宇提前实现了买房买车的规划。

请思考:你怎么评价王蓝和张林宇的股票投资策略?从他们不同的股票投资结果中,你得到了什么启发?

任务一　认识股票

1. 股票与股票投资

1.1　股票

股票是一种有价证券,它是股份公司(包括有限公司和无限公司)在筹集资本时向出资人签发的证明出资人持有股份的凭证。代表着其持有者(即股东)对股份公司的所有权,这种所有权为一种综合权利,如参加股东大会、投票表决、参与公司的重大决策、收取股息或分享红利等权利。同一类别的每一份股票所代表的公司所有权是相等的。每个股东所拥有的公司所有权份额的大小,取决于其持有的股票数量占公司总股本的比重。股票一般可以通过买卖方式有偿转让,股东能通过股票转让收回其投资,但不能要求公司返还其出资。股东与公司之间的关系不是债权债务关系。股东是公司的所有者,以其出资额为限对公司负有限责任,承担风险,分享收益。

1.2　股票投资

股票投资是指公司或个人用货币购买股票,借以获得收益的行为。股票投资的目的就是获取收益,即盈利。股票投资的收益是由收入收益和资本利得两部分构成的。收入收益是指股票投资者以股东身份,按照持股的份额,在公司盈利分配中得到的股息和红利的收益。资本利得是指投资者在股票价格的变化中所得到的收益,即将股票低价买进、高价卖出所得到的差价收益。

2. 股票的分类

2.1　按交易市场分类

股票按交易市场分为:A 股、B 股、H 股。A 股是以人民币计价,供境内组织或个人投资者(不含台、港、澳投资者)以人民币认购和交易且在境内上市的普通股票。B 股又称人民币特种股票,它是以人民币标明面值,以外币认购和买卖,面向境外投资者发行,但在中国境内上市的股票。H 股是以港元计价在香港发行并上市的境内公司的股票。此外,中国公司在美国、新加坡、日本等地上市的股票,分别称为 N 股、S 股和 T 股。另外,值得一提的是,沪市挂牌 B 股以美元计价,而深市 B 股以港元计价。

2.2 按照股东享有的权利分类

股票按照股东享有的权利分为：普通股和优先股。普通股是股息随股份公司盈利变动而变动的股票，它是当今世界上发行股票最普遍的一种形式。普通股有如下特点：(1)股东享有控制公司的权利。股东有选举董事会和参与公司重大经营管理决策(如公司合并、解散和公司章程修改等)的权利。(2)股东只对其购买的股份负责，即公司如果破产，股东只承受投资入股金额的损失。(3)股息分配权。公司在支付了债券利息和优先股股息之后，应将准备分配的剩余利润按普通股总股份数等分，普通股股东按手持股票的股数领取相应份额的股息。股息水平不受任何比率限制，即普通股股东拥有无限分得公司剩余利润的权利。(4)剩余财产分配权。如果公司破产，股东是最后分配财产的人。当公司清理解散时，如偿还所有债务和优先股后，普通股持有人有权按手持股份分得剩余财产，分得数额取决于剩余财产的多少，不受任何比率的限制。

优先股是股份公司发行的比普通股票享有某些特定优先权利的股票。优先股与普通股相比，可先于其获得固定股息，优先分配公司剩余财产。但其股东不能参与公司经营管理决策，不具有投票权，也无法享受公司利润增加带来的收益。

2.3 按上市公司市值分类

股票按照在市场上流通市值的大小分为：特大盘股、大盘股、中盘股、小盘股。一般情况下，流通盘在100亿之上的称为特大盘股。流通在10亿到100亿之间的称为大盘股。流通盘在5亿到10亿之间的称为中盘股。流通盘在5个亿以下的称为小盘股。

2.4 按上市公司业绩分类

股票按上市公司业绩分为：蓝筹股、绩优股、成长股、垃圾股和ST股。股票市场上，那些在其所属行业内占有重要支配性地位、业绩优良、成交活跃、红利优厚的大公司的股票称为蓝筹股。业绩优良且稳定的上市公司的股票称为绩优股。销售额和利润额持续增长，而且其速度快于整个国家和本行业增长速度的上市公司的股票称为成长股。业绩较差、问题较多的公司的股票称为垃圾股。上市公司连续两年亏损，被进行特别处理的股票称为ST股。

3. 股票价格

股票价格是股票供求关系的客观反映，是决定投资者盈亏损益的重要因素。股票价格有以下几种表达形式：

3.1 股票的票面价格

即股票票面上载明的金额，其主要作用是确定每股股票在公司占有的份额。

3.2 股票的市场价格

理论上讲，股票价格$=\dfrac{\text{预期股息}}{\text{市场利率}}$，但实际上影响因素很多，常处于变动中。

3.3 股票的账面价值

它是每股股票所代表的公司净资产。账面价值(股票净值)$=\frac{\text{公司资产}-\text{公司负债}}{\text{普通股股份数}}$，其意义在于股票实际代表的资产价值究竟是多少。账面价值是市场价格的基础，当二者接近时，表明股价已接近谷底。

3.4 股票价格指数

股票价格指数通过选择若干具有代表性上市公司的股票，经过计算其中某一段时间内成交市价的平均值编制而成。它是一个平均数和百分数，反映的是一个相对水平。通过它可以了解股市总体变动情况，通过比较分析，做出合理预测，并做出投资决策。目前我国主要的股价指数有上证股票指数、深圳综合股票指数、上证 180 指数、沪深 300 指数。

(1) 上证股票指数。由上海证券交易所编制的股票指数，1990 年 12 月 19 日正式开始发布。该股票指数的样本为所有在上海证券交易所挂牌上市的股票，以股票发行量为权数进行编排，其中新上市的股票在挂牌的第二天纳入股票指数的计算范围。其公式为：

$$\text{今日股价指数}=\frac{\text{今日市价总值}}{\text{基日市价总值}}\times 100$$

(2) 深圳综合股票指数。由深圳证券交易所编制的股票指数，1991 年 4 月 3 日为基期。该股票指数的计算方法基本与上证指数相同，其样本为所有在深圳证券交易所挂牌上市的股票，权数为股票的总股本。

由于以所有挂牌的上市公司的股票为样本，其代表性非常广泛，且与深圳股市的行情同步发布，因而该指数是股民和证券从业人员研判深圳股市股票价格变化趋势必不可少的参考依据。在前些年，由于深圳证券所的股票交投不如上海证交所那么活跃，深圳证券交易所增加了新的股票指数的编制方法，采用成分股指数，并于 1995 年 5 月开始发布当时只有 40 只成分股，目前已扩大到 500 只。其公式为：

$$\text{成分股指数}=\frac{\text{即日成分股可流通市值}}{\text{基日成分股可流通市值}}\times 1\,000$$

现深圳证券交易所并存着两个股票指数：一个是老的深圳综合指数，一个是当前常用的成分股指数。但从几年来的运行势态来看，两个指数间的区别并不是特别明显。

(3) 上证 180 指数。上海证券交易所正式对外发布的上证 180(行情资讯)指数，用以取代原来的上证 30 指数。新编制的上证 180 指数的样本数量扩大到 180 家，入选的个股均是一些规模大、流动性好、行业代表性强的股票。统计表明，上证 180 指数的流通市值占到沪市流通市值的 50%，成交金额占比也达到 47%。它的推出，有利于推出指数化投资，引导投资者理性投资，并促进市场对蓝筹股的关注。

(4) 沪深 300 指数。沪深 300 指数是由上海和深圳证券市场中选取 300 只 A 股作为样本编制而成的成分股指数。沪深 300 指数样本覆盖了沪深市场六成左右的市值，具有良好的市场代表性。沪深 300 指数是沪深证券交易所第一次联合发布的反映 A 股市场整体走势的指数。它的推出，丰富了市场现有的指数体系，增加了一项用于观察市场走势的指标，有利于投资者全面把握市场运行状况，也为指数投资产品的创新和发展进一步提供了基础条件。

4. 影响股票价格的因素

股票价格决定投资者能否盈利及盈利的大小，因此投资者必须了解影响股票价格的各个因素。理论上讲，$股票价格=\frac{预期股利}{市场利率}$，可见，预期股利的大小和市场利率的高低是决定股票价格的两个基本因素。股利大小主要取决于公司的利润水平，利润的多少又取决于公司的管理水平和经营状况，由此说明，公司内部经营的好坏是决定股票市场价格变动的根本因素。当然，任何一个公司都必须在特定的环境下生存和发展，因此，除了公司内部因素外，经济因素、政治因素、技术操作因素等也都会影响股票的价格波动。

4.1 影响股票价格的公司内部因素

(1) 公司盈利水平。公司的盈利水平必然会对其股票的价格产生影响，盈利增加，导致股价上升，盈利减少，导致股价下跌。投资者在观察公司盈利水平时，一般把每股盈利值(earning pershare，缩写为 EPS)作为主要的尺度。每股盈利值越大，公司的盈利状况越好，越值得进行投资。反之，公司的盈利状况不好，不宜购买其股票。具体判断公司的盈利水平时，考虑的主要因素有：一是公司领导班子群体素质及管理能力、知识结构、年龄结构和经营业绩；二是公司的产品销售网络及销售人员的推销能力；三是公司财务、技术检验、岗位责任等各项制度的健全程度；四是公司产品的生命周期及公司创新能力。

(2) 公司发展潜力和前景。发展潜力大、后劲足的公司，股价必然会上升；反之，股价会下跌。判断公司发展潜力和前景的主要尺度是销售增长率和利润增长率。

(3) 公司的股利政策和资本结构。公司盈利多，并不表示股利也一定增多，这还得看公司的股利政策和资本结构。不同的股利政策与资本结构对股票价格会有不同的影响。股利是股票投资收益的主要来源，投资者进行投资的目的是多领取股利，公司派发股利多，会引起股票价格上升；但是如果公司的利润多用于派发股利，会影响其今后的发展速度，从长远看会导致股价下跌。公司资本由负债和所有者权益两部分组成，自有资本比率(所有者权益占总资本的比率)和平均每股净值可以作为判断公司资本结构好坏的主要尺度，自有资本比率和平均每股净值都高的公司是好的公司，把此类公司作为股票投资对象是投资成功的前提和保证。不过，自有资本占总资本的比率多高合适，并没有一个统一的模式，投资者应结合行业的特点做出分析和判断。

4.2 影响股票价格的公司外部因素

(1) 经济周期。经济繁荣时，购买股票的人增加，股价上涨；经济衰退时，人们对公司收益预期差，购买者少，股价下跌。当然经济周期对不同行业的影响是不同的。值得投资者注意的是，经济周期对股市和债券的影响是反方向的。经济繁荣时，资金需求量大，利率上升，所以债券价格下跌；经济萧条时，债券价格则上升。

(2) 货币政策。当中央银行采取紧缩性货币政策时，市场利率上升，公司利息负担加重，盈利下降，股利下降，股价下跌。相反，当中央银行采取膨胀性货币政策时，市场利率下降，股利增加，股价上升。

(3) 财政政策。国家财政支出增加，刺激各方面需求，促进经济复苏与繁荣，导致股价上升，反之股价下跌。通过税率升降来影响公司税后利润和股利水平，也会影响股价的升跌。

(4) 行业因素。行业开创初期，成长迅速，利润丰厚，股价上升；到了扩张期只剩下几家实力雄厚的大公司，公司利润稳中有升，股价仍会上升；在行业停滞期，公司成长受阻，利润微薄，股价下跌。

(5) 技术因素。这是短期投资者为从股价变动中获得利益进行投机操作而引起的股价变动。

(6) 心理因素。这对股票价格的涨落起着推波助澜的作用。当行情看涨时，人人抢购，于是价格飞涨；当行情看跌时，人人抛售，造成价格暴跌。

5. 股票交易程序

投资者进行股票投资，必须了解股票的交易程序，具体包括：

5.1　开户

投资者在做交易之前，要选择一家当地的证券营业部开户，凭身份证办理一个沪深交易所的股东账户卡(开户费共需 90 元)，签订指定交易委托书，领取资金账户卡，存入一定资金，如果需要，还可以开通网上交易业务，做好这一切的准备就可以交易了。

5.2　委托

委托的方式有柜台委托、电话委托、自助委托和网上委托，投资者一般通过电脑自助委托，只需安装交易软件，输入股东账号和交易密码即可进行委托。投资者在电脑上输入要买进或卖出股票的简称，如浦发银行，或股票代码，如 600 000，输入买卖的数量和价格，电脑就会自动执行委托指令。在这个过程中，投资者应该注意，买入股票时，申报的数量必须是 100 股及其整数倍，而卖出时没有此限制。另外，投资者需要通过交易密码来确认身份，所以密码一定要保管好，如果泄露可能会带来不必要的损失。

5.3　撮合成交

投资者下达的委托指令通过证券交易所的交易系统被传送到交易所的撮合主机，撮合主机对接收到的来自全国各地的委托指令进行合法性的检测，然后按“价格优先、时间优先”的竞价规则排队，确定成交价，自动撮合成交，并立刻将结果传送给证券商，投资者可以通过显示器看到自己的委托是否已经成交。不能成交的委托按“价格优先，时间优先”的原则排队，等候与其后进来的委托成交。当天不能成交的委托自动失效，投资者可在其他交易日用以上的方式重新委托。

5.4　清算与交收

投资者的委托成交之后，由证券登记结算公司负责对交易所传送的数据进行结算，证券营业部再根据登记结算公司发来的资金交收数据划拨证券，由银行代理完成资金的划拨。

5.5 过户

一般投资者在成交后就可以在自己的账户中查询成交的情况，但股票过户实际上需要在收盘后由证券交易所发给投资者的成交过户交割凭单确认完成，即交易所自动完成股权交换。

5.6 股票的分红派息

股份公司取得盈利后，每年按照股份比例支付给股东的股息和红利，分为股票分红和现金分红。股票分红即股份公司将股息和红利折成股票派发给投资者，主要采用送股和配股两种方式。送股即股份公司将所有红股通过交易所的计算机系统自动计入投资者账户，并与原有股份合并，投资者不必办理任何手续。配股即股份公司的有偿增资，投资者必须在规定的期限内完成缴款配股，超过期限就被视为自动放弃配股权。现金分红即股份公司以现金方式支付股东的股息和红利。我国自 1998 年 3 月开始，全面实行指定交易(即投资者必须选定一个营业部作为指定交易所)。因此，现金分红均由证券公司直接转入股东账户上。

6. 股票投资中几个常见术语

(1) 开市、前市、后市。开市指证券交易所的一天营业时间。前市指开市期间的上午营业时间。后市指开市期间的下午营业时间。我国沪深两个交易所每周一至周五开市，每日分为前后两市，上午 9:30—11:30 为前市，下午 1:00—3:00 为后市，法定节假日不开市。

(2) 多头、多头市场、多头陷阱。多头是指投资者对股市看好，预计股价将会上涨，于是趁股价处于低价位时购入股票，待股票上涨到较高价位时再卖出，以获取差额收益。长期保持上涨势头的股票市场通常被称为多头市场，多头市场股价变化表现为一连串的大涨小跌。多头陷阱指在指数或股价屡创新高，迅速突破原来的指数区并达到新高点，随后迅速滑落跌破以前的支撑位，结果使在高位买进的投资者严重套牢。

(3) 空头、空头市场、空头陷阱。空头是投资者对股市看坏，预计股价会下跌，将手中持有的股票抛出，待股价跌至较低价位时再将股票买回，以获取差额的收益。人们通常把股价长期处于下跌趋势的股市称为空头市场。在空头市场，股价的特征是一连串的大跌小涨。而空头陷阱出现在指数或股价从高位区以高成交量跌至新的低点区，并造成向下突破的假象，使恐慌抛盘涌出后迅速回升至原先的密集成交区，并向上突破原压力线，使在低点卖出者踏空。

(4) 利多、利空、利空出尽。利多指刺激股价上升的好消息，包括公司内部消息和外部消息。利空是指使股价下跌的坏消息。利空出尽指股价由于各种利空消息的影响而一路下跌，已经持续一定的时间，股价也已跌至一定的程度，投资者已不再受这些利空消息影响，股价开始向上反弹的现象。

(5) 跳空、吊空、踏空。由于受利多或利空消息的影响使股价在开盘时出现较大幅度上下跳动的现象称为跳空。做空头的投资者，卖出股票后，股价并未下跌，反而有所上涨，投资者又在高价位赔钱买回，叫做吊空。踏空则指投资者卖出股票后，股价一路上扬，或未能及时买进，而未能赚取利润。

(6) 开盘价、收盘价。开盘指某种证券在交易所每个营业日的第一笔交易，第一笔交易的成交价为开盘价。收盘价指某种证券在交易所每个营业日结束前最后一笔交易的成交价。收盘价是当日行情的标准，也是下一个交易日开盘价的依据，所以，投资者通常把收盘价作为预测未来股市行情的依据之一。

(7) 天价、均价。天价指股价行情上升到一个历史巅峰的价位。均价指现在时刻买卖股票的平均价格。低于均价购入的股票有盈利的空间。

(8) 最高价、最低价。最高价也称高值，指某种股票当日交易的最高成交价格。最低价也称低值，指某种股票当日交易的最低成交价格。

(9) 平开、低开、高开。平开指某种股票当日开盘价与前一交易日收盘价持平的情况。低开指某种股票当日开盘价低于前一交易日收盘价的情况。高开指某种股票当日开盘价高于前一交易日收盘价的情况。

(10) 盘坚、盘软、崩盘、僵牢。盘坚指股价缓慢上涨的情况。盘软指股价缓慢下跌的情况。崩盘指股价一路下跌，出现大量抛售现象，不知到什么程度才可以停止。僵牢指股市出现股价徘徊缓滞的局面，在一定的时期内既上不去，也下不来。

(11) 内盘、外盘。内盘指以买入价成交的交易。外盘指以卖出价成交的交易。内盘、外盘数量大体可以反映出买卖力量的强弱。

(12) 停板。停板指股票价格在一个交易日中的成交价格不能高于或低于以该股票上一交易日收盘价为基准的某一涨跌幅度。目前沪深两市规定A股在一个交易日内的涨跌幅度为10％，ST股为5％，超过规定幅度的委托视为无效，不能成交。

(13) 股利宣告日。指董事会将股利支付情况予以公告的日期。

(14) 股权登记日。指有权领取股利的鼓动资格登记截止日期，也称除权日。只有在除权日以前在股东名册上有名的股东，才有权分享股利。

(15) 除息日。指领取股利的权利与股票相互分离的日期。在除息日前，股利从属于股票，持有股票者就享有领取股利的权利；从除息日始，股利权与股票相分离，新购入股票的人不能分享股利。一般规定股东登记日的后一天为除息日。

(16) 除权日。指增资配股权利与股票相互分离的日期。在除权日前，增资配股权利从属于股票，持有股票者就享有增资配股权利；从除权日始，增资配股权利与股票相分离，新购入股票的人不能分享增资配股权利。增资配股权利指股份公司为增加资本发行新股票时，原有股东有优先认购或认配的权利。

(17) 无偿增资和有偿增资。无偿增资是指股份公司以送股、债转股、股份分割等方式发行新股。有偿增资是通过有偿发行新股进一步筹集资本的方式，即发售新股和配股。

(18) 股息。又称股利，是指股东凭股票从公司领取的收入，按股东投资入股额来分配。

(19) 红利。是指股东从公司得到的超过股息部分的收益。通常将公司支付给股东的股息和红利称为分红派息，主要形式有股份分红和现金分红。

(20) 股票除权价。在股份公司送配股时，由于新股的入市，股票价格在除权日前后会发生变化。在送股时，股票除权价为：

$$股票除权价=\frac{除权前一天的收盘价}{1+送股率}$$

在配股时，股票除权价为：

$$股票除权价=\frac{除权前一天的收盘价+配股认购价\times配股率}{1+配股率}$$

在分配现金股利与配股同时进行时，股票除权价为：

$$股票除权价=\frac{除权前一天的收盘价+配股认购价\times配股率-每股派息}{1+配股率}$$

(21) 填权。除权后股票的交易价格高于运用理论公式所计算的除权价。

(22) 贴权。除权后股票的交易价格低于运用理论价格所计算的除权价。

(23) 套牢。是指进行股票交易时遭遇的一种风险。如果投资者预计股价将上升，大量购入股票，但买进后股价却一直呈下跌趋势，这种现象称为多头套牢。反之，当投资者预计股价将下跌，将手中股票放空抛出，但股价却一直上扬，称为空头套牢。

(24) 建仓、平仓、斩仓。建仓指投资者买入看涨的股票的行为。平仓指把原来买入的股票卖出，或者将原来卖出的股票买回的行为。斩仓也称割肉，指股票买入后，股价下跌，投资者为了减少损失低价(赔本)卖出股票的行为。

(25) 换手率。指某种股票成交的股数与其上市流通股总数之比。该指标反映其交易的活跃程度。

(26) 筹码、现手。筹码指投资者手中持有的股票数。现手指当前某种股票的成交量。

(27) 佣金。指证券商为投资者买卖证券时按成交金额的一定比例计算并向投资者收取的费用，一般为0.2%～0.3%。

任务二　了解股票投资分析方法

从事股票投资的投资者，其目的是想通过股票投资获得尽可能高的投资收益率。股票投资收益主要是来自公司的股息红利或来自股票市场的买卖差价或是两者的组合。显然，股票在市场上的买卖价格，是每一个投资者最关心的问题。影响股票价格及其波动的因素，主要可以分为两大类：一类是政治、经济等基本因素；另一类是市场供求等技术因素。与此相对应，股票投资分析方法主要有两大类：一是基本分析；二是技术分析。

1. 基本分析

1.1 基本分析的含义

基本分析方法，也称为基本面分析方法，是利用丰富的统计资料，运用多种多样的经济指标，采用比例、动态的分析方法，对决定股票投资价值及价格的基本要素，如宏观经济指标、经济政策走势、行业发展状况、产品市场状况、公司销售和财务状况等进行分析，评估股票的投资价值，判断其合理价位，并尽可能预测其未来的变化，以此作为投资者选购依据的一种分析方法。

基本分析法是准备做长线交易的股民以及业余股民所应采取的最主要也是最重要的分析方法。因为这种分析方法把对股票的分析研究重点放在它本身的内在价值上，而把对股票市场的大环境的分析结果摆在次位，看好一只股票时，看中的是它的内在潜力与长期发展的良好前景。所以，当我们采用这种分析法来分析预测并在适当的时机购入了具体的股票后，就可不必耗费太多的时间与精力去关心股票价格的实时走势了。

1.2 基本分析的内容

基本分析包括三个方面内容：一是宏观经济分析。研究经济政策（货币政策、财政政策、税收政策、产业政策等）、经济指标（通胀率、利率、汇率等）对股票市场的影响。二是行业分析。分析产业前景、区域经济发展对上市公司的影响。三是公司分析。具体分析上市公司行业地位、市场前景、财务状况。

宏观经济分析主要探讨各经济指标和经济政策对股票价格的影响。行业分析是介于宏观经济分析与公司分析之间的中观层次的分析，主要分析产业所属的不同市场类型、所处的不同生命周期以及产业的业绩对于股票价格的影响。公司分析是基本分析的重点，主要包括三个方面的内容。一是公司财务报表分析。财务报表分析是根据一定的原则和方法，通过对公司财务报表数据进行进一步的分析、比较、组合、分解，求出新的数据，用这些新的数据来说明公司的财务和经营管理状况及其业务发展前景。其主要目标有公司的获利能力、公司的财务状况、公司的偿债能力、公司的资金来源状况和公司的资金使用状况。其主要方法有趋势分析法、比率分析法和垂直分析法。二是公司产品分析与市场分析。前者主要是分析公司产品的品种、品牌、知名度、质量、销售量、生命周期；后者主要分析产品市场覆盖率、市场占有率以及市场竞争能力。三是公司资产重组与关联交易等重大事项分析。

1.3 基本分析的优缺点

基本分析的优点主要有：能够比较全面地把握股票价格的基本走势；应用起来相对简单。基本分析的缺点主要有：预测的时间跨度相对较长，对短线投资者的指导作用比较弱；预测的精确度相对较低。

基本分析主要适用于周期相对比较长的股票价格预测、相对成熟的股票市场，以及预测精确度要求不高的领域。

2. 技术分析

2.1 技术分析的含义

股价的技术分析，是相对于基本分析而言的。基本分析法着重于对一般经济情况以及各个公司的经营管理状况、行业动态等因素进行分析，以此来研究股票的价值，衡量股价的高低。它是以预测市场价格变化的未来趋势为目的，通过历史图表对市场价格的运动进行分析的一种方法。技术分析只关心股票市场本身的变化，而不考虑会对其产生某种影响的经济、政治等各种外部因素。技术分析的基本观点是，所有股票的实际供需量及其背后起引导作用的种种因素，包括股票市场上每个人对未来的希望、担心、恐惧等，都集中反映在股票的价格和交易量上。

所有的技术分析都是建立在三大假设之上的。第一，市场行为包容消化一切。这句话的含义是：所有的基础事件——经济事件、社会事件、战争、自然灾害等，作用于市场的因素都会反映到价格变化中来。第二，价格以趋势方式演变。第三，历史会重演。

2.2 技术分析与基本分析的比较

股价基本分析和技术分析都认为股价是由供求关系所决定的。基本分析主要是根据对影响供求关系种种因素的分析来预测股价走势，而技术分析则是根据股价本身的变化来预测股价走势。基本分析的目的是判断股票现行价位是否合理并描绘出它长远的发展空间，而技术分析主要是预测短期内股价涨跌的趋势。在时间上，技术分析法注重短期分析，在预测旧趋势结束和新趋势开始方面优于基本分析法，但在预测较长期趋势方面则不如基本分析法。大多数成功的股票投资者都是把两种分析方法结合起来加以运用，他们用基本分析法估计较长期趋势，而用技术分析法判断短期走势和确定买卖的时机。

2.3 影响技术分析的三大要素

股票的成交价格、成交量、时间和空间是进行技术分析的三大要素。技术分析可以简单地归结为对量、价、时间三者关系的分析。

市场行为最基本的表现就是成交价和成交量。过去和现在的成交价、成交量涵盖了过去和现在的市场行为，技术分析就是利用过去和现在的成交量、成交价资料，以图形分析和指标分析工具来分析、预测未来的市场走势。这里，成交价、成交量就成为技术分析的要素。在某一时点上的“价”和“量”反映的是买卖双方在这一时点上共同的市场行为，是双方的暂时均势点。随着时间的变化，均势会不断发生变化，这就是价量关系的变化。一般说来，买卖双方对价格的认同程度通过成交量的大小得到确认。认同程度小，分歧大，则成交量大；认同程度大，分歧小，则成交量小。成交价、成交量之间的关系是技术分析的合理性所在，因此，价、量是技术分析的基本要素，一切技术分析方法都是以价量关系为研究对象的，目的就是分析、预测未来的价格趋势，为投资决策提供服务。

时间在进行行情判断时有着重要的作用。一个已经形成的趋势在短时间内不会发生根本改变，中途出现的反方向波动，对原有趋势不会产生大的影响。一个形成了的趋势不可能永远不变，经过一定时间又会有新的趋势出现。循环周期理论关心的就是时间因素，它强调了时间的重要性。

空间从某种意义上讲，可以认为是价格的一方面，指的是价格波动能够达到的极限。

2.4 技术分析的具体方法

在价、量历史资料基础上进行的统计、数学计算、绘制图表的方法是技术分析方法的主要手段。一般说来，可以将技术分析方法分为如下五类：K 线类、切线类、形态类、波浪类、指标类。五类技术分析流派从不同的方面理解和考虑股票市场，有的有相当坚实的理论基础，有的没有很明确的理论基础。操作指导上，有的注重长线，有的注重短线；有的注重价格的相对位置，有的注重绝对位置；有的注重时间，有的注重价格。但分析目的是相同的，彼此并不排斥，在使用上可相互借鉴。

(1) K 线类。K 线类是根据若干天的 K 线组合情况，推测金融市场中多空双方力量的对比，进而判断股票市场行情的方法。

(2) 切线类。按一定方法和原则，在根据价格数据所描绘的图表中画出一些直线，然后根据这些直线的情况推测价格的未来趋势，为我们的操作行为提供参考，这些直线就叫切线。常见的切线有趋势线、轨道线、黄金分割线、甘特线、角度线等。

(3) 形态类。形态类是根据价格图表中过去一段时间走过的轨迹形态来预测价格未来趋势的方法。价格走过的形态是市场行为的重要部分，从价格轨迹的形态中，我们可以推测出股票市场处在一个什么样的大环境之中，由此，对今后的投资给予一定的指导。主要的形态有 M 头、W 底、头肩顶、头肩底等十几种。

(4) 波浪类。波浪理论是把价格的上下变动和不同时期的持续上涨、下跌看成是波浪的上下起伏，认为价格运动遵循波浪起伏的规律，数清楚了各个浪就能准确地预见到跌势已接近尾声，牛市即将来临。波浪理论较之别的技术分析流派，最大的区别就是能提前很长时间预计到行情的底和顶，而别的流派往往要等到新的趋势已经确立之后才能看到。

(5) 指标类。指标类是根据价、量的历史资料，通过建立一个数学模型，给出数学上的计算公式，得到一个体现金融市场的某个方面内在实质的指标值，指标反映的内容大多是无法从行情报表中直接看到的，它可为我们的操作行为提供指导方向。常见的指标有相对强弱指标(RSI)、随机指标(KDJ)、趋向指标(DMI)、平滑异同移动平均线(MACD)、能量潮(OBV)、心理线(PSY)、乖离率(BIAS)等。

2.5 应用技术分析的关键三步

第一步，学会看图。技术分析的第一步是要学会看图。图表的类型很多，但是都大同小异。

技术分析最基本和常用的是阴阳蜡烛图(如图 10-1)。一根柱子表明一个时间段，如果您选中 30 分钟，则一根柱子表明 30 分钟的交易；如您选中一天，则一根柱子表明一天的交易。阴柱(黑色柱)表明下跌，即收市价低于开市价；阳柱(白色柱)表明上涨，即收市价高于开市价。上下两条边是该时间段的开盘价和收盘价，实体上部和下部的垂直线影线分别代表该时间段的最高价和最低价。

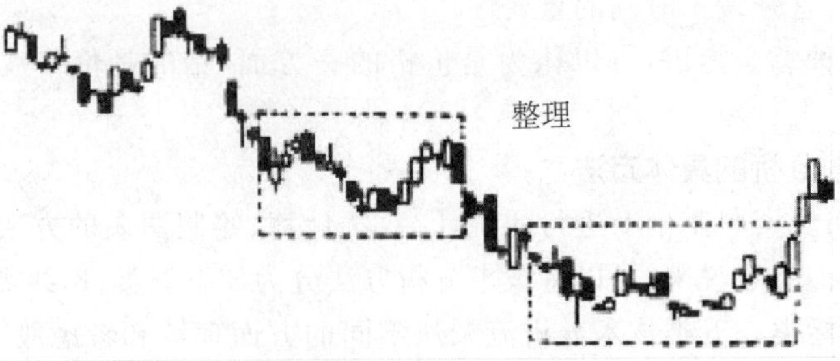

图 10-1 阴阳蜡烛图

通过对蜡烛图的形态分析,主要可以分析行情什么时候将反转,在一波上升行情中判断出最早何时将调头向下,那么就可以在第一时间做空赚取更大收益;同样,在一波下跌行情中可判断出最早何时将企稳反弹,那么就可以在第一时间做多占尽先机。

蜡烛图还有一部分形态是研究行情在什么情况下会延续,如果掌握这些形态可以更好地顺势交易,持有有利单时也会更加充满信心地持有,甚至途中加仓来使收益更大。

第二步,看趋势。技术分析的第二个关键,就是要学会画趋势线、阻力位、支撑位。支撑位是指存在较大支撑的价位,股价下跌到该价附近时容易企稳反弹;阻力位是指存在较大压力的价位,股价上升到该价位附近时容易遇阻回落。计算支撑和阻力位主要用画趋势线的方法,也可以结合技术指标,如黄金分割位、均线系统、保利加通道等。

在上升趋势中,将两个上升的低点连成一条直线,就得到上升趋势线。在下降趋势中,将两个下降的高点连成一条直线,就得到下降趋势线。为了使画出的趋势线在今后分析市场走势时具有较高的准确性,我们要对用各种方法画出的试验性的趋势线进行筛选,去掉无用的,保留确实有效的趋势线。

要得到一条真正起作用的趋势线,要经多方面的验证才能最终确认,不合条件的一般应予以删除。

首先,必须确实有趋势存在。也就是说,在上升趋势中,必须确认出两个依次上升的低点,在下降趋势中,必须确认两个依次下降的高点,才能确认趋势的存在,连接两个点的直线才有可能成为趋势线。其次,画出直线后,还应得到第三个点的验证才能确认这条趋势线是有效的。一般说来,所画出的直线被触及的次数越多,其作为趋势线的有效性越被得到确认,用它进行预测越准确有效。此外,我们还要不断地修正原来的趋势线,例如当汇价跌破上升趋势线后又迅速回升至这条趋势线上面,分析者就应该从第一个低点和最新形成的低点重新画出一条新线,又或是从第二个低点和新低点修订出更有效的趋势线。

第三步,结合技术指标,确认对市场趋势的判断。

2.6 应用技术分析方法时应注意的问题

其一,技术分析预测成功的关键在于不能机械地使用技术分析方法,除了在实践中不断修正技术分析参数外,技术分析必须与基本面分析结合起来使用,才能提高其准确程度,否则单纯的技术分析是不全面的。

其二，注意多种技术分析方法的综合研判，切忌片面地使用某一种技术分析结果。实践证明，单独使用一种技术分析方法有相当的局限性和盲目性。

其三，前人得到的结论要自己通过实践验证后才能放心地使用。前人得到的结论是在一定的特殊条件和特定环境中得到的，随着环境的改变，前人成功的方法自己在使用时也有可能失败。

任务三 熟悉股票投资策略与技巧

掌握股票投资策略和技巧是投资成功的保证。

1. 选择股票品种

在股票投资中，股票品种的选择，是最基本也是最关键的一项工作。目前在沪深上市的股票有 2 000 多只，而且还不断有新的股票上市，每只股票各有不同的特性，必须掌握一定的技巧才能选到好的股票。

1.1 选股的基本原则

选股，一要重视基本面分析，二要关注技术走势。基本面分析，即对股票发行公司的经营状况和发展趋势进行分析和判断，是选择股票品种的出发点。对投资者来说，涨价余地大的股票就是好股票，而经营状况好、发展潜力大的公司的股票的价格上涨余地大，应是首选的股票。当然股票价格波动并不总是反映发行公司的实力，在某一时间，价格的波动可能只反映当时市场的供求关系，而且股票没有到期日和到期价值的约束，在股票市场上既存在投资买卖，也存在投机操作。因此，股票市场的技术走势也是投资者选股必须考虑的因素。

1.2 在遵循选股基本原则下，投资者在选股时应掌握以下技巧

(1) 选择自己熟悉的股票。基本面分析是选股的基本原则，要对某个公司的发展前景做出正确的判断，必须对公司的业务有一定的了解，也就是必须懂行。俗话说“隔行如隔山”，股票市场有 2 000 多只股票，你不可能对所有的行业都了解。所以，个人投资者最好是选择几只自己熟悉行业的股票，给予特别的关注，这样成功的可能性更大。

(2) 选择第一流公司的股票。即使是同一行业的股票，涨跌也有很大的差别，虽然生产同样的产品、提供同样的服务，但是业绩可能相差很大，所以当投资者决定购买某个行业的股票之后，必须对该行业的各只股票进行比较，从中选择出最有发展潜力的第一流公司的股票作为投资对象。

(3) 选择价值被低估的股票。通过股价与股票的内在价值进行比较，可以判断哪些股票的价值被低估，价值被低估的股票“最终总会涨价”。所以，在此类股票价值被低估时购入，等价格达到或超过其价值时卖出，一定能取得丰厚的收益。

(4) 选择成长股。这些公司的行业新，发展快，人们对其发展预期看好，股价会

成倍上涨。

(5) 选择那些收益高、有优厚分红的绩优股。股票的投资价值，最终决定于公司的内在素质，也就是说，业绩优良是股价上涨的根本因素。因此，绩优股总是受青睐。

(6) 选择新股。购买原始股，即公司直接发行的股票。尤其是现在采取在计算机交易系统上发行，没有人持有比你价位更低的股票，所以上市总能盈利，即使不能马上上市，资金被锁住，早晚也会获利。

(7) 选择含权股。即将送配股的股票称为含权股，在股市上升时可以多加关注，因人们预期股价会上升，股票增多当然是好事；但在弱市时由于其易贴权，所以不受人们欢迎，可以不去管它。

(8) 选择行业独特或国家重点扶持的股票。这类股票市场占有率高，在国民经济中占有举足轻重的地位，发展潜力大，涨价的空间大。

(9) 关注冷门股和黑马股。冷门股每日成交量小，价格波动也小。但是如果冷门股内在素质确实不错，且发展前景看好，只是目前被主力大户和股市传媒忽视了，那么这类股票应大胆买进。黑马股是指股价可能脱离过去的实绩而在短期内大幅上涨的股票。黑马股常常使投资者在短期内获得巨大的收益，投资者如果能早发现黑马股，大胆适时买入，定有丰厚的回报。一般说来，只有公司有较好的发展前景且属小型成长公司，具有“狂涨”的历史和个性的股票才能成为黑马股。

(10) 关注股价上升率高的股票。大型公司的股票盘大，不易操作，中小型公司的股票盘比较小，容易吸引主力大户炒作。所以，从长远看，这类股票的价格上涨率高，在股价下跌时购入此类股票获利的可能性大。

(11) 关注涨价持续时间比跌价持续时间长的股票。股价升降是股市的正常现象，有升有降，升的时间长于降的时间的股票基本上是好的股票，趁股价下跌时购入此类股票有时可以享受大幅度涨价的益处。

(12) 关注股价上下波动大的股票。通常，低面值股票股价的上下波动大，涨得高，跌得也快。在此类股票停止下跌时购入，收益的把握性大。不过这类股票的风险性大，要注意分散投资风险，千万不要把赌注压在一只股票上。

2. 选择股票的买卖时机

投资者在确定了股票投资品种后，最重要的问题就是选择股票的买卖时机。因为高质量的股票不一定能带来高收益，股票投资收益率随股票价格的升降而沉浮，因此投资者应选择股票价格被低估时买进，而在股票价格被高估时卖出，使投资组合始终处于有利状态。

2.1 确定买卖时机的方法

常见的确定股票买卖时机的方法主要有目标价格法和分次购买法。目标价格法是投资者先根据自己对各种股票内在价值的估计确定买进的目标价格，当价格跌至这个事先确定的价格水平时就买进该股票。买进股票后，再确定卖出的目标价格，当股票价格上升到这个卖出价格时就卖出该股票。目标价格一般以基本分析做后盾。分次购买法就是通过分次购买同一种股票来消除一次购买时价格过高的风险，主要是在进行长期投资时使用。分次购买法又分为等额购买法和等股购买法。等额购买法指每次购买同等金额的股票的方法。它可使投资者持有股票的平均成本低于市场的平均水平,因为购买金额固定时,股价上升时购买股数少,而股价下跌时购买股数多。等股购买法指每次购买相同股数股票的方法。由于购买股数相同,在股票价格上升时需支付较多的资金,而在股票价格下跌时支付的资金较小,故购买股票的平均价格往往较高。

2.2　选择买卖时机的技巧

(1) 确定买入时机的技巧。就买入时机来讲,一看大势,二看价位,而且价位的高低直接影响获利率的多少,但从时机和价位两者相比较看,时机较价位重要。买进的时机选择包括:①股价暴跌后或股价跌到谷底,再也跌不下去时,逢低买进。②重大利多消息正在酝酿时。日后利多被证实,股价必然大涨,可买入。③当利空消息频传,造成股价非理性下跌,持股者慌忙抛售时,可买入。④股市处于盘档阶段,不少股票均有明显的高档压力点和低档支撑点可寻求,在股价不能突破支撑线之时可购入。股价跌至支撑线未能突破,止跌趋稳,日后上升的可能性很大。⑤总体经济环境趋向有利,特别是经济衰退到极点而复苏有望,政府正拟出台重大激励经济措施时,可以购入。⑥股价或股价指数的技术形态甚佳时,可配合成交量值向上突破之际积极购入。

(2) 确定卖出时机的技巧。卖出时机选择可依据以下原则:①股票价格走势达到高峰,再无力继续上攀时,逢高抛出。②大盘行情形成大头部时,是卖出股票的关键时刻。股市上大盘和个股的联动性很强,大盘形成大头部下跌时,只有极少数的个股在主力介入操控下逆市上扬,绝大部分个股形成大头部下跌。个人投资者应在大盘形成大头部区时,果断分批卖出手中持有的股票。③大幅上升后,成交量放大,是卖出股票的好时机。当股价上扬后,持股者普遍获利,如果在上扬的过程中,出现很多的卖单而且量很大,说明主力、大户在抛售股票,这是卖出股票的强烈信号,应尽快将手中的股票抛出。④重大利空消息在酝酿时是卖出股票的信号。利空出现,股价必将下跌。⑤所有预期的利多消息全部实现,尚无新的利多消息出现时。⑥从高价跌落10%的时候。⑦出现很多高价股的同时,出现廉价股,而且很激烈地变动着。⑧经常打破成交额的记录,而且几乎每种股票都有指定价格或者涨停板。

3. 回避股票投资风险

股票投资的目的是获取最大的投资收益,但在股票投资中,风险和收益总是互相伴随着,高收益一般伴随高风险,因而投资者能否实现投资目的在很大程度上取决于其降低风险的投资技巧和投资方法。分散和降低风险的方法主要有组合投资、分散投资和回避风险等。

(1) 组合投资。就是投资者为了获得尽可能大的投资收益率、承担尽可能小的风险,将资金按一定的比例分别投资于不同的股票上。投资组合应遵循的基本原则是股票投资风险相同时,选择收益较高的股票,收益率相同时,选择风险较小的股票。

(2) 分散投资。指投资者为降低风险而将资金分别用于购买不同公司、不同种类、不同性质股票的投资方式。采用分散投资,则可能是此亏彼赚,以盈补损,避免更大的损失。分散投资主要包括投资对象分散、投资市场分散和投资时间分散等。

（3）回避风险。指投资者事先预测风险产生的可能程度，判断导致其实现的条件和因素，在行动中尽可能驾驭它或改变行动的方向避开风险。具体可以采取以下措施：①当判断出股价上升进入高价圈，随时有可能转向跌落时，应立即抛出手持股票，等待新的投资时机。②当股价处于盘整阶段，难以判断股价将向上突破还是向下突破时，不要采取投资行动，先观望一下。③多次投资失误，难以做出冷静判断时，应暂时放弃投资活动，进行心情调整。④当对某种股票的性质、特点、公司状况、市场供求状况没有一定的了解时，不要急于购进。⑤将部分资金做准备金，有好的投资机会时，把准备金追加进去增加获得能力，投资失利时，将准备金补充进去，以便保持一定的投资规模。⑥不碰过冷或过热的股票。⑦不卖最高，不买最低。⑧有进有出，适度投机。遇到大跌市，要正确看待，克制住恐慌悲观情绪，大胆入市买“便宜货”。股市狂涨时，不可贪婪去赚最后一分钱，以致忽视了正与市场同步扩大的风险，而要适可而止，见好便收，清仓离市，把一部分收益和全部风险留给市场。

·理财情景10分析·

客观地说，王蓝和张林宇都是比较稳健的股票投资者，从主观上都很注意控制投资风险，并且规避了2007年股票投资过热的风险。王蓝和国内的许多投资者一样，尊崇巴菲特的价值投资理念，但对该理念的理解并不深入。价值投资应当选择具有较强增长能力的行业，并且应当在价格明显低于价值的时候买入，一旦价格高于价值就应当卖出。王蓝长期持股不动的决策是对价值投资形而上学的模仿，该决策本身是错误的。王蓝希望选择比较稳健的企业，其初衷是正确的，但没有认真分析企业所属行业的生命周期，他所投资的钢铁业在全球范围内都属于夕阳行业，产能已经严重过剩，但市盈率并没有低于市场的平均水平，因此其在股票的选择上也存在分析不足的问题。另外，王蓝认为他买了9只股票就是分散投资，这也是一个典型的认知误区，我们应当注意到王蓝购买的股票虽然包含了银行、地产和钢铁三个行业，但是这三个行业本身具有较强的关联，万一房价大跌，三个行业都会受到严重的不利影响，因此王蓝的股票投资策略不仅难以取得理想的收益水平，还存在重大的潜在风险。张林宇则通过认真学习提高了股票投资分析的能力，对于股票买卖的时机掌握较好，并且能够根据经济环境的变化不断调整投资的行业，虽然20%～30%的年化收益率算不上神奇，但稳健的操作风格使得他的股票投资能够稳定获利，资产增值速度较快。可见，了解股票价格的影响因素，掌握正确的股票投资分析方法和风险控制措施，对于提高股票投资收益、有效防范投资风险是非常重要的。

理财情景讨论和能力训练

项目任务书

项目(或工作任务)名称	分析评价刘先生的股票投资
项目负责人	
项目组成员	
项目情景	刘先生认为炒股票需要非常专业的知识,因此总是把钱存在银行,但又觉得银行存款利息太低,难以实现资产的保值增值。2015年年初的时候,刘先生发现不少压根不懂经济的亲戚朋友也通过股票投资获得了丰厚的收益。刘先生也动心了,遂向身边的老股民虚心请教,发现近期的投资热点是次新股,这些股票股权集中,深受游资和大户的青睐,经常拉涨停。刘先生还了解到只需要筹集50万的资产就可以开通融资融券功能,借助券商的资金扩大投资规模,不少老股民成功借助融资融券功能大幅提高了投资收益率。刘先生在征得家人同意后,把家里大约一半的流动资产五十余万投入股市中,并采用融资的方式专买次新股,等股票上涨30%就抛掉。仅仅2个月的时间,刘先生的盈利幅度就超过了100%。刘先生惊喜地发现原来炒股票这么容易,深深懊悔没有早点儿加入股民大军,并说服家人把剩下的一半流动资产也投入股市,准备大干一番。不料6月下旬股市风云突变,原先非常强势的次新股出现连续跌停的状况,刘先生手上的几只股票也未能幸免。面对每天几十万的巨额亏损,刘先生茶饭不思。证券公司也打来电话,要求刘先生补充保证金,否则只能对其持有的股票强行平仓。可是家里的流动资产已经全部投入股市,唯一的一套住房肯定是不能卖的,刘先生只好忍痛决定接受强行平仓的结果。但是这些股票一直封死在跌停板上,强行平仓也难以执行。终于熬到跌停板打开的时候,证券公司卖出了刘先生的股票,自动归还借款之后,剩余资产已经不足30万。短短的一个月时间,不但把之前的盈利全部回吐,还亏掉了70余万的本金,刘先生终于深刻地认识到股票投资的风险。
项目(或工作任务)目标	请你帮刘先生分析一下他在股票投资中存在哪些问题。
项目工作内容和方法	1.讨论:刘先生的股票投资。 2.分析:刘先生的股票投资策略并没有发生本质的改变,为什么他在投资的前2个月能够获利丰厚,而随后的1个月却遭受了严重的亏损? 3.思考:运用所学的知识,帮助刘先生分析一下他的股票投资策略存在哪些问题;作为普通投资者,我们应当如何有效管理股票投资的风险。
学习目标	通过讨论、分析、思考刘先生的股票投资,加深对股票投资的风险、股票投资分析的重要性和选择股票投资对象、投资时机方法的理解。
学习提示	完成本工作任务主要应用"选择股票的买卖时机"和"回避股票投资风险"两个知识点。
说明	

※ 项目十一　债券理财 ※

学习目标：通过本项目学习，应明白什么是债券，了解债券的特征、债券的基本要素和种类；理解债券投资的一般原则、债券收益的影响因素和风险评价；熟悉债券收益计算、债券投资品种和投资时机选择的策略与技巧。

项目十一工作任务分解(WBS)

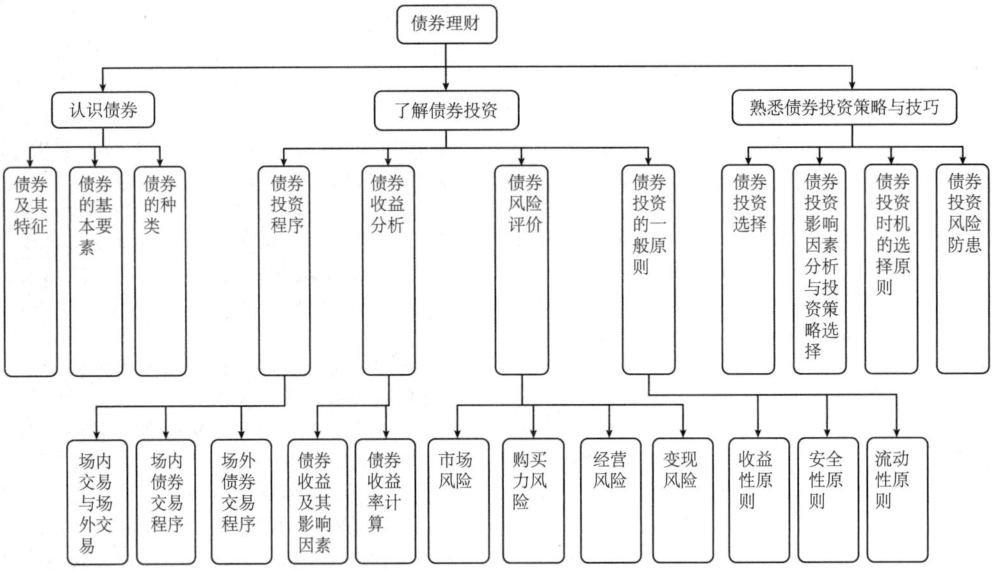

• 理财情景 11 •

侯天年届四十，是一个小有名气的软件设计师，有着不菲的收入。对于理财投资，他是坚定的保守派，认为买股票风险太高，买基金又等于把钱交给别人操作也不放心，但是把钱存在银行，利率又实在太低。2013 年 1 月，公司为了培养员工的理财观念，组织了一场理财讲座。讲座的老师投资经验丰富，授课生动有趣。侯天深受启发，他注意到老师提到我国的公募公司债自首次发行以来从未发生过违约事件，并且利率一般可以高达 7%～10%，可以说是名副其实的“高收益低风险”的投资渠道。侯天非常心动，利用证券行情软件找了一只“11 超日债”，发行公司是浙江的超日太阳股份有限公司，地处东南沿海的经济大省浙江，属于高大上的太阳能开发与利用行业。侯天觉得这个债券一定非常安全，对说明书上给出的 8.98% 的收益率也非常满意，就把刚刚到期的 200 万存款加上 30 万的年终奖都购买了这只债券。2014 年 2 月，侯天准备和朋友合作开发一款软件，需要大量资金，遂卖出所持有的债券，却惊讶地发现 230 万的投资只剩下不足 160 万，亏损超过 30%。

请思考：你怎么评价侯天的债券投资策略？为什么侯天的债券投资最终是亏损的？

任务一　认识债券

1. 债券及其特征

1.1　债券的含义

债券是一种金融契约，是政府、金融机构、工商企业等直接向社会借债筹措资金时，向投资者发行，同时承诺按一定利率支付利息并按约定条件偿还本金的债权债务凭证。债券的本质是债的证明书，具有法律效力。债券购买者或投资者与发行者之间是一种债权债务关系，债券发行人即债务人，投资者（债券购买者）即债权人。

1.2　债券的特征

债券作为一种债权债务凭证，与其他有价证券一样，也是一种虚拟资本，而非真实资本，它是经济运行中实际运用的真实资本的证书。

债券作为一种重要的融资手段和金融工具具有如下特征：

（1）偿还性。债券一般都规定有偿还期限，发行人必须按约定条件偿还本金并支付利息。

（2）流通性。债券一般都可以在流通市场上自由转让。

（3）安全性。与股票相比，债券通常规定有固定的利率，与企业绩效没有直接联系，收益比较稳定，风险较小。此外，在企业破产时，债券持有者享有优先于股票持有者对企业剩余资产的索取权。

（4）收益性。债券的收益性主要表现在两个方面：一是投资债券可以给投资者定期或不定期地带来利息收入；二是投资者可以利用债券价格的变动，买卖债券赚取差额。

2. 债券的基本要素

尽管债券种类多种多样，但是在内容上都包含有一些基本的要素。这些要素是指发行的债券上必须载明的基本内容，这是明确债权人和债务人权利与义务的主要约定，具体包括：

2.1　债券的价格

债券的价格分为票面价格、发行价格和市场价格。票面价格，指票面上载明的金额。发行价格，指债券从发行人手中转到初始投资人手中时的价格。根据票面利率与市场利率的关系，债券发行可以分为平价发行（票面利率等于市场利率时）、溢价发行（票面利率高于市场利率）和折价发行（票面利率低于市场利率）。市场价格，指债券在二级市场上的流通价格。流通价格受供求关系影响，同时与利率呈反方向变动。发行者根据面值价格进行还本付息。

2.2　偿还期

债券偿还期是指企业债券上载明的偿还债券本金的期限，即债券发行日至到期日之间的时间间隔。公司要结合自身资金周转状况及外部资本市场的各种影响因素来确定公司债券的偿还期。

2.3 付息期

债券的付息期是指企业发行债券后的利息支付的时间。它可以是到期一次支付,或1年、半年、3个月支付一次。在考虑货币时间价值和通货膨胀因素的情况下,付息期对债券投资者的实际收益有很大影响。到期一次付息的债券,其利息通常是按单利计算的,而年内分期付息的债券,其利息是按复利计算的。

2.4 票面利率

债券的票面利率是指债券利息与债券面值的比率,是发行人承诺以后一定时期支付给债券持有人报酬的计算标准。债券票面利率的确定主要受到银行利率、发行者的资信状况、偿还期限和利息计算方法以及当时资金市场上资金供求情况等因素的影响。

2.5 发行人名称

发行人名称指债券的债务主体,为债权人到期追回本金和利息提供依据。

上述要素是债券票面的基本要素,但在发行时并不一定全部在票面印制出来,例如在很多情况下,债券发行者是以公告或条例形式向社会公布债券的期限和利率。

3. 债券的种类

债券的种类很多,可以按不同方式划分。

3.1 按发行主体不同,分为政府债券、金融债券和公司(企业)债券

(1) 政府债券。政府债券是政府为筹集资金而发行的债券。主要包括国债、地方政府债券等。前者是中央政府直接发行的债券,后者是由地方政府及其代理机构或其授权的机构发行的债券。

(2) 金融债券。金融债券是由银行和非银行金融机构发行的债券。在欧美国家,金融机构发行的债券归类为企业债券;我国及日本等国家,金融机构发行的债券单独归类,称为金融债券。目前我国金融债券主要由国家开发银行、进出口银行等政策性银行发行。

(3) 公司(企业)债券。公司(企业)债券是企业依照法定程序发行,约定在一定期限内还本付息的债券。公司债券的发行主体是股份公司,但也可以是非股份公司的企业,所以,一般归类时,公司债券和企业发行的债券合在一起,可直接称为公司(企业)债券。

3.2 按付息方式不同,分为贴现债券、一次还本付息债券和附息债券

(1) 贴现债券。贴现债券指债券券面上不附有息票,发行时按规定的折扣率,以低于债券面值的价格发行,到期按面值支付本息的债券。贴现债券的发行价格与其面值的差额即为债券的利息。

(2) 一次还本付息债券。一次还本付息债券指债券到期时和本金一起一次性付息、利随本清的债券,也可称为到期付息债券。付息特点:一是利息一次性支付,二是债券到期时支付。

(3) 附息债券。附息债券指债券券面上附有息票的债券,是按照债券票面载明的利率及支付方式支付利息的债券。息票上标有利息额、支付利息的期限和债券号码等内容。持有人可从债券上剪下息票,并据此领取利息。附息国债的利息支付方式一般是在偿还期内按期付息,如每半年或一年付息一次。

3.3　按利率确定方式不同,分为固定利率债券和浮动利率债券

(1) 固定利率债券。固定利率债券指在发行时规定利率,在整个偿还期内不变的债券。

(2) 浮动利率债券。浮动利率债券是与固定利率债券相对应的一种债券,它是指发行时规定债券利率随市场利率定期浮动的债券,其利率通常根据市场基准利率加上一定的利差来确定。浮动利率债券往往是中长期债券。由于利率可以随市场利率浮动,采取浮动利率债券形式可以有效地规避利率风险。

3.4　按偿还期限不同,分为长期债券、中期债券和短期债券

(1) 长期债券。长期债券指偿还期限在5年(含5年)以上的债券。

(2) 中期债券。中期债券指偿还期限在1年以上5年以下(不含5年)的债券。

(3) 短期债券。短期债券指偿还期限在1年以内的债券。

3.5　按债券形态不同,分为实物债券、凭证式债券和记账式债券

(1) 实物债券(无记名债券)。实物债券是以实物债券的形式记录债权,券面标有发行年度和不同金额,可上市流通的债券。实物债券由于其发行成本较高,将会被逐步取消。

(2) 凭证式债券。凭证式债券是一种储蓄债券,通过银行发行,采用"凭证式国债收款凭证"的形式,从购买之日起计息,但不能上市流通。

(3) 记账式债券。记账式债券指没有实物形态的票券,以记账方式记录债权,通过证券交易所的交易系统发行和交易。由于记账式国债发行和交易均无纸化,所以交易效率高,成本低,是未来债券发展的趋势。

3.6　按募集方式不同,分为公募债券和私募债券

(1) 公募债券。公募债券指按法定手续,经证券主管机构批准,在市场上公开发行的债券。这种债券的认购者可以是社会上的任何人。发行者一般有较高的信誉,除政府机构、地方公共团体外,一般企业必须符合规定的条件才能发行公募债券,并且要求发行者必须遵守信息公开制度,向证券主管部门提交有价证券申报书,以保护投资者的利益。

(2) 私募债券。私募债券指以特定的少数投资者为对象发行的债券,发行手续简单,一般不能公开上市交易。

3.7　按担保性质不同,分为有担保债券、无担保债券和质押债券

(1) 有担保债券。有担保债券指以所持财产作为担保品而发行的债券。以不动产如房屋等作为担保品,称为不动产抵押债券;以动产如适销商品等作为担保品的,称为动产抵押债券;以有价证券如股票及其他债券作为担保品的,称为证券信托债券。一旦债券发行人违约,信托人就可将担保品变卖处置,以保证债权人的优先求偿权。

(2) 无担保债券。无担保债券亦称信用债券,指不提供任何形式的担保,仅凭筹资人信用发行的债券。政府债券属于此类债券。这种债券由于其发行人的绝对信用而具有坚实的可靠性。除此之外,一些公司也可发行这种债券,即信用公司债。与有担保债券相比,无担保债券的持有人承担的风险较大,因而往往要求较高的利率。但为了保护投资人的利益,发行这种债券的公司往往受到种种限制,只有那些信誉卓著的大公司才有资格发行。

(3) 质押债券。质押债券是指以其有价证券作为担保品所发行的债券。我国的质押债券是指以由政府、中央银行、政策性银行等部门和单位发行,在中央国债登记结算有限责任公司托管的政府债券、中央银行债券、政策性金融债券,以及经人民银行认可,可用于质押的其他有价证券。

此外,还可以按照券面是否记名,分为记名债券和无记名债券;按照是否可流通,分为可流通债券(上市债券)和不可流通债券(非上市债券)等。

任务二　了解债券投资

1. 债券投资程序

1.1　场内交易与场外交易

我国债券市场分为场内交易市场和场外交易市场,并形成了以场外市场为主、场内市场为辅、相互补充的市场体系。场外市场交易量占到我国债券交易总额的95%以上,是投资者交易最主要的场所。

(1) 场内市场。场内市场又称交易所市场。在交易所交易的债券品种有国债、公司债、可转债、跨市场企业债等。除机构投资者外,个人投资者也可以通过交易所市场进行投资交易,像买卖股票一样在交易所买卖债券。场内债券交易的数量较小,一般以手(1 000 元面额)为单位。场内交易主要是通过交易所竞价系统进行担保交收。

我国债券场内交易市场有上海证券交易所和深圳证券交易所。上海证券交易所交易的债券总额占到了场内交易市场总量的90%以上,是国内最主要的场内交易市场。相比于上海证券交易所,深圳证券交易所上市交易的债券数量有限,该市场不论在上市交易的品种,还是交易的数量等方面规模都比较小。

(2) 场外市场。场外市场是指在证券交易所外进行证券买卖的市场。我国的债券场外交易市场主要是银行间交易市场和柜台交易市场。银行间市场,主要是我国各类型银行相互之间的债券交易市场,可以有效调节银行之间的货币流通和供应量。一般政府主体发行或者批准发行的国债、地方债及企业债在该市场流通交易。银行柜台市场,俗称 OTC 市场,具有没有固定的交易场所、规定的成员资格、严格可控的规则制度和规定的交易产品和限制等特点，一般由交易双方协商交易价格，部分国债交易在该场所进行交易。

1.2 场内债券交易程序

场内交易也叫交易所交易，证券交易所是市场的核心，在证券交易所内部，其交易程序都要经证券交易所立法规定，其具体步骤明确而严格。债券的交易有五个步骤：开户、委托、成交、清算和交割、过户。

(1) 开户。债券投资者要进入证券交易所参与债券交易，首先必须选择一家可靠的证券经纪公司，并在该公司办理开户手续。

①订立开户合同。开户合同应包括如下事项：一是填写委托人的真实姓名、住址、年龄、职业、身份证号码等；二是明确委托人与证券公司之间的权利和义务，并同时认可证券交易所营业细则和相关规定，以及经纪商公会的规章作为开户合同的有效组成部分；三是确立开户合同的有效期限，以及延长合同期限的条件和程序。

②开立账户。在投资者与证券公司订立开户合同后，就可以开立账户，为自己从事债券交易做准备。在我国上海证券交易所允许开立的账户有现金账户和证券账户。现金账户只能用来买进债券并通过该账户支付买进债券的价款，证券账户只能用来交割债券。因投资者既要进行债券的买进业务又要进行债券的卖出业务，故一般都要同时开立现金账户和证券账户。上海证券交易所规定，投资者开立的现金账户，其中的资金要首先交存证券商，然后由证券商转存银行，其利息收入将自动转入该账户；投资者开立的证券账户，则由证券商免费代为保管。

(2) 委托。投资者在证券公司开立账户以后，要想真正上市交易，还必须与证券公司办理证券交易委托关系，这是一般投资者进入证券交易所的必经程序，也是债券交易的必经程序。

①委托关系的确立。投资者与证券公司之间委托关系的确立，其核心程序就是投资者向证券公司发出委托。投资者发出委托时必须与证券公司的办事机构联系，证券公司接到委托后，就会按照投资者的委托指令，填写委托单，将投资交易债券的种类、数量、价格、开户类型、交割方式等一一载明。而且委托单必须及时送达证券公司在交易所中的驻场人员，由驻场人员负责执行委托。投资者办理委托可以采取当面委托、电话委托或网络委托三种方式。

②委托方式的分类。委托方式主要有：买进委托和卖出委托、当日委托和多日委托、随行就市委托和限价委托、停止损失委托和授权委托、停止损失限价委托、立即撤销委托、撤销委托以及整数委托和零数委托等。

(3) 成交。证券公司在接受投资者委托并填写委托说明书后，就要由其驻场人员在交易所内迅速执行委托，促使该种债券成交。

①债券成交的原则。在证券交易所内，债券成交就是要使买卖双方在价格和数量上达成一致。这程序必须遵循竞争原则。这种竞争规则的主要内容是“三先”，即价格优先、时间优先、客户委托优先。价格优先就是证券公司按照交易最有利于投资委托人的利益的价格买进或卖出债券。时间优先就是要求在相同的价格申报时，应该与最早提出该价格的一方成交。客户委托优先主要是要求证券公司在自营买卖和

代理买卖之间，首先进行代理买卖。

②竞价的方式。证券交易所的交易价格按竞价的方式进行。竞价的方式包括口头唱报、板牌报价以及计算机终端申报竞价三种，目前主要采用计算机终端申报的方式。

(4) 清算和交割。债券交易成立以后就必须进行券款的交付，这就是债券的清算和交割。

①债券的清算。债券的清算是指对同一证券公司在同一交割日对同一种债券的买和卖相互抵销，确定出应当交割的债券数量和应当交割的价款数额，然后按照“净额交收”原则办理债券和价款的交割。一般在交易所当日闭市时，其清算机构便依据当日“场内成交单”所记载的各证券商的买进和卖出某种债券的数量和价格，计算出各证券商应收应付价款相抵后的净额以及各种债券相抵后的净额，编制成当日的“清算交割表”，各证券商核对后再编制该证券商当日的“交割清单”，并在规定的交割日办理交割手续。

②债券的交割。债券的交割就是将债券由卖方交给买方，将价款由买方交给卖方。在证券交易所交易的债券，按照交割日期的不同，可分为当日交割、普通日交割和约定日交割三种。如上海证券交易所规定，当日交割是指在买卖成交当天办理券款交割手续；普通日交割是指在买卖成交后的第四个营业日办理券款交割手续；约定日交割是指在买卖成交后的 15 日内，买卖双方约定某一日进行券款交割。

(5) 过户。债券成交并办理了交割手续后，最后一道程序是完成债券的过户。过户是指将债券的所有权从一个所有者名下转移到另一个所有者名下，其基本程序包括：

①债券原所有人在完成清算交割后，应领取并填写过户通知书，加盖印章后随同债券一起送到证券公司的过户机构。

②债券新的持有者在完成清算交割后，向证券公司索取印章卡，加盖印章后送到证券公司的过户机构。

③证券公司的过户机构收到过户通知书、债券及印章卡后，加以审查，若手续齐备，则注销原债券持有者证券账上相同数量的该种债券，同时在其现金账户上增加与该笔交易价款相等的金额。对于债券的买方，则在其现金账户上减少价款，同时在其证券账户上增加债券的数量。

1.3 场外债券交易程序

场外债券交易就是在证券交易所以外的证券公司柜台进行的债券交易，场外交易包括自营买卖和代理买卖两种。

(1) 自营买卖债券的程序。场外自营买卖债券就是由投资者个人作为债券买卖的一方，由证券公司作为债券买卖的另一方，其交易价格由证券公司自己挂牌。自营买卖程序十分简单，具体包括：

①买入、卖出者根据证券公司的挂牌价格，填写申请单。申请单上载明债券的种类、提出买入或卖出的数量。

②证券公司按照买入、卖出者申请的券种和数量，根据挂牌价格开出成交单。成

交单的内容包括交易日期，成交债券名称、单价、数量、总金额、票面金额，客户的姓名、地址，证券公司的名称、地址，经办人姓名、业务公章等，必要时还要登记卖出者的身份证号。

③证券公司按照成交结果，向客户交付债券或现金，完成交易。

(2) 代理买卖债券程序。场外代理买卖就是投资者个人委托证券公司代其买卖债券，证券公司仅作为中介而不参与买卖业务，其交易价格由委托买卖双方分别挂牌，达成一致后形成。场外代理买卖的程序包括：

①委托人填写委托书。内容包括委托人的姓名和地址、委托买卖债券的种类数量和价格、委托日期和期限等。委托卖方要交验身份证。

②委托人将填好的委托书交给委托的证券公司。其中买方要交纳购买债券的金额保证金，卖方则要交出拟卖出的债券，证券公司为其开临时收据。

③证券公司根据委托人的买入或卖出委托书上的基本要素，分别为买卖双方挂牌。

④如果买方、卖方均为一人，则通过双方讨价还价，促使债券成交；如果买方、卖方为多人，则根据“价格优先、时间优先”的原则，顺序办理交易。

⑤债券成交后，证券公司填写具体的成交单。内容包括成交日期、买卖双方的姓名、地址及交易机构名称、经办人姓名、业务公章等。

⑥买卖双方接到成交单后，分别交出价款和债券。证券公司收回临时收据，扣收代理手续费，办理清算交割手续，完成交易过程。

2. 债券收益分析

2.1 债券收益及其影响因素

进行债券投资关键是要进行收益和风险分析。债券的收益包括利息收益和买卖差价两部分。由于债券的利率比较稳定，债券在证券市场上价格的升降主要以债券利率为基础，往往较少波动，因而债券的收益主要来自利息。投资者一般用收益率来衡量债券的收益水平。债券的收益率是债券投资者从投资债券中所得到的收益与其投入的本金之比。从表面上看，债券的利率和债券的收益率是一回事，实际上由于债券投资者并非都按债券面值购入债券，因此债券收益率和利率并不完全是一回事。只有投资者购入债券的价格等于它的面值时，两者才是一致的。在许多情况下，债券的价格不等于它的面值，所以债券的收益率与利率也就存在差别。债券收益率的高低主要取决于以下几个因素：(1)债券的利率。债券利率比较高，在其他情况相同时，债券的收益率也会比较高；债券的利率降低，其收益率也随之降低。(2)债券的价格与面值的差额。在期限相等的情况下，当债券的价格高于其面值时，债券的收益率会低于其利率；相反，当债券价格低于其面值时，债券的收益率会高于其利率。(3)债券的还本期限。当债券的价格和面值不相等时，期限短会增加债券收益率与债券利率的差别；而债券还本期越长，债券面值与价格的差额对收益率的影响越小。

2.2 债券收益率计算

债券收益率通常可分为面值收益率、直接收益率和期满收益率。

(1) 面值收益率。面值收益率实际上就是债券的利率。在债券的价格等于其面值时,面值收益率就是投资者的实际收益率。当债券的价格与面值不相等时,面值收益率只是投资者的名义收益率。

(2) 直接收益率。直接收益率是年利息收入与购入债券价格的比率。其公式为:

$$直接收益率=\frac{年利息收入}{购入债券价格}$$

直接收益率高低不仅受利率影响,也受购买价格与面值差额的影响。当投资者买入债券的价格高于面值时,直接收益率低于利率;当购价低于面值时,则直接收益率高于利率。

(3) 期满收益率。期满收益率是指投资者购买债券,将债券保持到还本期满所能得到的实际收益率。在这种情况下,投资者不仅每年有利息收入,而且当债券到期时,还会得到按债券面值归还的本金。如果投资者不是按面值购入债券,那么当初的投资和他所得到的还本之间还存在一个差额,这个差额会影响债券投资的实际收益水平。期满收益率可用下面公式近似计算:

$$期满收益率=\frac{\frac{P_m-P_p}{n}+I}{P_p}$$

其中:I 为年利息收入,P_m 为债券面值,P_p 为债券的购买价值,n 为债券迄止到期日的年数。债券的期限会对期满收益率产生影响,在直接收益相同的情况下,债券的期限越长,其期满收益率越低。期满收益率近似于实际收益率,因此投资者可根据期满收益率的高低做出是否买卖债券的决定。当期满收益率高于投资者的预期收益率时,可以买入该种债券。

3. 债券风险评价

债券风险是影响债券投资者做出债券投资决策的另一个重要因素。债券风险是指在债券的购买、转让和持有期间,可能出现的持有人或交易人利益受损。与债券风险直接相关的因素主要有:市场风险、购买力风险、经营风险和变现风险等。

3.1 市场风险

市场风险主要是指因市场利率发生波动,导致投资收益变动的风险。投资者之所以青睐债券投资的一个重要原因是它的收益性比储蓄好而风险性比股票低。但如果投资者在债券持有期间遇到储蓄利率提高,选择债券投资的人就承担了风险。如果储蓄利率上调到与债券利率一样高甚至高于债券利率,那么,投资者投资于债券实际是无利可图的。因为投资于储蓄安全性和变现性都比债券强,而且三年期以上的储蓄还可以保值。

3.2 购买力风险

购买力风险也称通货膨胀风险,是指因通货膨胀而导致债券收益实际价值降低的风险。例如某投资者购买一年期年利率为 10%的债券,其直接收益率为 10%,但如果同期通货膨胀率为5%，那么该债券的实际收益率就只有5%，而不是10%，这是因为物价上涨导致投资者的实际购买力下降了5%。因此，当物价上涨，货币贬值时，人们会觉得买债券吃亏了，就会纷纷抛售债券，造成债券价格暴跌。而通货膨胀加剧时，股票价格一般都会上涨，这是因为企业资产会随物价上涨而增值。所以，物价上涨时，人们会抛售债券，取出存款，把资金投放到股市上去或者投资于实业。

3.3 经营风险

经营风险是发行债券的企业或公司在决策及经营过程中发生了失误而导致经营失败，到期无力支付利息和偿还本金，从而使投资者遭受损失。

3.4 变现风险

变现风险是指在紧急需要资金的情况下，变现资产而发生损失的可能性。即便预料到未来急需资金，也可能因为时间提前，而使投资者防不胜防，这时，资产就可能面临变现的风险，或是被迫低价抛售，或是难以实现。总之，投资者将蒙受损失。

此外，经济环境变化、投资期限过长等也会给债券投资者带来风险。

了解了债券收益和风险的含义及其衡量办法后，投资者便可做出是否进行债券投资及选择何种债券进行投资的决策。为了确保取得稳定的投资收益，在风险评价的基础上，还应拟定投资组合方案，尽可能规避投资风险。

4. 债券投资的一般原则

4.1 收益性原则

投资者进行投资就是为了获取收益，都想在有限的时间和精力内获得最大的收益。不同的债券有不同的收益。国家发行的债券，以政府的税收作为担保，安全性非常高，一般被认为零风险的；企业债券则承担着是否能按照合约偿付本息的风险，当然，由于风险相对较高，所以企业债券的收益要比政府债券的收益高。这只是从理论上考虑，实际上还要考虑税收成本。

4.2 安全性原则

安全性原则指的是购买这个债券所要承担的风险，虽然债券的风险较小，但是安全性问题也是存在的。对于政府债券和企业债券来说，政府债券的安全性高，企业则要面临着经济环境变化、经营状况变化等问题，所以企业债券就可能面临违约的风险。如果企业因经营不善等问题倒闭的话，投资者还要面临是否能拿回全部本金的风险，所以企业债券的安全性远不及政府债券。对于抵押债券和无抵押债券来说，有抵押物作担保的话，其安全性就要高很多。

4.3 流动性原则

流动性原则指的是回收债券本金的速度的快慢。债券的流动性强就是指能够以比较快的速度或者比较方便的方式将债券兑换成现金，同时价格不受损。反之流动性就差。影响债券流动性的主要原因是债券期限的长短，期限越长，流动性就越差；期限越短，流动性就越强。不同类型的债券流动性也不一样，政府债券上市之后就可以自由转让，所以流动性比较强；企业债券之间差别很大，那些经营比较好的公司，其发行的债券流动性就比较好，那些经营较差的公司发行的债券，流动性也差很多。

任务三　熟悉债券投资策略与技巧

1. 债券投资选择

债券是一种比股票安全性高,比银行储蓄收益率高,同时又具有较强流动性的投资工具。进行债券投资的关键是要进行收益和风险分析。个人投资者既可在债券一级市场上购买债券获取收益,也可以通过债券二级市场买卖债券获取收益。

1.1　在债券一级市场上购买政府债券

在债券一级市场上购买政府债券和其他种类的债券有些差别。在债券一级市场上购买政府债券一般有以下特点:(1) 政府债券本金偿还期一般在 3 年以上,比其他种类债券和储蓄期限长;(2) 政府债券由政府发行,其信用度比较高,风险性较小;(3) 政府债券不享有保值,而有些金融债券享有保值;(4) 政府债券可以转让。

在购买政府券时必须对以下两个问题进行考虑:(1) 你投资的这笔资金在多长时间内不准备用于其他用途的;(2) 你对通货膨胀的预期状况如何。如果你手中有一笔资金在较长时间内无其他更好的投资机会,并且你对通货膨胀的预期较低,那么购买政府债券是一个比较好的选择。它不但收益率较高,可以流通转让,容易变现,而且其发行者是国家,信誉高、风险小。

1.2　在债券一级市场上投资购买金融债券和其他债券

金融债券和其他债券(主要是公司债券和企业债券),期限比较多,有多种选择机会,可以进行投资组合。与储蓄和政府债券相比,金融债券和其他债券的利率比较高,而且享有保值,其中其他债券的利率一般又比金融债券高。在流通转让方面,金融债券大多数不能转让,流动性差;其他债券虽然可以流通转让,但流动性远不如政府债券。因此,如果你对通货膨胀有较高的预期,或者手中的资金在短期内有其他的用途,那么购买金融债券或其他债券是比较明智的。投资购买其他债券可能会比金融债券获得更大的收益,但投资者在购买公司债券或企业债券等其他债券时,还要考虑公司或企业的经营风险和购买这些债券的利息所得要交纳的个人所得税等的影响。

1.3　在债券二级市场上投资购买债券

在债券二级市场上投资购买债券,主要看市场上的债券价格是否适合购买。具体可通过债券投资价值为标准做出判断。在二级市场上,债券的投资价值就是债券投资者认定的投资理论价值,它往往被认为是债券的实际价值。其计算公式为:

$$\text{债券投资价值}=\sum_{t=1}^{n}\frac{I}{(1+r)^t}+\frac{P_m}{(1+r)^n}$$

其中,I 为年利息,P_m 为债券面值,r 为投资者预期收益率。

以下几个因素也是投资者在二级市场上购买债券时必须要加以考虑的:(1)投资的期限。债券投资可能会遇到到期风险,即投资工具的时间太长可能给投资者带来的风险。一般来讲,投资期限长,风险大;投资期限短,风险较小。这主要是因为短期风险能够比较准确地做出预测，长期风险预测的或然性比较大。因此，大部分投资者总是力图选择“投资期短、见效快”的投资工具进行投资。(2)未来的经济发展形势。对未来的经济形势要有充分的估计，特别是对通货膨胀的趋势要有一个正确的判断。债券有保值和不保值两种类型。如果预计物价会上涨，则宜购买保值债券；如果预计物价会下降，则可以购买不保值债券，以利用其流通性好、风险性小的优势。(3)债券品种组合。把手中的资金分别用以购买各种不同期限不同种类的债券，可以达到分散投资风险的目的。分散投资还可以减少因一次性收回数额较大的投资资金，一时无法寻找到新的投资机会而遭受的损失。

2. 债券投资影响因素分析与投资策略选择

任何投资者进行投资都是为了获得收益，决定债券投资收益高低的因素主要是利息收益额和债券的买卖差价。影响利息收益额和买卖差价的因素包括：

2.1 债券面值

债券面值是债券价格的归宿，无论在债券的持有期内债券的价格与面值有多大的偏离，到债券期满时，其价格必然等于面值加到期利息。债券面值是限制债券价格波动的重要因素。股票没有到期日和面值的约束，所以其价格的波动大，而债券则因有面值的约束，所以其价格不可能有太大的波动。距债券到期日越近，债券价格与其票面值的差异越小。如果在债券即将到期时有人因急需资金低价抛售债券可以及时购入，但也要注意有些人利用债券即将到期止损和转移风险的陷阱。

2.2 市场利率

利率是对债券影响最大的因素，利率水平是波动的，所以投资者必须根据利率的不同走势采取不同的投资策略。债券价格与利率成反比，利率越高，价格越低，利率越低，价格越高。因此，当利率由高走低时：(1)对已持有债券的投资者来说，可以考虑将手中距到期日较短的债券卖出，并换回距到期日较长的债券，以获取买卖价格利差。(2)若利率仍处于高档，或即将走低时，可以考虑买入债券，等利率走低、价格上升时再将其卖出，赚取差价。当利率由低走高时：(1)对手中持有债券的投资者来说，可以考虑将手中的债券抛出，转向风险较小的储蓄，或者将距到期日较长的债券转换成距到期日较短的债券，以减少买卖差价的损失。(2)如果利率仍处于低档，则不宜购入债券，等利率已经上升时再购入债券。因为此时一些投资者急着要退出债券市场，转向风险小的储蓄等，必然会以较低的价格抛售债券，正是购入的好时机；而当你以较低的价格购入债券之后，市场利率已经上升了，价格也就趋于稳定，便可以从中获取买卖的差价。

2.3 经济状况

在经济由繁荣转向萧条，利率仍处于较高的水平，债券价格走低时，抛售股票购入债券，可以避免股票被套牢的风险并获得债券价格上升的收益。进入经济萧条时期，利率由高转低，债券价格看涨，投资者应分批抛出债券，将资金转向储蓄。在经济由萧条转向复苏时，应趁利率仍处于较低的水平，继续抛售债券，减少价格降低的损失，并逢低购入股票，赚取超额的利润。

2.4 通货膨胀

利率是决定债券价格的关键因素，物价与利率密切相关，同时又受经济增长速度的制约。因此，投资者可以通过经济增长、物价和利率之间的互动关系判断利率的走势，并采取相应的投资策略。一般情况下，当经济持续增长时，通常会引起物价的上涨，为了控制物价，中央银行的货币政策将趋于紧缩，导致利率提高，债券价格下降，在利率提高之前不宜做债券和储蓄投资，可将资金转向股市和房地产等受通货膨胀影响小的投资工具上。当经济由高峰向下滑落转向萎缩时，物价趋于疲软，为刺激经济增长，中央银行将采取宽松的货币政策，在无通货膨胀压力的情况下，利率将逐渐降低，在利率开始由高转低时是购入债券的最佳时机，当利率继续走低而物价开始回升时，是抛售债券的信号，应伺机将手中持有的债券抛出。实际当中，投资者可以依据每月或每季公布的物价指数判断社会经济的景气状况，并依此推断利率的走势，做出买卖债券的投资决策。

3. 债券投资时机的选择原则

债券一旦上市流通，其价格就要受多重因素的影响，反复波动。这对于投资者来说，就面临着投资时机的选择问题。债券投资时机的选择原则有以下几种：

3.1 在投资群体集中到来之前投资

在社会和经济活动中，存在着一种从众行为，即某一个体的活动总是要趋同大多数人的行为，从而得到大多数的认可。这反映在投资活动中就是资金往往总是比较集中地进入债市或流入某一品种。而一旦确认大量的资金进入市场，债券的价格就已经抬高了。所以精明的投资者就要抢先一步，在投资群体集中到来之前投资。

3.2 顺势投资，追涨杀跌

债券价格的运动都存在着惯性，不论是涨或跌都将有一段持续时间，所以投资者可以顺势投资，即当整个债券市场行情即将启动时可买进债券，而当市场开始盘整将选择向下突破时，可卖出债券。追涨杀跌的关键是要能及早确认趋势，如果走势很明显已到回头边缘再作决策，就会适得其反。

3.3 根据利率变动信号决策投资

债券作为标准的利息商品，其市场价格极易受银行利率的影响，当银行利率上升时，大量资金就会纷纷流向储蓄存款，债券价格就会下降，反之亦然。因此投资者为了获得较高的投资效益，就应该密切注意投资环境中货币政策的变化，努力分析和发现利率变动信号，争取在银行即将调低利率前及时购入或在银行利率调高一段时间后买入债券，这样就能够获得更大的收益。

3.4 根据消费市场价格变动决策投资

物价因素影响着债券价格，当物价上涨时，人们发现货币购买力下降便会抛售债券，转而购买房地产、金银首饰等保值物品，从而引起债券价格的下跌。当物价上涨的趋势转缓后，债券价格的下跌也会停止。此时如果投资者能够有确切的信息或对市场前景有科学的预测，就可在人们纷纷折价抛售债券时投资购入，并耐心等待价格的回升。

3.5 在新券上市时投资

债券市场与股票市场不一样，债券市场的价格体系一般是较为稳定的，往往在某一债券新发行或上市后才出现一次波动，因为为了吸引投资者，新发行或新上市的债券的年收益率总比已上市的债券要略高一些，这样债券市场价格就要做一次调整。一般是新上市的债券价格逐渐上升，收益逐渐下降，而已上市的债券价格维持不动或下跌，收益率上升，债券市场价格达到新的平衡，而此时的市场价格比调整前的市场价格要高。因此，在债券新发行或新上市时购买，然后等待一段时期，在价格上升时再卖出，投资者将会有所收益。

·理财情景 11 分析·

一般情况下，由于具有强制性返本付息的特点，而且在公司破产的情况下，公司的资产应当优先用于债务清偿，债券的投资风险小于股票。公募公司债由于监管比较严格，发行公司具有较好的资质，风险还能进一步降低，正如那位理财老师说的，其在 2013 年 1 月前从未发生过违约事件，是普通投资者提高投资收益的一种比较安全的方式。但是任何投资都存在一定的风险，而且也要求投资者花一定的时间和精力去了解该投资品种。侯天在进行投资的时候，由于不熟悉债券的投资方式，直接购买已上市债券并认为可以取得说明书中的年收益率。实际上，说明书中写的是票面收益率，即债券价格为 100 元/张时的收益率。侯天在 2013 年 1 月购买时，由于该债券具有较高的收益率，深受投资者青睐，其价格已经上涨到 118.5 元/张，这还是净价，没有考虑利息折价 7 元/张，因此其实际购入价格为 125.5 元/张。即使没有遇到违约事件，侯天的实际年收益率也只有 7.5%(8.98/118.5×100%)。从 2013 年 1 月到 2014 年 2 月，超日太阳先后经历了财务报表造假、债务可能违约两大恶性事件，信用程度大幅降低，债券信用评级由 AA 降到了 CCC 级，交易价格也大幅下降到 77.8 元/张。此时，侯天卖出了债券，因此，其投资收益率为－30.92%[(77.8＋8.98－125.5)/125.5×100%]。如果算上手续费和利息税，其亏损额度还要再高一些。可见，熟悉债券的特征和投资程序，掌握债券收益分析和风险评价的方法，对有效防范投资风险、提高投资收益是非常重要的。

理财情景讨论和能力训练

项目任务书

项目(或工作任务)名称	分析评价林颖的债券投资方案
项目负责人	
项目组成员	
项目情景	林颖是某知名高校金融专业大四的学生。今年国庆,她回家参加亲戚的婚宴,亲戚希望她能够利用专业知识设计一套债券投资方案,目标是确保本金安全并尽量取得明显高于银行利率的投资回报。林颖觉得上市公募债券投资安全性较高,遂建议其亲戚投资此类债券。为了确保实际收益率不低于票面利率,林颖觉得应该购买价格低于面值的债券。出于分散投资有助于提高投资安全性的考虑,林颖通过相关债券价格信息的搜集和整理,选择了“PR昆创控”“PR长城开”“澜沧江3”“宁公控4”和“11蒙奈伦”五只债券,建议其亲戚按五等分买入这些债券。
项目(或工作任务)目标	请你分析一下林颖的债券投资方案是否合理。
项目工作内容和方法	1.讨论:林颖的债券投资方案是否合理? 2.分析:林颖的债券投资方案在没有发生违约的情况下真的能获得不低于票面利率的收益吗?这个债券投资方案的风险系数会低于上市公司债的平均风险系数吗? 3.思考:运用所学的知识,指出林颖的债券投资方案存在哪些问题,并进一步完善这个投资方案。
学习目标	通过讨论、分析、思考林颖的债券投资方案,加深对债券价格形成、债券收益分析、债券投资时机的选择原则和债券投资风险防范方法的理解。
学习提示	完成本工作任务主要应用“债券收益分析”“债券投资时机的选择原则”和“债券投资风险防范”三个知识点。
说明	

项目活动计划与评价表

<table>
<tr><td colspan="4">项目(或工作任务)名称</td><td colspan="6"></td></tr>
<tr><td colspan="4">项目负责人</td><td colspan="6"></td></tr>
<tr><td colspan="4">项目组成员</td><td colspan="6"></td></tr>
<tr><td colspan="4">项目实施时间</td><td colspan="6"></td></tr>
<tr><td rowspan="2">项目计划</td><td colspan="3">项目实施计划</td><td colspan="6">包括(但不限于):计划目标、实现计划目标的要素、计划进度等。</td></tr>
<tr><td colspan="3">工作方案</td><td colspan="6">包括(但不限于):工作流程、阶段任务、工作思路、工作方法措施等。</td></tr>
<tr><td colspan="4">项目成果</td><td colspan="6"></td></tr>
<tr><td colspan="4">收获</td><td colspan="6"></td></tr>
<tr><td rowspan="6">工作评价</td><td colspan="3" rowspan="2">团队及成员</td><td rowspan="2">团队</td><td colspan="5">成员</td></tr>
<tr><td>1.</td><td>2.</td><td>3.</td><td>4.</td><td>5.</td></tr>
<tr><td rowspan="4">评语与成绩</td><td rowspan="2">团队评价</td><td>评价</td><td></td><td></td><td></td><td></td><td></td><td></td></tr>
<tr><td>成绩</td><td></td><td></td><td></td><td></td><td></td><td></td></tr>
<tr><td rowspan="2">教师评价</td><td>综合评价</td><td></td><td></td><td></td><td></td><td></td><td></td></tr>
<tr><td>成绩</td><td></td><td></td><td></td><td></td><td></td><td></td></tr>
</table>

※ 项目十二　基金理财 ※

学习目标：通过本项目学习，了解基金的含义、特点及分类；熟悉基金的设立、发行和交易程序；清楚基金价格确定、收益、费用与风险构成；掌握基金挑选技巧和投资策略。

项目十二工作任务分解（WBS）

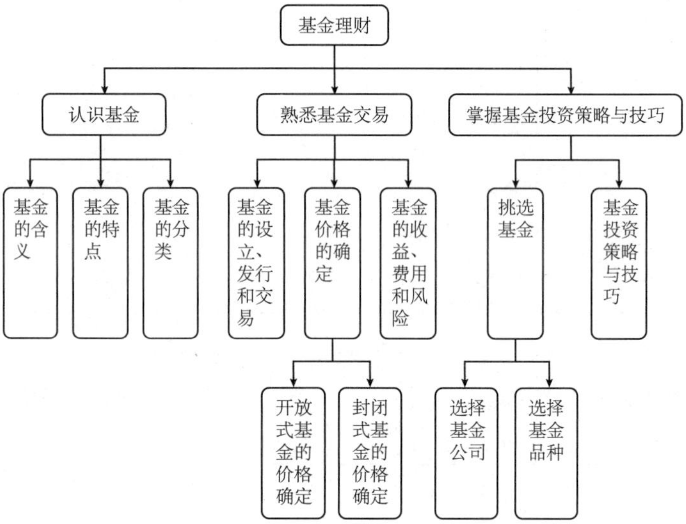

• 理财情景 12 •

王恒有多年的炒股经历，其资产曾经在2005—2007年的大牛市中成功翻番，也经历了2008年全球金融危机下的惨烈亏损，在2009年的强反弹之后，王恒把刚好回本的所有资金撤出了股市，一直采取定期存款的方式进行保守投资。2014年7月以来，股市大涨，身边的许多亲戚朋友都通过股票投资获得了丰厚的收益。王恒也动心了，但经历过大熊市洗礼的他觉得购买股票风险太大，遂决定投资风险相对较小的基金。王恒通过观察K线图，觉得“环保B”这只基金走势比较稳健，而且环保是未来十年的重点发展行业，前景可期。2015年6月23日，当该基金跌破前期低点的时候，王恒以1.2元的价格把一半的积蓄都买入了这只基金。结果股市大跌，这只基金也随着大盘快速下跌，到7月8日跌破了0.6元。王恒认为快速的下跌必然带来强烈的反弹，就把剩下的一半积蓄以0.542元的价格全部买入这只基金。7月13日晚上，王恒打开证券行情软件，惊讶地发现这只基金的价格已经回到了1.201元，不禁为自己补仓的英明决定暗暗高兴。之后基金价格持续走高，7月22日，王恒以1.7元的价格把基金全部卖出，满心欢喜地开始计算收益。开始的时候买了价值50万元的基金，成本1.2元，折合41.67万份，补仓时又买了50万元，成本0.542元，折合92.25万份，合计133.92万份基金，卖价为1.7元，折算成现金是227.66万元。一个月就翻番了，而且是在股市大跌的情况下，王恒心里美滋滋的。可是，等他查看账户余额的时候傻眼了，只有

62.33 万元，亏损接近 40%。

请思考：为什么王恒自己计算的收益和实际情况存在巨大的差异？6 月 23 日，大盘已经跌破 4 300 点，而 7 月 22 日，大盘收盘价为 4 026.05，跌幅不足 10%，为什么号称专业理财、稳健投资的基金同期亏损额度接近 40%？这还是在王恒分笔投资，摊薄成本的情况下，否则亏损将超过 60%？

任务一　认识基金

1. 基金的含义

基金有广义和狭义之分。从广义上说，基金是指为了某种目的而设立的具有一定数量的资金，主要包括投资基金、公积金、保险基金、退休基金，以及各种基金会的基金等。狭义的基金指证券投资基金，它是指通过公开发售基金份额募集资金，由基金托管人托管，基金管理人管理和运作资金，为基金份额持有人的利益，以资产组合方式进行证券投资的一种利益共享、风险共担的集合投资方式。投资基金的资金来源于公众、企业、团体和政府机构。居民个人投资，可以在基金募集发行时申请购买，也可以在二级市场上购买已挂牌上市的基金。

基金参与主体一般包括三类，即基金当事人、市场服务机构、行业监管自律组织。基金当事人包括份额持有人（即投资者）、基金管理人、基金托管人（一般为商业银行）。市场服务机构主要有基金销售机构、基金注册登记机构、律师事务所和会计事务所等。监管自律组织主要是基金监管机构（证监会）和基金自律机构（证券业协会）。

1997 年 11 月 14 日，我国颁布《证券投资基金管理暂行办法》；2004 年 6 月 1 日，颁布了《证券投资基金法》。以这两部法律为界点，我国的基金行业主要分为三个阶段，即早期探索阶段（20 世纪 70 年代—1997 年 11 月）、试点发展阶段（1997 年—2004 年 6 月）、快速发展阶段（2004 年 6 月 1 日至今）。

2. 基金的特点

2.1　集合理财，专业管理

基金将众多投资者的资金集中起来，委托基金管理人进行共同投资，表现出一种集合理财的特点。通过汇集众多投资者的资金，积少成多，有利于发挥资金的规模优势，降低投资成本。基金由基金管理人进行投资管理和运作。基金管理人一般拥有大量的专业投资研究人员和强大的信息网络，能够更好地对证券市场进行全方位的动态跟踪与分析。将资金交给基金管理人管理，使中小投资者也能享受到专业化的投资管理服务。

2.2 组合投资，分散风险

为降低投资风险，我国《证券投资基金法》规定，基金必须以组合投资的方式进行基金的投资运作，从而使“组合投资、分散风险”成为基金的一大特色。“组合投资、分散风险”的科学性已为现代投资学所证明，中小投资者由于资金量小，一般无法通过购买不同的股票分散投资风险。基金通常会购买几十种甚至上百种股票，投资者购买基金就相当于用很少的资金购买了一篮子股票，某些股票下跌造成的损失可以用其他股票上涨的盈利来弥补，因此可以充分享受到组合投资、分散风险的好处。

2.3 利益共享，风险共担

基金投资者是基金的所有者。基金投资者共担风险，共享收益。基金投资收益在扣除由基金承担的费用后的盈余全部归基金投资者所有，并依据各投资者所持有的基金份额比例进行分配。为基金提供服务的基金托管人、基金管理人只能按规定收取一定的托管费、管理费，并不参与基金收益的分配。

2.4 严格监管，信息透明

为切实保护投资者的利益，增强投资者对基金投资的信心，中国证监会对基金业实行比较严格的监管，对各种有损投资者利益的行为进行严厉的打击，并强制基金进行较为充分的信息披露。在这种情况下，严格监管与信息透明也就成为基金的一个显著特点。

2.5 独立托管，保障安全

基金管理人负责基金的投资操作，本身并不经手基金财产的保管。基金财产的保管由独立于基金管理人的基金托管人负责。这种相互制约、相互监督的制衡机制为投资者的利益提供了重要的保护。

3. 基金的分类

根据不同标准可将证券投资基金划分为不同的种类。

3.1 开放式基金和封闭式基金

从基金的运作方式来看，根据基金份额是否可增加或减少，可分为开放式基金和封闭式基金。开放式基金设立后，投资者可以随时申购或赎回基金份额，因此基金规模不固定。封闭式基金的规模在发行前已确定，在发行完毕后的规定期限内，基金规模固定不变。

3.2 公司型基金和契约型基金

根据组织形态的不同，证券投资基金主要分为公司型基金和契约型基金。公司型基金依据公司章程设立，基金投资者是公司的股东，按照其所持股份分享投资收益，承担有限责任。公司型基金具有独立的“法人”地位，一般设有董事会，代表投资者的利益行使职权。公司型基金虽在形式上与一般的股份公司相似，但不设经营管理层，而委托投资顾问（基金管理公司）管理基金资产。契约型基金依据投资者、基金管理人、托管人之间所签署的基金合同而设立，基金投资者的权利主要体现在基金合同的条款上。

3.3　股票基金、债券基金、货币市场基金和混合基金

根据投资对象的不同,基金可分为股票基金、债券基金、货币市场基金和混合基金等。股票基金是指主要以股票为投资对象的投资基金。债券基金是指主要以债券为投资对象的投资基金。货币市场基金是指以国库券、大额银行可转让存单、商业票据、公司债券等货币市场短期有价证券为投资对象的投资基金。混合基金是指同时投资股票、债券或者其他投资品种的基金。

3.4　主动型基金和被动型基金

按照投资理念的不同,基金可分为主动型基金和被动型基金。主动型基金是力图超过业绩比较基准的基金。被动型基金则不主动寻求超越市场的表现,一般选取特定的指数作为跟踪的对象,试图通过复制指数来跟踪市场的表现,因此也被称为指数型基金。

3.5　在岸基金和离岸基金

按照基金的资金来源和用途的不同,可将基金分为在岸基金和离岸基金。在岸基金是指在本国募集资金并投资于本国证券市场的基金,在岸基金的投资者、基金管理人、基金托管人及其他当事人均在本国境内,因此监管比较容易。离岸基金是指在一国发行基金,并将募集的基金投资于其他国家市场的基金。

3.6　特殊类型的基金

特殊类型基金主要有系列基金、保本基金、交易型开放式指数基金(ETF)与上市开放式基金(LOF)。系列基金,又被称为伞形基金,是指多个基金共用一个基金合同,子基金独立运作,子基金之间可以进行相互转换的一种基金结构形式。我国目前共有 9 只系列基金(包括 24 只子基金)。保本基金是指通过采用投资组合保险技术,保证投资者的投资目标是在锁定下跌风险的同时力争有机会获得潜在的高回报。目前,我国已有多只保本基金。交易型开放式指数基金通常又称为交易所交易基金(Exchange Traded Funds,简称 ETF),是一种在交易所上市交易的、基金份额可变的开放式基金。ETF 结合了封闭式基金和开放式基金的运作特点,投资者既可以像封闭式基金那样在交易所二级市场上买卖,又可以像开放式基金那样申购、赎回。不同的是,它的申购是用一揽子股票换取 ETF 份额,赎回时则是换回一揽子股票而不是现金。上市开放式基金(Listed Open-ended Funds,简称 LOF)是一种既可以在场外市场进行基金份额申购赎回,又可以在交易所(场内市场)进行基金份额交易、申购或赎回的开放式基金,它是我国证券投资基金的一种本土化创新。

任务二 熟悉基金交易

1. 基金的设立、发行和交易

1.1 证券投资基金的设立

(1) 基金的设立方式。基金设立方式有注册制和核准制。基金注册制是指基金只要满足法律规定条件,就可以申请并获得注册。目前多数发达国家都采用注册制。基金核准制是指基金不仅要具备法律规定的条件,还要通过基金主管部门的实施审查才能成立。在我国,对基金的发起设立比较严格,2014 年 8 月 8 日以前,基金的设立必须经中国证券委审查批准。2012 年新修订后的《基金法》将基金募集申请从核准制改为注册制。2014 年 7 月 7 日,证监会发布重新修订后的《公开募集证券投资基金运作管理办法》及其实施规定,指出公募基金产品的审查将由核准制改为注册制,自 2014 年 8 月 8 日起施行。

(2) 基金设立的程序。证券投资基金的设立包括四个主要步骤。第一步,确定基金性质。按组织形态不同,基金有公司型和契约型之分;按基金券可否赎回,又可分为开放型和封闭型两种,基金发起人首先应对此进行选择。第二步,选择共同发起人、基金管理人与托管人,制定各项申报文件。根据有关对基金发起人资格的规定,要慎重选择共同发起人,签订"合作发起设立证券投资基金协议书",选择基金保管人,制定各种文件,规定基金管理人、托管人和投资人的责、权、利关系。第三步,向主管机关提交规定的报批文件。同时,积极进行人员培训工作,为基金成立做好各种准备。第四步,发表基金招募说明书,发售基金券。一旦招募的资金达到有关法规规定的数额或百分比,基金即告成立;否则,基金发起便告失败。

(3) 申请设立基金应提交的文件。根据《证券投资基金管理暂行办法》及其实施细则,基金发起人在申请设立基金时应当向证监会提供的文件有:①申请报告,包括基金名称、拟申请设立基金的必要性和可行性、基金类型、基金规模、存续时间、发行价格、发行对象、基金的交易或申购和赎回安排、拟委托的托管人和管理人以及重要发起人签字、盖章;②发起人情况,包括发起人的基本情况、法人资格与业务资格证明文件;③中国证券会要求提交的其他文件,主要有发起人协议、基金契约与托管协议、招募说明书、发起人财务报告、法律意见书及募集方案等。此外,申请设立开放式基金时,除应报送上述材料外,基金管理人还应向中国证监会报送开放式基金实施方案及相关文件。

1.2 证券投资基金的发行

基金的发行是指投资基金管理公司在基金发行申请经有关部门批准之后,将基金受益凭证向个人投资者、机构投资者或社会推销出去的经济活动。

基金的发行方式主要有两种:一种是基金管理公司自行发行(直接销售方式),即不通过任何专门的销售组织而由基金管理公司直接面向投资者销售。这是最简单的发行方式。在这种销售方式中，投资基金的股份按净资产价值出售，出价与报价相同，即所谓的不收费基金。另一种是通过承销机构代发行（包销方式）。在这种方式下，投资基金的大部分股份是通过经纪人也就是基金的承销人包销的。我国的基金销售大部分采用这种方式。在基金的分销渠道方面，目前最新的发展是银行和保险公司参与基金的分销业务。根据发行渠道不同，基金的发行方式分为上网发行和网下发行。封闭式基金一般采用上网发行。投资者申购基金的程序主要分为两个步骤：第一步，投资者在证券营业部开设股票账户（或基金账户）和资金账户，这就获得了一个可以购买基金的资格。基金发行当天，投资者如果在营业部开设的资金账户存有可认购基金的资金，就可以到基金发售网点填写基金认购单认购基金。第二步，投资者在认购日后的几天内，到营业部布告栏确认自己认购基金的配号，查阅有关报刊公布的摇号中签号，看自己是否中签。若中签，则会有相应的基金单位划入账户。网下发行方式一般在开放式基金发行中采用。投资者先到指定网点（基金管理公司、代销银行等）办理对应的开放式基金的账户卡，并将认购资金存入（或划入）制定销售网点，在规定的时间内办理认购手续并确认结果。

1.3　证券投资基金的交易

开放式基金只能在符合国家规定的场所进行申购、赎回。封闭式基金成立后，基金管理人、基金托管人可以向中国证监会及证券交易所提出基金上市申请。基金上市规则由证券交易所制定，报中国证监会批准。

（1）封闭式基金交易

封闭式基金成立后，其份额固定不变，投资者只能在证券交易所通过交易所平台像买卖股票一样操作。第一步，开立基金交易账户。跟买卖股票一样，买卖封闭式基金的第一步就是到证券营业部开户，其中包括基金账户和资金账户（也就是所谓的保证金账户）。开户时需携带本人的身份证和该证券公司指定的银行卡。对于已有股票账户的投资人，就不需要另外再开立基金账户了，原有的股票账户可以用于买卖封闭式基金。但基金账户却不可以用来买卖股票，只能用来买卖基金和国债。第二步，转入资金。在购买封闭式基金之前，要将银行账户里的钱转入本人在证券公司的资金账户里。第三步，买卖基金。在电脑、电话交易系统中输入相应的代码、价格、数量，就可以进行基金买卖了。封闭式基金交易以 100 份（面值 1 元）为一个交易单位，称为“一手”，实行整数交易，以 1 份为计价单位，委托买卖基金按成交量的一定比例计收佣金，不收印花税。基金交易和清算的其他有关操作事项与股票交易规则基本相同。

（2）开放式基金交易

投资者买卖开放式基金的方式与封闭式基金有很大不同。买卖封闭式基金是通过证交所进行的，买卖行为发生在基金投资者之间。而开放式基金不在交易所上市，投资者向基金管理人申请购买或赎回基金。买卖开放式基金的具体程序包括：第一，阅读有关法律文件。购买前，需要认真阅读有关基金的招募说明书、基金契约及开户程序、交易规则等文件，仔细了解有关基金的投资方向、投资策略、投资目标等重要信息，对准备购买基金的风险、收益水平有一个总体评估，并据此做出投资决定。第二，开立基金账户。买卖开放式基金首先要开立基金账户。按照规定，有关销售文件中对基金账户的开立条件、具体程序需予以明确。上述文件将放置于基金销售网点供投资者开立基金账户时查阅。第三，购买基金。投资者在开放式基金募集期间、基金尚未成立时购买基金单位的过程称为认购。通常认购价为基金面值(1 元)加上一定的销售费用。认购基金应在基金销售点填写认购申请书，交付认购款项，在注册登记机构办理有关手续并确认认购。在基金成立之后，通过销售机构申请向基金管理公司购买基金单位的过程称为申购。投资者申购基金时通常应填写申购申请书，交付申购款项。款额一经交付，申购申请即为有效。第四，卖出基金。与购买基金相反，卖出基金是把手中持有的基金单位按一定价格卖给基金管理人并收回现金，这一过程称为赎回。其赎回金额是以当日的单位基金资产净值为基础计算的。赎回基金通常应在基金销售点填写赎回申请书。按照规定，基金管理人应当于收到基金投资人赎回申请之日起 3 个工作日内，对该交易的有效性进行确认，并应当自接受基金投资人有效赎回申请之日起 7 个工作日内，支付赎回款项。

此外，对于开放式基金来说，投资者除了可以买卖基金单位外，还可以申请基金转换、非交易过户、红利再投资。基金转换，是指当一家基金管理公司同时管理多只开放式基金时，基金投资人可以将持有的一只基金转换为另一只基金。基金的非交易过户是指在继承、赠与、破产支付等非交易原因情况下发生的基金单位所有权转移的行为。红利再投资是指基金进行现金分红时，基金持有人将分红所得的现金直接用于购买该基金，将分红转为持有基金单位。对基金管理人来说，红利再投资没有发生现金流出，因此，红利再投资通常是不收申购费用的。

2. 基金价格的确定

2.1 开放式基金价格的确定

开放式基金买卖的价格是以基金单位资产净值为基础计算的。其计算公式为：

$$\text{基金单位净值}=\frac{\text{基金资产净值}}{\text{基金单位总数}}$$

$$\text{基金资产净值}=\text{基金资产总值}-\text{基金负债总值}$$

基金资产总值是指基金所拥有的各类有价证券、银行存款本息及其他投资等的价值总和，基金负债总值是基金运作时所形成的负债，包括各种应付费用、应付收益等。

基金单位净值每日计算，其中基金资产净值是用当天证券交易所收市后对基金所拥有的各项资产进行估值并扣除负债后得出的，基金单位总数是指该日日终基金的总份数。

投资者在 T 日买卖后，用来计算其买到的份数或卖出得到的金额的依据是当天证券交易所收市后计算的基金单位净值，该净值于 T+1 日公布，因此投资者在买卖当天看到的基金单位净值是上一日买卖的投资者适用的计算基础，而不是当天买卖的计算基础。这样投资者在买卖的时候是不知道自己能够买到的单位数或卖出的金额的，只有根据第二天公布的基金单位净值，投资者才能计算出结果。这种计算方法称为“未知价法”。我国目前采用的就是“未知价法”。

与之相对的是“历史价法”，国外也有采用，是投资者买卖时用来计算的基金单位净值已经计算并且公布，因此投资者在买卖时就可以计算出能买到的份数或卖出的金额。

对于开放式基金而言，投资者申请购买基金份额的行为叫做申购。目前，我国投资者购买基金采用金额申购。金额申购是指投资者在买基金时按照申购金额提出申购申请。因为我国采用未知价法，所以用金额申购操作比较方便。

基金申购计算公式为：

$$申购费用=申购金额\times申购费率$$

$$净申购金额=申购金额-申购费用$$

$$申购份额=\frac{申购金额-申购费用}{申请日基金单位净值}$$

基金赎回金额为赎回总金额扣减赎回费用。其计算公式为：

$$赎回总金额=赎回份数\times赎回当日基金单位净值$$

$$赎回费用=赎回金额\times赎回费率$$

$$实际赎回金额=赎回总金额-赎回费用$$

2.2　封闭式基金价格的确定

(1) 封闭式基金的价格。一般封闭式基金的交易须透过集中交易市场撮合，其交易的流程与股票买卖相同。因此封闭式基金有两种报价：一是集中交易市场每日看板上的市价，另一种则是基金公司每日计算的净值。当市价低于净值时，便是所谓的折价；反之则为溢价。市场的涨跌通常取决于成交日市场上基金筹码供给和需求的情况。

封闭式基金有收盘价、涨跌幅，还有折价率与净值。由于封闭式基金类似于股票，可上市交易，所以存在市价，大家在行情上看到的当日收盘价格就是其当日的市价。涨跌幅则表示当日市价的变动幅度。其单位净值每周五公布一次。

如果投资者打算查看所持有的封闭式基金情况，可以先在网上下载一个证券行情软件，安装后打开，直接输入基金代码，就可以查看到这只基金的情况。如基金裕泽，直接输入代码 184 705，就可以看到它的现价、当日涨幅情况及截至交易日的单位净值、累计净值等指标。净值是基金的总资产减去负债后的价值。之所以有两个净值指标，是因为基金的分红派息，单位净值没有考虑分红因素，而累计净值则加入了累计分红。买卖封闭式基金和计算收益是按市价来计算的，单位净值只是一个参考值。

(2) 封闭式基金折价率。折价率是封闭式基金特有的指标。对比封闭式基金的市价和净值，投资者可以发现，市价总是低于净值。这是由于基金的市价在单位净值的基础上打了个“折扣”，而“折扣”的多少则在行情表里以折价率显示。

折价率=1−基金市值与净值之比。折价率越大，则基金的折扣额越大。在目前封闭式基金转为开放式基金的市场契机下，封闭式基金的“折扣”可成为投资者关注的题材。因为折扣率越大，一旦封转开或封闭式基金到期，基金的折扣消失，以单位净值“标价”，投资者可以赚取之间的差价。

3. 基金的收益、费用和风险

3.1 基金的收益

(1) 基金的收益及其来源。基金收益是基金资产在运作过程中所产生的超过自身价值的部分。具体地说，基金收益包括基金投资所得红利、股息、债券利息、买卖证券价差、存款利息和其他收入。

①红利。是基金因购买公司股票而享有的对该公司净利润分配的所得。一般而言，公司对股东的红利分配有现金红利和股票红利两种形式。

②股息。是指基金因购买公司的优先股权而享有的对该公司净利润分配的所得。股息通常是按一定的比例事先规定的，这是股息与红利的主要区别。

③债券利息。是指基金资产因投资于不同种类的债券(国债、地方政府债券、企业债、金融债等)而定期取得的利息。我国《证券投资基金管理暂行办法》规定，一个基金投资于国债的比例不得低于该基金资产净值的20%，由此可见，债券利息也是构成投资回报的不可或缺的组成部分。

④买卖证券差价。是指基金资产投资于证券而形成的价差收益，通常也称资本利得。

⑤存款利息。指基金资产的银行存款利息收入。这部分收益仅占基金收益很小的一个组成部分。开放式基金由于随时准备支付基金持有人的赎回申请，必须保留一部分现金存在银行。

⑥其他收入。指运用基金资产而带来的成本或费用的节约额，如基金因大额交易而从证券商处得到的交易佣金优惠等杂项收入。这部分收入通常数额很小。

(2) 基金收益分配原则。一是每份基金份额享有同等分配权；二是基金当年收益先弥补上一年度亏损后，方可进行当年收益分配；三是如果基金投资当期出现亏损，则不进行收益分配；四是基金收益分配后基金份额净值不能低于基金面值；五是按照《证券投资基金暂行管理办法》(以下简称《暂行办法》)的规定，基金分配应采用现金形式，每年至少一次，且基金收益分配比例不得低于基金净收益的90%；六是单个基金账户不得对同一基金同时选取两种分红方式；七是红利再投资部分以权益登记日的基金份额净值为计算基准确定再投资份额。

(3) 基金分配方案。基金收益一般应做如下分配：第一步，确定收益分配的内容。确切地说，基金分配的客体是净收益，即基金收益扣除按照有关规定应扣除的费用后的余额。这里所说的费用一般包括：支付给基金管理公司的管理费、支付给托管人的托管费、支付给注册会计师和律师的费用、基金设立时发生的开办费及其他费用等。特别需要指出的是，上述收益和费用数据都须经过具备从事证券相关业务资格的会计师事务所和注册会计师审计确认后，方可实施分配。第二步，确定收益分配的比例和时间。一般而言，每个基金的分配比例和时间都各不相同，通常是在不违反国家有关法律、法规的前提下，在基金契约或基金公司章程中事先载明。第三步，确定收益分配的对象。无论是封闭式基金还是开放式基金，其收益分配的对象均为在特定时日持有基金单位的投资者。基金管理公司通常会规定获得收益分配权的最后权益登记日，凡在这一天交易结束后列于基金持有人名册上的投资者，方有权享受此次收益分配。第四步，确定分配的方式。一般有三种方式：①分配现金。这是基金收益分配的最普遍的形式。②分配基金单位。即将应分配的净收益折为等额的新的基金单位送给投资者。这种分配形式类似于股票投资中的送股，实际上是增加了基金的资本总额和规模。③不分配。既不送基金单位，也不分配现金，而是将净收益列入本金进行再投资，体现为基金单位净资产值的增加。第五步，确定收益分配的支付方式。这关系到投资者如何领取应归属于他们的那部分收益的问题。通常而言，支付现金时，由托管人通知基金持有人亲自来领取，或汇至持有人的银行账户里。在分配基金单位的情况下，指定的证券公司将会把分配的基金单位份额打印在投资者的基金单位持有证明上。

3.2 基金的费用

(1) 基金费用的含义。基金在运作过程中产生的费用支出就是基金费用，部分费用构成了基金管理人、托管人、销售机构以及其他当事人的收入来源。开放式基金的费用由直接费用和间接费用两部分组成。直接费用包括交易时产生的认购费、申购费和赎回费，这部分费用由投资者直接承担。间接费用是从基金净值中扣除的法律法规及基金契约所规定的费用，包括管理费、托管费和运作费等其他费用。

(2) 认购费和申购费。认购费是指投资者在基金发行募集期内购买基金单位时所交纳的手续费，目前国内通行的认购费计算方法为：认购费用＝认购金额×认购费率，净认购金额＝认购金额－认购费用。认购费费率通常在1%左右，并随认购金额的大小有相应的减让。申购费是指投资者在基金存续期间向基金管理人购买基金单位时所支付的手续费，目前国内通行的申购费计算方法为：申购费用＝申购金额×申购费率，净认购金额＝申购金额－申购费用。我国《开放式投资基金证券基金试点办法》规定，开放式基金可以收取申购费，但申购费率不得超过申购金额的5%。目前申购费费率通常在1%左右，并随申购金额的大小有相应的减让。

开放式基金收取认购费和申购费的目的主要用于销售机构的佣金和宣传营销费用等方面的支出。

(3) 赎回费。赎回费是指在开放式基金的存续期间，已持有基金单位的投资者向基金管理人卖出基金单位时所支付的手续费。收取赎回费的目的主要是对其他基金持有人的一种补偿机制，通常赎回费计入基金资产。我国《开放式投资基金证券基金试点办法》规定，开放式基金可以收取赎回费，但赎回费率不得超过赎回金额的3%。目前赎回费费率通常在1%以下，并随持有期限的长短有相应的减让。

(4) 转换费用。转换费用指投资者按基金管理人的规定在同一基金管理公司管理的不同开放式基金之间转换投资所需支付的费用。基金转换费的计算可采用费率方式或固定金额方式。采用费率方式收取时，应以基金单位资产净值为基础计算，费率不得高于申购费率。通常情况下，此项费用率很低，一般只有百分之零点几。转换费用的有无或多少具有较大的随意性，同时与基金产品性质和基金管理公司的策略有密切关系。例如,伞式基金内子基金间的转换不收取转换费用,有的基金管理公司规定一定转换次数以内的转换不收取费用或由债券基金转换为股票基金时不收取转换费用等。

(5) 基金管理费。基金管理费是指支付给实际运用基金资产、为基金提供专业化服务的基金管理人的费用,也就是管理人为管理和操作基金而收取的报酬。基金管理费年费率按基金资产净值的一定比例提取,不同风险收益特征的基金其管理费相差较大,如目前货币市场基金为0.33%,债券基金通常为0.65%左右,股票基金则通常在1%~1.6%之间。管理费逐日计提,月底由托管人从基金资产中一次性支付给基金管理人。

(6) 基金托管费。基金托管费是指基金托管人为基金提供服务而向基金收取的费用,比如银行为保管、处置基金信托财产而提取的费用。托管费通常按照基金资产净值的一定比例提取,目前通常为0.25%,逐日累计计提,按月支付给托管人。此费用也是从基金资产中支付,不须另向投资者收取。

(7) 红利再投资费。红利再投资费是指投资者将开放式基金的分配收益再投资于基金所需支付的费用。红利再投资费的计算可采用费率方式或固定金额方式。采用费率方式收取时,应以基金单位资产净值为基础计算,费率不高于申购费率。一般情况下,红利转投免收手续费。

(8) 基金清算费用。基金清算费用是指基金终止时清算所需费用,按清算时的实际支出从基金资产中提取。

(9) 基金运作费。基金运作费包括支付注册会计师费、律师费、年会费、中期和年度报告的印刷制作费以及买卖有价证券的手续费等。这些开销和费用是作为基金的营运成本支出的。操作费占资产净值的比率较小,通常会在基金契约中事先确定,并按有关规定支付。

(10) 税费。一般情况下,基金税费包括所得税、交易税和印花税三类。目前我国对个人投资者的基金红利和资本利得暂未征收所得税,对企业投资者获得的投资收益并入企业的应纳税所得额,征收企业所得税。鉴于基金的投资对象是证券市场,基金的管理人在进行投资时已经交纳了证券交易所规定的各种税率,所以投资者在申购和赎回开放式基金时也不需交纳交易税。

(11) 其他非交易费用。包括开户费、转换注册费(转托管费)、账户维护费等。开户费是指投资人在开立基金账户时支付的费用;转换注册费(转托管费)是指投资人在办理基金单位在不同销售机构的交易账户间的转托管业务时支付的费用;账户维护费是指基金管理人向投资人收取的用于管理维护投资人基金账户的费用。以上费用以固定金额的方式收取。基金管理人可根据一定标准设定投资人适用的不同费用水平,但须在招募说明书中载明具体处理方式。

3.3 基金的风险

任何投资工具都无法免除风险,证券投资基金自然也不例外。投资人在选择基金时,必须特别留意以下几项风险:

(1) 开放式基金的申购及赎回未知价风险。开放式基金的申购及赎回未知价风险是指投资者在当日进行申购、赎回基金单位时，所参考的单位资产净值是上一个基金开放日的数据，而对于基金单位资产净值在自上一交易日至开放日当日所发生的变化，投资者无法预知，因此投资者在申购、赎回时无法知道会以什么价格成交，这种风险就是开放式基金的申购、赎回价格未知的风险。

(2) 开放式基金的投资风险。开放式基金的投资风险是指股票投资风险和债券投资风险。其中，股票投资风险主要取决于上市公司的经营风险、证券市场风险和经济周期波动风险等；债券投资风险主要是指利率变动影响债券投资收益的风险和债券投资的信用风险。基金的投资目标不同，其投资风险通常也不同。收益型基金投资风险最低，成长型基金投资风险最高，平衡型基金居中。投资者可根据自己的风险承受能力，选择适合自己财务状况和投资目标的基金品种。

(3) 管理风险。基金管理人的专业技能、研究能力及投资管理水平直接影响到其对信息的占有、分析和对经济形势、证券价格走势的判断，进而影响基金的投资收益水平。同时，基金管理人的投资管理制度、风险管理和内部控制制度是否健全，能否有效防范道德风险和其他合规性风险，以及基金管理人的职业道德水平等，也会对基金的收益水平造成影响。

(4) 操作和技术风险。基金的相关当事人在各业务环节的操作过程中，可能因内部控制不到位或者人为因素造成操作失误或违反操作规程而导致风险，如越权交易、内幕交易、交易错误和欺诈等。此外，在开放式基金的后台运作中，可能因为技术系统的故障或者差错而影响交易的正常进行甚至导致基金份额持有人利益受到影响。这种技术风险可能来自基金管理人、基金托管人、注册登记人、销售机构、证券交易所和证券登记结算机构等。

(5) 合规性风险。合规性风险是指基金管理或运作过程中，违反国家法律、法规或基金合同有关规定的风险。

任务三　掌握基金投资策略与技巧

1. 挑选基金

挑选基金是基金投资的关键。基金表现有好有坏，挑中一只好基金可以让投资者高枕无忧地分享投资收益。一般来说，我们可以从以下几点来挑选基金：

1.1　选择基金公司

投资者在选择具体基金前应首先选择一个适合自己的基金公司，然后再从该公司管理的基金中选择自己满意的基金。投资者判断和选择基金公司主要考虑以下因素：

（1）基金公司的业绩。基金公司业绩的好坏是投资者选择基金公司的重要因素。对于投资者来说，获利的根本保证是基金业绩表现良好，而表现好的基金公司通常有良好的专业判断能力，这样才能在投资过程中不断地给投资者赚钱。

（2）基金公司治理结构与内部控制。完善的治理结构和有效的内部控制是保护投资者利益、确保基金安全运作的重要保障。优质的基金公司，首先应具有组织机构健全、职责划分清晰、制衡监督有效、激励约束合理的治理结构，能够保持公司规范运作，维护基金份额持有人的利益。同时，还应有健全的内部控制机制和制度，对公司的内部组织结构及其相互之间的运作制约关系进行规范，以促进各项经营活动的有效实施。

（3）基金公司的持续经营能力。基金是一种中长期的投资，因此选择基金公司时，也应着眼于基金公司的持续经营能力的高低，要将考察基金公司业绩的期限拉长到3～5年，不仅要看其在牛市中的表现，还要看其在熊市中的表现，综合分析该基金公司的投资价值。

（4）基金公司的投研团队特别是基金经理的水平。基金公司研究人员的数量、经验、稳定性以及专业知识结构都将决定公司整体的研究水平，这是相当重要的指标。而基金经理是直接进行资产管理和投资决策环节中最重要的一员，基金经理的投资经历、历史业绩、选股能力、选时能力、职业操守都会影响基金的绩效。因此，投资者应把基金经理的相关信息作为购买基金时的考量因素。

1.2　选择基金品种

在选择了一个好的基金公司后，接下来投资者应根据自身条件和需要选择适合自己的基金。投资者选择单个基金时应遵循以下原则：

（1）挑选实力雄厚的基金公司旗下的基金。实力雄厚的基金公司往往具有强大的投研团队，能够对所投资的公司进行深入的研究，而且实力雄厚的基金公司往往拥有多只明星基金和多位明星基金经理，对于市场的影响也不容小觑。所以选择实力雄厚的基金公司非常重要。

（2）挑选投资能力强的基金经理管理的基金。基金经理过去的业绩和投资能力影响基金的绩效，因此，投资者应关注基金经理的相关信息，把能力强的基金经理管理的基金作为投资对象。

（3）挑选评级较高的基金。中国证券报、银河证券、晨星、理柏公司等专业基金评级公司，通常会对各种基金进行评价，并在有关媒体公布评价结果，比如晨星公司按星级评价各种基金，最高评级为5颗星，最低为无。投资者可以选择2～3家专业评级机构的评价结果作为参考，最好在三星级以上的基金中挑选基金进行投资。

（4）挑选业绩好的基金。过往的业绩优异而且稳定的基金是最值得投资的基金。如果一只基金能够连续3年以上将业绩保持在同类型基金排名的前1/3之内，基本上就属于值得投资的基金。

（5）挑选适合个人需求的基金。了解基金的投资目标和投资风格等是否与个人的要求相符合。每个人的投资目标、投资风格因年龄、收入、家庭状况、性格等不同而存在较大的差异，投资者应判断基金的投资目标和资金的投向等是否与自己的投资需求大致上吻合。一般情况下，年轻人、收入较高的人适合选择风险高、收益高的基金，年龄较大、收入较低或较不稳定的人适合选择风险较低、收益较稳定的基金。

2. 基金投资策略与技巧

2.1 基金投资策略

（1）固定比例投资策略。固定比例投资策略是将一笔资金按固定的比例分散投资于不同种类的基金上。当某类基金因净值变动而使投资比例发生变化时，就卖出或买进这种基金，从而保证投资比例能够维持原有的固定比例。这样不仅可以分散投资成本，抵御投资风险，还能见好就收，不至于因某只基金表现欠佳或过度奢望价格会进一步上升而使到手的收益成为泡影，或使投资额大幅度上升。

（2）适时进出投资策略。适时进出投资策略是指投资者完全依据市场行情的变化来买卖基金。通常，采用这种方法的投资人，大多是具有一定投资经验，对市场行情变化较有把握，且投资的风险承担能力也较高的投资者。毕竟，要准确地预测股市每一波的高低点并不容易，就算已经掌握了市场趋势，也要耐得住短期市场可能会有的起伏。

（3）顺势操作投资策略。顺势操作投资策略又称“更换操作”策略。这种策略是基于以下假定之上的：每种基金的价格都有升有降，并随市场状况而变化。投资者在市场上应顺势追逐强势基金，抛掉业绩表现不佳的弱势基金。这种策略在多头市场上比较管用，在空头市场上不一定行得通。

（4）定期定额购入策略。定期定额购入策略就是不论行情如何，每月（或定期）投资固定的金额于固定的基金上。当市场上涨，基金的净值高，买到的单位数较少；当市场下跌，基金的净值低，买到的单位数较多。如此长期下来，所购买基金单位的平均成本将较平均市价为低，即所谓的平均成本法。平均成本法的功能之所以能够发挥，主要是因为当股市下跌时，投资人亦被动地去投资购买了较多的单位数。只要投资者相信股市长期的表现是上升趋势，在股市低迷时买进的低成本股票基金，一定会带来丰厚的获利。

（5）组合投资策略。不同的基金品种属性不同，基金收益由低至高排列为货币市场基金、债券型基金、股票型基金。反过来，基金风险由高至低排列为股票型基金、债券型基金、货币市场基金。对投资者来说，安全并获取较高收益的方法是构建属于自己的投资组合。方法是选择3～4只业绩稳定的基金作为自己的核心组合，此后逐渐增加投资金额（注意：不是增加核心组合中基金的数目）。这样的方法将使投资长期处于一个较稳定的状态。

需要注意的是，在投资组合确定以后，就需要定期观察组合中各基金的业绩表现，将其风险和收益与同类基金进行比较。假如在一定时期例如3年之内，一只基金的表现一直落后于同类其他基金，则应考虑更换这只基金。

2.2 基金投资技巧

（1）抓住机遇，适当冒险，获取高利。当股市见底时，买入股票基金的成本也最低，有条件的投资者应当把握机遇，适当冒险，适时补仓和建仓，大胆进行基金抄底。

当然，基金抄底是有条件的，不仅要选在历史的低点，更要注意考察实体经济的基本面。在股市低迷而实体经济仍然看好的情况下，往往是入市相对较佳的时机。

(2) 将资金转入债券型基金，有效规避风险。当股票投资的不确定性因素比较多时，投资者应考虑将资金转入低风险的债券基金或银行理财产品进行避险。和银行理财产品相比，债券基金具有风险低、回报率高、流动性强等优点。

(3) 将货币市场基金作为储蓄替代品。货币市场基金优点主要有三：一是风险低，投资收益来自于高信用等级的短期国债、央行票据等货币市场工具；二是流动性强，有“准储蓄”之称，T 赎回、T＋2 日一早资金到账(有的银行，如华夏银行可做到 T＋1 日下午 17:00 到账)，其收益一般高于银行存款；三是进出成本低，认购、申购和赎回都是免费。

(4) 坚持长线投资，抵御短期波动。成功的投资人都有长远的投资计划，这是因为长期投资可以克服短期的波动。相当多的投资者都想在基金亏损时及时卖出止损，但在股市走低而宏观经济基本面依然看好的情况下，坚持长线投资才是最佳选择。

(5) 避免过度频繁的操作，减少交易成本。波段投资既稳定灵活，又不是死多头或是死空头，因此，它是证券投资中最好的获利方法之一。为了获得短期收益，不少投资者喜欢用波段投资方法反复进行操作，然而这种在股票投资中广泛应用的投资方法，并不适合基金投资，因为波段操作要求投资者有充足的时间对趋势做出判断，有足够的时间选择买进或卖出证券。

(6) 尽量选择伞形基金。伞形基金也称系列基金，即一家基金管理公司旗下有若干只不同类型的子基金。对于投资者而言，投资伞形基金主要有以下优势：一是收取的管理费用较低；二是投资者可在伞形基金下各子基金间方便转换。

2.3 选择基金赎回时机

当投资者的财务状况发生变化，如子女上学、买房买车等急需用钱；或者基金本身发生变化，如基金经理更换、基金业绩下降、基金净值涨幅过高；或者市场状况发生变化，如预计熊市即将来临、预期的投资目标已经实现等，投资者会考虑赎回基金。赎回基金也有技巧：

(1) 提前计划，择机赎回。投资者如果能够提前规划好需要现金的日期，就可以掌握主动权，提早考虑赎回计划，以便能在满意的价格上赎回基金。

(2) 把握机会，获取收益。分析、关注股市及基金品种的市场变化，把握时机，选择在市场将转入空头、达到损益条件、基本面变化这几种情况时考虑赎回。即使不能先知先觉把握好这个时机，也可以做到尽量不在市场指数大跌的交易日赎回基金，应该选择股市指数上涨的交易日赎回。

(3) 分批赎回，规避风险。如果不能很好地把握赎回时机，就尽量考虑分批赎回，在适当规避风险、保住收益的同时，又可以避免完全踏空。成功投资的一个秘诀是“平均”，买入基金可以定投，所以赎回基金也可以运用“定赎”。

(4) 选择品种，减少费用。赎回基金要考虑赎回费用，一般定投业务和网上直销业务的赎回费用为 0.5%，而且规定 3 个月以后免赎回费，所以在选择赎回品种时可以考虑先赎回持有期超过 3 个月的基金品种。

另外,在调整市况下,指数基金和激进的股票型基金的跌幅会靠前,所以优先考虑赎回这两类基金,而保留配置型和稳健的平衡型基金。

(5) 转换基金,用足政策。即使专业的投资者也不可能对市场的变化时时判断准确,仓促赎回基金可能日后要花更高的代价才能再次买回。如果你对市场前景依然看好,而持有的指数基金或激进的股票型基金跌幅暂时超过你的承受能力,可通过基金转换,换入风格较为稳健的平衡型基金,以应对大势调整的风险。或者可以转换成债券、货币基金,待大盘企稳后,再转换过来,基金转换无须缴纳全部基金申购费,而只要缴纳转入转出基金之间的(认)申购补差费,加上转出基金的赎回费。如果转入转出基金之间的申购费差价为零,那么投资者的转换只需要缴纳转出基金赎回费,这样可减少赎回和再申购基金的成本。在牛市格局没有改变的情况下,盲目杀跌赎回基金是不可取的。

另外,如果是急需资金而希望快速到账,也可以采用基金转换的方法,把股票型基金先转换到同一家基金公司的货币型基金、债券型基金等,然后赎回。因为不同类型基金赎回到账时间不同,一般股票型基金赎回 T+5 或 T+7 日到账,而货币型基金、债券型基金等赎回到账一般为 T+2。当然了,各家基金公司和代销银行的到账速度不尽相同,所以还要仔细看清楚相关规定才行。

·理财情景 12 分析·

一般情况下,由于有分散投资、专业理财的优势,基金相对于直接投资股票收益更高、风险更小。但是,部分基金由于投资标的或者投资模式的原因,风险可能比直接投资股票更高,比如涉及衍生品投资的衍生基金和对冲基金,净值波动率往往超过同期的股票市场。而王恒选择的环保 B 则是挂钩行业指数的分级基金,其净值变化速度为行业指数的 3 倍,因此风险要明显高于股票投资。而且这一类基金出于风险控制的目的,都事先约定了上折和下折的条款。7 月 8 日环保 B 由于连续的下跌,已经触发下折条件,并于 7 月 9 日收盘执行下折,下折之后该基金持有者的份额仅为之前的 27.38%。王恒在计算收益时可能根本不知道下折条款的存在,因此其计算结果和实际情况存在重大差异。这个案例提醒我们,基金投资仍然需要熟悉基金的类型、运作模式、费用以及风险,并且掌握基金的投资策略与技巧,这样才能真正实现资产的保值增值,控制基金投资风险。

理财情景讨论和能力训练

项目任务书

项目(或工作任务)名称	分析评价陈莹的基金投资规划
项目负责人	
项目组成员	
项目情景	某金融机构理财经理陈莹刚刚上岗就接待了两位客户。他们都希望陈莹为他们进行基金投资规划,但是要求不太一样。客户王先生希望基金收益率能够跑赢大盘。而客户林小姐则希望能够完全规避基金中人为操作可能存在的操作失误和道德风险等问题,并且通过长期投资取得比较稳定的收益。陈莹通过认真查找相关资料,给王先生推荐了五只往年盈利均处于行业前几位的股票基金。针对林小姐的要求,陈莹认为 ETF 和 LOF 比较合适,便推荐了 300EFT、50ETF、金融 ETF、环保 ETF 和医药 ETF。
项目(或工作任务)目标	请你分析一下陈莹的基金投资规划是否合理。
项目工作内容和方法	1. 讨论:陈莹的基金投资规划是否合理? 2. 分析:陈莹的基金投资规划是否有较大概率帮助王先生获得高于市场平均水平的收益率?陈莹的基金投资规划能否帮助林小姐完全规避基金中人为操作可能存在的操作失误和道德风险等弊端,能否帮助林小姐通过长期投资取得比较稳定的收益? 3. 思考:运用所学的知识,思考陈莹的基金投资规划能否进一步完善?
学习目标	通过讨论、分析、思考陈莹的基金投资规划,加深对基金特点、基金分类、基金风险和基金投资策略与技巧的理解。
学习提示	完成本工作任务主要应用“基金的分类”“挑选基金”和“选择基金投资时机”三个知识点。
说明	

项目活动计划与评价表

<table>
<tr><td colspan="4">项目(或工作任务)名称</td><td colspan="6"></td></tr>
<tr><td colspan="4">项目负责人</td><td colspan="6"></td></tr>
<tr><td colspan="4">项目组成员</td><td colspan="6"></td></tr>
<tr><td colspan="4">项目实施时间</td><td colspan="6"></td></tr>
<tr><td rowspan="2">项目计划</td><td colspan="3">项目实施计划</td><td colspan="6">包括(但不限于):计划目标、实现计划目标的要素、计划进度等。</td></tr>
<tr><td colspan="3">工作方案</td><td colspan="6">包括(但不限于):工作流程、阶段任务、工作思路、工作方法措施等。</td></tr>
<tr><td colspan="4">项目成果</td><td colspan="6"></td></tr>
<tr><td colspan="4">收获</td><td colspan="6"></td></tr>
<tr><td rowspan="6">工作评价</td><td colspan="3" rowspan="2">团队及成员</td><td rowspan="2">团队</td><td colspan="5">成员</td></tr>
<tr><td>1.</td><td>2.</td><td>3.</td><td>4.</td><td>5.</td></tr>
<tr><td rowspan="4">评语与成绩</td><td rowspan="2">团队评价</td><td>评价</td><td></td><td></td><td></td><td></td><td></td><td></td></tr>
<tr><td>成绩</td><td></td><td></td><td></td><td></td><td></td><td></td></tr>
<tr><td rowspan="2">教师评价</td><td>综合评价</td><td></td><td></td><td></td><td></td><td></td><td></td></tr>
<tr><td>成绩</td><td></td><td></td><td></td><td></td><td></td><td></td></tr>
</table>

※ 项目十三　外汇与期货理财 ※

学习目标:通过本项目学习,明白什么是外汇、外汇投资、外汇汇率、期货与期货投资;清楚外汇的种类、外汇投资的优势、期货交易所与期货交易制度、期货交易特点和交易程序;熟悉影响汇率变动的因素、影响期货价格的因素以及投资期货的风险;了解外汇投资技巧和期货投资策略。

项目十三工作任务分解(WBS)

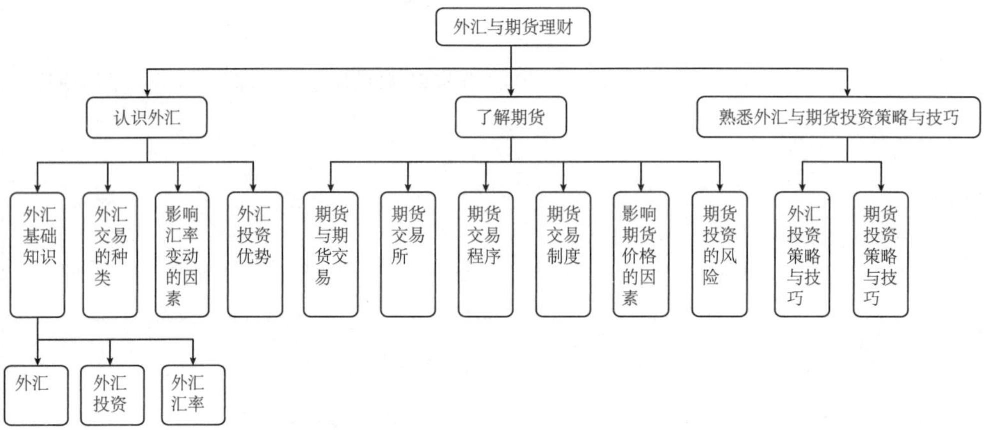

• 理财情景 13-1 •

1990年,英国加入欧洲汇率体系,金融大鳄索罗斯发现英国政府选择了一个错误的时机,因为当时英镑与德国马克的汇率高达2.95(即1英镑可以兑换2.95马克),根据欧洲汇率体系的协议,该汇率在未来两年内将不允许低于2.778。但是当时英国经济衰退,单凭英国央行很难维持这么高的汇率,而德国央行一直担心降息会导致国内的通货膨胀并有可能引发经济崩溃,并且重建东德也使得德国财政拮据,索罗斯认为德国政府将会更加关注自己的经济问题,无暇援助当时经济疲软的英国、意大利等欧洲国家。索罗斯决定动用量子基金的全部资产,并借助期货和期权的杠杆放大资金规模,大量借入英镑,然后在现货市场上集中抛售英镑,买入德国马克。虽然英国央行在短时间内购入33亿英镑进行市场干预,但英镑与马克的汇率仍然于1992年9月16日下午跌至2.703,英国政府被迫退出欧洲汇率体系,而索罗斯则得以在较低的价位买入英镑偿还之前的债务,在短短一个月的时间里就获得了10亿美元的收入,超过当时量子基金总资产的30%。

请思考:你怎么评价索罗斯狙击英镑这一事件?为什么一位私人投资者能够成功狙击一个经济大国的央行并从中获利?

• 理财情景 13-2 •

巴林银行曾经是显赫一时的英国老牌贵族银行,有着两百多年的经营历史和良好的口碑,连伊丽莎白女王也因为信赖该银行的理财水准而成为它的长期客户。1989年6月16日下午,巴林银行接纳了一位杰出的年轻人尼克·李森，并让他在期货与期权部门做清算工作。1991年，这位年轻人因为杰出的工作业绩被任命为新加坡分行期货与期权交易部门的总经理。但由于过分的自信，1994年下半年，尼克·李森坚定地认为日本经济已开始走出衰退，股市将会有大涨趋势，于是违规调用银行资产大量买进日经225指数期货合约和看涨期权。然而人算不如天算，事与愿违，1995年1月16日，日本关西大地震，股市暴跌，尼克·李森所持多头头寸遭受重创，损失高达2.1亿英镑。尼克·李森非但没有因此收手，反而大量补仓以期反败为胜，巩固其在银行的地位。结果日本股市继续下跌，截至1995年2月25日，尼克·李森给巴林银行带来了高达8.6亿英镑的损失，超过了当时巴林银行所持有的约6亿英镑的总资产。他不得不畏罪潜逃，巴林银行也最终倒闭。当时尼克·李森仅有28岁。

请思考：你怎么评价尼克·李森的期货投资策略？为什么以专业理财著称的一位部门经理居然能够在不到一年的时间里面亏掉了著名银行的所有资产？

任务一　认识外汇

1. 外汇基础知识

1.1　外汇

外汇就是外国货币或以外国货币表示的能用于国际结算的支付手段。我国1996年颁布的《外汇管理条例》第三条对外汇的具体内容做出如下规定：外汇是指：①外国货币，包括纸币、铸币；②外币支付凭证，包括票据、银行的付款凭证、邮政储蓄凭证等；③外币有价证券，包括政府债券、公司债券、股票等；④特别提款权、欧洲货币单位；⑤其他外币计值的资产。

1.2　外汇投资

外汇投资是指投资者通过外汇存款和外汇买卖获取利息和赚取利润的行为。外汇投资产品主要有：

(1) 定期外币储蓄。定期外币储蓄是目前投资者最普遍选择的方式。它风险低，收益稳定，具有一定的流动性和收益性。而它与人民币储蓄不同，由于外汇之间可以自由兑换，不同的外币储蓄利率不一样，汇率又时刻在变化，所以有选择哪种外币进行储蓄的优势。

(2) 外汇理财产品。外汇理财产品是指个人购买理财产品时的货币只针对自由兑换的外国货币，收益获取也是以外币币值计算的理财产品。通过银行购买的外汇理财产品不需要投资者自身对投资决策做出判断，而完全由产品事先设计的条款以及银行专业投资人员来指导投资行为。目前，国内很多外汇理财产品大都期限较短，又能保持较高的收益率，投资者在稳定获利的同时还能保持资金一定的流动性，投资者可以根据自己的偏好选择外汇理财产品。

(3) 期权型存款(含与汇率挂钩的外币存款)。期权型存款的年收益率通常能达到10%左右,如果对汇率变化趋势的判断基本准确,操作时机恰当,是一种期限短、收益高且风险有限的理想外汇投资方式。但需要外汇专家帮助理财。深圳已有外资银行推出这类业务。

(4) 外汇汇率投资。外汇汇率投资俗称"外汇宝",是利用汇率波动通过低买高卖外汇获利的一种投资方式。手中拥有外汇的人士可以考虑参与外汇汇率投资交易获利。该投资方式收益大、风险也大,本金没有保障,因此需谨慎投资。

1.3 外汇汇率

(1) 外汇汇率。外汇汇率又称兑换率、汇价、外汇牌价、外汇行市,是指一国货币折算为另一国货币的比率。汇率是外汇的价格,即用一国货币单位表示的另一国货币单位的价格。汇率是外汇买卖的折算标准,它是外汇投资成功与否的生命线。

(2) 外汇汇率标价法。汇率有两种标价法,即直接标价法和间接标价法。直接标价法是以一定单位的外国货币为标准,折算成若干单位本国货币的标价方法。在直接标价法下,外国货币数额不变,汇率涨跌都以相对的本国货币的变化来表示。世界上大部分国家都采用这种标价法,我国人民币外汇牌价也采用这种标价方法。间接标价法是指以一定单位的本国货币为标准,折算成若干单位的外国货币的方法。在外汇交易中,间接标价法所表示的本国货币不变,汇率的涨跌以外币数额变化来表示。世界上,只有英国和美国采用此种标价方法。在不同的标价法下,银行给出的买入、卖出价不一样。在直接标价法下,数值较低的汇率是银行买入价,数值较高的汇率是卖出价。在间接标价法下,情况正好相反。

(3) 与外汇投资相关的汇率。汇率按不同的标准划分,可分为许多种,与外汇投资有关的汇率主要有:按外汇管理的宽严度,分为官方汇率和市场汇率。依据汇率确定方法的不同,分为基本汇率和套算汇率。基本汇率,就是本国货币对关键货币的汇率。关键货币,就是具有以下条件的货币:在国际贸易中使用较多,在外汇买卖中占有较高的比重,可以自由兑换,在国际结算中普遍可以接受的通货。套算汇率是指两种货币通过各自对第三种货币的汇率算得的汇率。套算汇率主要是通过基本汇率套算出来的。根据银行买卖外汇划分,可以分为买入汇率和卖出汇率。根据外汇市场开、收时间,分为开盘汇率和收盘汇率。根据外汇交割时间,分为即期汇率和远期汇率。即期汇率又称现汇汇率,是指在外汇买卖成交后,当天或两天之内办理交割的外汇汇率,电汇汇率、信汇汇率和票汇汇率都属此列。远期汇率是指事先由买卖双方签订合同,约定在未来的一定时间内办理交割的汇率。远期汇率期限一般在1～12个月,这种是一年期内的远期外汇,也有一年期以上的远期外汇。

2. 外汇交易的种类

(1) 即期交易。即期交易是指外汇买卖成交后在第二个工作日办理交割的外汇交易。如果交割当天恰好是银行节假日则顺延。

(2) 远期交易。远期交易是指按商定的汇价订立买卖合约,在约定的日期进行外汇交割的外汇买卖。远期交易能为投资者提供方便,可以帮助投资者规避汇率变动的风险。例如，某人拟向日本厂商购买汽车，货款在三个月后交付，为了避免这三个月的外汇风险，他可要求银行开出三个月期的远期日元价格。

（3）套汇交易。套汇交易是指利用不同的即期外汇市场上，同一时刻某种货币汇率的差异，在汇率低的市场买进，同时在汇率高的市场卖出，从中套取利润。套汇有两种方法：直接套汇（两角套汇）和间接套汇（三角套汇）。

（4）掉期套汇。掉期套汇又称换期套汇，是指在买进或卖出即期或远期外汇的同时，卖掉或买进远期外汇的交易。目的在于避免汇率变动的风险，调整外汇头寸，或利用汇率变动从中牟利。

（5）外汇投机交易。外汇投机交易是指投机者通过预测将来汇率的变化趋势，为赚取汇率涨落的差价利润而进行的外汇交易，具体有卖空交易和买空交易。如果投机者预测到某种货币会有下降的趋势，就先远期卖出该种货币，等到日后这种货币的汇率下跌时，再以低价买进，然后办理远期交割，从中赚取差额。由于在远期卖出该种货币时，投机者手中并没有外汇，所以这种交易称为"卖空交易"。相反如果投机者预测某种货币汇率将会上涨，则进行"买空交易"。

3. 影响汇率变动的因素

投资者进行外汇投资主要从汇率变动中获取收益，因此，投资者必须对影响汇率变动的因素有所了解。影响汇率变动的因素主要有：

（1）国际收支。国际收支是一国在一定的时期（通常是一年）内与外国的全部经济交易所引起的收支总额。它是一国对外经济活动的综合反映，直接影响着外汇市场。当国际收支出现逆差时，表明该国对外国货币产生额外的需求，本币兑换外币的需求增加，这时在外汇市场上就会引起该国货币汇率下降；当国际收支出现顺差时，就会引起外国对该国货币需求的增加，这时在外汇市场上就会引起该国货币汇率上升。

（2）供求关系。在外汇市场上，某种货币的汇价取决于该货币的供应与需求，货币供应量增加必然会降低其价格，而需求增加又会促使其价格的上升。

（3）通货膨胀。当一国发生通货膨胀时，该国货币所代表的价值量就会减少，其国际购买力就下降，这样该国货币对外币的比价就必然下降。通货膨胀对汇率的影响，一般经过一段时间才会显现出来。

（4）利率水平。一国的利率水平是影响汇率的最主要的因素。一般情况下，在资本的安全性和流动性不变时，短期资金总是从利率低的国家流向利率高的国家，从利率低的货币流向利率高的货币。对投资者来说，一国利率上升会使该国的金融资产更有吸引力，从而导致资本内流，使本国货币需求量增加，导致本国货币汇率上升。

（5）经济发展状况。一个国家经济稳定，汇率波动性小；经济不稳定，汇率波动性大。

（6）政府干预。为了稳定外汇市场，或使外汇汇率的变动控制在一定的范围内，各国政府往往会通过行政或经济手段来对汇率进行干预和调整。如一个国家通过在外汇市场上抛售外国货币，收回本国货币，就可以阻止本国汇率下跌和外国货币汇率上升的局面。

(7) 政治的稳定程度。一国的政局不稳定，会导致投资者对该国的经济失去信心，从而引起该国货币汇率下跌，甚至该国周边国家和与该国有密切经济、政治联系的国家的汇率也难于幸免。

(8) 外汇储备。如果一国外汇储备高，则该国货币汇率将升高。

(9) 市场心理预期。当人们预期某国的经济状况将会恶化，或者可能遭受重大打击，经济发展速度越来越低，该国货币就会在市场上被大量抛出，其汇率就会下跌；反之，就会上升。

4. 外汇投资优势

外汇市场逐渐发达，交易旺盛，吸引了越来越多的人参与，买卖外汇已成为一种重要的投资工具。外汇投资具有以下特点：

(1) 双向交易，机会多。股票投资只有涨才能赚钱，而外汇可以买涨，也可以买跌，只要选对交易方向就能赚钱。

(2) 24 小时全天候交易。从每周一早上 8 点(北京时间)开始，一直到周六早上 4 点才结束，随时可以买卖。股市只能在白天特定时段交易，一般为早上 9 点半到下午 3 点，不适合上班族操作。

(3) 投资少，起点低。最低投资 250 美元(折合人民币约 2 000 元)就可以开户炒汇。成功的投资者，在一年内可能有几倍的投资获利。

(4) 市场客观公正，不容易受人为操纵。外汇市场每天成交量有 5.3 万亿美元，有先进科学的网上交易平台，行情和数据都是公开的，是最透明的市场。

(5) 外汇是一种自由方便的投资方式。只要有一台电脑，接通互联网，不论何时何地，都可以自行买卖交易。

(6) 保证金形式，财务杠杆利益。外汇交易采用保证金形式，能以小博大。外汇保证金交易是利用财务杠杆的原理，将资金以扩大信用额度的方式在外汇市场上进行操作。目前外汇保证金交易的杠杆最大可达本金的 400 倍，投资 1 000 美元就可以做 40 万美元的交易。保证金交易是一柄双刃剑，如果没有做好风险管理，投资人遭受损失的可能和获利的机会一样大。

(7) 操作灵活。交易策略可以根据市场情况随时下达，极为灵活，即使方向看错，立即止损反手，损失有限，获利仍然极为巨大。

(8) 低廉的交易费用。在股票市场上，投资者必须支付经纪佣金，交易服务费和税金。外汇市场的场外交易结构，特别是高效率的电子化交易系统缩减了大部分的成交和结算费用，减低了交易支出。

(9) 货币组合少，专精度高。股市中有上千种股票，那么选股将是一件很难的事情。而汇市中，货币组合非常有限，这可以使您集中精力于这几个货币组合，分析成本低，并很快抓住它们的脉动。

(10) 外汇市场资金流动性高。外汇市场资金流动性高，实行 T+0 制度，容易兑现。对投资人而言，不论何时何地发生任何消息，投资人都可以即时做出反应。投资人也可对进场或出场的时间有弹性的规划。其他金融市场的大小与交易量和外汇市场比较起来，就显得逊色多了，如流动性不好，期货市场内很多时候难以成交，价格容易跳空，不易掌握。外汇市场永远是流动的，无论何时都可以进行交易，外汇即时报价系统可以保证所有的市价单、限价单或是止损单完全成交。

任务二 了解期货

1. 期货与期货交易

1.1 期货与期货交易

期货是指到一定日期才交割的商品合约。期货与现货完全不同，现货是实实在在可以交易的货（商品），期货主要不是货，而是以某种大宗产品如棉花、大豆、石油等及金融资产如股票、债券等为标的物的标准化可交易合约。

期货交易是指对远期欲出售或买进的商品，经由交易所公开竞价的方式，确立契约的商品交易行为。

1.2 期货交易的特点

期货交易是在现货交易的基础上发展起来的，它与现货交易（一手交货，一手交钱的交易）有着根本的区别。期货交易具有以下特点：

（1）合约标准化。期货交易是通过买卖期货合约进行的，而期货合约是标准化的。期货合约标准化指的是除价格外，期货合约的所有条款都是预先由期货交易所规定好的，具有标准化的特点。期货合约标准化给期货交易带来了极大便利，交易双方不需对交易的具体条款进行协商，节约交易时间，减少交易纠纷。

（2）交易集中化。期货交易必须在期货交易所内进行。期货交易所实行会员制，只有会员才能进场交易，场外的广大客户若想参与期货交易，只能委托期货经纪公司代理交易。所以，期货市场是一个高度组织化的市场，并且实行严格的管理制度，期货交易最终在期货交易所内集中完成。

（3）双向交易和对冲机制。双向交易是指期货交易者既可以买入期货合约作为期货交易的开端（称为买入建仓），也可以卖出期货合约作为交易的开端（称为卖出建仓），也就是通常所说的“买空卖空”，期货市场中可以先买后卖，也可以先卖后买，投资方式灵活。与双向交易的特点相联系的还有对冲机制，在期货交易中大多数交易并不是通过合约到期时进行实物交割来履行合约，而是通过与建仓时的交易方向相反的交易来解除履约责任。具体说就是买入建仓之后可以通过卖出相同合约的方式解除履约责任，卖出建仓后可以通过买入相同合约的方式解除履约责任。

期货交易并不涉及实物所有权的转移，而只需支付不同时期价格波动的差额，即在合约到期前对冲，并不在到期时实际交割而获得商品的所有权。例如投资者在1月1日买3个月的期货大米300吨，每吨2 000元，两个月后即3月1日，大米价格涨到每吨2 100元，这时你卖出手中的契约，便可净赚30 000元（100元/吨×300吨＝30 000元）。这一买一卖过程中，买入期货时无须把2 000吨大米运回来，卖出期货时也无须把大米运出去，一切只在账上买卖。不过所有的买卖必须在三个月期限内完成，否则到期(到 4 月 1 日)就要进行实货交收。可见，现货交易是转让现货的所有权，期货交易则是转让与这种所有权有关的价格变化的风险。

(4) 以小博大。期货交易只需交纳 5%～10%的履约保证金就能完成数倍乃至数十倍的合约交易。由于期货交易保证金制度的杠杆效应，使之具有“以小博大”的特点，交易者可以用少量的资金进行大宗的买卖，节省大量的流动资金。期货交易的杠杆机制使期货交易具有高收益高风险的特点。

(5) 每日无负债结算制度。期货交易实行每日无负债结算制度，也就是在每个交易日结束后，对交易者当天的盈亏状况进行结算，在不同交易者之间根据盈亏进行资金划转，如果交易者亏损严重，保证金账户资金不足时，则要求交易者必须在下一日开市前追加保证金，以做到“每日无负债”。期货市场是一个高风险的市场，为了有效地防范风险，将因期货价格不利变动给交易者带来的风险控制在有限的幅度内，从而保证期货市场的正常运转。

2. 期货交易所

期货交易所是专门进行标准化期货合约买卖的场所，按照其章程的规定实行自律管理，以其全部财产承担民事责任。在现代市场经济条件下，期货交易所是一种具有高度系统性和严密性、高度组织化和规范化的交易服务组织，它本身不参与交易活动，不参与期货价格的形成，也不拥有合约标的商品，只为期货交易提供设施和服务。

期货交易所一般实行会员制，即由会员共同出资联合组建，每个会员享有同等的权利与义务，交易所会员有权在交易所交易大厅内直接参加交易，同时必须遵守交易所的规则，交纳会费，履行应尽的义务。

期货交易所不以营利为目的，其主要目的是为期货买卖的双方提供交易的场所，并通过公开叫价等竞价方式来发现商品的价格，交易所负责把这些价格传播给全社会，但它是一个财务独立的盈利组织，它在为交易者提供一个公开、公平、公正的交易场所和有效监督服务基础上实现合理的经济利益，包括会员会费收入、交易手续费收入、信息服务收入及其他收入。

我国主要有三家商品期货交易所和一家金融期货交易所。

(1) 郑州商品交易所。成立于 1990 年 10 月 12 日，是我国第一家期货交易所，也是中国中西部地区唯一一家期货交易所。交易的品种有强筋小麦、普通小麦、PTA、一号棉花、白糖、菜籽油、早籼稻、玻璃、菜籽、菜粕、甲醇等 16 个期货品种，上市合约数量在全国 4 个期货交易所中居首。

(2) 上海期货交易所。成立于 1990 年 11 月 26 日，目前上市交易的有黄金、白银、铜、铝、锌、铅、螺纹钢、线材、燃料油、天然橡胶沥青等 11 个期货品种。

(3) 大连商品交易所。成立于 1993 年 2 月 28 日，是中国东北地区唯一一家期货交易所。上市交易的有玉米、黄大豆 1 号、黄大豆 2 号、豆粕、豆油、棕榈油、聚丙烯、聚氯乙烯、塑料、焦炭、焦煤、铁矿石、胶合板、纤维板、鸡蛋等 15 个期货品种。

(4) 中国金融期货交易所。于 2006 年 9 月 8 日在上海成立。交易的品种有股指期货、国债期货。

国际上比较有名的期货交易所有芝加哥期货交易所、纽约期货交易所、伦敦交易所、伦敦国际石油交易所、东京工业品交易所、新加坡国际金融交易所、香港期货交易所等。

3. 期货交易程序

期货交易是在交易所按严格的程序和规则进行的。期货交易程序大致为：

（1）开户。交易者委托期货交易所的会员经纪行办理开户手续，包括签署一份授权经纪行代行买卖合约及缴付保证金。经纪行获此授权后就可以根据合约的条款，按照客户的要求代理买卖。

（2）下单。下单是指客户在每笔交易成交前向期货公司业务人员下达交易指令，说明买卖合约的种类、数量、价格等的行为。客户在按照规定缴足保证金后，即可开始交易，进行委托下单。交易指令的内容一般包括：期货交易的品种、交易方向、数量、月份、价格、日期及时间、期货交易所名称、客户名称、客户编码和账户、期货公司和客户签名等。

（3）交易。期货公司接收委托单，进行合规性检查后就转入交易所计算机撮合系统，计算机撮合系统按时间优先、价格优先的原则进行撮合交易。

（4）成交回报。交易完成后，计算机撮合系统自动回报，成交价格和成交数量。

（5）结算。交易完成后，客户可以选择当日平仓，期货公司会在合约平仓后对客户的盈亏、手续费、保证金等进行结算。如客户在短期内不平仓，一般在每天按当天交易所结算价格结算一次。如账面出现亏损，客户需要暂时补交亏损差额，如有账面盈余，即由经纪公司补交盈利差额给客户。直到客户平仓时，再结算实际盈亏额。

4. 期货交易制度

期货交易制度有广义和狭义之分，广义的包括期货市场管理的一切法律、法规、交易所章程及规则，狭义的仅指期货交易所制定的经过国家监管部门审核批准的《期货交易规则》及以此为基础产生的各种细则、办法、规定。

（1）保证金制度。保证金制度是期货交易的特点之一，是指在期货交易中，任何交易者必须按照其所买卖期货合约价值的一定比例（通常为5%～10%）缴纳资金，用于结算和保证履约。经中国证监会批准，交易所可以调整交易保证金，交易所调整保证金的目的在于控制风险。

（2）当日无负债结算制度。期货交易结算是由期货交易所统一组织进行。期货交易所实行当日无负债结算制度，又称“逐日盯市”。它是指每日交易结束后，交易所按当日结算价结算所有合约的盈亏、交易保证金及手续费、税金等费用，对应收应付的款项同时划转，相应增加或减少会员的结算准备金。期货交易所会员的保证金不足时，应当及时追加保证金或者自行平仓。

（3）涨跌停板制度。所谓涨跌停板制度，又称每日价格最大波动限制，指期货合约在一个交易日中的交易价格波动不得高于或者低于规定的涨跌幅度，超过该涨跌幅度的报价将被视为无效，不能成交。涨跌停板一般是以合约上一交易日的结算价为基准确定的。

(4) 持仓限额制度。持仓限额制度是指交易所规定会员或客户可以持有的、按单边计算的某一合约投机头寸的最大数额。实行持仓限额制度的目的在于防范操纵市场价格的行为和防止期货市场风险过于集中于少数投资者。

(5) 大户报告制度。大户报告制度是与持仓限额制度紧密相关的又一个防范大户操纵市场价格、控制市场风险的制度。通过实施大户报告制度,可以使交易所对持仓量较大的会员或投资者进行重点监控,了解其持仓动向、意图,对于有效防范市场风险有积极作用。

(6) 交割制度。交割是指合约到期时,按照期货交易所的规则和程序,交易双方通过该合约所载标的物所有权的转移,或者按照规定结算价格进行现金差价结算,了结到期未平仓合约的过程。以标的物所有权转移进行的交割为实物交割,按结算价进行现金差价结算的交割为现金交割。一般来说,商品期货以实物交割为主,金融期货以现金交割为主。

(7) 强行平仓制度。强行平仓制度是指当会员、投资者违规时,交易所对有关持仓实行平仓的一种强制措施。强行平仓制度也是交易所控制风险的手段之一。

我国期货交易所对强行平仓制度主要规定是当会员结算准备金余额小于零,并且未能在规定时限内补足。

(8) 风险准备金制度。风险准备金制度是指为了维护期货市场正常运转提供财务担保和弥补因不可预见风险带来亏损而提取的专项资金的制度。

(9) 信息披露制度。信息披露制度是指期货交易所按有关规定定期公布期货交易有关信息的制度。期货交易所公布的信息主要包括在交易所期货交易活动中产生的所有上市品种的期货交易行情、各种期货交易数据统计资料、交易所发布的各种公告信息以及中国证监会指定披露的其他相关信息。

5. 影响期货价格的因素

期货价格是指交易成立后,买卖双方约定在一定日期实行交割的价格。期货交易的最大特点为成交与交割不同步,是在成交的一段时期后再进行交割。由于市场行情瞬息万变,商品市场价格经常变动,而期货交易是按事先约定的价格进行清算的,交割时的市场价格常常与成交价格不一致,从而使买卖双方一方受益一方受损。影响期货价格变化的基本因素主要有九个方面:

(1) 供求关系。期货交易是市场经济的产物,因此,它的价格变化受市场供求关系的影响。当供大于求时,期货价格下跌;反之,期货价格就上升。

(2) 经济周期。在期货市场上,价格变动还受经济周期的影响,在经济周期的各个阶段,都会出现随之波动的价格上涨和下跌现象。

(3) 政府政策。各国政府制定的某些政策和措施会对期货市场价格产生不同程度的影响。

(4) 政治因素。期货市场对政治气候的变化非常敏感,各种政治性事件的发生常常对价格造成不同程度的影响。

(5) 社会因素。社会因素是指公众的观念、社会心理趋势、传播媒介的信息影响。

(6) 季节性因素。许多期货商品,尤其是农产品有明显的季节性,价格亦随季节变化而波动。

(7) 心理因素。所谓心理因素,就是交易者对市场的信心程度,也称“人气”。如对某商品看好时,即使无任何利好因素,该商品价格也会上涨;而当看淡时,哪怕无任何利空消息,价格也会下跌。又如一些大投机者还经常利用人们的心理因素,散布某些消息,并人为地进行投机性的大量抛售或补进,谋取投机利润。

(8) 金融货币变动因素。在世界经济发展过程中,各国的通货膨胀、货币汇价以及利率的上下波动,已成为经济生活中的普遍现象,这给期货市场带来了日益明显的影响。

(9) 大户操纵。期货市场虽是一种完全竞争的市场,但难免受一些势力雄厚的大户的操纵和控制,造成投机性的价格起伏。

6. 期货投资的风险

(1) 代理风险。代理风险是指投资者在选择和期货公司确立代理过程中产生的风险。其具体表现主要包括:所选择的期货公司不具有合法的代理期货交易的资格;期货公司在从事代理业务时,利用投资者风险意识不强的弱点,纵容他们过度交易而给投资者带来损失;采取欺骗等手段侵犯客户利益等。投资者在准备进入期货市场时必须仔细考察、慎重决策,挑选有实力、有信誉的公司。

(2) 流动性风险。流动性风险是指投资者无法及时以合理的价格买入或卖出期货合约,以顺利完成开仓或平仓的风险。由于市场流动性差,期货交易难以迅速、及时、方便地成交,这种风险在客户建仓与平仓时表现得尤为突出。如建仓时,交易者难以在理想的时机和价位入市建仓,难以按预期构想操作,套期保值者不能建立最佳套期保值组合;平仓时则难以用对冲方式进行平仓,尤其是在期货价格呈连续单边走势,或临近交割,市场流动性降低,使交易者不能及时平仓而遭受惨重损失。

(3) 市场风险。市场风险是指市场价格的波动给投资者带来交易盈利或损失的风险。在市场经济条件下,商品价格受供求关系因素影响而上下波动。在期货市场上,现货价格的波动会导致期货价格的波动,并且期货价格具有远期性,通常会融入更多不确定因素,加上期货市场特有的运行机制等,会加剧期货价格频繁波动乃至异常波动,因此期货合约的价格波动是期货投资最大的风险。

(4) 强行平仓风险。期货交易实行由期货交易所和期货经纪公司分级进行的每日结算制度。在结算环节,由于公司根据交易所提供的结算结果每天都要对交易者的盈亏状况进行结算,所以当期货价格波动较大、保证金不能在规定时间内补足的话,交易者可能面临强行平仓风险。因此,投资者在交易时,要时刻注意自己的资金状况,防止强行平仓,给自己带来重大损失。

(5) 交割风险。交割风险是指无法履行期货合约交割带来的风险。期货合约都有期限,目前,当合约到期时,国内除股指期货外所有未平仓合约都必须进行实物交割。因此,不准备进行交割的投资者应在合约到期之前将持有的未平仓合约及时平仓,以免于承担交割责任。这是期货市场与其他投资市场相比,较为特殊的一点。新入市的投资者尤其要注意这个环节,尽可能不要将手中的合约持有至临近交割。机构客户参与套期保值需要进行实物交割的可以和开户的期货代理公司详细了解交割的相关细则。

需要注意的是，目前除中国金融期货交易所外，上海期货交易所、大连商品交易所和郑州商品交易所都不允许自然人持仓至交割月。

任务三　熟悉外汇与期货投资策略与技巧

1. 外汇投资策略与技巧

(1) 宁买升，不买跌。外汇投资如同股票投资一样，宁买升不买跌。在价格上升过程中只有一点是买错的，那就是价格升到了顶点。除了这一点在任何一点买入都是有利可图的。在价格下跌时，只有一点是买对的，那就是汇价已落到了最低点。除了这一点，任何一点买入都是错误的。因此，汇价上升时买入的盈利机会多于汇价下跌时买入。

(2) 金字塔加码。即在第一笔买入某一货币后，该汇价继续上升，于是投资者便可以加码购买。但加码应遵循每次加买的数量应比上一次少的原则。这样逐次加买，数量越来越少，犹如金字塔，层次越高，数量越少。这样在市场行情下跌时，由于在高价位建立的头寸较少，损失就会相对轻些。

(3) 传言时买入或卖出，证实后卖出或买入。外汇市场和股票市场一样经常传出一些消息。有些消息事后证实是对的，有些事后证实只不过是谣言，投资者在投资时，先不管是否真实，在听到好消息时，立即买入，一旦消息得到证明便立即抛出。反之，坏消息传出时，立即卖出，一旦消息证实后立即买回。

(4) 逆境时，最好休息一会儿。外汇市场波澜壮阔，千变万化，汇价变动很快，赢得迅速，输得也快，充满各种假象、陷阱，具有浓厚的投机色彩。一旦亏损，投资者就容易头脑发胀，失去清醒和冷静，从而可能导致连连失利。这时，稍作休息，可以解除心理压力，保持清醒的头脑，放下思想包袱，轻装上阵，才能做出正确的判断，反亏为盈。

(5) 不要被几个点误大事。在外汇买卖中，有时会为了强争几个点而误大事，有时价格已接近投资者定下的盈利目标，机会很好，只是离目标还几个点，本可以平盘、收钱、但碍于目标而坐失良机，反倒最后亏损。

(6) 在盘局突破时，力争建立头寸。盘局是指外汇市价波幅狭窄。无论是上升还是下跌过程中的盘局，一旦盘局结束突破阻力线或支持线时，市价就会破关而上升或下降，呈突跃式前进。这时是入市建立头寸的良好时机。如果盘局处于长线关口，突破盘局时建立的头寸，必获大利。

(7) 见势不对，反戈一击。有时跟市买卖，但入市已接近尾声。例如在多头市场买入后，汇价却停滞不前。不多久，市价急跌。这时不要惊慌，不要以为市场在跟你作对，最好反思一下，在买入时，多头市场是否已经气势将尽。此时理智的做法是，立即斩仓，反戈一击，即把原来的头寸斩掉，并当场伺机抛空。这样或许可以补回原来的一些损失。当然反戈一击的做法要慎重。特别是在反应已经过去，市价已跌得很多，面临反弹和急升后的调整期。在外汇市场和股票市场上，价格急升或急跌，都不会直线地进行下去。升得过急，总要调整，跌得过猛，也要反弹。自然，调整和反弹的幅度和时机都比较复杂，不易掌握。但是，在外汇市场上，当汇价上升 200～300 个点或者 300～400 个点之后，宁可靠边观察，也不可贸然跟市，以免陷入陷阱。

(8) 切勿过量交易。要成为成功的外汇投资者，其中一项外汇投资策略原则是不要过量交易，应该保持一定的现金流以应对价位的波动。假如资金不充足，就应适当减少持仓量，否则，当价位很低时可能存在资金不足导致无法通过加仓摊薄买入成本而使投资者套得太深。

(9) 勿轻率改变决定。一是不受环境影响轻易改变决定。预先定下当日入市的价位和计划，勿因眼前价格涨落影响而轻易改变决定，基于当日价位的变化以及市场消息而临时做出决定是十分危险的。二是不受他人影响轻易改变决定。当把握了市场的方向而有了基本的决定时，不要因旁人的影响而轻易改变决定。有时别人的意见会显得很合理，因而促使你改变主意，然而事后才发现自己的决定才是最正确的。简而言之，别人的意见只是参考，自己的意见才是买卖的决定。建议是别人的，银子是自己的。

2. 期货投资策略与技巧

(1) 初入期货市场应从一手合约做起。不论投入多少资金，投资者一定要从一个期货合约开始交易。因为初入期货市场的生手，一开始保守地投资，不仅能够减轻心理负担，而且有助于专注于一种行情而进行深入研究。一手一手地操作，可以磨炼基本交易技术。特别是期货交易市场经常发生意外的大行情变化，很容易使新人手忙脚乱，不知所措。交易量小，可以减少操作的难度和错误。

(2) 量力而行，不孤注一掷。从某种意义上说，期货交易是投资者历练自己心理素质的最佳工具。有人说，期货交易做的是心态，要做到“胜不骄”难，做到“面对亏损泰然处之”更难。期货交易胜负往往在一念之间，这更要求投资者在研判行情时要心无杂念，资金运用不能有后顾之忧，这样才能轻装上阵，谈笑用兵，胜算率自然较高，如果背上沉重的思想包袱，患得患失，结果往往方寸大乱，更容易导致亏损。

(3) 敢亏也敢赚。投资者有一种较为普遍的心态：在被套牢时横下心来死守，结果亏损越来越大；在有浮动利润的情况下不敢继续扩大战果，仓促退出，丧失了可能大赚的机会。事实上，期货走势非涨即跌，胜负机会应是一半对一半，如果投资者总是赚小钱输大钱的话，结果不言而喻了。

(4) 既要设止损也要设止赢。期货交易既要设止损也要设止赢。投资者在进行每一笔交易之前一定要做好充分准备，俗称三点入市，即入市点、出市点和止损点。入市点可以因人而异，而出市点和止损点的设置却应符合一定比例，出市点和止损点距入市点的比例应大于一个参数(投资者可以自己设定)，只要交易达到平损即止损点，虽然心中百般不愿意，最好还是先认赔离场再说，损失在期货交易中是很正常的，所以投资者一定要有“小赔大赚”的观念，不要畏惧频繁的小损失，到平损点时要果断退场。另外，必须有比投资者所冒风险大得多的利润可能性，才值得去承担这笔风险。在达到自己的盈利预期后，落袋为安为上上策。

(5) 判断价格走势，选择入市时机。在期货交易中要时时注意价格的变化，密切关注影响期货价格变化的各种因素变化，抓住主要因素，分析和判断价格发展趋势，选择入市时机。当国际关系等政治因素比较紧张时，往往会刺激金、银、石油等敏感性商品和一些战略性商品价格上涨。在分析农产品时，要关注主要产地的气候变化、季节性变化，同时还要注意各种统计资料、政府对农业和贸易的政策变化。当价格出现波动时，应迅速对价格波动的性质做出判断。一种属于暂时的技术性调整，另一种则是基本趋势的变化，两者要区别开来。在一般情况下，当价格涨到较高水平时，不宜入市，因为商品价格升高以后，达到限度会大幅度下降，市场一旦发生转折，将损失惨重。当商品大幅度下跌，经过一段时间，下跌幅度可能小于上涨的幅度，做多头买卖比较合适。

(6) 利用盘整末期进行交易。期货市场行情进行盘整时，通常上下波动幅度都有一定范围可循，当价格上涨到上限，就会回档，下跌到下限就会反弹，进行一段时间的整理。一旦价格有突破上下限的趋势就要注意，这种信息往往给交易者进场的暗示或是退场的警告。价格向上攀升，突破上限价，或向下滑落，深入低谷，完全取决于市场上买卖双方力量的强弱，而一个明智的投资者，应跟大势做伴。多头来临，即采取买入策略，空头压境，即卖空获利，不可与大势作对。

(7) 放进口袋才是自己的。在日常交易中，最令人懊恼的是，本来进场做对了大方向，甚至曾经有过颇为可观的浮动利润，可后来行情逆转，煮熟的鸭子飞走了，本来应该赚钱的现在却变成了亏钱平仓。在期货市场，一天未平仓，任何买卖所呈现的差价利润都只属于浮动利润。只有把握机会，适时平仓，浮动利润才会成为现实的利润，才算放进了自己的口袋。无论一个多大的涨势或跌势，中间都是波浪式发展的，不会一口气升上顶，也不会一下子跌到底。涨一段总会回吐跌一点，跌一段总会盘整涨一点。在波浪中做了交易，估计差不多到了自己的盈利目标，就要及时平仓获利，把钱放进自己的口袋。否则，走势一旦发生逆转，原先的浮动利润便会缩水甚至化为乌有。

• 理财情景 13-1 分析 •

外汇的汇率主要取决于国际收支、通货膨胀、利率水平、经济发展状况和市场心理预期等因素，这些因素是一个国家经济体系的客观事实，即使是具有丰富经济调控经验和强大能力的英国央行在短时间内也难以使之发生根本的改变。因此当时许多国际投资者都判断英国政府在英镑明显高估的情况下加入欧洲汇率体系并非明智的选择。索罗斯正是抓住这个机会，大胆地发动了对英镑的阻击战。虽然英国央行也尝试动用外汇储备甚至是国际援助进行市场干预，但最终无法改变英镑贬值的趋势。这个案例警示我们，在全球经济一体化趋势的背景下，汇率的变动会对投资的结果产生重大的影响。因此，认真学习外汇的基础知识，掌握影响汇率变动的因素和外汇投资策略与技巧，能够有效地提高投资者的投资水平，帮助其实现资产的保值增值。

• 理财情景 13-2 分析 •

期货投资具有杠杆性的特点，因此可能给投资者带来高额的利润，但同时也存在着巨大的投资风险。如果不能很好地制定风险控制策略并严格执行，投资者往往会血本无归，甚至负债累累。

比如2013年4月15日和16日两天，上海期货交易所白银期货的主力合约连续两日跌停，累计跌幅15%。按照白银期货8%的保证金比例，如果投资者在12日收盘时满仓买入期货合约，那么等到17日开盘强行平仓，不仅原有资产已经全部亏光，还将承担几乎等量的负债。巴林银行虽然是一家资深的金融机构，但是它的高层管理人员和内控审计人员都存在对期货交易风险认识不足的问题，从而使得一位分行的期货交易部门经理能够拿着银行的资产铤而走险，最终导致了这家百年银行的倒闭。巴林银行的惨痛教训提醒我们，普通投资者应当尽量把期货作为风险控制的手段，而不是投机获利的工具。即使是具有较强分析能力的投资者，在从事期货投机和套利交易时也应当确保掌握期货的交易制度，熟悉期货投资的风险并做好风险控制。

理财情景讨论和能力训练

项目任务书1

项目(或工作任务)名称	分析评价郑燕的外汇投资方案。
项目负责人	
项目组成员	
项目情景(*)	2006年元旦，郑天宇毕生心血经营的一个美国投资项目恰好完成，获得了500万美金的收益。考虑到这笔资产终将由正在某著名大学攻读投资理财专业的独生女郑燕管理，郑天宇非常郑重地和女儿商讨这笔资产的投资方向。考虑到最近几年美国房价呈上升趋势，郑天宇建议去美国买套房子，但郑燕认为中国城市化进程明显滞后于美国，房价上涨的可能性更大，而且由于经济发展速度较快、利率较高、市场预期较高等原因，人民币存在较大的升值可能性。综合考虑，郑燕觉得投资中国房产更加合理。郑天宇认同了女儿的看法，就按照8.06的汇率兑换了4 030万人民币。考虑到家庭目前收入不稳定，他们选择了全额付款，以1万/m^2的均价在上海购买了4 000m^2的房子。2014年1月，早已博士毕业的郑燕因为对外投资的需要，按照2.8万/m^2的均价把房子全部卖掉，并以6.06的汇率兑换成1 848万美元。
项目(或工作任务)目标	请你分析一下郑燕的外汇投资方案是否合理。
项目工作内容和方法	1.讨论：郑燕的外汇投资方案是否合理？ 2.分析：你怎么评价郑燕的投资策略？郑燕通过房产投资成功把资产增值为原来的2.8倍，但500万美金的2.8倍仅有1 400万，另外的448万美元收益又是从哪儿来的呢？ 3.思考：运用所学的知识，指出郑燕判断人民币存在升值趋势的依据，并分析这些依据现在是否依然存在。
学习目标	通过讨论、分析、思考郑燕的外汇投资方案，加深对汇率变动的影响因素以及外汇投资策略与技巧的理解。
学习提示	完成本工作任务主要应用“影响汇率变动的因素”和“外汇投资策略与技巧”两个知识点。
说明	

项目活动计划与评价表

<table>
<tr><td colspan="4">项目(或工作任务)名称</td><td colspan="6"></td></tr>
<tr><td colspan="4">项目负责人</td><td colspan="6"></td></tr>
<tr><td colspan="4">项目组成员</td><td colspan="6"></td></tr>
<tr><td colspan="4">项目实施时间</td><td colspan="6"></td></tr>
<tr><td rowspan="2">项目计划</td><td colspan="3">项目实施计划</td><td colspan="6">包括(但不限于):计划目标、实现计划目标的要素、计划进度等。</td></tr>
<tr><td colspan="3">工作方案</td><td colspan="6">包括(但不限于):工作流程、阶段任务、工作思路、工作方法措施等。</td></tr>
<tr><td colspan="4">项目成果</td><td colspan="6"></td></tr>
<tr><td colspan="4">收获</td><td colspan="6"></td></tr>
<tr><td rowspan="6">工作评价</td><td colspan="3" rowspan="2">团队及成员</td><td rowspan="2">团队</td><td colspan="5">成员</td></tr>
<tr><td>1.</td><td>2.</td><td>3.</td><td>4.</td><td>5.</td></tr>
<tr><td rowspan="4">评语与成绩</td><td rowspan="2">团队评价</td><td>评价</td><td></td><td></td><td></td><td></td><td></td><td></td></tr>
<tr><td>成绩</td><td></td><td></td><td></td><td></td><td></td><td></td></tr>
<tr><td rowspan="2">教师评价</td><td>综合评价</td><td></td><td></td><td></td><td></td><td></td><td></td></tr>
<tr><td>成绩</td><td></td><td></td><td></td><td></td><td></td><td></td></tr>
</table>

项目任务书 2

项目(或工作任务)名称	分析评价吴坤的期货投资方案。
项目负责人	
项目组成员	
项目情景(*)	吴坤1998年就开始进行股票投资,一直坚持利用业余时间认真学习股票理财知识,具有较强的分析能力,并且从股市获得了丰厚的回报。15年的时间,他的资产已经从20万增长到500万。2013年,苦于近两年行情不佳,且融券做空经常融不到券的吴坤听说股指期货可以双向操作,只要判断准确,不管涨跌都可以赚钱,并且股指期货直接盯住沪深300指数,分析方法和股市完全一致。心动的吴坤便到期货公司注册了账户,并且很快就完成了10笔商品期货的交易,开通了股指期货的权限。6月20日,上证指数跌破2 100点,股指期货也逼近2 300点,吴坤认为迅速的下跌很可能会带来强劲的反弹,就以2 320点的价格买入36张合约,系统显示占用资金为250.56万。吴坤觉得这样半仓介入非常合适,万一股市继续下跌20%,刚好还能有资金补仓。
项目(或工作任务)目标	请你分析一下吴坤的期货投资方案是否安全。
项目工作内容和方法	1.讨论:吴坤的期货投资方案是否合理? 2.分析:吴坤的期货投资方案真的安全吗?如果股市真的继续下跌20%,吴坤还有资金补仓吗? 3.思考:运用所学的知识,指出吴坤的期货投资方案最多只能承受多大的跌幅,并思考如何做好期货投资的风险控制。
学习目标	通过讨论、分析、思考吴坤的期货投资方案,加深对期货交易制度、期货投资风险以及期货投资策略与技巧的理解和掌握。
学习提示	完成本工作任务主要应用“期货交易制度”和“期货投资风险”两个知识点。
说明	

项目活动计划与评价表

<table>
<tr><td colspan="4">项目(或工作任务)名称</td><td colspan="6"></td></tr>
<tr><td colspan="4">项目负责人</td><td colspan="6"></td></tr>
<tr><td colspan="4">项目组成员</td><td colspan="6"></td></tr>
<tr><td colspan="4">项目实施时间</td><td colspan="6"></td></tr>
<tr><td rowspan="2">项目计划</td><td colspan="3">项目实施计划</td><td colspan="6">包括(但不限于):计划目标、实现计划目标的要素、计划进度等。</td></tr>
<tr><td colspan="3">工作方案</td><td colspan="6">包括(但不限于):工作流程、阶段任务、工作思路、工作方法措施等。</td></tr>
<tr><td colspan="4">项目成果</td><td colspan="6"></td></tr>
<tr><td colspan="4">收获</td><td colspan="6"></td></tr>
<tr><td rowspan="6">工作评价</td><td colspan="3" rowspan="2">团队及成员</td><td rowspan="2">团队</td><td colspan="5">成员</td></tr>
<tr><td>1.</td><td>2.</td><td>3.</td><td>4.</td><td>5.</td></tr>
<tr><td rowspan="4">评语与成绩</td><td rowspan="2">团队评价</td><td>评价</td><td></td><td></td><td></td><td></td><td></td><td></td></tr>
<tr><td>成绩</td><td></td><td></td><td></td><td></td><td></td><td></td></tr>
<tr><td rowspan="2">教师评价</td><td>综合评价</td><td></td><td></td><td></td><td></td><td></td><td></td></tr>
<tr><td>成绩</td><td></td><td></td><td></td><td></td><td></td><td></td></tr>
</table>

※ 项目十四　实业投资理财 ※

学习目标：通过本项目学习，了解个人实业投资理财的特征、独资企业特点、合伙企业的类型及特点；清楚独资企业设立原则与设立条件，知道独资企业的优缺点；清楚合伙协议的内容及合伙企业的设立条件与管理；熟悉实业投资的种类，清楚实业投资运作过程；熟悉合伙企业的损益分配。

项目十四工作任务分解(WBS)

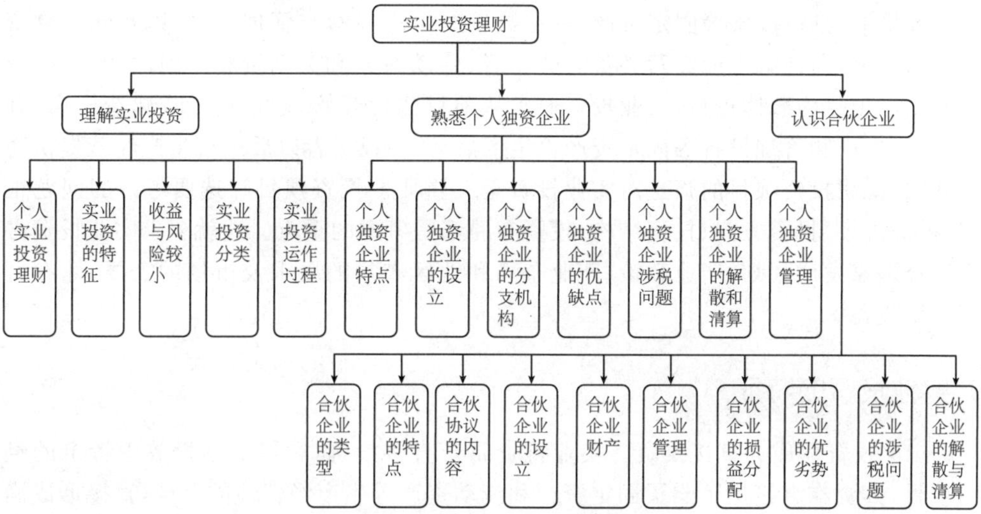

· 理财情景 14 ·

陈林和王强是大学同学，在上大学期间合伙做一些小生意，积累了 20 多万元的资金。大学毕业时，两人商量决定以大学做生意积累的 20 多万元作为资本，拟再向银行申请 100 万元贷款，合伙办一家贸易公司。

请思考：陈林和王强应怎样办理公司注册登记？

任务一　理解实业投资

1. 个人实业投资理财

实业投资是指经济主体(包括法人和自然人)为获取收益而将资金投入生产领域的投资行为。

个人实业投资理财指个人通过创办企业的方式开展的理财活动，通常指个人开办企业，包括独资企业、合伙企业和公司企业。实际当中，人们往往把个人投资做个体户也视为实业投资。个人进行实业投资尤其是创办企业，需要有固定的场所，拥有一定数量的房屋、设备等固定资产，一定数量的生产经营与管理人员，以及储备物资所需的资金，即拥有生产经营必备的劳动者、劳动对象和劳动资料。因此，实业投资一般要以项目为载体进行，实业投资通常从项目建设开始，通过购置或建造厂房、办公场所、生产和管理设备等固定资产再生产活动，为投资者以后进行生产经营提供物质基础，说明投资项目的筛选对实业投资至关重要。投资项目筛选要考虑的问题很多，投资规模、投资方向、投资结构、投资布局都是考虑的重点。这就要求实业投资必须符合国家发展规划、产业政策、产业布局和地区布局的要求及市场的需要，才有可能获得收益。

2. 实业投资的特征

(1) 投资性质为直接投资。实业投资属于直接投资，它将资本投放于特定的经营项目，其资本直接用于购买固定资产和流动资产等生产经营性的资产，直接形成满足生产要求的生产能力，并能产出具有价值和使用价值的产品(或劳务)，以获取投资利润。

(2) 资本所有权不转移。实业投资是经济生产能力的增长，是推动经济增长的因素，其资本所有权不转移。

(3) 收益与风险较小。实业投资以一定的人力及财力为基础，其存在形式是实物资产，收益与风险相对较小，从事实业投资的人承担的风险有限。

3. 实业投资的组织方式

按照财产的组织形式和所承担的法律责任划分，国际上通常把企业分类为：独资企业、合伙企业和公司企业。

3.1　独资企业

独资企业，西方也称“单人业主制”。它是指依照《个人独资企业法》在中国境内设立，由一个自然人投资，财产为投资人个人所有，投资人以其个人财产对企业债务承担无限责任的经营实体。个人独资企业往往规模较小，不具有法人资格，是最基础的企业组织形式。独资企业由某个人出资创办的，有很大的自由度，只要不违法，爱怎么经营就怎么经营，要雇多少人、贷多少款，全由企业主自己决定；赚了钱，交了税，一切听从企业主的分配；赔了本，欠了债，全由企业主的资产来抵偿。我国的个体户和私营企业大多属于此类企业，目前此类企业是我国个人进行实业投资的主要组织方式之一。

3.2　合伙企业

合伙企业是由几个人、几十人甚至几百人联合起来共同出资创办的企业。它不同于所有权和经营权分离的公司企业。它通常是依合同或协议凑合组织起来的，结构不太稳定。合伙人对整个合伙企业所欠的债务负有无限的责任。合伙企业不如独资企业自由，决策通常要合伙人集体做出，但它具有一定的企业规模优势。为了发挥企业的规模优势，不少个人实业投资者选择合伙企业组织方式。

以上两类企业属自然人企业，出资者对企业承担无限责任。

3.3　公司企业

公司企业是按所有权和管理权分离，出资者按出资额对公司承担有限责任的企业，主要包括有限责任公司和股份有限公司。

(1) 有限责任公司。有限责任公司是指不通过发行股票，而由为数不多的股东集资组建的公司(一般由 2 人以上 50 人以下股东共同出资设立)，其资本无须划分为等额股份，股东在出让股权时受到一定的限制。在有限责任公司中，董事和高层经理人员往往具有股东身份，使所有权和管理权的分离程度不如股份有限公司那样高。有限责任公司的财务状况不必向社会披露，公司的设立和解散程序比较简单，管理机构也比较简单，比较适合中小型企业。

(2) 股份有限公司。股份有限公司是把全部资本划分为等额股份，通过发行股票筹集资本的公司，又分为在证券市场上市的公司和非上市的公司。股东一旦认购股票，就不能向公司退股，但可以通过证券市场转让其股票。股份有限公司的优势是：经过批准它可以向社会大规模地筹集资金，使某些需要大量资本的企业在短期内得以成立，有利于资本的市场化和公众化，将企业经营置于社会大众的监督之下。当股东认为企业经营不善时，会抛售股票，这成为对公司经理人员的强大外部约束力量。但股份有限公司的创办和歇业程序复杂，公司所有权和管理权的分离带来两者协调上的困难，同时由于公司要向外披露经营状况，商业秘密难以保守。这种组织形式比较适合大中型企业。

目前我国的个人投资者一般选择有限责任公司的方式组建企业，因为不允许个人通过发行股票筹集资金，所以我国尚未有个人投资者采用股份公司的形式组建企业。

公司企业属法人企业，出资者以出资额为限承担有限责任，是现代企业组织中的一种重要形式，它有效地实现了出资者所有权和管理权的分离，具有资金筹集广泛、投资风险有限、组织制度科学等特点，在现代企业组织形式中具有典型性和代表性。

随着我国社会主义市场经济体制的不断完善和世界经济一体化进程的加快，公司企业将成为我国企业组织形式的主体。此外，公司企业为了扩大规模，必定不断进行再投资，投资过程将会成立众多分支机构。根据分支机构与公司企业是受控还是所属，可分为母子公司与总分公司。如果新办企业是原公司企业所属就称为总公司与分公司的关系，如果新办企业是原公司所控制，则称为母公司与子公司的关系。区分总分公司与母子公司的关键是看新办公司与原公司是否为同一法人主体。一般认为，分公司是总公司的派出机构，与总公司是同一法人实体，从而两者间适用汇总纳税，直接抵扣有关税收规定；而母公司虽然控制着子公司的部分股权，但在法律上认定二者之间是非同一法人实体的关系，因而不能按汇总纳税等规定来处理税务当局与它们之间的关系。一些国家在公司法规中，规定企业之间具有母子关系者，必须以一家公司拥有另一家公司至少50%以上的股权为准，而另一些国家则没有明确规定数量标准，但税收协定规定的母子企业的标准，则以“直接或间接控制另一企业的生产经营”为准。

4. 实业投资分类

4.1 按照投资在实业经营理财中作用的不同分类

实业投资按其在实业经营理财中作用的不同可以分为外延型实业投资和内涵型实业投资。外延型投资是以扩大生产经营场所，增加生产要素数量为目的的投资，包括新建、扩建和改建项目投资。新建指平地起家，从无到有，个人投资者新创办实业进行房屋建筑物和机器设备的建造、购置活动就属于新建项目投资；扩建、改建是已创立的实业在原有的基础上扩大经营规模或改变原来的生产工艺流程的一种投资。外延投资从规模经济的角度使实业投资者的生产经营得到扩展。内涵型投资是以提高原有生产要素质量为目的所进行的投资，包括设备更新投资和技术改造投资。设备更新投资是以补偿、更换旧的或寿命终了的设备为目的进行的一种投资；技术改造投资是以提高技术水平为目的的一种投资。内涵投资从集约经营出发，通过提高经营效率达到扩大生产的目的。实业投资者选择何种投资方式扩展自身的经营规模，受自身和外部条件的约束，一般认为内涵投资具有投资省、周期短、见效快的特点，因此，在投资方式选择上应遵循“以内涵投资为主，在通过内涵投资无法解决问题的情况下才进行外延投资”的原则。

4.2 按照实业投资所属的产业分类

按照实业投资所属的产业，实业投资可以分为第一产业实业投资、第二产业实业投资和第三产业实业投资。第一产业实业投资主要指农民或城市居民作为重要的投资主体将资金投资于农业，发展农业生产；第二产业实业投资指投资者将资金投资于创办工厂；第三产业实业投资指对服务行业的投资。目前我国理论界习惯将实业投资限定在第二、第三产业，不包括农业。

4.3 个体户和私营企业

就我国情况看，个人实业投资主要有个人投资做个体户和私营企业(包括个人独资企业)。

(1) 个人投资做个体户。个人投资做个体户主要包括个体手工业、个体商业、个体饮食业、个体修理业、个体运输业、个体缝纫业等。个体户是个体经济单位，个体经济是一种小私有制经济，具有较强的适应性，可存在于生产力发展的较低阶段，也可存在于生产力发展的较高阶段。它是以生产资料个体所有和以个体劳动为基础,生产资料归个体劳动者所有,从事不剥削或基本不剥削他人的个体劳动的一种经济成分。作为个体经济单位的个体户一般以劳动者个人及其家庭成员为主体,用自有劳动工具和生产资料、资金,经向国家有关部门登记,即可独立地进行生产活动。

(2) 个人投资私营企业。私营企业也称私有企业,是由私人投资经营的企业。其生产资料和产品属私人所有,经营活动由自己或雇佣的管理人员进行管理,资金来源有私人独自集资或债券集资、股票集资和贷款集资等。目前我国允许劳动者私营企业存在和发展,鼓励外国资本家依法在我国投资建立各种形式的私人联合企业。与私营企业相对应的经济是私营经济。其生活资料归私人企业主所有,劳动过程表现为在企业主的指挥和监督下的雇佣劳动者与其占用的生产资料的结合过程,劳动产品归企业主占有和支配。私营企业可以是单个投资主体独资创办,也可以是几个投资者合伙创办,既可以采用独资企业,也可以采用合伙企业组织方式。

4.4　新兴的实业投资方式

(1) 高新技术产业投资。高新技术产业投资是对高新技术产业部门进行的投资。高新技术产业是指研究和开发高新技术产品的企业的集合,高新技术包括高技术和新技术两个不同的范畴。高技术是以科学最新成果为基础的技术,目前公认的高技术包括信息技术、生物技术,以及新材料、新能源、航空航天和海洋开发技术等。新技术是某一领域和范围相对较新的技术,并不是一定是高技术。

(2) 创业投资。创业投资是指通过向不成熟的创业企业提供股权资本,并为其提供管理和经营服务,期望在企业发展到相对成熟后,通过股权转让收取高额中长期收益的投资行为。

创业投资的经营方针是在高风险中追求高回报,特别强调创业企业的高成长性,其投资对象是那些不具备上市资格的处于起步和发展阶段的企业,甚至是仅仅处在构思之中的企业。它的投资目的不是控股,而是希望取得少部分股权,通过资金和管理等方面的援助,促进创业公司的发展,使资本增值。一旦公司发展起来,股票可以上市,创业资本家便通过在股票市场出售股票,获取高额回报。

创业投资的投资方向主要集中于高新技术领域,投资对象主要为新兴的、迅速发展的、有巨大竞争潜力的中小企业,投资方式主要为股权投资,重点支持处在开发和试生产阶段的科技成果迅速进入商品化推广应用阶段,要通过在风险企业公开上市后转让股权获取投资收益。在美国,70%以上的创业资本投资于高新技术领域,从而对高新技术产业化起到了极大的推动作用。

5. 实业投资运作过程

实业投资一般要经过投资前期、投资期、投资回收期三个阶段,每个阶段环环相扣,前一阶段为后一阶段创造条件,后一阶段必须在前一阶段的基础上进行。

5.1　投资前时期

如前所述,实业投资一般要以项目为载体进行,通常从项目建设开始,因此,投资前时期的主要工作就是寻找投资机会,确定投资项目,对选定的项目进行规划、研究并做出投资决策，包括编审项目建议书和进行可行性研究两项工作。

（1）项目建议书。项目建议书是项目实施单位（或个人，下同）根据国民经济长远发展规划和行业、地区发展规划，结合实施单位自身的发展规划、资源条件和市场预测等，在调查研究、收集资料、综合分析项目建设的必要性和合理性的基础上提出的。它是拟建项目的轮廓设想，主要申述项目申报的理由、主要依据、项目的市场需求、生产建设条件、投资概算和简单的经济和社会效益情况。项目建议书需经各级审批机构核准或备案。项目建议书经有关部门核准或备案即为立项，实施单位便可以着手建设前期的工作。

（2）可行性研究。可行性研究是投资前期工作的中心环节，是项目决策的依据。可行性研究的目的是论证项目是否有必要实施，技术是否可靠，经济是否合理。通常由实施单位自行或委托中介机构开展此项工作。承担可行性研究工作的单位依据项目论证的结果编制项目设计任务书，实施单位根据项目可行性研究结果做出项目投资决策，将项目设计任务书及可行性研究报告（作为附件），一并提交给有关部门核准或备案。经过核准或备案的项目设计任务书是指导项目设计和进行后续各项工作的重要依据，任何单位和个人都不能随意变更。需要申请贷款的项目，则将可行性研究报告提交给贷款银行，贷款银行经过评估后做出贷款与否的决策。

5.2 投资时期

投资时期是项目决策后，将项目付诸实施的时期，主要包括初步设计、施工图设计、施工和项目竣工试生产等各项工作。

（1）初步设计。初步设计是可行性研究的继续和深化，就是根据核准或备案的设计任务书所确定的重大原则，对投资项目从技术上、经济上进行具体的规划，制定具体的实施方案，并编制总概算，确定项目所需的全部建设费用。初步设计一般包括设计概论、建设规模和产品方案、总体布局、工艺流程及设备选型、主要设备清单和材料、主要技术经济指标、主要建筑物、公用辅助设施、劳动定员、环境保护、安全生产、占地面积、建设工期计划、总投资概算等文字说明及图纸。

（2）施工图设计。施工图设计是对初步设计中所确定的各项建筑物、构筑物和非标准设备进行更具体和详细的设计。它是各项建筑工程、设备安装工程和非标准设备进行施工和制造的主要依据。该阶段还应编制施工图预算，以确定各项单项工程的造价。

（3）施工。施工阶段的主要任务就是根据施工图进行各项建筑工程和设备安装工程的施工，以及非标准设备的制造，确保各项建设任务的完成。为保证施工工作的顺利进行，防止疏忽和遗漏，避免施工工作暂停带来损失，必须做好施工前的准备工作。施工准备工作主要包括：设备和材料的订购和采购，编制施工组织设计和施工图预算，建筑工程招标以及征地、拆迁、临时设施建设等。

（4）项目竣工、生产准备。通过施工完成全部的建设任务后，需组织有关部门对项目进行验收。项目竣工验收是全面考察建设成果，检查决策、设计和施工质量的重要环节。竣工验收一般采取先单项工程逐个验收，后整体工程验收的程序，验收合格后应及时办理固定资产交付使用手续。同时，要做好生产准备工作。生产准备工作一般包括：按计划要求培训管理人员和生产人员，组织生产人员参加主要设备和工程的安装、调试，在投产前熟悉工艺流程和操作技术。

5.3　生产时期

生产时期包括交付使用和项目总结两项工作。

(1) 交付使用(投入生产)。项目竣工验收后，按照有关规定交付生产部门投入生产或使用，以促进预期经济效益的实现。在交付使用后，主要工作是按照工艺技术的要求尽快达到设计生产能力，或者按照经营方案的要求尽快转入正常的经营，并加强生产经营管理，以期尽快实现和尽量提高项目投资的经济效益。

(2) 项目总结。在项目交付使用一段时间后，应根据生产经营情况，全面总结项目各阶段的工作，总结经验，吸取教训，以便改进今后的项目管理。

任务二　熟悉个人独资企业

1. 个人独资企业特点

(1) 公司的建立与解散程序简单。

(2) 经营管理灵活自由。独资企业的公司业主可以完全根据个人的意志确定经营策略，进行管理决策。

(3) 业主对公司的债务负无限责任。当公司的资产不足以清偿其债务时，业主以其个人财产偿付公司债务，有利于保护债权人利益，但独资企业不适宜风险大的行业。

(4) 公司的规模有限。独资企业有限的经营所得、公司业主有限的个人财产、公司业主一人有限的工作精力和管理水平等都制约着公司经营规模的扩大。

(5) 公司的存在缺乏可靠性。独资企业的存续完全取决于公司业主个人的得失安危，公司的寿命有限。

2. 个人独资企业的设立

2.1　设立原则

(1) 主要原则：准则主义与核准主义

准则主义与核准主义是公司设立的两个主要原则。

准则主义即登记主义，是指法律规定设立公司的要件作为公司设立的准则，只要满足其条件，公司即可成立，无须行政机关或立法机关的事先批准。

核准主义也称行政许可主义或核准登记主义，是指公司设立除具备法定之一般要件，还须经政府行政主管机关审查核准。即公司的设立需首先经过政府行政机关的审批许可，然后再经政府登记机关登记注册方可设立。

(2) 我国关于公司设立的规定

伴随着经济的发展,各国基本不实施核准主义原则,但对于部分行业的公司设立仍采用核准设立的方式。我国对一般的有限责任公司采取准则主义原则设立,只要经过工商行政机关的登记,公司就能成立。但是,对特殊的有限责任公司和股份有限公司采取核准主义原则设立。需要办理行政审批的有限责任公司主要有两类:第一类是法律、行政法规对设立公司规定必须报经审批的公司,如设立经营保险业务的有限责任公司,就必须在设立登记前取得金融主管机关的批准,设立外商投资的有限责任公司,就必须事先报经国家对外经济贸易合作部或者受托机构审批。第二类是公司营业项目中有必须依法报经审批的公司,如设立咨询服务的有限责任公司,其中的经营范围拟包括法律服务业务,那么就必须在设立登记前报经各省、市司法局批准。

设立股份有限公司,必须经过国务院授权部门或省级人民政府批准。按照我国行政机关的管辖权限,公司主要发起人为中央部、委直属企业的,公司审批部门为国务院授权部门,一般指国家经济体制改革委员会;公司主要发起人为地方企业的,一般由省级人民政府作为公司审批部门。实际上由于我国目前股份有限公司的发起人企业大多都有行业主管部门,因此,在报送公司审批部门批准之前,公司的设立申请尚需报送行业主管部门并得到许可。这样,股份有限公司的设立需得到两次行政许可:行政主管部门的许可以及公司审批部门(国务院授权部门或省级人民政府)的批准。

根据现行公司法,其中仅对一人有限公司的注册资本、再设立、股东会等方面做出了规定,但并未要求一人有限公司设立前需先行核准,因此一人有限公司的设立不采取核准主义。

(3) 个人独资企业的设立原则

①个人独资企业不同于一人有限公司。一是法律性质不同。一人有限公司是一个团体法人,法律赋予它人格,即人格化了的,因此具有独立的法人资格,可以独立承担民事责任。个人独资企业为一个自然人所有人,不具备法人资格。二是承担的法律责任不同。一人有限公司的投资人对公司债务承担有限责任,责任形式是投资人所承担的风险只限于所投资的那一部分,不涉及投资人的其他个人财产,因为投资人的投资财产和其他个人财产是分离的。而个人独资企业投资人的投资与其个人财产是不分离的,承担的是无限责任,在责任形式上是个人独资企业的投资人作为债务人,要以其全部个人财产对其所投资的个人独资企业债务承担责任。三是登记的法律依据不同。一人有限公司依据登记的法律是《公司法》及《公司登记管理条例》,而个人独资企业的登记是《个人独资企业法》及《个人独资企业登记管理条例》。

②个人独资企业的设立原则。依据《中华人民共和国个人独资企业法》规定,个人独资企业经登记机关依法核准登记,领取营业执照后,方可从事经营活动。个人独资企业应当在登记机关核准的登记事项内依法从事经营活动。工商行政管理机关是个人独资企业的登记机关。国家工商行政管理总局主管全国个人独资企业的登记工作。省、自治区、直辖市工商行政管理局负责本地区个人独资企业的登记工作。市、县工商行政管理局以及大中城市工商行政管理分局负责本辖区内的个人独资企业登记。

2.2 设立条件

(1) 投资人为一个自然人。

(2) 有合法的公司名称。个人独资企业的名称应当符合名称登记管理有关规定,并与其责任形式及从事的营业相符合。个人独资企业的名称中不得使用“有限”“有限责任”或者“公司”字样。

(3) 有投资人申报的出资额、出资方式及经营范围。个人独资企业投资人以个人财产出资或者以其家庭共有财产作为个人出资的,应当在设立申请书中予以明确。

(4) 有固定的生产经营场所和必要的生产经营条件。

(5) 有必要的从业人员。

2.3 设立登记

申请设立应提交的文件:

(1) 投资人签署的个人独资企业设立申请书。个人独资企业设立申请书应当载明企业的名称和住所、投资人的姓名和居所、投资人的出资额和出资方式、经营范围。

(2) 投资人身份证明。

(3) 公司住所证明。

(4) 国家工商行政管理总局规定提交的其他文件。从事法律、行政法规规定须报经有关部门审批的业务的,应当提交有关部门的批准文件。委托代理人申请设立登记的,应当提交投资人的委托书和代理人的身份证明或者资格证明。个人独资企业营业执照的签发日期为个人独资企业的成立日期。

3. 个人独资企业的分支机构

3.1 分支机构登记

个人独资企业设立分支机构,应当由投资人或者其委托的代理人向分支机构所在地的登记机关申请设立登记。登记事项应当包括:分支机构的名称、经营场所、负责人姓名和居所、经营范围。

3.2 分支机构登记材料

个人独资企业申请设立分支机构,应当向登记机关提交下列文件:

(1) 分支机构设立登记申请书。

(2) 登记机关加盖印章的个人独资企业营业执照复印件。

(3) 经营场所证明。

(4) 国家工商行政管理总局规定提交的其他文件。分支机构从事法律、行政法规规定须报经有关部门审批的业务的,还应当提交有关部门的批准文件。个人独资企业投资人委派分支机构负责人的,应当提交投资人委派分支机构负责人的委托书及其身份证明。委托代理人申请分支机构设立登记的,应当提交投资人的委托书和代理人的身份证明或者资格证明。

4. 个人独资企业的优缺点

4.1 独资企业的优点

独资企业是公司制度序列中最初始和最古典的形态，也是民营公司主要的公司组织形式，其主要优点有：

（1）公司资产所有权、控制权、经营权、收益权高度统一。这有利于保守与公司经营和发展有关的秘密，有利于公司业主个人创业精神的发扬。

（2）公司业主自负盈亏和对公司的债务负无限责任成为强硬的预算约束。公司经营好坏同公司业主个人的经济利益乃至身家性命紧密相连，因而，公司业主会尽心竭力地把公司经营好。

（3）公司的外部法律法规等对公司的经营管理、决策、进入与退出、设立与破产的制约较小。

4.2 独资企业的缺点

虽然独资企业有如上的优点，但它也有比较明显的缺点：

（1）难以筹集大量资金。因为一个人的资金终归有限，以个人名义借贷款难度也较大，所以，独资企业限制了公司的扩展和大规模经营。

（2）投资者风险巨大。公司业主对公司负无限责任，在硬化了公司预算约束的同时，也带来了公司业主承担风险过大的问题，从而限制了公司业主向风险较大的部门或领域进行投资。这对新兴产业的形成和发展极为不利。

（3）公司连续性差。公司所有权和经营权高度统一的产权结构，虽然使公司拥有充分的自主权，但这也意味着公司是自然人的公司，公司业主的病、死，或者其个人及家属知识和能力的缺乏，都可能导致公司破产。

（4）公司内部的基本关系是雇佣劳动关系，劳资双方利益目标的差异，构成公司内部组织效率的潜在危险。

5. 个人独资企业涉税问题

个人独资企业应视其经营、发生的业务可能征收增值税、消费税、营业税、城市维护建设税、教育附加费、资源税、车辆购置税、印花税、房产税、土地使用税、车船税、土地增值税、契税及个人所得税。

个人独资企业按照现行税法规定不交企业所得税，而交个人所得税，以投资者为纳税义务人，每一纳税年度的收入总额减除成本、费用以及损失后的余额，作为投资者个人的生产经营所得，比照个人所得税法的“个体工商户的生产经营所得”应税项目，适用5%～35%的五级超额累进税率，计算征收个人所得税，税率如表14-1。

个人独资企业的收入总额，是指企业从事生产经营以及与生产经营有关的活动所取得的各项收入，包括商品（产品）销售收入、营运收入、劳务服务收入、工程价款收入、财产出租或转让收入、利息收入、其他业务收入和营业外收入。

表 14-1　税率表

级数	全年应纳税所得额		税率（%）	速算扣除数
	含税级距	不含税级距		
1	不超过 15 000 元的	不超过 14 250 元的	5	0
2	超过 15 000 元至 30 000 元的部分	超过 14 250 元至 27 750 元的部分	10	750
3	超过 30 000 元至 60 000 元的部分	超过 27 750 元至 51 750 元的部分	20	3 750
4	超过 60 000 元至 100 000 元的部分	超过 51 750 元至 79 750 元的部分	30	9 750
5	超过 100 000 元的部分	超过 79 750 元的部分	35	14 750

注：(1) 本表所列含税级距与不含税级距，均为按照税法规定以每一纳税年度的收入总额减除成本、费用以及损失后的所得额；(2) 含税级距适用于个体工商户的生产、经营所得和由纳税人负担税款的对企事业单位的承包经营、承租经营所得；不含税级距适用于由他人（单位）代付税款的对企事业单位的承包经营、承租经营所得。

6. 个人独资企业的解散和清算

6.1　解散事由

(1) 投资人决定解散。

(2) 投资人死亡或者被宣告死亡，无继承人或者继承人决定放弃继承。

(3) 被依法吊销营业执照。

(4) 法律规定的其他情形。

6.2　清算人

投资人可以自行清算或者由债权人申请人民法院指定清算人进行清算。

6.3　债权申报期限

债权人应当在接到通知之日起 30 日内，未接到通知的债权人应当在公告之日起 60 日内，向投资人申报债权。

6.4　财产的清偿顺序

(1) 所欠职工工资和社会保险费用。

(2) 所欠税款。

(3) 其他债务。

个人独资企业财产不足以清偿债务的，投资人应当以其个人的其他财产予以清偿。

6.5　注销登记

个人独资企业清算结束后，投资人或者人民法院指定的清算人应当编制清算报告，并于清算结束之日起 15 日内到原登记机关办理注销登记。

个人独资企业申请注销登记，应当向登记机关提交下列文件：

(1) 投资人或者清算人签署的注销登记申请书。

(2) 投资人或者清算人签署的清算报告。

(3) 国家工商行政管理总局规定提交的其他文件。

个人独资企业办理注销登记时，应当缴回营业执照，经登记机关注销登记，个人独资企业终止。

6.6 债务责任

个人独资企业解散后，原投资人对个人独资企业存续期间的债务仍应承担偿还责任，但债权人在5年内未向债务人提出偿债要求的，该责任消灭。

7. 个人独资企业管理

投资人可以自行管理企业事务，也可以委托或者聘用他人负责企业的事务管理。投资人委托或者聘用他人管理时需对受托人的职权进行限制。

7.1 内部限制(投资人对受托人职权的限制)

(1) 个人独资企业的投资人对受托人或者被聘用的人员职权的限制，不得对抗善意第三人。

(2) 投资人委托或者聘用的人员管理个人独资企业事务时违反双方订立的合同，给投资人造成损失的，应当承担民事赔偿责任。

7.2 法定限制(法律对受托人职权的限制)包括但不限于

(1) 不得擅自以企业财产提供担保。

(2) 未经投资人同意，不得从事与本企业相竞争的业务。

(3) 未经投资人同意，不得同本企业订立合同或者进行交易。

(4) 未经投资人同意，不得擅自将企业商标或者其他知识产权转让给他人使用。

任务三　认识合伙企业

1. 合伙企业的类型

合伙企业分为普通合伙企业和有限合伙企业。其中，普通合伙企业又包含特殊的普通合伙企业。

1.1 普通合伙企业

普通合伙企业由2人以上普通合伙人(没有上限规定)组成。普通合伙企业中，合伙人对合伙企业债务承担无限连带责任。

特殊的普通合伙企业中，一个合伙人或数个合伙人在执业活动中因故意或者重大过失造成合伙企业债务的，应当承担无限责任或者无限连带责任，其他合伙人则仅以其在合伙企业中的财产份额为限承担责任。

1.2 有限合伙企业

有限合伙企业由2人以上50人以下的普通合伙人和有限合伙人组成，其中普通合伙人和有限合伙人都至少有1人。当有限合伙企业只剩下普通合伙人时，应当转为普通合伙企业，如果只剩下有限合伙人时，应当解散。普通合伙人对合伙企业债务承担无限连带责任，有限合伙人以其认缴的出资额为限对合伙企业债务承担责任。

本书中讨论的合伙企业指普通合伙企业。

2. 合伙企业的特点

（1）由多个合伙人组成，生命有限。一个合伙企业至少有两个以上的合伙人。合伙企业生命有限，比较容易设立和解散。合伙人签订了合伙协议，就宣告合伙企业的成立。新合伙人的加入，旧合伙人的退伙、死亡、自愿清算、破产清算等均可造成原合伙企业的解散以及新合伙企业的成立。

（2）以合伙协议为法律基础。创立合伙企业要求全体合伙人订立书面合伙协议。合伙企业是由全体合伙人根据其共同意志而自愿组成的经济组织。该组织的设立、活动、变更、解散等一系列行为都必须符合一定的行为规则，而合伙协议就是合伙企业的行为规则。合伙协议必须是书面的。如果没有合伙协议，合伙企业就不能成立，其运作也就无从谈起。

（3）合伙企业是不具备法人资格的营利性经济组织。合伙企业的非法人性，使得它与具有法人资格的市场主体相区别；合伙企业的营利性，使得它与其他具有合伙形式但不以营利为目的的合伙组织相区别；合伙企业的组织性，使得它与一般民事合伙区别开来，从而成为市场经济活动的主体和多种法律关系的主体。

（4）内部关系属于合伙关系。合伙人共同出资、合伙经营、共享收益、共担风险。

合伙企业的资本是由全体合伙人共同出资构成。共同出资的特点决定了合伙人原则上均享有平等地参与执行合伙事务的权利，各合伙人互为代理人。共同出资的特点也决定了对于合伙经营的收益和风险，由合伙人共享、共担。合伙企业作为人和企业，它完全建立在合伙人相互信赖的基础上，因此各合伙人彼此间的权利义务并无不同，不存在特殊的合伙人。

（5）全体合伙人对合伙企业的债务承担无限连带清偿责任。合伙企业的合伙人对合伙企业的债务承担无限的连带清偿责任。即当合伙企业财产不足清偿合伙企业债务时，各合伙人对于不足的部分承担连带清偿责任。这样的规定可以使合伙人能够谨慎、勤勉地执行合伙企业的事务，使合伙企业的债权人的合法权益得到保障和实现。这一特征是合伙企业与其他企业最主要的区别。

3. 合伙协议的内容

为了避免经济纠纷，在合伙企业成立时，合伙人应首先订立合伙协议（又叫合伙契约，或合伙章程），其性质与公司章程相同，对所有合伙人均有法律效力，一般包括以下内容：

（1）合伙企业的名称和主要经营场所的地点。

（2）合伙目的和合伙企业的经营范围。

（3）合伙人的姓名及其住所。

(4) 合伙人出资的方式、数额和缴付出资的期限。

(5) 利润分配和亏损分担办法。

(6) 合伙企业事务的执行。

(7) 入伙与退伙。

(8) 合伙企业的解散与清算。

(9) 违约责任。

合伙协议可以载明合伙企业的经营期限和合伙人争议的解决方式。合伙协议经全体合伙人签名、盖章后生效。合伙人依照合伙协议享有权利，承担责任。经全体合伙人协商一致，可以修改或者补充合伙协议。

4. 合伙企业的设立

4.1 设立条件

工商行政管理机关是合伙企业登记机关。设立合伙企业应当具备下列条件：

(1) 有 2 个以上合伙人，并且都是依法承担无限责任者。有 2 个以上合伙人才可以设立合伙企业，合伙人应当是具有完全民事行为能力的人，法律、行政法规禁止从事营利性活动的人，不能成为合伙企业的合伙人。

(2) 有书面合伙协议。合伙协议是合伙人之间订立的明确彼此间权利义务关系的协议。口头合伙协议没有法律效力，必须由全体合伙人协商一致，遵循自愿、平等、公平、诚实、信用原则，以书面形式订立。

(3) 有各合伙人实际缴付的出资。合伙人应当按照合伙协议约定的出资方式、数额和缴付出资的期限，履行出资义务。各合伙人按照合伙协议实际缴付的出资，为对合伙企业的出资。合伙人可以用货币、实物、土地使用权、知识产权或者其他财产权利出资。对货币以外的出资需要评估作价的，可以由全体合伙人协商确定，也可以由全体合伙人委托法定评估机构进行评估。经全体合伙人协商一致，合伙人也可以用劳务出资，其评估办法由全体合伙人协商确定。

(4) 有合伙企业的名称。合伙企业不是法人，而是相对独立的市场经营主体，所以要有名称，且不能与公司混同，其名称中不得使用“有限”或者“有限责任”字样。

(5) 有经营场所和从事合伙经营的必要条件。合伙企业要从事经营活动，必须有从事经营活动的场地，还要有其他必要条件，如设备、厂房、交通工具等。

4.2 设立登记

设立合伙企业需要在工商管理部门办理设立登记。办理登记时应向企业登记机关提交相关文件，包括全体合伙人签署的合伙申请书、全体合伙人的身份证明、全体合伙人指定的代表或者共同委托代理的代理书、合伙协议、出资权属证明、经营场所证明及国务院工商行政管理部门规定提交的其他文件。

合伙企业的登记事项包括：合伙企业的名称、经营场所、经营范围、经营方式、合伙人的姓名和住所、出资额及出资方式等。合伙企业如果确定了执行事务的合伙人或者设立分支机构，登记事项中还应当记载执行事务的合伙人或者分支机构的情况。

合伙企业的营业执照签发日期，为合伙企业成立日期。

5. 合伙企业财产

合伙企业财产指合伙存续期间，合伙人的出资和所有以合伙企业名义取得的收益和依法取得的其他财产。

5.1　合伙企业财产的构成

（1）合伙人的出资。合伙企业的原始财产是全体合伙人"认缴"的财产，而非各合伙人"实际缴纳"的财产。

（2）以合伙企业名义取得的收益。

（3）依法取得的其他财产。

5.2　合伙企业财产的性质

合伙人在合伙企业清算前，不得请求分割合伙企业的财产，但是法律另有规定的除外。合伙人在合伙企业清算前私自转移或者处分合伙企业财产的，合伙企业不得以此对抗善意第三人。

5.3　合伙人财产份额的转让

（1）合伙人转让财产须经其他合伙人一致同意。除合伙协议另有约定外，合伙人向合伙人以外的人转让其在合伙企业中的全部或者部分财产份额时，须经其他合伙人一致同意。

（2）合伙人之间转让财产应通知其他合伙人一致同意。合伙人之间转让在合伙企业中的全部或者部分财产份额时，应当通知其他合伙人。

（3）合伙人对外转让财产，其他合伙人有优先购买权。合伙人向合伙人以外的人转让其在合伙企业中的财产份额的，在同等条件下，其他合伙人有优先购买权，但是合伙协议另有约定的除外。

此外，由于合伙人以财产份额出资可能导致该财产份额依法发生权利转移，《合伙企业法》规定，合伙人以其在合伙企业中的财产份额出资的，须经其他合伙人一致同意；未经其他合伙人一致同意，其行为无效，由此给善意第三人造成损失的，由行为人依法承担赔偿责任。

6. 合伙企业管理

合伙企业管理，也称为合伙企业事务执行，有两种方式：一是合伙人共同执行，二是委托部分合伙人代为执行。

6.1　共同执行

共同执行，是指全体合伙人都参与事务执行的执行方式。这是直接体现合伙人平等执行事务权利的普通执行方式。共同执行包括两种情况：第一，对经营管理中的有关问题由全体合伙人讨论决定后，委托某个或几个合伙人具体执行；第二，合伙人按照各自的分工分别执行。共同执行企业事务，各合伙人都可以对内负责管理事务，对外以合伙企业的名义从事经营活动。当然这只是一般的规则，它要以合伙协议没有相反的规定为前提，如果合伙协议限定或合伙人一致同意把内部管理的某些权限或对外代表合伙企业的权力赋予某个或几个合伙人，或者是明确了每个合伙人各自的权限范围，那么，这种权利即要受到限制。共同执行方式一般适合于合伙人较少，经营业务比较单一的合伙企业。

6.2 委托部分合伙人执行

委托部分合伙人执行，是指根据合伙协议，由全体合伙人中的某一或几个代为执行合伙事务。在现实生活中，我们都有这样的体会，多人合在一起从事某项事业，难免会发生意见分歧，合伙经营也不例外。两个以上的合伙人之间不可能对每一项经营活动或活动的每一个细节都有完全一致的想法，而且负责企业经营活动也不是每个合伙人都能胜任的工作，加之在现实生活中，由于各种原因，部分合伙人不愿或不便于参与企业事务执行的情况比较普遍，企业生产经营的客观要求也不允许太多的人直接执行企业事务，尤其是规模较大、人数较多、专业分工比较精细的合伙企业更是如此。故而大部分企业往往委托部分合伙人，即选举一名或数名合伙人作为企业负责人，代为执行企业事务。

7. 合伙企业的损益分配

7.1 合伙企业损益分配原则

合伙企业损益的分配办法一般在合伙契约中予以规定。若合伙契约未作明文规定，则《合伙企业法》规定，由各合伙人平均分配和分担。其损益分配方法即可按既定比例分配也可按资本额的比例分配。

7.2 合伙损益分配具体形式

合伙企业损益既可按年度分配，也可在一定时期内进行分配，合伙损益分配的具体方案由全体合伙人共同决定。

8. 合伙企业的优劣势

8.1 优势

(1) 有较强的筹资能力。与个人独资企业相比较，合伙企业可以从众多的合伙人处筹集资本，合伙人共同偿还债务，减少了银行贷款的风险，使企业的筹资能力有所提高。

(2) 有较强的竞争能力。与个人独资企业相比较，合伙企业能够让更多投资者发挥优势互补的作用，比如技术、知识产权、土地和资本的合作，并且投资合伙人较多，事关自己切身利益，大家共同出力谋划，集思广益，能更好地提升企业综合竞争力。

(3) 有较高的社会信誉。与一般公司相比较，由于合伙企业中至少有一个合伙人负无限责任，使债权人的利益受到更大保护。理论上来讲，在这种无限责任的压力下，更能提升企业信誉。

(4) 有较高的收益能力。与一般公司相比较，合伙企业盈利更多，因为合伙企业交的是个税而不是企业所得税，这也是其高风险成本的收益。

8.2 劣势

(1) 很难做大做强。合伙企业是根据合伙人之间的契约而建立的，每当一位原有的合伙人离开，或者接纳一位新的合伙人，都必须重新确立一种新的合伙关系，从而造成了法律上的复杂性，通过接纳新的合伙人增加资金的能力受到限制，因此，合伙企业是很难做大做强的。

（2）决策速度和质量受到限制。由于所有的合伙人都有权代表企业从事经济活动，重大决策都需要得到所有合伙人的同意，因而容易造成决策上的延误和差错。

（3）存在债务连带责任风险。所有合伙人都对企业债务负有连带无限清偿责任，这就使那些并不能控制企业的合伙人面临很大的风险。而且，连带责任履行也有难度，虽说连带责任在理论上来讲有利于保护债权人，但在现实生活中操作起来往往不然。如果一个合伙人有能力还清整个企业的债务，而其他合伙人连还清自己那份的能力都没有时，按连带责任来讲，这个有能力的合伙人应该还清企业所欠所有债务。但是，他如果这样做了，再去找其他合伙人要回自己垫付的债款就麻烦了，因此，他不会这样独立承担所有债款的，还有可能连自己的那一份都等大家一起还。

9. 合伙企业的涉税问题

普通合伙企业与个人独资企业涉及的税收事项基本相同，其不同之处在于，个人独资企业以投资者为纳税义务人，合伙企业以每一个合伙人为纳税义务人。

10. 合伙企业的解散与清算

合伙企业解散，就是各合伙人解除合伙协议，合伙企业终止活动。合伙企业解散后，必须经过清算程序，了结合伙事务。

10.1 解散的原因

合伙企业有下列情形之一时，应当解散：

（1）合伙协议约定的经营期限届满时，合伙人不愿继续经营的。

（2）合伙协议约定的解散事由出现。

（3）全体合伙人决定解散。

（4）合伙人已不具备法定人数。

（5）合伙协议约定的合伙目的已经实现或者无法实现。

（6）被依法吊销营业执照。

（7）出现法律、行政法规规定的合伙企业解散的其他原因。

10.2 清算人的确定

合伙企业解散后应当进行清算，并通知和公告债权人；清算人由全体合伙人担任，未能由全体合伙人担任清算人的，经全体合伙人过半数同意，可以自合伙企业解散后十五日内指定一名或者数名合伙人，或者委托第三人担任；十五日内未确定清算人的，合伙人或者其他利害关系人可以申请人民法院指定清算人。

10.3 清算事务

主要有六项，由清算人执行。

（1）了结现务。即了结现存的合伙事务。这种事务，应以已着手的为限，未着手的事务不再执行。已着手的合伙事务，至合伙解散时尚未完结，应在清算中执行完结，或采取其他办法了结。

(2) 收取债权。即将已届清偿期的债权予以实现。尚未届清偿期的债权,可以采取转让他人或换价的方法收取,也可以划入剩余财产之中。

(3) 清偿债务。对于已届清偿期的合伙债务,用合伙财产予以清偿。对于未届清偿期的合伙债务,应将其清偿所必需的数额,由合伙财产中划分出来予以保留,或者进行期前清偿。

(4) 退还出资。在清偿债务后所余的合伙共有财产中,应先退还各合伙人的出资。偿还出资应以财物出资为限,出资为现物并尚存在的,应退还原物,金钱出资或原物已无法退还者,以金钱退还。如果清偿债务后所余的合伙共同财产不足以偿还全部出资者,则按各合伙人的出资比例平均退还。

(5) 分配剩余。剩余财产,是指合伙共同财产在清偿合伙债务、退还出资以后所剩的财产。对于剩余财产,由全体合伙人分配,而无论各合伙人以何种方式出资。分配的原则,按各合伙人应受分配利益的比例进行分配。经清算,如全部合伙共有财产不足以清偿合伙债务的,是亏损。对该亏损,对内由各合伙人按比例分担,对外连带负责清偿。

(6) 代表合伙企业参与民事诉讼活动。

10.4 合伙企业财产清偿顺序

首先是支付清算费用。然后按照下列顺序清偿:合伙企业所欠招用的职工工资和劳动保险费用、合伙企业所欠税款、合伙企业的债务、返还合伙人的出资。合伙企业财产在按上述顺序清偿后,仍有剩余的,再行按照约定比例或者法定比例分配给合伙人。

10.5 解散后原合伙人的责任

合伙企业解散后,原合伙人对合伙企业存续期间的债务仍应当承担连带责任,但债权人在五年内未向债务人提出偿还请求的,该责任消灭。

10.6 清算报告

清算结束,应当编制清算报告,经全体合伙人签名、盖章后,在十五日内向企业登记机关报送,办理合伙企业注销登记。

• 理财情景 14 分析 •

合伙企业设立登记的步骤和手续是:

1. 领表

申请人凭《合伙企业名称预先核准通知书》向登记机关领取《合伙企业设立登记申请书》,按表格要求填写。

2. 提交材料

合伙企业设立登记应提交下列材料:

(1) 全体合伙人签署的设立登记申请书。

(2) 全体合伙人的身份证明。

(3) 全体合伙人指定的或者共同委托的代理人的委托书。

(4) 合伙协议。

(5) 出资权属证明。

(6) 经营场所证明。

(7) 国务院工商行政管理部门规定提交的其他文件。

3.受理审查

登记机关在收齐申请人应提交的上述材料后，发给申请人《合伙企业申请登记提交材料》收据。企业登记机关自收到申请人应提交的全部文件之日起30日内，做出核准登记或者不予登记的决定。

4.查询结果

申请人按照《合伙企业申请登记提交材料》收据的说明，查询申办结果。

5.办理营业执照

合伙企业设立登记申请被核准，申请人凭《合伙企业申请提交材料收据》办理领取《合伙企业营业执照》手续。

理财情景讨论和能力训练

项目任务书

项目名称	创办文印店
项目负责人	
项目组成员	
项目情景	经过十多年的努力学习，你终于成为一名大学生。到大学报到的第一天，你就发现大学与中学有很大的不同，你看到一些学长们还没毕业就开始创业了，有的在推销日常用品，有的开餐馆，联想到媒体报道不少大学毕业生毕业后找不到合适的工作，就业竞争压力比较大，你也想为将来的就业提前做些准备。经过考察，你发现大学生对资料收集、打印、排版有很大的需求，于是，决定在学校附近开一间文印室。
项目目标	创办一间文印店
项目工作内容和方法	1.调查：周边是否已经有类似的文印室？ 2.分析：与同行相比，你的优势在哪里？你将如何充分发挥和保持你的优势？ 3.预测：文印店开始营业后，可能会遇到哪些问题？你准备怎样解决这些问题？ 4.思考：创办一间文印店需要办理哪些手续？
学习目标	通过策划并在学校附近开一间文印室，熟悉创办个人独资企业的条件和应办理的手续。
学习提示	通过训练，每位同学应能以书面(或现场作答)的形式回答以下问题： 1.学校周边有几间文印店？列出各间文印店的竞争优势与劣势。 2.列出大学生开文印店的优势与劣势及发挥与保持优势的设想。 3.列出文印店开始营业后可能遇到的问题及拟采取的对策。 4.说说应具备什么条件才能创办文印店。 5.谈谈创办文印店应办理哪些手续。
说明	

项目活动计划与评价表

<table>
<tr><td colspan="4">项目(或工作任务)名称</td><td colspan="6"></td></tr>
<tr><td colspan="4">项目负责人</td><td colspan="6"></td></tr>
<tr><td colspan="4">项目组成员</td><td colspan="6"></td></tr>
<tr><td colspan="4">项目实施时间</td><td colspan="6"></td></tr>
<tr><td rowspan="2">项目计划</td><td colspan="3">项目实施计划</td><td colspan="6">包括(但不限于):计划目标、实现计划目标的要素、计划进度等。</td></tr>
<tr><td colspan="3">工作方案</td><td colspan="6">包括(但不限于):工作流程、阶段任务、工作思路、工作方法措施等。</td></tr>
<tr><td colspan="4">项目成果</td><td colspan="6"></td></tr>
<tr><td colspan="4">收获</td><td colspan="6"></td></tr>
<tr><td rowspan="6">工作评价</td><td colspan="3" rowspan="2">团队及成员</td><td rowspan="2">团队</td><td colspan="5">成员</td></tr>
<tr><td>1.</td><td>2.</td><td>3.</td><td>4.</td><td>5.</td></tr>
<tr><td rowspan="4">评语与成绩</td><td rowspan="2">团队评价</td><td>评价</td><td></td><td></td><td></td><td></td><td></td><td></td></tr>
<tr><td>成绩</td><td></td><td></td><td></td><td></td><td></td><td></td></tr>
<tr><td rowspan="2">教师评价</td><td>综合评价</td><td></td><td></td><td></td><td></td><td></td><td></td></tr>
<tr><td>成绩</td><td></td><td></td><td></td><td></td><td></td><td></td></tr>
</table>

※ 项目十五　实物理财 ※

学习目标：通过本项目学习，了解个人实物理财种类；了解邮票的种类及邮票投资的收益与风险，个人黄金投资方式及影响黄金价格的因素，影响宝石价值的主要因素。

项目十五工作任务分解(WBS)

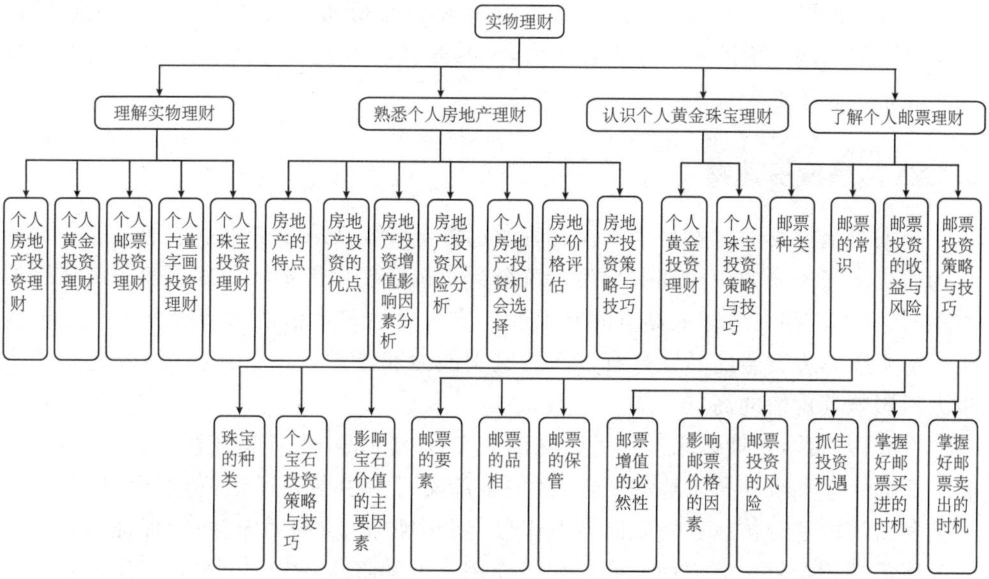

· 理财情景 15 ·

刘先生是一位有着十几年投资经验的老股民，擅长利用技术分析方法进行短线投资操作，在股市上盈利颇丰。但经历了2015年7月初股票连续跌停的流动性危机，刘先生觉得把所有流动资产都投资于股市的风险太大，希望能够找到其他合适的投资渠道以便分散投资。经过对市场信息的收集、分析，刘先生发现当前流行的大宗商品现货电子盘交易分析方法和股市非常相似，而且手续费只需要万分之六，没有印花税，好像交易成本比股票还要略低一些，便着手进行黄金、白银、原油等实物投资。半年下来，虽说分析准确率比股票的略有下降，操作倒也还算顺利，盈利的次数还是要高于亏损的次数。可是刘先生年底核算实物投资的收益，发现不但没有盈利，反而略有亏损。

请思考：你怎么评价刘先生把股票投资方式移植到实物投资的行为？从刘先生的投资经历中，你得到了什么启发？

任务一　理解实物理财

个人实物投资理财是指个人将资金投资于实物，以其获取收益的投资行为，主要包括房地产投资，黄金宝石投资、邮票投资和古玩字画投资等。

1. 个人房地产投资理财

个人房地产投资理财是指个人通过买卖房地产赚取买卖差价或将购入的房地产出租获取租金。房地产业是当今世界各国经济发展的重要支柱产业之一，房地产具有很高程度的融资性而且不受通货膨胀的影响，还能够带来高额的附加值，为投资者带来丰厚的利润。因此不少个人投资者，尤其是拥有大量资金又不太爱冒风险的投资者非常热衷房地产投资。

2. 个人黄金投资理财

个人黄金投资理财就是个人投资者通过黄金买卖获取投资收益或通过储备黄金抵御通货膨胀风险的一种理财行为。黄金买卖包括现货买卖和期货买卖。黄金因其物理、化学性质和在地球上储量的有限性而成为保值和增值的主要投资工具。投资于黄金必须熟悉黄金的品性并有较高的鉴别能力和鉴赏水平，因为它的成色和品质极大地影响其价值的高低。

在我国，黄金长期以来被作为特殊商品实行“统一管理、统购统配”政策。从事金银生产的企业和个人所采炼的金银，必须全部交售给中国人民银行，不得自行销售、交换和留用。这种体制在特定时期对于稳定金融物价、支持黄金生产、保证国家经济建设所需的黄金供应等方面起到了积极作用。但随着市场经济的发展，计划管理带来的黄金生产和经营缺乏压力和活力的问题也日益明显，并在一定程度上限制了中国黄金生产、加工、销售等行业的进一步发展。2002 年 10 月 30 日，上海黄金交易所正式开业，这标志着封闭了 50 余年的新中国黄金市场踏上了全面开放的进程。但跟其他产业相比，黄金市场的开放程度仍然是比较低的，尤其是在进出口方面，还需要央行的准许，等同于外汇来管理，因此，个人进行黄金投资理财仍主要是通过购买黄金饰品以期获得保值和增值。目前，有些银行获准开发了条块金(实物黄金交割)和黄金存折(纸黄金)两种黄金投资产品，个人可以持有效证件到获准办理黄金投资业务的银行开立炒金账户，从事黄金买卖。

目前银行开发的个人黄金投资产品有两种，即条块金(实物黄金交割)和黄金存折。

3. 个人邮票投资理财

个人邮票投资理财就是投资者通过收藏交换邮票获取收益的一种投资行为。邮票也是投资收益率较高，风险性较小的一种投资工具。个人投资邮票的动机主要在于收藏和欣赏，也有投机和保值增值的动机。我国已经有进行邮票公开交易的场所，但相对于其他投资工具，它的公开性和流通性还比较差，投资者投资于邮票只能在一定的圈子内活动，交易都是以面对面的地摊式交易为主，以北京马甸、上海卢工、广州纵原三大市场最为著名，其专业从事(钱币)邮票收藏交换的商铺约 2 500 家，年交易量 2 000 亿以上。2013 年 10 月 21 日，南京文化艺术产权交易所钱币邮票交易中心(我国第一家)在线交易平台正式上线运营，为邮票投资和爱好者提供了更加广阔的交易平台。

邮票具有保值和增值的功能。因为，邮票由国家法定部门发行，每个品种的数量都有限额，是一次性定量印刷和发行的特殊商品，时间过得越久，其存世数量越少也越值钱。随着人们生活水平的提高，集邮的人越多，邮票的供求矛盾越大，价格越往上升。它同时又具有收藏、鉴赏等文化传播功能，具有天然的文化属性和金融属性，具有艺术鉴赏性和风险小等特点，所以改革开放以后，在股票之前就已成为个人投资的热门。进行邮票投资要求投资者从头到尾亲自参与，因此，投资者首先需要了解有关邮票和集邮的一些基础知识，方可进入该投资领域。

4. 个人古董字画投资理财

个人古董字画投资理财是指个人通过收藏、买卖字画达到保值、增值或获取收益的一种投资行为。

古董字画不像其他投资对象，诸如股票、债券、房地产等会较多地受国际、国内政治经济形势或其他人为因素的影响。它不仅具有保值性，还有稳定的增值性。但对投资者个人来说，古董字画投资有不同于其他投资方式更高的要求，投资者必须具有一定的文化修养和艺术鉴赏水平，才能确保买进的不是赝品而是艺术品位较高的珍品。这样才会获得稳定的、可观的投资收益。

古董字画投资工具的种类很多很广，如字画、陶瓷、古董家具、钱币、旧汽车等。但不管怎样，能作为投资工具的古董字画必须具备以下三个条件：第一，具有国际市场行情。有些古董字画，虽然价值很大，但因种种原因，不能在市场上流通，便不能投资。例如，一些视为国宝的文物或艺术品，如达·芬奇的《蒙娜丽莎》，很难以货币价值衡量，而且被国家明令禁止买卖。第二，真迹。古董字画市场上常有不法分子制造赝品，以获暴利，投资者对此须时时提防。第三，完整性。收藏品，尤其是古董，大都极易损坏。倘若受损，其价值大减。因此，凡涉足此行当的人，都要学会和掌握一套保管和收藏的本领。

5. 个人珠宝投资理财

个人珠宝投资理财是指个人通过收藏、买卖珠宝达到保值、增值或获取收益的一种投资行为。

俗话说：黄金有价，珠宝无价。珠宝的价值变化，的确难以用货币衡量。它之所以珍贵的主要原因，是由其自身的特性所决定的：珠宝的颜色艳美，体积小，价值大，便于储存和携带，耐久而不易损坏，有比黄金更大的优越性。此外，由于珠宝稀有，这种供求关系决定了珠宝的市场价格。

世界上珠宝种类繁多,基本上分为宝石、玉石和珍珠三大类。

任务二 认识个人黄金珠宝理财

1. 个人黄金投资理财

黄金是金属家族中一种稀有的贵金属,它以比重大、熔点高、不受酸碱侵蚀、不易生锈而著称于世。作为贵金属,黄金不仅被人们作为财富收藏,而且被作为装饰品来妆点美化人们的生活。随着社会的发展和人们生活水平的提高,已有越来越多的人将资金投向黄金和黄金饰品,以期获得保值和增值。因此有必要介绍一些黄金的基本知识。

1.1 黄金的种类

黄金可以分为生金和熟金两种。生金又称天然金,指由河底或矿山开采出来未经熔化提炼的金子。生金可以分为砂金和矿金两种。砂金产于河底的冲积层,矿金产于矿脉中。生金经过提炼熔化以后就便成熟金。熟金分为纯金、赤金、色金。色金,是成色不足99%的黄金,有清色金和混色金两种。清色金是夹杂有白银成分的色金。混色金是指黄金中除了含有白银外,还含有铅、铜或其他金属的色金。可分为小混金和大混金。小混金指黄金内除了含有白银外,还含有少量纯净的铜。大混金是指黄金内除了含有白银外,还含有较多的铜,或含有青铜、铅等其他的金属。

1.2 黄金的成色及其表示方法

成色,是指金属货币、金银条块或饰品器物的含金纯度,一般以百分比表示,纯金为100%,10%叫做一成,比如90%的黄金叫九成金。黄金有时也以“K”或“开”来表示。K是karat(克拉)的第一个字母。黄金的成色分为24分,1分为1开(K),纯金为24(K)。

K金,又称洋金,其成分除黄金外,还含有铜、银等。其成色以“K”或“开”为计算单位。一般为22K、18K、14K、12K,也有24K的。比如22K指24份中有22/24为金。

K金的成色计算方法为:

成色=K数×4.166%

例如,24K金成色=24×4.166%=99.98%

18K金成色=18×4.166%=74.899%

1.3 黄金的保值功能

投资黄金的一个重要功能就是保值。黄金的保值功能是由其独具的特性和特殊用途决定的。

(1) 黄金具有体积小、价值大、容易分割、不易损耗、便于携带和收藏等优点。在金本位制下，它一直被视为国际范围内政府和私人的信用工具，执行世界货币的职能，具有国际流动的特性。在纸币制度下，黄金虽然不再作为货币执行流通、支付手段职能，但它在现代经济生活中仍具有十分重要的地位，具有国际储备资产的作用，这是其他货币所不能替代的。在世界贸易中，黄金是国际支付和清偿的最后手段。一个国家黄金储备数量不仅是国家是否发达富裕的标志，还直接关系到其国际清偿能力和外向型经济的发展能力，是体现一个国家经济发展、货币稳定和人民生活水准的重要工具。

(2) 黄金是稀有的贵金属，储量少、开采难。黄金在地球上储藏量稀少，在地壳中的含量大约是 100 亿分之 5，在海洋中的含量约是 10 亿分之 5，可见黄金的开采和生产的难度很大，需要耗费大量的劳动力资源，而劳动力的价格在不断地提高，因此，未来的黄金供应数量受到限制，其价格也在逐步上涨。

(3) 黄金的化学性能稳定，具有耐久性和延展性，不会因环境因素影响而改变其外观，千百万年能够光泽永存，不会被腐蚀、褪色，也不改变其性能，便于永久收藏。

1.4　影响黄金价格的因素

虽然黄金本身的价值不仅不会贬值，而且还会升值，但是在黄金市场上，由于黄金供需数量的增减、石油价格的变化、美元的强弱变化、通货膨胀以及各种经济和政治变化等因素的影响，黄金的市场价格也是经常变动的。所以，进行黄金投资，必须懂得黄金价格为何变动，才能确定合适的投资时机，取得投资的成功。影响黄金价格的主要因素如下：

(1) 黄金供给量。世界黄金的供给，主要有三大来源，即南非、俄罗斯、澳洲。其次，亚洲、北美等部分国家也有几大产金地区。尤其值得注意的是，世界最大产金国南非，其黄金储量约占世界总储量的 60%～65%，年产量约 700 吨，是世界年产量的一半。由此，南非政局的稳定与否，将对世界黄金的供应产生很大的影响。每当南非政局不稳或金矿发生灾难，黄金产量减少时，世界金价必发生波动。俄罗斯的黄金产量居世界第二位，其政治状况如何，也极大地影响了世界黄金价格的波动。此外，一些发展中国家经常为了偿还外债而抛售黄金，从而导致金价的变动。

(2) 黄金需求量。黄金是一种资产，具有世界硬通货的功能，还可以广泛用于工业生产和生活消费领域。由于黄金具有多元化的功能，其需求较一般商品更有弹性。随着人们的生活水平的提高，越来越多的人用首饰来装点自己的生活，黄金作为首饰业的原料，其需求随着首饰需求的增加而增加。随着生产和技术的发展，黄金除了用作货币金属和装饰品外，也越来越多地被用于电器、电子、航空领域、轻工、医疗等方面，可见，随着工业技术的发展，黄金的需求量也将逐步地增加。

(3) 美元强弱。由于美元在世界上也具有硬通货的性质，因此，黄金价格与美元汇率关系密切。一般而言，美元下跌则金价上升。

(4) 石油价格。石油是在经济中决定经济发展速度的基础材料。石油价格与黄金价格关系密切。每次金价必然随着石油价格的升降而涨跌。前几年美元跌幅较大，而黄金价格涨幅却不及美元跌幅大，即是受到石油价格下跌的牵制。中东既是盛产石油的地区，又是政治经济动荡不安的地区，因此，黄金投资者应密切注视该地区的政局变化，及其对油价和黄金价格的影响。

(5) 通货膨胀。通货膨胀本身会导致黄金价格的上升，而且人们对通货膨胀的预期心理，也会促使投资人购买黄金，以防止资产贬值。由此，必定引起市场上对黄金需求的增加，推动黄金价格的上涨。

(6) 战争和政治因素。黄金素有“乱世英雄”之称，政局越不安定，黄金就越走俏，金价越上扬。

1.5 个人黄金投资方式

以黄金作为投资工具，主要有以下三种选择：

(1) 金条投资。金条，又称金块，是黄金投资中最安全的方式。因为它是实金，没有包含任何不确定因素。购买金条，就是购买黄金本身。因此，投资金条，对于那些想使自己资产长期保值的人来说，是最为稳妥可靠的途径。金条按来源地不同可分为香港条、瑞士条和中国大陆长城条，其纯度都在99.5%以上。黄金条块的大小有多种规格。400英两(盎司)的“交割金块”主要用于政府之间的国际贸易，随着贸易的进行，金块在各国的保险柜之间搬来搬去，以结清国际交易差额。100盎司的金块主要用于国内贸易。此外，还有50盎司、10盎司、5盎司、1盎司和半盎司等各种规格，供中小投资者选择。在传统上，人们喜欢购买小于10盎司的金条，这实际上是不经济的，购买大的金条，才可以获得规模经济的效果。因为，无论是购买大金条还是小金条，都要支付经纪人或零售商一笔佣金。另外，黄金可以打造成任何样式，但投资者须负担铸造的费用。但是，原先标准规格的100盎司或400盎司的金条或金块，由于未经任何打造，而无须支付这笔费用。规格小于标准重量的金条，都要加计打造费用，每一块金条表面都铸有生产者公司的行号。虽然不同公司铸造出来的实体金块没什么差别，但事实上某些铸造者打制的黄金优于另一些生产者，并且获得全世界的认可。在国际市场上，最简单的方法，是委托瑞士银行代理在伦敦或苏黎世等国际黄金市场上购买金条，加以储存。

(2) 金币投资。金币一般分普通金币(储藏性金币)和纪念性金币两种。普通金币的含金量在90%～99.9%之间，其出售价格依含金量多少而定。金币具有制作精美、体积小易携带、市场大易脱手等特点，所以同样含金量的金币价格会比金块价格高一些。尤其是纯度高、1盎司的金币，极受中小投资者欢迎。金币的规格分为四种:1盎司、1/2盎司、1/4盎司、1/10盎司。规格越小铸造成本越高，所以，2个1/2盎司的金币的价格高于1个1盎司金币的价格。目前世界各国发行的金币都印有本国的国名，如中国熊猫金币，澳大利亚鸿运金币、美国鹰扬金币等。纪念性金币的含金量不一定像普通金币那样高，其价值是依金币的历史性、艺术性、保存状况、数量多少来确定的。我国发行的金币主要有中华人民共和国建国三十周年纪念金币、辛亥革命七十周年纪念金币、中国熊猫金币等，其中，中国熊猫金币于1985年在美国举行的“国际年度硬币比赛”中，获得“最佳金币”金牌。熊猫金币发行以来，因其发行量稀少、欣赏价值高、制作精美，从开始投放市场就为投资者所看好，尤其受国际市场青睐，其价格扶摇直上，以攀至原价格的10倍以上。金币投资，是黄金投资中广受欢迎的投资方法。这是因为，金币除了可作黄金用于保值外，还有收藏价值，尤其是那些做工精细、图案精美的纪念性金币,既具有欣赏价值,又具有极大的增值价值。

(3) 黄金期货投资。黄金期货买卖,并不需要进行实际的黄金如金条交易,买卖双方利用期货契约,在一个指定的日期上,进行资产交割和过户。在实际交易过程中,大约只有5%以下的交易契约进行黄金本身的交割和过户。即使进行过户,黄金本身不需要移动,只有金库栈单所有权在交易中进行移动。虽然一般黄金期货投资人并不想进行过户,但是经由期货交易所监督管理下的黄金过户,是拥有黄金资产的最佳方法,而且也是长期储存黄金的最好办法。在国际市场上,黄金期货交易契约的交易单位通常是100盎司,要求黄金纯度不得低于99.5%。黄金期货投资的其他一些技术知识和方法,与其他期货交易是相通的,可参阅前面章节中有关期货投资的内容,这里不再赘述。

在我国,尚未完全开放黄金市场,个人投资金块等也就受到了限制。但是,购买金饰品却是随时可以实现的投资。不论处于任何政治风波或经济不景气的环境,黄金的价值依然屹立不动,且更加坚挺,同时比其他保值资产更易变卖,所以,黄金成为人人都信赖的财产标志。

就投资而言,在财产中拥有一部分黄金,可以把它当作躲避通货膨胀和其他不确定性因素的"保险"。但是,在通货膨胀率不高,世界政局在短期内看不出什么大波动的情况下,黄金是不会很受投资者的重视的,它仅能保值,较适宜做辅助投资。

近些年来,随着人们黄金保值意识的淡化,人们对黄金饰品的投资已呈下降趋势。而与此同时,珠宝以其特有的魅力,逐渐引起广大投资者的兴趣。

2. 个人珠宝投资策略与技巧

俗话说:"黄金有价,珠宝无价。"珠宝的价值变化,的确难以用货币衡量。它之所以珍贵的主要原因,是由其自身的特性所决定的:珠宝的颜色艳美,体积小,价值大,便于储存和携带,耐久而不易损坏,有比黄金更大的优越性。此外,由于珠宝稀有,这种供求关系决定了珠宝的市场价格,从而表现了其特殊的社会价值。

2.1 珠宝的种类

世界上珠宝种类繁多,基本上分为宝石、玉石和珍珠三大类。

一般说来,凡颜色艳美之单晶矿物都可能成为宝石。此外,还应具有硬度高、晶体透明和较为稀有的特性。宝石根据价格、稀有程度和社会公认度可分为两大类:珍贵宝石和普通宝石。钻石、祖母绿、猫眼石、红宝石和蓝宝石是珠宝界公认的五大宝石,属于珍贵宝石之列,其余的均属于普通宝石,如蓝晶、水晶、大红宝石等。

以制作工艺品玉器类为主的珠宝一般称为玉石,玉石的特点是色美而块大,不以石取贵,而以技艺作衡量价值的主要尺度。玉石包括翡翠、玉、珊瑚、玛瑙、琥珀等。玉石与宝石不同,玉石重在雕琢,而宝石的价值重在它本身的质地。

珍珠不是矿物,是水中贝类软体中形成的一种赘生物,主要成分是碳酸钙,颜色一般为白、粉、淡黄、黄白色,也有青、紫黑、红等颜色。

2.2 个人宝石投资策略与技巧

个人进行宝石投资,应掌握以下技巧:

（1）首选钻石。进行珠宝投资，首选当然是钻石，挑选石大的、完美的、罕有的。钻石有一套完善的鉴别准则，即六 C 原则：成色（color）、净度（clarity）、切割（cut）、重量（carat）、鉴定证书（certificate）和商号信用（credit）。瑕疵当然越少越好。不过，一颗有相当分量和完美的钻石十分罕有，这也是它价值不菲的原因。近年来，钻石在戴比尔斯集团“中央销售组织”的严格控制下价钱每年都在稳步上升。

（2）选购有色宝石。相对来说，投资钻石以外的宝石如红宝石、蓝宝石和祖母绿，回报率就不如钻石那样易掌握。红宝石价值时而窄幅上升，时而身价暴涨。此外，出产地也是宝石价值的决定因素之一。红宝石以缅甸出产的价值最高，祖母绿首推哥伦比亚，而蓝宝石则以斯里兰卡、缅甸及克什米尔为佳。

（3）选购名牌。珠宝首饰的品牌也是决定其价值的因素之一。世界上著名的珠宝公司如蒂佛尼、卡地亚、凡阿公司等，其产品价格居高不下。近些年，中国珠宝首饰进出口公司已跻身于世界著名珠宝首饰公司行列，其品牌驰名海外，有很高的声誉，愈来愈多的海内外人士将购买中国珠宝首饰进出口公司的珠宝首饰视为一项明智的投资之举。

（4）选购古董首饰。近年流行的古董首饰，也是值得投资的品种。特别是一些曾经为王室或名人所拥有的珠宝更保值，因为这样的首饰不单是一件美丽的艺术品，而且还包含着历史价值。可见，投资古董珠宝一定不要从纯经济角度着眼，还要有欣赏和热爱的态度。

（5）选购具有市场价值的宝石，即数量稀少，但需求量日益增加、价格不断上涨中的宝石。切勿投资过于稀罕昂贵的宝石，因为这类宝石不具有公开市场、公开行情、公开交易，一般投资者难以摸清市场规律，往往容易听信业者在传播媒介中夸大其词，以致买到赝品或等级不符的宝石。通常 1～5 克拉的宝石较具投资价值，也是人们最有利的投资范围。

（6）不论选购何种宝石，最好到专业的、信誉良好的珠宝店去选购。不要选购打过折的宝石。宝石既称为“宝石”就有它昂贵的道理，只要价格与品质相符，珠宝商断无降价求售的道理，除非它是有瑕疵或人工合成的宝石，如此则根本失去保值的功能，即使以打折扣的价钱买仍然不划算。因此，投资宝石必须选择佳品，才能确保市场性与增值性。

（7）宝石的价格受色泽、做工、重量等诸多因素影响，在购买时一定要索取国际公认的鉴定书，以确保宝石的品质与价值。目前，国际最权威的鉴定书有：美国宝石学院 GIA 的鉴定书、欧洲联盟的 HRD 鉴定书。

2.3 影响宝石价值的主要因素

（1）外观。漂亮的外观是影响宝石价值诸多因素中最重要的因素。对有色宝石来讲，它的漂亮由颜色的深浅、色调的好坏、质地、透明度及式样等因素组成。对不透明的石头，它的漂亮主要看它的颜色，其次是看它的式样。

（2）耐用性。一块宝石佩戴在人的手上、颈上、头上，如果能在相当长的时间内保持它的光泽和不被腐蚀、不被磨损或划破、不退化，就说明其耐用，其价值也就比较高。

（3）稀少。作为宝石，产量越少价值越高。祖母绿、红宝石、蓝宝石、猫眼宝石、带线的红蓝宝石等都是世界上比较稀少的宝石，其价格也比较高。

(4) 需求。需求量大的宝石价格也随着上升。

2.4 个人其他珠宝投资策略与技巧

个人还可进行其他珠宝投资。

(1) 翡翠投资。翡翠又称硬玉、缅甸玉，有100余种之多。翡翠的颜色不同，价值也不同。其基本色有各种深浅的绿、红、黄、白、紫、灰、黑等颜色，其中以绿色为贵。对颜色的鉴定可按“正、浓、阳、匀”四字口诀进行。以绿翡翠为例，“正”就是不能偏黄偏蓝，“浓”就是白色的比例正常，不能偏淡，“阳”则相反，指玉中的绿色与黑色比例正常，不能偏浓，“匀”就是翡翠中颜色的均匀程度。上等的翡翠不需雕琢也能卖到好价钱，有部分瑕疵和杂质的翡翠若雕琢得好也能提高它的身价。

(2) 玛瑙投资。玛瑙品种很多，主要以颜色区分。红玛瑙古称“赤玉”，是玛瑙的主要颜色；绿玛瑙与蓝玛瑙，自然界中少见，多是人工染成；缠丝玛瑙为红、白及无色相间，或宽如带，或细如游丝，甚为美妙，极受人们喜爱；水胆玛瑙，因极稀少而特别珍贵，以胆大水多的为上品，其透明度越好越佳。

(3) 珍珠。珍珠的价值一般从皮光、颜色、透明度、质地、形状、大小和成双这几方面体现。皮光要求越高越好，晶莹夺目者最好。皮细光洁的标志是对着光洁的珍珠，在其映照的图像中能看见自己眼睛的瞳仁。颜色一般以白色中微透粉色者为最好。大多数有价值的珍珠都是半透明的。就质地来讲，无瑕疵的天然珍珠十分稀少，大多数的珍珠都有一个或几个瑕疵，其价值的变化主要是由瑕疵的位置和影响美观的程度决定的，表面破碎的珍珠几乎毫无价值。一颗理想的珍珠，应该是一个完美的球状体，就像机器生产出来的一样。但是，天然的珍珠极少有这么完美形状，一般认为有对称形状的珍珠其价格就比较高。大小方面，以大者为佳。成双，即在众多珍珠中，颜色、皮光、大小、形状全都相同，是难得之物，所以成双配对者价格就高。

以上只是对黄金、珠宝投资作了简要的介绍，如果决定对其进行投资，还需做进一步的仔细研究，黄金珠宝鉴别的专业性强，必须慎防上当受骗。

任务三 了解个人邮票理财

商品经济大潮汹涌，股票、债券、房地产成为人们投资的热点。但是，股市变幻不定，风险难测；房地产投资虽然利润可观，但动辄几十万、几百万、几千万，远非一般家庭所能承受；债券投资虽比银行利息多一点，但仍然抵消不了物价上涨的指数；而邮票投资收藏则向人们展示了增值保值的另一空间。

1. 邮票种类

邮票是指国家或地区政府所属的邮政主管部门发行的，作为邮资预付凭证的一种有价证券。邮票的种类很多，可以从不同的角度进行分类。

1.1 按邮票功能用途进行分类

（1）普通邮票。简称“普票”，用“R”表示，是最主要的通用邮票。1840年发行的首枚邮票“黑便士”就是普通邮票。普通邮票面值种类齐全，发售时间长，发行量大，设计简单，票幅相对较小，往往多次制版印刷而形成不同的版别，是传统集邮的主要收集和研究对象。

（2）纪念邮票。简称“纪票”，是为纪念某一重大事件或重要人物而专门发行的一种邮票。邮票图案的内容多以所纪念的事件或人物为主题，有时还印有相关的纪念性文字。纪念邮票和普通邮票一样也可贴用于各种邮件，但纪念邮票的发行期一般较短，多数国家为一年或半年，发行量较少，每套的枚数不多，单枚成套的很多，其面积和图幅一般比普通邮票大，常常另行加印小全张或另绘图案加印小型张。

（3）特种邮票。是指为记载或宣传某些具有重要意义的特定事物而特别发行的邮票。特种邮票可贴用于各种邮件，具有发行期短、发行量少、面值居中、全套的枚数不多等特点。其外观与纪念邮票相近，一般为中型或大型票幅，彩色印刷，常伴有小全张或加印小型张。特种邮票一般题材广泛，内容丰富，有山水花草、鸟兽鱼虫、濒临绝种的动植物、名胜风景、古迹文物、文学故事等。特种邮票艺术价值、欣赏价值高，包含的意义深刻，广受集邮爱好者及投资者的青睐。

（4）航空邮票。原本是一种专供航空邮件贴用的专用邮票。但目前各国为了便于管理，减少退信，避免欠资，一般不再硬性规定，航空邮票和普通邮票可以互为通用。

（5）附捐邮票。是通用邮票的一种，一般可贴用于各种邮件。它是通过邮票发行为福利、健康、赈灾、慈善等筹款，在面值中另加附捐金额的邮票。邮票面值由“邮政资费＋附捐金额”构成，附捐金额不能超过邮票面值的50％，附捐金额不能充作邮资。

1.2 按邮票自身特性进行分类

（1）加盖邮票。加盖邮票是为了改变某种邮票的铭记、面值、票种或图案，在已发行的邮票上，加印某种文字、数值或图案。加盖邮票实际上是一种再印刷，它不是一个单纯的票种。为了达到某种需要，普通邮票、纪念邮票、特种邮票和航空邮票都可以加盖。

（2）小型张。指发行某套邮票时从中挑选一枚或另外设计与该套邮票题材有关的图案而印制的大型邮票。小型张一般是应集邮的需要而发行的单枚成张的邮票，边纸上一般印有相关的图案和说明文字，大多为纪念邮票或特种邮票。它可作邮资凭证在邮政上贴用，但主要是供集邮者收藏。我国发行的小型张中以1962年发行的“梅兰芳舞台艺术”最为珍贵。

（3）小全张。是指在发行一些具有特殊意义的邮票时将该套邮票全部印在一张纸上的大型邮票。邮票的枚数、图案、面值与原票相同。但也有例外，如我国J.45“中华人民共和国成立30周年”（第三组）小全张面值1元，而原票面值8分。四周一般印有相关说明文字或饰以图案。

（4）连票。指两枚以上相连而小于全张的邮票。根据连票形状和枚数，有方连、长连、直连、横连等不同的形式，此外还有对倒连、过桥连等特殊的形式。连票便于收藏，一般情况下，连票不应撕开，否则其收藏价值会因此而大大降低。

(5) 小本票。是指将若干枚单一或多种面值的邮票连印，订成一个小本，加上标面，以便于出售和使用。小本票自 1980 年发行童话咕咚之后，又发行了白鳍豚、鸡、寓言刻舟求剑、紫貂、狗、猪、天鹅、秦始皇陵兵马俑、鼠、牛、虎、兔、龙、蛇、马、羊和中华人民共和国邮票展览日本，共计 18 种小本票。

(6) 小版张。是指一种尺寸比较小的整版邮票。

1.3　按邮票使用与否进行分类

(1) 新票。指未使用过的邮票。其特点是无邮戳痕迹、印刷油墨光泽存在，齿孔无损，背胶完整。收集近期邮票，一般应选择新票。

(2) 信销邮票。又称实销邮票，或称旧票，是指贴在邮件上经邮局盖过邮戳的邮票，即已作为邮资凭证使用过的邮票。

(3) 盖销邮票。是指集邮部门出售的加盖邮戳后不再作为邮资凭证的邮票。其特点是邮戳清晰，位置固定，并且背胶完整。这种邮票的售价一般低于面值。在我国市场上，新票价格最高，盖销票次之，信销票最低。

1.4　按邮票形状和所用材料进行分类

(1) 异型邮票。邮票一般为长方形或正方形，而异型邮票是指除长方形或正方形之外的其他形状的邮票，如菱形、三角形、八角形、圆形及不规则形状等。我国在 1951 年发行了第一套异型邮票《保卫世界和平》三角形邮票。

(2) 异材邮票。通常邮票是印刷在纸上，不用纸印刷，而是用金属、塑料、织物等材料印刷的邮票称为异材邮票。主要有金属邮票、织物邮票和木头邮票等。

(3) 发光邮票。是为适应信函自动化分捡的需要而发行的一种新型的邮票。在邮票的正面用化学物质规则地涂上条杠，这些物质在紫外线灯的照射下会显示出艳丽的光彩，根据条杠的数目，确定邮票的面值，区分本埠、外埠信函，由分捡机盖上邮戳进行分捡。1980 年 3 月 20 日发行的 T. 49《邮政运输》磷光邮票 4 枚，开创了我国发行发光邮票的先河。

2. 邮票的常识

个人进行邮票投资，需具备邮票的一些基本知识。

2.1　邮票的要素

一般而言，邮票具有三要素，即发行邮票的国家或机构的标志，面值或相当邮政资费效用的标志及相关的图案。

我国 1949 年至 1991 年发行的邮票上均印有"中国人民邮政"字样，从 1992 年 1 月 25 日发行的《壬申年》邮票开始，改印"中国邮政"字样，并加印英文"China"。

在新中国成立初期，我国的邮票面值单位是旧人民币"圆"。现行的邮票面值以"分""元"为单位，1 元以下使用"分"，1 元以上使用"元"。

邮票相关图案也就是邮票的画面，早期的邮票图案比较单一，现行的邮票图案内容则十分丰富，涉及政治、经济、国防、科学技术、文化艺术、历史地理、自然风光、珍稀动植物等各个方面。

2.2 邮票的品相

邮票的品相对于价格有一定的影响，其影响程度，随着邮票的档次降低而提高。低档邮票存世很多，可供充分挑选，品相好坏对于价格影响较大；高档邮票很稀少，可供挑选的少。集邮者对于高档邮票主要解决有无问题，顾不上过多考虑品相。品相由纸张、图案、齿孔、背胶等因素决定。品相好的邮票应具备以下特点：齿孔完整，无缺角、断齿和撕裂；画面当中，邮票上下左右宽窄得当；票面清洁，无破损、斑点、脏污、折痕、皱纹等；新票背胶完好，信销票无揭落、揭痕毛病；盖销邮票印迹清晰、整洁、日戳位置适当；邮票的编号、面值等文字清楚，刷色鲜艳。

2.3 邮票的保管

一般而言，品相不好的邮票没有什么收藏价值，因而，对集邮者来讲，一方面要检查所收集邮票品相的好坏，另一方面要注意邮票的保管。邮票保管要做到"四防""三定"。

(1) 四防：防潮、防晒、防尘、防蛀。

防潮即防止邮票受潮发霉。邮票的背胶遇潮后容易粘连和霉变，因此在收藏时要注意远离水源和潮湿处，应尽量存放在通风的地方，如果能在邮票周围放些防潮剂更好。

防晒即防止阳光照射。阳光直接照射在邮票上，紫外线有可能使邮票的颜色发生变化，纸质变黄。此外，由于印刷邮票时采用各种溶剂、油料、无机颜料、有机颜料等，使邮票上的颜色易与某些化学气体、化学物质发生作用，在长期的日光照射下，特别是强光照射下，也容易发生变色或褪色。因此，在整理邮票时应避免阳光照射。

防尘即避免邮票沾上灰尘浮土，降低邮票的品相。为此，邮票一般不能裸露存放，翻阅邮票时要先洗净手，以免弄脏邮票。

防蛀即存放邮册要注意干净、清爽，防止虫蛀和老鼠袭击。

(2) 三定：定时查看、定时晾晒、定人管理。

定时查看即要定时检查收藏的邮品，发现问题，及时采取补救措施。

定时晾晒即定时在秋高气爽的好天气时，把邮票拿出来晾晒，以免发生霉变，但要注意不能暴晒。

定人管理指邮票一般由集邮者自己妥善保管，自己无暇顾及时，要嘱托他人代为保管。

3. 邮票投资的收益与风险

3.1 邮票增值的必然性

作为一种有价证券，邮票有着不受通货膨胀、物价涨跌影响的特点，邮票的增值有其必然性，主要原因是：

(1) 邮票是一种特殊的商品。除普通邮票可以重印外，其他邮票按照国际惯例一般采取一次性印刷，一经印刷发行就不可能再重印，且印数和发行量限定不变。因此，时间过得越久，由于受潮湿、浮土、灰尘等损坏及保管等多方面因素的影响，其存世数量越来越少。同时，集邮的人越来越多，供求矛盾也就越来越大，价格自然就越来越往上升。另外，邮票是"国家名片"，它是一种体现国家形象的艺术品，大多数国家把印制发行邮票作为宣传自己的政治、经济、文化、科学、历史、自然的工具，一个国家集邮热度如何，象征着这个国家的政治安定程度与经济发展状况。集邮热度几乎与经济形势和政治形势成正比。所以，一个国家要保证自己的形象，要使自己声名远扬，在邮票发行上也如在其他国际问题上一样，是要十分谨慎小心的。国家发行邮票的数量，必须与当时的需求相适应，发行量过大会造成邮票贬值，信誉下降。而且我国的邮政部门基本上每两年调整一次邮票价格，一般是往高调，这一措施也使更多有经济实力的人加入邮票的投资行列，进而促使邮票的升值。

(2) 邮票本身具备有价证券和艺术品的双重性。邮票一旦进入集邮领域，就成为集邮爱好者的收藏品，具有了不同于作为邮资的另一种价值，而且邮票的这种价值完全随市场供求状况变动，不像股票的价格受国家政策法令的影响大，波动幅度受到限制，邮票价格一旦开始上涨，往往是过关斩将，毫无阻挡，邮票价格没有上限。

(3) 邮票市场的涨跌规律与其他投资市场的涨跌规律不同。其他的投资市场如股票、债券、期货、外汇等，当行情看跌时，往往是出现大量的抛售者，使得行情跌得更深，相反，当行情看涨时，则竞相抢购，使行情愈加往上涨。而邮票市场，当某种邮票行情下跌时，手中持有邮票的投资者往往不急于抛售已经下跌的邮票，一般都会等到邮票价格回升时才将手中的邮票抛出，主要是因为集邮者多数是小本资金投资者，没有大量资金被占压的风险，而且集邮者坚信邮票的价格一般是上升的，下跌只是暂时的，而当某种邮票的行情看涨时，手中没有此种邮票的集邮者从邮票价格的上涨中看到该邮票的价值，一般急于购进，手中持有邮票的人则觉得该邮票越来越值钱，不急于售出，致使邮票价格不断上涨少有下跌。

3.2　影响邮票价格的因素

邮票是受多方面影响的，邮票市场的每一点波动都是诸多因素合成、交叉作用的结果，影响邮票市场的原因主要有以下几个方面：

(1) 社会、经济、文化的影响。集邮是一种收藏文化娱乐活动，受社会、经济、文化的影响很大。只有在社会稳定的情况下，集邮才会繁荣，邮票市场才会发展。经济文化越发达的城市，邮票市场就越发达。而当经济形势极好的时候，人们都热衷搞工商投资，因此进行邮票投资，想利用邮票赚钱的人会变少；反之，当经济比较平稳时，搞产业和商品流通都很难赚钱，所以很多人都把投资转向经营邮票，试图从中赚取收益。因为，经营邮票既不用纳税，又很少管理费，升值又快。当然银行利率下降也促进了邮市的发展。

(2) 邮票发行量的影响。邮票的发行量是影响邮票市场波动的主要因素。邮票发行量越少，邮票价值就越高；反之，邮票价格就低。有些发行量大的新票价格还可能低于面值。近年来，我国邮票的发行量在逐年加大，特别是小型张，发行量已从前几年的五六百万枚，增加到现在的上千万枚。但是，与此同时，集邮的人数也在不断地增加。

(3) 邮票题材、种类及邮票设计、印刷水平的影响。邮票市场的波动与这些因素也有着密切的关系。人们对特种邮票特别是小型张比较喜欢，对纪念邮票较次之；对花鸟鱼虫题材的邮票特别偏爱，对人物邮票较次之；对设计印刷水平高的邮票较为青睐，如《三国》等。

（4）人们的情趣、爱好、欣赏水平的影响。这些也是影响邮票市场不可忽视的因素。人们的情趣、爱好、欣赏水平也是在不断变化的，某一时代、某一阶段受人们喜爱的某些邮票，价格会因需求量的加大而上涨。

（5）邮票总公司调整邮票价格的影响。这是影响邮票市场价格涨落的一个很直接的因素。从1984年以来，邮票公司每次调整邮票价格，都会刺激邮票市场邮票价格的大幅度上涨。因为邮票公司有价无货，只展不销，所以无法平抑邮票市场的高价。

（6）股市对邮票价格的影响。邮票价格与股市呈冷热交感效应。它具有如下特点：当股市放开价格或股价突然上扬时，邮价即滞跌；反之，当股市价格被限制或进入盘整期时，邮价即上扬，邮市亦趋活跃。究其原因，是在两"市"之间游动着一部分"炒客"，他们的资金在5万～20万元之间，何处有利，资金即投向那里，形成一伙人数颇多的"游击族"。这支队伍的成员对股市影响不大，而这笔资金到了邮市，就是大户了，所以当他们将资金从邮市抽走后，对邮价的影响颇大。

（7）邮票的存世量的影响。有些邮票的发行量很大，价格却不菲，如文字邮票发行量在1 000万枚左右，但使用量大，损毁多，新邮留下的数量不多，T46猴票发行量500万枚，因销用等原因损耗四成多，存世量约为发行量的一半，所以价格上涨很快。可见，存世量也是影响邮票价格的一个重要因素。邮票的存世量由于受通讯使用和自然损耗等因素的影响，一般小于发行量，有些邮票通讯使用和自然损耗量大，存世量就大大小于发行量。物以稀为贵，这些存世量少的邮票价格上涨的幅度大。有些邮票发行量虽然不大，但通信贴用和损耗少，存世量占发行量的比重大，则升值的潜力微小。

（8）邮票的需求量的影响。邮票存世量对价格的影响在很大程度上是受时间因素的制约，而需求量对价格的影响，则是直接的、人为的，甚至可以不受邮票的发行量和存世量的左右。制约邮票需求量的因素主要有：邮票本身的优劣（主要指选题、设计、印刷、材质），劣质劣价、优质优价，所以，有些邮票虽然发行量大，但质量好，价格反而比发行量少的邮票上涨得快；好的题材会大大地刺激邮票的需求；集邮者的求全心理也会刺激邮票的需求；邮票的发行时间也是影响需求的一个因素，发行得越早，存世的数量越少，需求量就越大；邮票的知名度也是刺激邮票需求的因素，知名度越高的邮票，需求量就越大，需求量大的邮票价格自然上涨得快。

3.3 邮票投资的风险

邮票投资也存在风险，主要有：

（1）信息缺乏产生的风险。由于信息缺乏，对邮票市场走势预测不准产生的风险。"邮贩不看报，等于瞎胡闹。"可见，进行邮票投资要注意了解与邮票相关的信息和资料，以便能对邮票市场做出准确的判断。这一点，对集邮者来讲十分重要，如果投资者因信息缺乏，对邮票市场预测不准，买到没有需求的邮票，则可能遭受跌价的损失，甚至使所购买的邮品成为废纸。

（2）伪、假邮票分辨不清而产生的风险。邮票投资风险中最普遍的风险是购买到假伪邮票。如果投资者缺乏鉴别邮票真伪的知识和能力，购入假伪邮票，则所投资资金将付诸东流。特别是现代科学技术发展很快,一些不法分子制造假伪邮票的技术和手段越来越高,往往可以达到以假乱真的程度,所以,集邮者必须要掌握鉴别邮票的必备知识,一般在购买邮票时应根据邮票的印刷方法、版次、印次、刷色、背胶、齿孔、暗记、纸质等不同特点,对邮票的真伪进行鉴别,以免购入假伪邮票而遭受损失。

(3) 由于保管不当而产生的风险。一般情况下,邮票的增值需要有一段时间,因此,邮票投资者购入邮票之后应妥善收藏,以免因保管不当而损失或损坏,致使邮票的收益大打折扣,特别是珍稀邮票的收藏更要谨慎。

4. 邮票投资策略与技巧

以上介绍了影响邮票价格的主要因素,投资者可以根据各因素的变化情况,分析、判断邮价的走势,进而运用恰当的投资策略,在邮票投资中获利。

4.1 抓住投资机遇

作为邮票投资者,和其他的投资一样,抓住投资机遇是非常关键的一环。首先要划定投资范围。世界上每年的邮票交易数额很大,一般有 40 多亿美元,名列于集邮目录上的邮票有 70 多万枚,而且每年还有大量新的邮票发行。但是在众多的邮票中,并非所有的邮票都会升值,在会升值的邮票中有的升值快,有的升值的幅度很小,所以,邮票投资者应在了解集邮的特点、邮票的特性的基础上,确定投资的范围,即选择有升值潜力的邮票品种、类型作为投资对象。其次要选择正确的投资方式。邮市投资也和股市投资一样有长线和短线之分。长线投资是一种比较稳健的投资方式,适合那些想利用业余时间和闲置资金做保值投资的投资者,短线投资主要利用市场的炒作买进卖出邮票,其技术性比较强,风险也比较大,但利润比较丰厚,比较适合专门做邮票投资的邮贩者。再次要注意邮票信息资料的收集。信息资料收集对邮票投资者做出投资决策影响很大,往往信息收集得越多,越有利于最后做出投资决策。

4.2 掌握好邮票买进的时机

(1) 当邮市价格跌到最低点或在这个低限上徘徊不前时,便可以买进。因为邮价跌到最低限时,不会再跌了,它只能上涨。这时是最好的买进时机,即使邮价徘徊不前,也不会亏损。如果有长期投资打算,此时是绝好时机。

(2) 当邮票价格开始回升时,并且是在跌了很久之后回升的,或者是平滞了许久开始回升的,也是买进的好时机。这时一般是中短期投资者进场的最佳时机。因为中短期投资者本钱不多,实力不太雄厚,无法逐步加大投资额,往往拿出几千元买进,放一段时间后再卖出,以获得短期利润。这种投资者对邮市的推动力极强,只要一入市,就可能抬高价格。

(3) 从邮市氛围和人流的多少来判断时机。当邮市人头攒动,人群聚集时,说明邮市人气旺盛,交易活跃,可以买进。特别是在知道有人带大量现金在市场上逛悠时,行情可能会上升。

(4) 在邮商都判断邮价不久可能回升时迅速买进。可以说,这是先人一着的快手。邮商都认为要涨便有可能涨,因为多数邮商的看法与行动往往是一致的。

(5) 邮价突然暴跌,而下跌的幅度与升幅相当之际,是购进的好时机。因为这时的价格与其高峰价相去甚远，有很大的反弹余地。

(6) 节假日也是买入邮票的好时机。例如在过年或元旦时，有的投资者为了还债，或者急需用钱，或者为了筹款转变投资方向，会以比较低的价格抛售邮票，这时可以买入。

(7) 当某个与某种邮票相关的节日、纪念日来临之前的一个阶段，是买入该种邮票的好时机。因为这种投资可在短期内获利脱手。

(8) 在气候宜人的季节可以考虑买进。气候宜人的季节交易方便，成交容易，不易损坏邮票，是进行邮票交易的好时机，而在潮湿、炎热、寒冷的季节，因邮票容易受损坏，不宜进行邮票交易。

4.3 掌握好邮票卖出的时机

邮票卖出的时机最为关键，把握好了，直接影响交易活动的盈亏。因此，邮票市场上有句行话：好买不如好卖，善买不如善卖。抓好卖出时机，一般要掌握以下几条：

(1) 当邮票行情涨到顶峰，将回落时或刚回落时，是出售的最佳时机。因为涨价后，邮票价格居高不下时，交易难以扩大，接手后难有利润，买者因此减少，交易停滞，再平挺下去，邮价可能会暴跌，因此，应及时卖出避免风险。

(2) 邮市价格虽未上升，但若发现成交量增加，或者集邮大户、大老板们抛货时，应加紧抛售。因为大户出售，一般预示着邮价要下跌。

(3) 当邮品上涨过快时，应在不到价格峰顶时赶快抛出，这样可免遭风险。因为大凡上涨过快的邮品，其下跌也必然过快。

(4) 在人流、气氛、资金突然消散，成交疲软，且又有征兆要跌价时，应当率先跳卖。经验证明，谁先跳卖谁就赚钱，不要怕当时吃亏。

(5) 当邮市人头攒动，异常火暴，价格节节推高时应就势卖出，不要等到邮市冷了，想卖已经没有了买主。

(6) 突然听到影响市场交易的重大邮市政策或其他的经济动作时，如股市价格持续上涨时，可以考虑卖出。邮市和股市通常成反向发展。

·理财情景 15 分析·

应该说，刘先生是一位比较成熟、稳健的投资者，虽然在股市上盈利颇丰，仍然能够清醒地认识到分散投资的必要性，并且有着每年核算投资收益的习惯。在这个理财情景中，刘先生之所以在分析准确率尚可的情况下仍然出现亏损，很可能是他没有注意到实物投资往往存在交易成本较高的问题。比如当下比较流行的电子盘交易，虽然手续费一般不高于1‰，并且无须缴纳印花税，但是电子盘交易通常采用做市商交易制度，存在约3‰(双边合计)的点差，如果按照刘先生万分之六的手续费，那么一次交易实际成本应该是0.3%+0.06%×2=0.42%，要明显高于0.05%×2+0.1%=0.2%的股票交易成本(目前大多数投资者股票交易手续费不高于0.05%)。而且，实物投资还需要仓储成本，因此即使是电子盘交易，一旦持仓过夜至少需要交纳0.01%的延期费，这也会进一步增加投资者的交易成本。许多采用实物理财方式的投资者都存在没有充分重视交易成本的问题，从而导致最终的亏损。刘先生的实物投资还存在另外一个问题，就是他直接把股票的技术分析方法移植到实物投资领域，并且作为主要的分析依据。虽然实物投资的技术分析手段在理论上确实与股票市场一致，但不同于主要依赖投资者心理因素的股票市场，实物投资由于标的物具有非常明确的实际价值，生产成本、供求状况、国家政策和国际形势等因素会对价值产生重大的影响。因此，实物投资应当更侧重于基本面的分析，技术分析只能作为辅助的手段。可见，相比证券投资而言，实物投资虽然具有更加明确的价值判断依据，但需要考虑的问题也更多，只有掌握实物投资的基本知识，了解实物投资的收益和风险，掌握实物投资的策略与技巧，才能更好地利用实物投资，实现资产的保值和增值。

理财情景讨论和能力训练

项目任务书

项目(或工作任务)名称	分析评价巴菲特的邮票投资经历
项目负责人	
项目组成员	
项目情景	1954年，巴菲特和他的同门师弟汤姆·柯南伯一起去参加一场证券分析师会议。途中，柯南伯无意中提起美国政府可能要从流通领域中回收4美分的蓝鹰邮票，代之以5美分的红鹰邮票。考虑到回收后该邮票流通数量将会大幅减少，巴菲特觉得该邮票肯定会增值，就和柯南伯一起到各个邮局去大量“吃进”这种邮票。功夫不负有心人，他们一共收集了60多万枚蓝鹰邮票，总投入超过25 000美元，这对于当时的巴菲特来说，已经是一笔巨大的投资。 (选自施罗德：《滚雪球：巴菲特和他的财富人生》，中信出版社2009年版。)
项目(或工作任务)目标	请你分析一下巴菲特投资蓝鹰邮票的决策是否正确。
项目工作内容和方法	1. 讨论：巴菲特的邮票投资经历是否可行？ 2. 分析：你怎么评价巴菲特的邮票投资经历？你觉得巴菲特最后能够通过这笔投资赚到钱吗？ 3. 思考：运用所学知识，指出巴菲特在进行邮票投资决策的分析中存在哪些误区，应如何控制实物投资风险。
学习目标	通过讨论、分析、思考巴菲特的邮票投资经历，加深对实物价格变动的影响因素以及实物投资策略与技巧的理解。
学习提示	完成本工作任务主要应用“邮票增值的必然性”和“影响邮票价格的因素”两个知识点。
说明	

项目活动计划与评价表

<table>
<tr><td colspan="4">项目(或工作任务)名称</td><td colspan="6"></td></tr>
<tr><td colspan="4">项目负责人</td><td colspan="6"></td></tr>
<tr><td colspan="4">项目组成员</td><td colspan="6"></td></tr>
<tr><td colspan="4">项目实施时间</td><td colspan="6"></td></tr>
<tr><td rowspan="2">项目计划</td><td colspan="3">项目实施计划</td><td colspan="6">包括(但不限于):计划目标、实现计划目标的要素、计划进度等。</td></tr>
<tr><td colspan="3">工作方案</td><td colspan="6">包括(但不限于):工作流程、阶段任务、工作思路、工作方法措施等。</td></tr>
<tr><td colspan="4">项目成果</td><td colspan="6"></td></tr>
<tr><td colspan="4">收获</td><td colspan="6"></td></tr>
<tr><td rowspan="6">工作评价</td><td colspan="3" rowspan="2">团队及成员</td><td rowspan="2">团队</td><td colspan="5">成员</td></tr>
<tr><td>1.</td><td>2.</td><td>3.</td><td>4.</td><td>5.</td></tr>
<tr><td rowspan="4">评语与成绩</td><td rowspan="2">团队评价</td><td>评价</td><td></td><td></td><td></td><td></td><td></td><td></td></tr>
<tr><td>成绩</td><td></td><td></td><td></td><td></td><td></td><td></td></tr>
<tr><td rowspan="2">教师评价</td><td>综合评价</td><td></td><td></td><td></td><td></td><td></td><td></td></tr>
<tr><td>成绩</td><td></td><td></td><td></td><td></td><td></td><td></td></tr>
</table>

项目群四　个人理财管理

在前面三个项目群全面系统地介绍个人理财理论与实务的基础上，项目群四以提升个人理财效率和效果为目标，向学习者简要阐述“个人理财税收筹划、个人理财综合规划、个人理财职业人员”等相关知识和业务内容。

※ 项目十六　个人理财税收筹划 ※

学习目标：本章的内容与个人纳税人息息相关。通过本项目学习，认识个人理财税收筹划，了解税收基础知识、个人理财税收筹划特点、个人理财税收筹划风险；熟悉个人理财涉及的税种、个人所得税的征税项目及计算、个人理财其他相关税收规定；掌握个人理财个人所得税筹划策略技巧、其他税种筹划技巧。

项目十六工作任务分解(WBS)

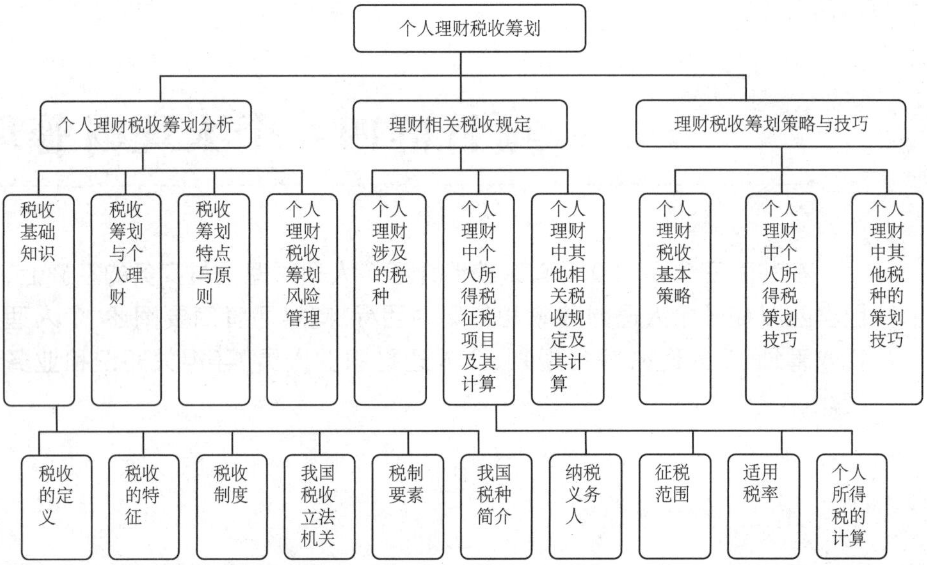

• 理财情景 16 •

购车莫忽视税收筹划

日常生活中，不少消费者在购买私家车时，为了图方便省事，大多将纳税、交费等一揽子事全交给汽车销售商搞定。这样做尽管方便，但与此同时却可能多缴纳了不少冤枉的税款，因为一些可以不作为纳税的费用，也被无形中算在了纳税范围内。

家住龙岩的刘小姐近来非常高兴，因为老公送她一件贵重的生日礼物——漂亮的轿车。汽车价格为 145 000 元，缴纳车辆购置税 14 529.92 元。然而令她纳闷的是，朋友谢小姐购买同品牌同款同价位的轿车，缴纳的车辆购置税只要 12 393.16 元，相差 2 136.76 元。为此，刘小姐心里很不平衡。

经了解，原来，刘小姐的老公支付车款 145 000 元(含增值税)后，还在汽车销售店支付了工具用具款 5 000 元、车辆装饰费 15 000 元、车辆保险金 5 000 元(汽车销售店代收，未使用委托方的票据收取)。各项款项汇总后，由汽车销售店开具《机动车销售统一发票》，金额合计为 170 000 元。国税局车购税窗口工作人员据此计算的计税价格为 170 000÷(1+17%)＝145 299.15元，应缴纳的车辆购置税为 145 299.15×10%＝14 529.92 元。

而谢小姐购车时，除了支付给汽车贸易公司购车款 145 000 元(含增值税)之外，没有支付其他任何费用，国税局车购税窗口工作人员依照机动车销售统一发票金额计算的计税价格为 145 000÷(1＋17%)＝123 931.62 元，应缴纳的车辆购置税为 123 931.62×10%＝12 393.16 元。

显然，刘小姐方面，由于 5 000 元车辆保险金属于未使用委托方的票据并入计征车辆购置税，且工具用具款 5 000 元、车辆装饰费 15 000 元是与购车同时支付或是同一销售方，因而也并入计征车辆购置税，这几项并入正是刘小姐多缴 2 136.76 元税款的主要原因。

(摘自程辉:《购车进行税收筹划可省车辆购置税》,《税收征纳》2011 年第 8 期第 30～31 页。)

你认为刘小姐应该如何进行税收筹划，降低其应缴纳车辆购置税？

任务一　认识个人理财税收筹划

1. 税收基础知识

1.1　税收的定义

税收是国家为了实现其职能，凭借政治权利，按照法律规定的标准和程序，向单位和个人无偿地征收实物或货币，取得财政收入的一种方式。

从实质来看，税收是纳税人用以交换政府提供的公共物品的对价。马克思指出:“赋税是政府机器的经济基础，而不是其他任何东西。”“国家存在的经济体现就是捐税。”显然，税收对于国家经济生活和社会文明具有重要作用。

1.2　税收的特征

(1) 强制性。强制性是指税收参与社会产品的分配是依据国家的政治权力，具体表现在税收是以国家法律的形式规定的，税法作为国家法律的组成部分，任何单位和个人都必须遵守。

(2) 无偿性。无偿性是指在具体征税过程中，国家征税后税款即为国家所有，不再直接归还给纳税人。税收的无偿性是相对的，从财政活动的整体来看，税收最终通过政府提供公共产品等方式用之于纳税人，体现了税收取之于民、用之于民的本质。就某一具体的纳税人来说，其所缴纳的税款与其消费的公共产品中的价格并不一定是相等的。

(3) 固定性。固定性是指税收是国家按照法律规定的标准向纳税人征收的，具有事前规定的特征，任何单位和个人都不能随意改变。

1.3　税收制度

税收制度是一个国家根据其税收政策、税收原则，结合本国的国情和财政政策需要所制定的各项税收法律法规及征收管理办法的总称。

广义的税收制度包括税收基本法规、税收管理体制、税收征收管理制度以及税收计划、会计、统计工作制度等。狭义的税收制度仅指各种税的基本法律制度。

1.4 我国税收立法机关

我国税收的法律规范由税收法律、法规和部门规章组成。立法级次不同，法律效力也不同。

(1) 全国人民代表大会和全国人大常委会制定的税收法律。《宪法》第58条规定："全国人民代表大会和全国人民代表大会常务委员会行使国家立法权。"

(2) 全国人大或人大常委会授权立法。国务院经授权立法所制定的规定或条例等，具有国家法律的性质和地位，它的法律效力高于行政法规，在立法程序上需报全国人大常委会备案。

(3) 国务院制定的税收行政法规。我国《宪法》规定，国务院可"根据宪法和法律，规定行政措施，制定行政法规，发布决定和命令"。

(4) 地方人民代表大会及其常委会制定的税收地方性法规。省、自治区、直辖市的人民代表大会以及省、自治区的人民政府所在地的市和经国务院批准的较大的市的人民代表大会有制定地方性法规的权力。

(5) 国务院税务主管部门制定的税收部门规章。《宪法》第90条规定："国务院各部、各委员会根据法律和国务院的行政法规、决定、命令，在本部门的权限内，发布命令、指示和规章。"

(6) 地方政府制定的税收地方规章。《地方各级人民代表大会和地方各级人民政府组织法》规定："省、自治区、直辖市以及省、自治区的人民政府所在地的市和国务院批准的较大的市的人民政府，可以根据法律和国务院的行政法规，制定规章。"

1.5 税制要素

税制要素是指各种单行税法具有的共同的基本要素的总称。

税制要素主要包括：纳税人、征税对象、税率、纳税环节、纳税期限、减税免税和违章处理等，其中纳税人、征税对象、税率是税法的三个最基本要素。任何税种如果缺少这三个要素中的任何一个，均不能成立。每个税种的要素都需要规定具体的确定的内容。

(1) 纳税人，指税法规定的负有纳税义务的人。

(2) 征税对象，又叫课税对象、征税客体，指税法规定对什么征税，是征纳税双方权利义务共同指向的客体或标的物，是区别一种税与另一种税的重要标志。

(3) 税目，是课税对象的具体项目。它规定了一个税种的课税范围，反映了课税的广度。由于同一税目通常适用同一税率，因此，它是适用税率的重要依据。

(4) 税率，指应纳税额与征税对象之间的比例，是应纳税额的计算尺度。税率主要有比例税率、累进税率和定额税率三种基本形式。

①比例税率，指同一课税对象，不论其数额大小，统一按一个比例征税，同一课税对象的不同纳税人税负相同，如增值税、营业税、企业所得税等。

②定额税率，指征税对象的一定计量单位直接规定应纳税额，而不是规定征收比例，一般适用于从量计征的税种，如资源税、车船使用税等。

③累进税率，指按征税对象数额的大小，划分若干等级，每个等级由低到高规定

相应的税率，征税对象数额越大税率越高，数额越小税率越低。累进税率因计算方法和依据的不同，又分为全额累进税率、全率累进税率、超额累进税率和超率累进税率。

全额累进税率，指当征税对象数额的增加达到高一级税率级距时，则对征税对象全额都按高一级税率计算应纳税额的一种税率制度。

超额累进税率，指把征税对象按数额的大小划分成若干等级，并规定每一等级的适用税率，当征税对象的数量超过某一等级时，只就其超过部分按高一等级的适用税率计税的一种税率制度。

全率累进税率，与全额累进税率的原理相同，只是税率累进的依据不同。全额累进税率的依据是征税对象的数额，而全率累进税率的依据是征税对象的某种比率。

超率累进税率，与超额累进税率的原理相同，只是税率累进的依据不是征税对象的数额而是征税对象的某种比率。

(5) 纳税环节，指征税对象在从生产到消费的流转过程中应当缴纳税款的环节。任何税种都要确定纳税环节，有的比较明确、固定，有的则需要在许多流转环节中选择确定。

(6) 纳税期限，指纳税人按照税法规定缴纳税款的期限。它是税收强制性、固定性在时间上的体现。

(7) 减税免税，指对某些纳税人和征税对象采取减少征税或者免予征税的特殊规定。

(8) 违章处理，指对有违反税法行为的纳税人采取的惩罚措施，包括加收滞纳金、处理罚款、送交人民法院依法处理等。

1.6　我国的税制及税收分类

(1) 我国的税制

我国现行税制体系是以流转税与所得税为双主体税种，其他税类为辅助税种的复税制体系。复税制适应我国多层次生产力、多种经济形势和多种经营方式长期并存的经济结构，可以利用各个不同税种的特点相辅相成，发挥各自的作用，可以从社会再生产各环节选择不同的课税对象，多层次和多环节地组织财政收入，调节经济，有利于配合国家的财政经济政策，发挥税收的经济杠杆作用。

(2) 税收分类

①以征税对象为标准，税收可以分为流转税类、所得税类、资源税类、财产税类和行为税类。流转税一般是指对商品的流转额和非商品的营业额征收的那一类税收。所得税一般是指对纳税人的各种所得征收的那一类税收。资源税一般是指以自然资源及其级差收入为征税对象的那一类税收。财产税一般是指对属于纳税人所有的财产或支配的财产的数量或价值额征收的那一类税收。行为税一般是指以某些特定行为为征税对象征收的那一类税收。

②以计税依据为标准，税收可以分为从价税和从量税两大类。从价税一般是指以征税对象及其计税依据的价格或金额为标准，按一定比例税率征收的那一类税收。我国现行的增值税、营业税、关税等都属于这一类。从量税一般是指以征税对象的重量、容积、面积等为标准，采用固定税额计征的那一类税收。我国现行的资源税、车船

使用税等都属于这一类。

③以税收负担是否转嫁为标准，税收可以分为直接税和间接税两大类。直接税一般是指税负无法转嫁，而由纳税人直接负担的那一类税收。我国现行的各种所得税、土地使用税、房产税等都属于这一类。间接税一般是指纳税人能够将税负转嫁给他人负担的那一类税收。我国现行的消费税、营业税、关税等都属于这一类。

④以管理权限为标准，税收可以分为中央税和地方税以及中央地方共享税。中央税一般是指由中央政府管理并支配其收入的那一类税收，如消费税、关税和车辆购置税。地方税一般是指由地方政府管理并支配其收入的那一类税收，如房产税、车船使用税等。中央地方共享税一般是指由中央政府与地方政府共同管理并按一定比例分别支配其收入的那一类税收，如增值税、企业所得税等。

⑤以税收与价格的关系为标准，税收可以分为价内税和价外税。价内税一般是指税金作为商品价格的组成部分的那一类税收，如消费税、营业税等。价外税一般是指税金作为商品价格之外的附加额的那一类税收，如增值税。

1.7 我国的主要税种

(1) 流转税类。包括4个税种，即增值税、消费税、营业税和关税。流转税是我国现行税制中的主体税种之一。作为流转税制三大支柱的消费税、增值税和营业税，占税收总收入的50%左右。

(2) 所得税类。包括3个税种，即企业所得税、个人所得税、农业税(在2006年废止，但保留其中的农林特产税)，也是我国现行税制中的主体税种。所得税占税收总收入的20%左右。

(3) 财产税类。包括5个税种，即房产税、契税、城市房地产税、车船使用税、车船使用牌照等。

(4) 行为目的税类。目前只有2个税种，即印花税和城市维护建设税。

(5) 资源税类。包括4个税种，即资源税、耕地占用税、城镇土地使用税和土地增值税。

(6) 遗产税、证券交易税和社会保障税是待开征的三个税种。

2. 税收筹划与个人理财

2.1 什么是税收筹划

(1) 税收筹划的定义

税收筹划是指在法律允许的范围之内，通过对经营、投资、理财活动等事项的事先筹划和安排，进行纳税方案的优化选择，以达到节约税收成本或税后所得最大化的一种经济行为。

(2) 税收筹划与偷税、逃税的区别

税收筹划与偷税、逃税最大的区别是其合法性。税收筹划是一种避税行为，避税是指纳税义务人利用税法上的漏洞或不完善之处，通过对经营及财务活动的人为安排，以达到规避或减轻缴纳税款的目的，是合法行为。偷税、逃税是指纳税人以不缴或者少缴税款为目的，采取各种不公开的手段，隐瞒真实情况，欺骗税务机关，是非法行为。而税收筹划与偷税、逃税行为的非法性和欺诈性相比,最主要特征在于合法性和事先筹划性。

2.2 税收筹划与个人理财的关系

个人理财是通过管理个人或家庭的资产和负债实现财产的保值、增值的行为。个人理财税收筹划是在法律的框架下,对个人或家庭在理财中的涉税事项进行事先谋划与安排,达到减少税费支出,增加收入的一种理财行为。因此,两者在对于个人或家庭增加财富目的是一致的,两者存在密不可分的关系。在某种程度上讲,税收筹划是个人理财的一部分,是个人理财的重要手段。尤其是高收入人群,可通过有效利用税收政策来减少税款支出,增加财富。另外,个人理财形式的多样性也为税收筹划提供了广泛的空间。两者之间存在相互依存、相辅相成的关系,两者的协调有利于提高个人或家庭收益。

3. 税收筹划的特点与原则

3.1 税收筹划特点

(1) 合法性。合法性指税收筹划应在法律允许的范围内,由税收政策指导筹划活动。纳税人为规避或减轻税负而置法律于不顾的偷、逃税行为必将受到法律制裁。但当纳税人进行经营或理财活动,面临两个或两个以上的纳税方案时,纳税人可以为实现最小合理纳税而进行设计和筹划,选择低税负方案。这种在合法的前提下进行的纳税设计与安排,是对税法立法宗旨的有效贯彻,也体现了税收政策导向的合理有效性。

(2) 超前性。税收筹划要在生产经营、理财活动实施前事先进行。在现实的经济活动中,纳税义务的发生具有滞后性,即由于特定经济事项的发生才使纳税人负有纳税义务,如产品、劳务销售、货物运输后才缴纳增值税、营业税;收益实现后才缴纳所得税;财产取得之后才缴纳财产税等。一旦业务已经发生,应纳税款就已确定,再进行筹划已失去现实意义。所以,进行税收筹划,必须具有超前意识。

(3) 普遍性。从世界各国的税收体制看,国家为达到某种目的或意图,总要牺牲一定的税收利益,对纳税者施以一定的税收优惠,引导和规范纳税人的经济行为,这就为企业和个人理财提供了进行税收筹划、寻找低税负、降低税收成本的机会,这种机会是普遍存在的。

(4) 综合性。综合性是指税收筹划应着眼于纳税人资本总收益的长期稳定的增长,而不是着眼于个别税种税负的高低或纳税人整体税负的轻重。这是因为,一种税少纳了,另一种税有可能要多缴,整体税负不一定减轻。另外,纳税支出最小化的方案不一定等于资本收益最大化方案。进行投资、经营决策时,除了考虑税收因素外,还必须考虑其他多种因素,综合决策,以达到总体收益最大化的目的。

(5) 目的性。目的性是指纳税人进行税收筹划,其目的在于减少纳税,谋求最大的税收利益。谋求税收利益有两层含义:一是选择低税负,低税负意味着低的税收成本,低的税收成本意味着高的资本回收率;二是滞延纳税时间(非拖欠税款行为),纳税期的滞延，相当于企业在滞延期内得到一笔与滞延税款相等的政府无息贷款。另外，在通货膨胀环境中，纳税时间的推后，还可以减少企业的实际纳税支出。

(6) 风险性。风险性，是税收筹划活动因各种原因失败而付出的代价。税收筹划过程中的操作风险是客观存在的。这主要包括：一是日常的纳税核算从表面或局部的角度看是按税法规定操作的，但由于对有关税收政策的精神把握不准，造成事实上的偷税，由于未依法纳税而面临税务处罚的风险；二是对有关税收优惠政策的运用和执行不到位，面临税务处罚的风险；三是在系统性税收筹划过程中对税收政策的整体性把握不够形成的风险；四是对企业的情况没有全面比较和分析，导致筹划成本大于筹划成果，或者筹划方向与企业的总体目标不一致，表面上看有成果，而实际上企业并未从中得到实惠。

上述特征的存在，决定了税收筹划是一门综合性学科，涉及税收、会计、财务、企业管理、经营管理等多方面知识，其专业性相当强，通常需要委托专业人员来进行操作，以规避风险。

3.2 税收筹划原则

税收筹划是纳税人维护自己合法权益的一项决策过程，可以采用不同的方法，但是也要遵循一定的原则：

(1) 合法性原则。进行税收筹划，应该以现行税法及相关法律、国际惯例等为法律依据，要在熟知税法规定的前提下，利用税制构成要素中的税负弹性进行税收筹划，选择最优的纳税方案。税收筹划的最基本原则或基本特征是符合税法或者不违反税法，这也是税收筹划区别于偷、欠、抗、骗税的关键。

(2) 规范性原则。税收筹划不单单是税务方面的问题，还涉及财务、会计、投资等许多领域及各行业、各地区，而且各领域、各行业、各地区都有自己的制度规范，因此，税收筹划要遵循各领域、各行业、各地区的制度规范，以规范的行为方式和方法，来达到节减税收的目的。

(3) 事前筹划原则。是指纳税人应具备超前意识，在具体的业务发生之前开展税收筹划活动。首先，纳税人必须在经济业务发生之前，准确把握从事的这项业务都有哪些业务过程和业务环节，涉及我国现行的哪些税种，有哪些税收优惠，所涉及的税收法律、法规中存在着哪些可以利用的立法空间。然后，利用税收优惠政策、合法延迟纳税等方法进行纳税设计与安排，一达到节税目的。此外，法规政策经常变动，纳税人必须时时关注新法规政策的出台和变化，从宏观上把握政策的利用时机，实时调整筹划策略。

(4) 成本效益原则。任何一项筹划方案都有其两面性，开展税收筹划会为纳税人带来税收利益，但是也需要付出筹划成本，以及因选择该筹划方案而放弃其他方案所损失的相应机会收益。因此，税收筹划和其他财务管理决策一样，必须遵循成本效益原则，一项成功的税收筹划必然是多种税收方案的优化选择，并非税负最轻的方案就是最优的税收筹划方案，一味追求税收负担的降低，往往会导致企业总体利益的下降。只有当筹划方案的所得大于支出时，该项税收筹划才是成功的筹划。

(5) 稳健性原则。税收筹划在追求纳税人利益最大化时，必须注意筹划的稳健性原则。一般来说，纳税人的节税收益越大，风险也就越大。筹划时应该做好管理风险和控制风险，尽最大可能降低风险，减少损失。要在节税收益与节税风险之间进行必要的权衡，以保证能够真正取得财务利益。

4. 个人理财税收筹划风险管理

4.1　个人理财税收筹划风险

（1）政策风险。政策性风险主要是指筹划方案与现行的税法政策和规定冲突带来的风险。总体上看，政策风险可分为政策选择风险和政策变化风险。第一，政策选择风险。税收筹划是实用性和技术性很强的业务，涉及多个领域，由于筹划人员受专业的局限，对相关法律条款的理解可能不够准确，因而难免在具体操作上出现偏差，引发纳税筹划的政策风险。税收执法人员与纳税人对税收政策理解上的差异，也会带来纳税人纳税筹划的风险。第二，政策变化风险。随着经济环境的变化，国家的税收政策也在调整。税收政策具有时效性，而税收筹划方案从设计到实施需要一定的时间，如果筹划方案在实施过程中遇到国家税收调整政策，那么其原定的筹划方案就可能由合法变为不合法，合理变得不合理。税收政策的时效性增加了纳税人纳税筹划的难度，甚至失败。

（2）执法风险。执法风险是指筹划方案不被税务机关认同的风险。合法性是税收筹划最主要的特征，但筹划方案是否符合合法性要求，需要税务行政执法部门的确认。由于认识上的偏差，可能出现对同一个税收条款，执法人员和纳税人的解读不一致，而且税收执法部门拥有较大的自由裁量权，各地具体的税收征管方式也不一样，这可能导致纳税人设计的税务筹划方案不被税务机关认同，从而存在税收筹划失败的风险。

（3）实施风险。科学的税收筹划方案必须通过有效的实施来实现。即使有了科学的税收筹划方案，如果在实施过程中没有严格的实施措施，或者没有得力的实施人才，或者没有完善的实施手段，都有可能导致整个税收筹划的失败。

4.2　个人理财税收筹划风险的防范措施

（1）准确、及时地把握税收法律政策。对相关的税收规定的全面了解是纳税筹划的基础环节。全面、准确地了解相关的税收法律、法规，适时关注税收法律政策变动，是保证税收筹划行为具备合法性的关键，也是规避政策风险的保障。

（2）保持税收筹划方案适度的灵活性。由于税收政策处于变化之中，这就要求在制定税收筹划方案时保持一定的灵活性，以便随着国家税制、税法的变化及时做出调整，保证税收筹划目标的实现。

（3）加强与当地税务部门的联系。在正确理解运用税收政策规定的同时，还应该加强与税务部门的联系，关注当地税务机关税收征管的特点和具体方法，税收筹划方案要争取得到当地主管税务部门的认可，以规避执法风险。

（4）提高税收筹划人员的素质。税收筹划是一项高层次的经济活动，是集理财、法律、税收等各方面专业知识为一体的系统策划活动。税收筹划人员不仅要具备相当的专业素质，全面了解税收政策，把握税收政策变动，还要具备对经济前景的预测能力，对项目统筹谋划的能力，能够处理好与税务部门的关系，否则难以胜任工作。

任务二　熟悉个人理财相关税收规定

1. 个人理财涉及的税种

1.1　金融理财

金融投资主要涉及个人所得税和印花税。

(1) 个人所得税。对于个人的金融投资所得,国家一般要按20%的比例税率对其征收个人所得税,而且在课税时不允许纳税人进行任何税费扣除。

(2) 印花税。印花税是国家对单位和个人在经济交往中书立、领受的应税经济凭证征收的一种税。

1.2　住房理财

个人住房理财过程会涉及以下税种:

(1) 契税。契税的纳税人为土地、房屋权属转移时承受权属的单位和个人,因此个人购买住房要缴纳契税。购买住房交纳契税的计税依据为成交价格,即房屋权属转移合同上确定的价格。契税的税率为3%～5%的幅度税率,由各省、自治区、直辖市政府在这个税率幅度范围内自行决定。

(2) 营业税。个人销售已购住房要按"销售不动产"税目缴纳营业税。税法规定,个人销售或转让其购置的不动产,以全部收入减去不动产的购置原价后的余额为营业额。

(3) 城市维护建设税和教育费附加。城市维护建设税和教育费附加是三大流转税即增值税、消费税和营业税的一种附加税费,它以这三大流转税的税额为计税依据,并随这三大流转税同时附征。个人销售或出租住房需要缴纳营业税,因而同时也就有缴纳城市维护建设税教育费附加的纳税义务。

(4) 土地增值税。土地增值税是国家对有偿转让国有土地使用权及地上建筑物和其他附着物的产权并取得增值性收入的单位和个人征收的一种税收。根据我国的《土地增值税暂行条例》,个人有偿转让房地产,要就其取得的转让房地产的增值额缴纳土地增值税。

(5) 房产税。房产税是以住房为课税对象、以房产价格或房产租金收入为计税依据而向房产所有人或经营人征收的一种税收,它是目前我国少有的几种财产税之一。按照1986年国务院颁布《房产税暂行条例》,个人的非营业用房即居民的住房,免征房产税,但对于个人拥有的营业用房或出租的房产,要课征房产税。

(6) 此外,住房投资还会涉及个人所得税和印花税。

1.3　实业投资理财

个人实业投资主要有创办独资企业、合伙企业和公司企业,涉及以下税种:

(1) 个人独资企业投资者的投资所得。比照个体工商户的生产、经营所得征收个人所得税。

(2) 个体工商户的生产经营所得和个人对企事业单位的承包经营、承租经营所得,应该缴纳个人所得税。

(3) 合伙企业的所得。各合伙人的投资所得,比照个体工商户的生产、经营所得征收个人所得税。

(4) 公司企业所得。企业实现的利润应缴纳企业所得税,当投资者从企业分得股利时,按股息、红利所得缴纳20%的个人所得税。

2. 个人理财中个人所得税的征税项目及其计算

个人所得税法是调整征税机关与自然人(居民、非居民人)之间在个人所得税的征纳与管理过程中所发生的社会关系的法律规范的总称。

现行的《中华人民共和国个人所得税法》于2011年6月30日公布,自2011年9月1日起施行。

2.1　纳税义务人

中国境内有住所,或者无住所而在境内居住满一年的个人,从中国境内和境外取得的所得;在中国境内无住所又不居住或者无住所而在境内居住不满一年的个人,从中国境内取得的所得,均应依法缴纳个人所得税。

2.2　征税范围

(1) 工资、薪金所得。指个人因任职或者受雇而取得的工资、薪金、奖金、年终加薪、劳动分红、津贴、补贴以及与任职或者受雇有关的其他所得。

(2) 个体工商户生产、经营所得。指个体工商户从事工业、手工业、建筑业、交通运输业、商业、饮食业、服务业、修理业以及其他行业生产、经营取得的所得,以及与生产、经营有关的应税所得。个人经政府有关部门批准,取得执照,从事办学、医疗、咨询以及其他有偿服务活动取得的所得,以及与经营有关的各项应税所得。

(3) 对企事业单位的承包经营、承租经营所得。指个人承包经营、承租经营以及转包、转租取得的所得,包括个人按月或者按次取得的工资、薪金性质的所得。

(4) 劳务报酬所得。指个人独立从事各种非雇佣的劳务所取得的所得。如从事设计、装潢、安装、制图、化验、测试、医疗、法律、会计、咨询、讲学、新闻、广播、翻译、审稿、书画、雕刻、影视、录音、录像、演出、表演、广告、展览、技术服务、介绍服务、经纪服务、代办服务以及其他劳务取得的所得。

(5) 稿酬所得。指个人因其作品以图书、报刊形式出版、发表而取得的所得。

(6) 特许权使用费所得。指个人提供专利权、商标权、著作权、非专利技术以及其他特许权的使用权取得的所得,其中提供著作权的使用权取得的所得,不包括稿酬所得。

(7) 利息、股息、红利所得。指个人拥有债权、股权而取得的利息、股息、红利所得。

(8) 财产租赁所得。指个人出租建筑物、土地使用权、机器设备、车船以及其他财产取得的所得。

(9) 财产转让所得。指个人转让有价证券、股权、建筑物、土地使用权、机器设备、车船以及其他财产取得的所得,包括转让不动产和动产取得的所得。

(10) 偶然所得。指个人得奖、中奖、中彩以及其他偶然性质的所得。

(11) 其他所得。经国务院财政部门确定征税的其他所得。

2.3 适用税率

个人所得税根据不同的征税项目,分别规定了三种不同的税率。

(1) 工资、薪金所得。适用7级超额累进税率(见表16-1),按月应纳税所得额计算征税。

表16-1 工资、薪金所得适用个人所得税累进税率表

级数	全月应纳税所得额	税率(%)	速算扣除数
1	不超过1 500元	3	0
2	超过1 500元至4 500元的部分	10	105
3	超过4 500元至9 000元的部分	20	555
4	超过9 000元至35 000元的部分	25	1 005
5	超过35 000元至55 000元的部分	30	2 755
6	超过55 000元至80 000元的部分	35	5 505
7	超过80 000元的部分	45	13 505

注:全月应纳税所得额是以每月收入额减除费用3 500元以及附加减除费用后的余额。

(2) 个体工商户生产、经营所得和对企事业单位的承包经营、承租经营所得。适用5级超额累进税率(见表16-2),适用按年计算、分月预缴税款的个体工商户的生产、经营所得和对企事业单位的承包经营、承租经营的全年应纳税所得额。

表16-2 个体工商户生产、经营所得和对企事业单位的承包经营、承租经营所得税率表

级数	全年应纳税所得额(含税级距)	税率(%)	速算扣除数
1	不超过15 000元的	5	0
2	超过15 000元至30 000元的部分	10	750
3	超过30 000元至60 000元的部分	20	3 750
4	超过60 000元至100 000元的部分	30	9 750
5	超过100 000元的部分	35	14 750

(3) 比例税率

①劳务报酬所得。适用20%比例税率,对劳务报酬所得一次收入畸高的,可以实行加成征收,劳务报酬所得税率见表16-3。

表 16-3 劳务报酬所得税率表

级数	每次应纳税所得额(含税级距)	税率(%)	速算扣除数(元)
1	不超过 20 000 元的部分	20	0
2	超过 20 000 元至 50 000 元的部分	30	2 000
3	超过 50 000 元的部分	40	7 000

②稿酬所得。适用 20%的比例税率,并按应纳税额减征 30%。

③特许权使用费所得,利息、股息、红利所得,财产租赁所得,财产转让所得,偶然所得和其他所得。按次计算征收个人所得税,适用 20%的比例税率。

2.4 个人所得税的计算

(1) 工资、薪金所得的个人所得税的计算。工资薪金所得适用七级超额累进税率,实行按月计征办法,即以个人每月收入定额扣除 3 500 元或者 4 800 元以后的余额作为应纳税所得额,按适用税率计算应纳税额。

应纳税所得额=月工资、薪金-3 500(4 800)

应纳税额=应纳税所得额×适用税率-速算扣除

例 16-1:某企业管理人员 2015 年 6 月应发工资 5 500 元,其中包括岗位津贴 900 元,奖金 1 000 元。当月交纳社会统筹的养老保险 220 元,按月计提公积金 500 元,则该工作人员应纳的个人所得税税额为多少?

当月应税所得=5 500-220-500-3 500=1 280(元)

当月应纳税额=1 280×3%=38.4(元)

(2) 个体工商户生产、经营所得的个人所得税的计算。对于实行查账征收的个体工商户,其生产、经营的应纳税所得额是每一纳税年度的收入总额,减除成本、费用以及损失后的余额。个体工商户的费用扣除标准为 42 000 元/年,同时扣除向其从业人员实际支付的合理工资。薪金支出,允许税前扣除,但投资者的工资不能在税前扣除。其计算公式为:

应纳税所得额=收入总额-(成本+费用+损失)

应纳税额=应纳税所得额×适用税率—速算扣除数

例 16-2:个体户小钱 2014 年度应纳税收入为 60 000 元,各项费用为 35 000 元,则小钱应缴纳个人所得税税额为多少?

应税所得额=60 000-35 000=25 000(元)

应纳税额=25 000×10%-750=1 750(元)

(3) 对企事业单位的承包经营、承租经营所得的计算。对企业、事业单位的承包经营、承租经营所得是以每一纳税年度的收入总额,减除必要费用后的余额,为应纳税所得额。

应纳税所得额=总收入-费用

应纳税额=应纳税所得额×适用税率-速算扣除数

例 16-3:2014 年 4 月 1 日,某人与大学签订承包合同经营招待所,承包期为 3 年。2014 年招待所实现承包经营利润 90 000 元,按合同规定承包人每年应从承包经营利润中上交承包费 15 000 元。计算承包人 2014 年应纳个人所得税税额。

年应纳税所得额=承包经营利润-上交费用-每月必要费用
=90 000-15 000-(3 500×9)=43 500(元)

应纳税额=年应纳税所得额×适用税率-速算扣除数
=43 500×20%-3 750=4 950(元)

(4) 劳务报酬。以个人每次取得的收入、定额或定率减除规定的费用后的余额为应纳税所得额。每次收入不超过 4 000 元的,定额减除费用 800 元,每次收入在 4 000元以上的,定率减除 20%的费用。其计算公式为:

①每次收入不超过 4 000 元的计算公式:

应纳税所得额=每次收入额-800

②每次收入在 4 000 元以上的计算公式:

应纳税所得额=每次收入额×(1-20%)

③畸高收入时实行加成征收:

应纳税额=应纳税所得额×适用税率-速算扣除数

例 16-4:某电视台主持人应邀到某高校主持一场晚会取得劳务报酬收入 40 000 元,计算其应纳的个人所得税。

应纳税所得额=40 000×(1-20%)=32 000(元)

应纳税额=32 000×30%-2 000=7 600(元)

(5) 稿酬所得。以个人每次取得的收入,定额或定率减除规定的费用后的余额为应纳税所得额。每次收入不超过 4 000 元的,定额减除费用 800 元,每次收入在 4 000元以上的,定率减除 20%的费用。稿酬所得对应纳税额减征 30%,即实际缴纳税额是应纳税额的 70%,计算公式为:

应纳税额=应纳税所得额×适用税率

实际缴纳税额=应纳税额×(1-30%)

例 16-5:罗老师应某教育出版社邀请编写并出版初三化学学习指南,取得收入 6 000元,计算罗老师应缴纳的个人所得税。

罗老师应纳税额=6 000×(1-20%)×20%×(1-30%)=672(元)

(6) 特许权使用费所得。每次收入不超过 4 000 元的,减除费用 800 元;每次收入在 4 000 元以上的,减除 20%的费用,其余额为应纳税所得额。对于个人从事技术转让中所支付的中介费,若能提供有效合法凭证,允许从其所得中扣除。特许权使用费所得适用 20%的比例税率,其应纳税额的计算公式为:

应纳税额=应纳税所得额×适用税率

例 16-6：张教授将自己发明的一项专利技术转让给某公司，取得转让费 20 000 元。计算其应纳的个人所得税。

应纳税所得额＝20 000×(1－20%)＝16 000(元)
应纳税额＝16 000×20%＝32 00(元)

(7) 财产租赁所得。每次收入不超过 4 000 元的，减除费用 800 元；每次收入在 4 000 元以上的，减除 20%的费用，其余额为应纳税所得额。财产租赁所得适用比例税率，税率为 20%。财产租赁所得以 1 个月内取得的收入为一次。其计算公式为：

应纳税额＝应纳税所得额×20%

①每次收入不超过 4 000 元的计算公式：

应纳税所得额＝每次收入额－准予扣除项目金额－修缮费用(800 元为限)－800

②每次收入在 4 000 元以上的计算公式：

应纳税所得额＝[每次收入额－准予扣除项目金额－修缮费用(800 元为限)]×(1－20%)

例 16-7：王女士将自有房屋从 2014 年 1 月开始出租，月租金收入为 2 000 元，每月缴纳有关税费 300 元。出租屋在 2014 年 10 月发生修缮费用 1 800 元，由王女士承担。计算王女士 2014 年最后一季度各月应纳的个人所得税。

修缮费用 1 800 元应在 10 月份、11 月份每月扣 800 元，12 月份扣 200 元。应纳税额为：

10 月份、11 月份各应纳税额＝(2000－300－800－800)×20%＝20(元)
12 月份应纳税额＝(2 000－300－800－200)×20%＝140(元)

(8) 财产转让所得。财产转让所得应纳税额的计算公式为：

应纳税所得额＝每次收入额－财产原值－合理税费

例 16-8：林先生出售一自有房屋，其原值为 400 000 元，售价为 600 000 元，出售过程中支付中介机构介绍费 20 000 元，支付营业税、城建税、土地增值税等销售税金共 42 000 元。计算林先生应纳的个人所得税。

应纳税额＝(600 000－400 000－20 000－42 000)×20%＝27 600(元)

(9) 偶然所得。应纳税额的计算方法为：

应纳税额＝应纳税所得额(每次收入额)×适用税率(20%)

例 16-9：罗先生为某民营企业管理人员，2015 年 4 月取得如下所得：①从甲上市公司取得股息所得 25 000 元；②从乙非上市公司取得股息所得 12 000 元。计算罗先生当月应当缴纳的个人所得税。

股息所得应纳税额＝25 000×50%×20%＝2 500(元)
非上市公司取得股息应纳税额＝12 000×20%＝2 400(元)
张先生当月缴纳个人所得税＝2 500＋2 400＝4 900(元)

3. 个人理财中其他相关税收规定及其计算

3.1 生活理财税收规定

(1) 保险规划

①保险赔款,个人所得税法规定免税;保险分红,国家目前没有制定相关政策,暂免个人所得税。

②保险、储蓄性养老保险等各类商业性保险(包括商业医疗保险),保险费支出应并入职工个人当期工资薪金收入计征个人所得税,税款由企业代扣代缴。如果因各种原因退保,个人未取得实际收入的,税务机关则予以退回已经缴纳的个人所得税。

(2) 教育规划

①个人取得的教育储蓄存款利息所得,免征个人所得税。

②省级人民政府、国务院各部委和中国人民解放军军以上单位,以及外国组织、国际组织颁布的教育方面的奖学金,免征个人所得税。

(3) 住房规划

① 个人购买住房的税收规定

• 契税:对个人购买普通住房,且该住房属于家庭(成员范围包括购房人、配偶以及未成年子女)唯一住房的,减按 1.5%征收契税。对个人购买 90 平方米及以下普通住房,且该住房属于家庭唯一住房的,减按 1%税率征收契税。

• 对个人购买住房暂免征收印花税。

②个人出售住房的税收规定

• 营业税及附加税费:个人将购买不足 5 年的住房对外销售的,全额征收营业税,税率为 5%;个人将购买超过 5 年(含 5 年)的非普通住房对外销售的,按照其销售收入减去购买房屋的价款后的差额征收营业税;个人将购买超过 5 年(含 5 年)的普通住房对外销售的,免征营业税。

• 个人所得税:对个人转让自用 5 年以上、并且是家庭唯一生活用房取得的所得,免征个人所得税;对出售自有住房并在 1 年内重新购房的纳税人减免个人所得税。

• 印花税和土地增值税:对个人销售或购买住房暂免征收印花税和土地增值税。

• 房产税:我国目前除了上海、重庆地区外暂免征房产税。

2014 年 12 月国务院发布《不动产登记暂行条例》,从 2015 年 3 月 1 日起施行。《不动产登记暂行条例》明确规定,建立统一的不动产登记信息管理基础平台,各级不动产登记机构登记的信息应当纳入统一的不动产登记信息管理基础平台。不动产登记条例有利于房地产税开征,并提供了很好的技术支撑。

例 16-10:2015 年 5 月王女士人将市中心的一套住房出售,合同转让价格 2 000 000元,面积为 170 平方米,为非普通住房,其获取房产的时间为 2012 年 9 月,未满 5 年。计算其应交的营业税及附加税。

$$营业税及附加税额=2\ 000\ 000\times 5.55\%=111\ 000(元)$$

③个人出租住房有关税收规定

• 个人所得税：对个人出租住房取得的所得暂减按 10%的税率征收个人所得税。财产租赁所得，每次收入不超过 4 000 元的，减除费用 800 元；每次收入在 4 000 元以上的，减除 20%的费用，其余额为应纳税所得额。

• 房产税：以租金收入 4%计算缴纳。

• 营业税：3%税率的基础上减半计算缴纳。

• 城市维护建设税及教育费附加：以实际缴纳的营业税税额乘以城建税率(按纳税人所在地不同适用 7%、5%、1%三档税率)和教育费附加率 3%计算缴纳。

• 城镇土地使用税和印花税：目前免征。

例 16-11：白女士在市中心有一套住房用于出租，月收取租金 3 000 元。计算其月应交的税费。

月租金应交房产税、营业税及附加=3 000×4%+3 000×3%×50%×(1+7%+3%)=169.5(元)

应缴个人所得税=(3 000−169.5−800)×10%=203.05(元)

月应缴各种税费=169.5+203.5=372.55(元)

(4) 退休养老规划税收规定

①企事业单位按照国家或省(自治区、直辖市)人民政府规定的缴费比例或办法实际缴付的基本养老保险费、基本医疗保险费和失业保险费，免征个人所得税。

②个人按照国家或省(自治区、直辖市)人民政府规定的缴费比例或办法实际缴付的基本养老保险费、基本医疗保险费和失业保险费，允许在个人应纳税所得额中扣除。

③企事业单位和个人超过规定的比例和标准缴付的基本养老保险费、基本医疗保险费和失业保险费，应将超过部分并入个人当期的工资、薪金收入，计征个人所得税。

④个人实际领(支)取原提存的基本养老保险金、基本医疗保险金、失业保险金和住房公积金时，免征个人所得税。

(5) 财产分配与传承规划

我国对财产与遗产还未立法征税。

3.2　金融理财税收规定

(1) 教育储蓄

个人所得的教育储蓄存款利息所得，免征个人所得税。

(2) 国债和特种金融债

国债和国家发行的金融债券利息免征个人所得税。

(3) 基金收益

我国目前对投资者从基金获得的红利分配免征个人所得税，同时对个人投资者买卖基金的差价收入暂未征收所得税。

(4) 人民币、外汇理财产品

人民币理财产品和外汇理财产品，暂免征收个人所得税。

(5) 信托产品

信托收益,暂免征收个人所得税。

(6) 股票

①个人转让股票。对个人转让上市公司股票取得的所得,暂免征收个人所得税,但是对个人转让境外上市公司的股票而取得的所得,应按财产转让所得计算应纳税所得额和应纳税额,依法缴纳个人所得税。

②股息红利。个人投资者从在上海证券交易所、深圳证券交易所挂牌交易的上市公司取得的股息红利所得,减按50%计入个人应纳税所得额,再按20%税率征收利息股息红利所得个人所得税。

③沪港通股票。根据财税[2014]81号《关于沪港股票市场交易互联互通机制试点有关税收政策的通知》和《关于QFII和RQFII取得中国境内的股票等权益性投资资产转让所得暂免征收企业所得税问题的通知》,对内地个人投资者通过沪港通投资香港联交所上市股票取得的转让差价所得,自2014年11月17日起至2017年11月16日止,暂免征收个人所得税。

3.3 实业理财税收规定

(1) 公司企业

①增值税:小规模纳税人税率为3%,一般纳税人税率为17%。

②企业所得税:基本税率为25%。自2015年1月1日起至2017年12月31日止,对年应纳税所得额低于20万元(含20万元)的小型微利企业,其所得减按50%计入应纳税所得额,再按20%的税率缴纳企业所得税。

③城市维护建设税和教育费附加:以实际缴纳的增值税或营业税税额乘以城建税率(按纳税人所在地不同适用7%、5%、1%三档税率)和教育费附加率3%计算缴纳。

此外,还涉及印花税、车船税、房产税、土地使用税等。如企业涉及营业税项目的业务,还需要缴纳营业税。

(2) 房地产投资

①个人出租非住房(商铺、写字楼等)税收规定

• 房产税:以租金收入的12%计算缴纳。

• 营业税:以租金收入的5%计算缴纳。

• 城市维护建设税及教育费附加:以实际缴纳的营业税税额乘以城建税率(按纳税人所在地不同适用7%、5%、1%三档税率)和教育费附加率3%计算缴纳。

• 个人所得税:按财产租赁所得,每次收入不超过4 000元的,减除费用800元;每次收入在4 000元以上的,减除20%的费用,其余额为应纳税所得额,税率为20%。

• 印花税:按财产租赁合同租赁金额的1‰贴花,税额不足1元,按1元贴花。

②个人转让非住房税收规定

按照"财产转让所得"项目征收个人所得税,以转让财产的收入额减除财产原值和合理费用后的余额为应纳税所得额,适用比例税率,税率为20%。

任务三 掌握个人理财税收筹划策略与技巧

1. 个人理财税收筹划基本策略

1.1 规避纳税义务策略

规避纳税义务是指纳税人通过避免成为一个税种的纳税人或者征税对象，从而减轻或免除纳税义务。规避纳税义务通常是指回避重税负而选择轻税负，主要是通过居民纳税人与非居民纳税人的转换，或者通过企业所得税纳税人和个人所得税纳税人的选择，或者通过一般纳税人和小规模纳税人的选择策略来实现。个人所得税居民纳税人和非居民纳税人承担的纳税义务不同。居民纳税人承担完全纳税义务，必须就其来源于境内外的全部所得缴纳所得税，非居民纳税人仅就其来源于境内所得缴纳所得税。对于既有境内收入又有境外收入的个人，可以通过对住所和居住时间的合理筹划，利用临时离境的规定，恰当安排离境时间，尽量避免成为居民纳税人，以实现少缴税款的目的。对于实业理财个人而言，在投资方式选择上也存在筹划的空间，在收入相同的情况下，个体工商户、个人独资企业、合伙企业、公司企业的税负是不一样的，其中公司企业的税负最重，个人实业投资者可以通过企业组织方式的选择达到减轻税负的目的。

1.2 税负转嫁策略

税负转嫁是纳税人将自己应缴纳的税款，通过各种途径和方式转由他人负担的过程。税负转嫁既没有损害国家财政利益，也没有违反国家税收法规制度。税负转嫁的基本形式可分为税负前转、税负后转、税负混合转嫁三种。

税负前转是纳税人通过交易活动增加销售价格，将税款附加在价格之上，转嫁给购买者或最终消费者承担。税负后转是纳税人通过压低进价，将已纳税款向后逆转给货物的供给者和生产者承担。税负混合转嫁是纳税人将其缴纳是税款一部分前转，一部分后转，将其已纳税款分散转嫁给购买者、消费者或生产者、供给者的过程。

税负转嫁存在于商品交易之中，通过商品或劳务的价格变动而实现。在市场经济条件下，除对工资收入者所课征的税收不能转嫁外，其他各种税收均与价格存在一定关系，均可不同程度地转嫁出去，尤其是对商品课征的税最易转嫁。

1.3 缩小税基策略

税基是各种应纳税额的计算依据，计税依据愈小，个人应缴税额也愈小。具有可以通过减少应税收入或者增加扣除项减少税基。税法中有一些允许纳税人税前扣除的条款，应充分利用这些规定，多扣除一些费用来缩小税基。

计税依据分为从价计征与从量计征两种类型。其中从量征收时，由于征税对象的实际计量单位是难以变化和压缩的，所以税收筹划的空间比较小。而对于从价征收，由于价格由纳税人自行决定，税收筹划的空间也相对较大。

1.4 税率相互转换策略

若税基确定，应纳税额的多少取决于税率。个人理财的税种一般有多档次税率、优惠税率的规定。个人理财过程中可以主动出击，创造条件，尽量适用低税率的税种。我国个人所得税实行分类课征的制度，各类所得在课税时完全分离，分别纳税。也就是说，同样的一笔所得，当它被归属为不同的收入项目时，其税收负担是不同的。在税收筹划时，我们就可以根据具体应税收入情况，通过一定的方式选择应纳税所得种类，合理地降低税负。

1.5 收入延期策略

许多税种的纳税义务发生时间都具有选择性，如可以将捐赠等形式的扣除额提前到本纳税年度，或者将某些收入延迟到下一纳税年度。在合法前提下，将纳税时间延迟，个人无疑将得到资金周转和资金时间价值方面的好处。

1.6 分次申报筹划策略

合理安排纳税时间内每月收取收入或报酬的数量，多次抵扣法定的定额（定率）费用，减少每月的应纳税所得额，避免适用较高的税率。

1.7 充分利用税收优惠政策

充分利用税收优惠进行纳税筹划，具有操作性强、成本小、收益大的特点。个人理财过程中要密切掌握税收政策的变化，及时调整理财策略，创造条件利用原本难以利用的税收优惠政策。

2. 个人理财中个人所得税筹划技巧

2.1 工资、薪金所得的税收筹划实务

（1）工资、薪金收入福利化

在相同的工资、薪金水平下，个人或家庭所有消费都从实际取得的现金中支出，和部分消费从实际福利中受益相比，后者的实际收益水平高于前者。因此，对于单位来说，合理选择职工收入的支付方式，能够更好地提高职工的实际收入水平。比如，有些单位发放给职工的各类食宿、交通等补贴费用，把这些补贴费用换成免费提供食宿、交通班车服务等，与直接发放现金相比，一方面单位的支出没有增加，职工的消费水平也没有降低，另一方面，此项支出还可以列支单位的费用，在缴纳企业所得税时税前扣除。此外还有免费提供职工培训、休假等方式，都可以达到单位和职工双赢的效果。

例 16-12：某企业会计师王先生每月从企业获取工资、薪金所得 7 000 元，由于租住一套单身公寓，每月付房租 1 200 元，除去房租，钱先生可使用的收入为 5 800 元。计算筹划降低王先生应纳税额。

筹划前：

$$王先生应缴纳的个人所得税=(7\,000-3\,500)\times10\%-105=245(元)$$

筹划方案：如果企业为王先生提供免费住房，每月工资下调为 5 800 元，则

$$王先生应纳个人所得税=(5\,800-3\,500)\times10\%-105=125(元)$$

经过筹划后，王先生可节省所得税 120 元，而企业并没有增加支出。

(2) 利用社保金、住房公积金缴存额降低个人所得税税基

基本养老保险、基本医疗保险、失业保险和住房公积金俗称“三险一金”，在个人工资收入中都属于扣除项，根据税法规定，在一定比例内允许在个人应纳税所得额中扣除，在提取使用时也免征个人所得税。如住房公积金，税法规定允许在税前扣除的缴存比例是职工上一年度平均月工资额的 5%～12%，在筹划中，完全可以在税收允许调整的范围内，提高职工的住房公积金缴存比例，以达到合理避税的目的。

例 16-13：赵先生月工资收入 5 000 元，住房公积金按 6%比例扣除 300 元，单位补助缴纳等额公积金 300 元，月发放奖金 1 500 元。计算筹划降低赵先生应纳税额。

筹划前：

赵先生月应纳税额所得额＝(5 000－300＋1 500)－3 500＝2 700(元)

应纳税额＝2 700×10%－105＝165(元)

筹划方案：现将住房公积金缴存比例提高至 12%，即赵先生月扣缴住房公积金额 600 元，单位等额补助 600 元，奖金降低为 1 200 元，其他项目不变。

赵先生月应纳税额所得额＝(5 000－300＋1 200)－3 500＝2 400(元)

应纳税额＝2 400×10%－105＝135(元)

经过筹划后，赵先生实际收入没有变化，但少缴个人所得税 30 元。

(3) 工资、薪金收入费用化

工资薪金收入费用化，即将部分收入以费用方式安排，个人以报销方式获得原本应是工资的那部分收入，企业将该部分作为费用处理。如个人因公务用车和通讯制度改革而取得的公务用车、通讯补贴收入，属于公务费用，在一定标准范围内允许不计入个人的工资所得。

例 16-14：林先生是会计师事务所的合伙人，2014 年 6 月工资收入为 9 500 元(暂不考虑三险和住房公积金)。计算筹划降低林先生应纳税额。

筹划前：

林先生月应纳个人所得税＝(9 500－3 500)×20%－555＝645(元)

林先生月实际收入＝9 500－645＝8 855(元)

筹划方案：经过林先生与事务所协商，部分收入采用发票报销的方法获得，公司规定林先生每月可凭发票报销 2 200 元，林先生每月凭车票、汽油票、住宿费、通讯费等票据到财务报销 2 200 元，事务所将林先生的工资调整为 7 300 元。

林先生每月应纳个人所得税＝(7 300－3 500)×10%－105＝275(元)

林先生月实际收入＝2 200＋7 300－275＝9 225(元)

经过筹划后，林先生每月可多获得收入 370 元。

(4) 工资、薪金转化为劳务报酬

在纳税人工资、薪金较高，适用边际税率高的情况下，将工资、薪金转化为劳务报酬所得更有利于节省税款。

例 16-15:孙先生是一名高级会计师,2014 年 6 月获得公司工资收入为 48 000 元。计算筹划降低孙先生应纳税额。

筹划前:如果孙先生和该公司存在稳定的雇佣关系,则应按工资、薪金所得缴纳个人所得税。

$$应纳税额=(48\,000-3\,500)\times30\%-2\,755=10\,595(元)$$

筹划方案:如果孙先生和该公司不存在稳定的雇佣关系,则该项所得应按劳务报酬计算缴纳个人所得税。

$$应纳税额=48\,000\times(1-20\%)\times30\%-2\,000=9\,520(元)$$

经过筹划后,孙先生可节约税款为 1 075 元。

2.2 劳务报酬所得的税收筹划

劳务报酬所得以每次收入额减除一定的费用后的余额为应纳税所得额。《个人所得税法实施条例》中总共列举了 29 种形式的劳务报酬所得,对于这些所得属于一次性收入的以取得该项收入为一次;属于同一项目连续性收入的,以一个月内取得的收入为一次。

(1) 劳务报酬分项计算

当个人同时取得多项劳务报酬所得时,应当分项计税,这样才能充分利用不同项目的定额或定率减除费用。

例 16-16:李先生为某学院教授,2014 年 5 月同时取得多项收入:为某上市公司提供管理咨询获得收入 3 000 元,为市旅游局提供翻译服务获得收入 3 500 元,到大学讲座获得 3 000 元报酬。计算筹划降低李先生应纳税额。

筹划前:

$$李先生应纳税额=(3\,000+3\,500+3\,000)\times(1-20\%)\times20\%=1\,520(元)$$

筹划方案:按照分项计算应纳税额。

$$应纳税额=(3\,000-800)\times20\%+(3\,500-800)\times20\%+(3\,000-800)\times20\%=1\,420(元)$$

经过筹划后,李先生节省税款 100 元。

(2) 利用分次申报的筹划

合理安排纳税时间内每月收取劳务报酬的数量,多次抵扣法定的定额(定率)费用,减少每月的应纳税所得额,避免适用较高的税率。税法规定,当某项活动带来的收入在 1 个月以上的一段时期内,支付间隔超过 1 个月,按每次收入额计入各月计算,而间隔时间不超过 1 个月的,应合并每次的收入额计算。因而劳务报酬收入采取什么方式取得,直接影响到个人一定时期的总收入。

例 16-17:钱先生系某高校老师利用闲暇时间开办考证辅导班,每季度(3 个月)收取一次培训费 10 500 元。计算筹划降低钱先生应纳税额。

筹划前:

$$钱先生应纳税额=10\,500\times(1-20\%)\times20\%=1\,680(元)$$

筹划方案：改变收费方式，钱先生可以分次每月收取培训费 3 500 元。

$$每月应纳税额=(3\,500-800)\times 20\%=540(元)$$

3 个月共缴纳税款 1 620 元。

经过筹划后，钱先生少缴纳个人所得税 60 元。

(3) 劳务报酬转换为工资、薪金所得

在某些情况下，工资、薪金所得适用的税率比劳务报酬所得适用的税率低，因此可将劳务报酬所得转化为工资、薪金所得，以便节约税款。

例 16-18：王先生是甲公司兼职会计，收入为每月 2 000 元。计算筹划降低王先生应纳税额。

筹划前：王先生与甲公司没有固定的雇佣关系，则按照税法规定，其收入应按劳务报酬所得征税。

$$应纳税额=(2\,000-800)\times 20\%=240(元)$$

筹划方案：王先生与甲公司建立起合同制的雇佣关系，自甲公司的所得则可作为工资、薪金所得计算缴纳个人所得税，2 000 元在起征点下，免交个人所得税。

经过筹划后，王先生可少缴纳个人所得税 240 元。

(4) 费用抵减法

为他人提供劳务服务，可以考虑让对方减少劳务报酬来抵减本应由本人的承担的某些费用，这样既可以因减少劳务报酬而少纳个人所得税，又不影响个人实际收入。

例 16-19：陈先生系某大学教授，应外地某大学的邀请讲学，约定支付陈先生 25 000元报酬，往返食宿费 2 500 元由陈先生自理。计算筹划降低陈先生应纳税额。

筹划前：

$$陈先生应纳税额=25\,000\times(1-20\%)\times 30\%-2\,000=4\,000(元)$$

筹划方案：对方承担陈先生的食宿费 2 500 元，而劳务报酬相应改为 22 500 元。

$$陈先生应纳税额=22\,500\times(1-20\%)\times 30\%-2\,000=3\,400(元)$$

经过筹划后，陈先生少缴个人所得税 600 元。

2.3　个人经营收入的税收筹划

个人独资企业和合伙企业的个人所得税有两种征税方式——核定征收与查账征收，需视企业的经营状况而定。如果企业每年利润可观且稳定，则核定征收有利；如果企业利润不稳定，则查账征收有利。另外，根据规定，纳税人实行核定征收方式的，不得享受企业所得税的各项税收优惠，投资者个人也不能享受个人所得税的优惠政策，所以，如果企业可享受某项企业所得税的优惠政策的话，就不宜采用核定征收企业所得税的方法。查账征收和核定征收，纳税人的税收负担水平也是不一样的。

例 16-20：某个人独资企业，2014 年度取得销售收入 300 000 元，其应税所得额为 25 000元。试计算查账征收与核定征收两种情况下，该个人独资企业的税收负担水平。(假定税务机关核定的该行业的应税所得率为 4%)

方案一：

$$查账征收时应纳所得税额=25\ 000\times25\%-1\ 005=5\ 245(元)$$

$$该个人独资企业的税收负担率=\frac{5\ 245}{300\ 000\times100\%}=1.75\%$$

方案二：

$$核定征收时应纳税所得额=收入总额\times应税所得率=300\ 000\times4\%=12\ 000(元)$$

$$应纳所得税额=12\ 000\times25\%-1\ 005=1\ 995(元)$$

$$该个人独资企业的税收负担率=\frac{1\ 995}{300\ 000\times100\%}=0.665\%$$

可见，税收负担相差约 1%，税款相差 3 250 元。

2.4 个人承包经营活动的税收筹划

个人承包经营活动可以通过更改所承包的企业性质，如把有限责任公司性质更改为个体工商户或个人独资企业等，利用不同企业性质的税负不同进行税收筹划。

例 16-21：郑先生承包一商店，承包期间为 2014 年 4 月 1 日至 2014 年 12 月 31 日。2014 年 4 月 1 日至 2014 年 12 月 31 日，企业固定资产折旧 6 000 元，上交租赁费 60 000 元，实现会计利润 75 000 元（已扣除租赁费，未扣除折旧费），郑先生未领取工资。已知规定的业主费用扣除标准为每月 3 500 元。计算选择何种企业性质，可以使郑先生个人税后所得最大化。

可以考虑两种方案：将原商店的工商登记改变为个体工商户和仍使用原企业的营业执照。

方案一：将原商店的工商登记改变为个体工商户，则按照其全年所得计算应缴纳个人所得税。

$$本年度应纳税所得额=75\ 000-3\ 500\times9=43\ 500(元)$$

$$换算成全年的所得额=43\ 500/9\times12=58\ 000(元)$$

$$按全年所得计算的应纳税额=58\ 000\times20\%-3\ 750=7\ 850(元)$$

$$实际应纳税额=7\ 850/12\times9=5\ 887.5(元)$$

$$个人税后所得=75\ 000-5\ 887.5=69\ 112.5(元)$$

方案二：仍使用原企业的营业执照，则按规定在缴纳企业所得税后，还要就其税后所得再按承包、承租经营所得缴纳个人所得税。按规定固定资产可以提取折旧，但租赁费不得在税前扣除。

$$应纳税所得额=75\ 000+60\ 000-6\ 000=129\ 000(元)$$

$$应纳企业所得税=129\ 000\times25\%=32\ 250(元)$$

$$郑先生取得承包收入=75\ 000-32\ 250-6\ 000=36\ 750(元)$$

$$应纳税个人所得额=36\ 750-3\ 500\times9=5\ 250(元)$$

$$个人税后所得=36\ 750-5\ 250=31\ 500(元)$$

从以上看，选择方案一原商店的工商登记改变为个体工商户，可比选方案二个人税后所得多 37 612.5 元。

2.5 稿酬

可以利用多扣除费用进行筹划。

增加前期创作过程的费用，以减少应纳税额，降低税负。通过和出版社协商，让其提供尽可能多的设备或服务，将费用转移给出版社，降低自己的名义稿酬所得，如考虑由出版社负担住宿费、交通费、资料费等。

例 16-22：梁教授欲创作一本专著，需要到外地某企业去调研。预计全部稿费收入 100 000 元，预计调研费用支出 30 000 元。计算筹划降低梁教授应纳税额。

筹划前：梁教授自己负担调研费用，则：

梁教授应纳税额＝100 000×(1－20％)×14％＝11 200(元)

实际税后收入＝100 000－11 200－30 000＝58 800(元)

筹划方案：如果改由出版社支付调研费用，实际支付给梁教授的稿酬为 70 000 元。

梁教授应纳税额＝70 000×(1－20％)×14％＝7 840(元)

实际税后收入为＝70 000－7 840＝62 160(元)

经过筹划后，梁教授可节税 3 360 元。

2.6 捐赠

(1) 个人所得分次捐赠的筹划

对于不能全额扣除的捐赠，法律规定是在当期应纳税所得额的 30％以内扣除。纳税人在捐赠额一定的情况下，分次进行捐赠，则可以扩大扣除额，减少应纳税额，保证自己的净收益增多。

例 16-23：黄先生某月取得工资薪金收入 7 500 元，本月通过民政部门向地震受灾地区捐赠 2 000 元。如何筹划降低黄先生应纳税额？

筹划前：

允许税前扣除的捐赠＝(7 500－3 500)×30％＝1 200(元)

本月应纳税额＝(7 500－3 500－1 200)×10％－105＝175(元)

若次月工薪收入仍为 7 500 元

次月应纳税额＝(7 500－3 500)×10％－105＝295(元)

筹划方案：如果黄先生改变捐赠方法，在本月捐赠 1 200 元，剩余 800 元安排在次月捐赠。

次月应纳税额＝(8 500－3 500－800)×10％－105＝315(元)

经过筹划后，黄先生次月少缴纳个税 80 元。

(2) 所得项目与扣除限额的统筹规划

我国个人所得税实行分类所得税制，因此，在计算捐赠扣除时，属哪项所得捐赠的，就应从哪项应纳税所得额中扣除捐赠款项，然后按适用税率计算缴纳个人所得税。在计算捐赠扣除额时，纳税人应当对捐赠额进行适当的划分，即将捐赠额分散在各个应税所得项目之中，其目的是最大限度享受税前扣除。

例 16-24:鄢先生系理财规划师,2015 年 6 月份取得各项收入 16 000 元,其中工资收入 6 500 元,福利彩票中奖收入 4 000 元,咨询收入 5 500 元。该月对外捐赠 4 000元。计算筹划降低鄢先生应纳税额。

筹划前:对外捐赠不分项,只是以福利彩票中奖收入对外捐赠,则:

偶然所得扣除限额=4 000×30%=1 200(元)

三项所得应纳税额为:

工资收入所得应纳税额=(6 500-3 500)×10%-105=195(元)
咨询收入所得应纳税额=5 500×(1-20%)×20%=880(元)
偶然所得应纳税额=(4 000-1 200)×20%=560(元)
三项共纳税额=195+880+560=1 635(元)

筹划方案:如果将捐赠额在各项所得中分项扣除,则允许扣除限额增大很多,所纳税款减少。

确定各项所得扣除限额:

工资收入所得扣除额=(6 500-3 500)×30%=900(元)
咨询收入所得应纳税额=5 500×(1-20%)×30%=1 320(元)
偶然所得扣除额=4 000×30%=1 200(元)

项扣除限额合计 3 420 元。

计算各项所得应纳税额:

工资收入所得应纳税额=(6 500-3 500-900)×10%-105=105(元)
咨询收入所得应纳税额=[5 500×(1-20%)-1 320]×20%=616(元)
偶然所得应纳税额=(4 000-1 200)×20%=560(元)
三项共纳税额=105+616+560=1 281(元)

经过筹划,鄢先生少纳税额 354 元。

2.7 税收优惠政策的税收筹划

在合法的情况下,纳税人应充分利用税法规定优惠政策进行税收筹划,尽量争取尽可能多的项目获得减免税待遇。将个人的存款以教育基金或其他免税基金的形式存入金融机构,以减轻自己的税收负担。纳税人可以利用税法的优惠,合理安排子女的教育资金、家庭的住房公积金、医疗保险基金等支出。

2.8 个人房地产投资的税收筹划

(1) 房产出租税收筹划

按照税法规定,对个人出租的住房,按租金收入征收 4%的房产税、1.65%的营业税及附加,并按扣除相关费用后的净收入征收 10%的个人所得税。房产出租的整体税收负担达到租金收入的 10%~15%。

可以通过增加各项扣除税费,减少所得税税基,来降低税负。如房产先装修后再出租,装修费用可以抵租金收入。但是要保存好自有房屋装修过程中的各种正式材料和劳务发票以及装修合同。

例 16-25:张先生购买一套单身公寓打算用于出租,预计月收取租金 2 500 元。张先生花费 100 000 元对公寓进修装修。计算筹划降低张先生应纳税额。

筹划前:张先生购买后不装修,先出租。

月租金应交房产税、营业税、城建税和教育附加 $=2\ 500\times4\%+2\ 500\times3\%\times50\%\times(1+7\%+3\%)=141.25$(元)

应缴个人所得税 $=(2\ 500-141.25-800)\times10\%=155.88$(元)

筹划方案:购买后,先装修后再出租,但是装修费用应该取得各种正式发票,并及时报经主管地方税务机关核实,经税务机关确认后才能扣除。则:

张先生月租金应交房产税、营业税、城建税及教务费附加 $=2\ 500\times4\%+2\ 500\times3\%\times50\%\times(1+7\%+3\%)$

$=141.25$(元)

应缴个人所得税 $=(2\ 500-141.25-800-800)\times10\%=75.88$(元)

经过筹划,张先生月节税 80 元。

(2) 人住房转让的税收筹划

利用时间差异,及时换购新住房进行税收筹划。按照税法的规定,对出售自有住房并拟在现住房出售1年内按市场价重新购房的纳税人,其出售现住房所缴纳的个人所得税,先以纳税保证金形式缴纳,再视其重新购房的金额与原住房销售额的关系,全部或部分退还纳税保证金,对个人转让自用 5 年以上,并且是家庭唯一生活用房取得的所得,免征个人所得税。纳税人可从以下几个方面进行筹划:一是对即将自用满 5 年的家庭唯一生活用房,尽量使用 5 年期满后再转让。二是出售现住房后尽可能在 1 年内重新购房。这样,当购房金额大于或等于原住房销售额时,可全部退还纳税保证金,而购房金额小于原住房销售额的,按照购房金额占原住房销售额的比例退还纳税保证金,余额将作为个人所得税缴入国库。

例 16-26:刘先生 2015 年 4 月以 700 000 元的价格将一套 100 平方米的旧房出售,该套住房购进时间为 2009 年,购进时原价为 450 000 元,按规定应缴纳纳税保证金,所购房保证金 $=(700\ 000-450\ 000)\times20\%=50\ 000$(元)。刘先生有三种购房方案:一是出售住房后 1 年内未重新购房;二是出售住房后 1 年内重新购房,购新房金额刚好或超过700 000元;三是出售住房后 1 年内重新购房,购新房金额少于 700 000 元,假设为650 000元。计算哪种方案缴纳税收最少。

方案一:出售住房后 1 年内未重新购房,按规定所缴纳的 50 000 元纳税保证金,将全部作为个人所得税上缴国库。

方案二:根据我国税相关法规定,出售住房后 1 年内重新购房,购新房金额刚好或超过 700 000 元,刘先生就不用缴纳个人所得税,所缴 50 000 元的纳税保证金将全额退回。

方案三:1 年内重新购房,所购房金额为 650 000 元,则刘先生可以免征个人所得税额 $=650\ 000/700\ 000\times5=46\ 400$(元),缴纳个人所得税 $=50\ 000-46\ 400=3\ 600$(元)。

从以上看,刘先生选方案二购房税负最小。

3. 个人理财中其他税种的筹划技巧

3.1 企业所得税

个人实业投资创办公司可以利用小型微利企业所得税税收优惠进行税收筹划。

我国企业所得税税率为25%，同时在税收优惠中规定：符合条件的小型微利企业，减按20%的税率征收企业所得税。小型微利企业是指从事国家非限制和禁止行业，并符合下列条件的企业：

(1) 工业企业，年度应纳税所得额不超过30万元，从业人数不超过100人，资产总额不超过3 000万元；

(2) 其他企业，年度应纳税所得额不超过30万元，从业人数不超过80人，资产总额不超过1 000万元。

例16-27：某一服装生产企业，2014年度预计资产总额2 800万元，企业的会计利润360 000元，职工平均人数80人，该年度终了汇算清缴前经注册税务筹划师初步测算，应纳税所得额为307 000元。该服装生产企业的资产总额和从业人数符合小型微利企业的标准，但是年企业应纳税所得额处于小型微利企业税率优惠的边缘，计算如何经过税收筹划来对企业的费用进行调整进而使企业能够享受税收优惠。

筹划前：

企业预计缴纳企业所得税＝307 000×25%＝76 750(元)

企业净利润＝360 000－76 750＝283 250(元)

筹划方案：建议增发8000元的工资，每位职工平均增加100元，则年应纳税所得额降为299 000万元，就满足小型微利企业的税率优惠要求。

企业预计缴纳企业所得税＝(307 000－8 000)×20%＝59 800(元)

企业净利润＝360 000－8 000－59 800＝292 200(元)

经过筹划，企业少缴纳企业所得税16 950元，净利润增加8 950元，同时也给员工带来了好处。

3.2 营业税筹划

我国税法规定，应纳营业税额＝营业额×税率。从这个公式中可以看到，影响营业税额大小的因素有两个：一个是营业额，另一个是适用的税率。由于营业税税目共有九类，税率主要是3%、5%、20%三类，然而在实际经营当中，许多服务的区分并没有非常明确的界限。因此，可以利用营业税各税目的关联来有针对性地进行营业税目的转移，以达到减轻税收负担的目的。

例16-28：高先生大学毕业后注册成立一家甲建筑公司，由于公司刚创立，施工队伍人员不够，无法组织建筑施工。2014年7月甲建筑公司协助乙建筑公司承揽一项工程3 000 000元，从中收取乙建筑公司4%的中介费用。计算经过筹划降低甲建筑公司税负。

筹划前：甲建筑公司的中介行为属于营业税中的服务业，应按其5%的税率缴纳营业税。所以甲建筑公司应缴纳营业税＝3 000 000×4%×5%＝6 000(元)。

筹划方案:甲建筑公司改变合同方式,直接与开发公司签订承包建筑合同,而与乙建筑公司签订的合同改为分包合同,即甲建筑公司将此工程其中的 2 880 000 元分包给乙公司。甲建筑公司行为就不涉及服务性质,而只是建筑业中的分包行为,应按建筑业 3%的税率缴纳营业税。

甲建筑公司应缴纳的营业税=(3 000 000-2 880 000)×3%=3 600(元)

经过筹划,甲建筑少缴纳营业税 2 400 元。

3.3 契税筹划

可以利用房屋交换对个人购买房屋进行契税筹划。

根据税法规定,房屋交换的契税计税依据是按照交换房屋价格的差额,由多交付货币或者其他经济利益的一方缴纳税款,交换价格相等的,免征契税。

例 16-29:2014 年 12 月孙先生将自有普通住宅以 800 000 元的价格出售给钱先生,然后以 2 100 000 元的价格向李先生购买了一幢别墅(该地区规定房产性质为别墅或商业用途缴纳 3%)。计算经过筹划降低契税税负。

筹划前:

孙先生应缴纳契税=2 100 000×3%=63 000(元)

根据税法规定个人购买自用普通住宅,暂减半征收契税,则:

钱先生应缴纳契税=800 000×3%×50%=12 000(元)

筹划方案:孙先生可先将自有普通住宅与李先生的别墅进行交换,并补给李先生差价 1 300 000 元,然后由李先生将普通住宅以 800 000 元的价格出售给钱先生。

孙先生应缴纳契税=1 300 000×3%=39 000(元)
钱先生应缴纳契税=800 000×3%×50%=12 000(元)

李先生无须缴纳契税。

经过筹划,钱先生和李先生的契税没有增加,而孙先生少承担契税 24 000 元。

3.4 车辆购置税

个人购买小轿车,在购买环节对车辆购置税进行筹划,可以降低应纳税额。

(1) 尽量不将价外费用并入计税价格。

具体见理财情景 1。

(2) 选择从一般纳税人处购车。

根据我国税法规定:增值税税率是指增值税一般纳税人 17%的税率,征收率是指商业增值税小规模纳税人 4%的征收率。对由摩托车、农用运输车经销商及汽车经销商为消费者开具的机动车销售统一发票,凡该类经销商不能提供增值税一般纳税人证明的,对车购税纳税人一律按 4%征收率换算车辆购置税计税依据,对该类经销商能提供增值税一般纳税人证明的,对车购税纳税人按 17%增值税率换算车辆购置税计税依据。

所以,对于纳税人从增值税一般纳税人及从小规模纳税人手中购买机动车,计算出的缴纳的车辆购置税是不同的。

从增值税一般纳税人手中购买机动车：

$$应纳车辆购置税=\frac{全部价款+价外费用}{1+17\%}\times 10\%$$

从小规模纳税人商业企业中购买机动车：

$$应缴纳车辆购置税=\frac{全部价款+价外费用}{1+4\%}\times 10\%$$

因此，消费者购买同类型机动车，付同样的购车款，从具有一般纳税人资格经销商手中购买比从小规模纳税人经销商处购买可少缴车辆购置税。

例 16-30：厦门市江先生从认定为增值税一般纳税人的汽车经销商购进一部东风日产小轿车，发票开具金额为 160 000 元。福州吴女士从小规模纳税人的某汽车经销商购买同类型车，价格同样为 160 000 元。计算两位购车的车辆购置税分别是多少元。

$$江先生车辆购置税=\frac{160\ 000}{1+17\%}\times 10\%=13\ 675.21\ 元$$

$$吴女士应申报缴纳车购税=\frac{160\ 000}{1+4\%}\times 10\%=15\ 334.62\ 元$$

江先生比吴女士少缴车辆购置税 1 659.41 元。

·理财情景 16 分析·

刘小姐可以按照以下方式进行税收筹划：

首先，按我国税法规定，代收款项应区别征税。凡使用代收单位的票据收取的款项，应视为代收单位的价外费用，并入计税价格计算征收车辆购置税，使用委托方的票据收取的款项，不并入计征车辆购置税，按其他税收政策规定征税。也就是说，购车时不在汽车销售公司办理保险或让经销商出具保险公司的发票，代收的保险金就不必计入购车计税价格中。刘小姐的 5 000 元车辆保险金应由保险公司的开具发票。

其次，购车者随车购买的工具或零件，按税法规定应作为购车款的一部分，并入计税价格征收车辆购置税，但若不同时间或销售方不同，则不并入计征车辆购置税。因此，车辆维修工具等，可采取日后再配或到另一经销商处购买，以少缴车辆购置税。

此外，按税法规定，购车时支付的车辆装饰费也应作为价外费用，并入计征车辆购置税，但若购车以后再装潢或另换汽车装潢公司，则不并入计征车辆购置税。所以，购车不必一次性将所有装备配齐，汽车装潢不妨另换时间或自行选择公司去做，最重要的是要求经销商将各款项分开并出具委托方的发票，不能只开一个购车总价的发票，这样才能合理减少车购税。

刘小姐的车辆保险金应改由保险公司的开具发票，工具用具在购车后再购买，车辆装饰可以改为购车后再装潢，这样刘小姐的车辆购买款就可以降为 145 000 元。

理财情景讨论和能力训练

项目任务书

项目(或工作任务)名称	大学生创业,税收优惠知多少
项目负责人	
项目组成员	
项目情景	我国陆续出台实施了一系列促进就业创业的税收优惠政策,这些政策涉及高校毕业生、农村转移劳动力、城镇就业困难人员、退役军人以及淘汰落后产能职工等各类就业重点群体。以下是国家对高校毕业生自主创业优惠政策: 1. 税收优惠 (1) 持《就业失业登记证》(注明"自主创业税收政策"或附着《高校毕业生自主创业证》)的高校毕业生在毕业所在自然年(即1月1日至12月31日)从事个体经营的,3年内按每户每年8 000元为限额依次扣减其当年实际应缴纳的营业税、城市维护建设税、教育费附加和个人所得税。 2015年1月国务院规定将《就业失业登记证》更名为《就业创业证》,已发放的《就业失业登记证》继续有效,不再统一更换。 (2) 高校毕业生创办的小型微型企业,按规定落实好减半征收企业所得税、月销售额不超过2万元的暂免征收增值税和营业税等税收优惠政策。 (3) 回国的高校毕业生自主创业,符合条件的,可享受现行高校毕业生创业扶持政策。 2. 小额担保贷款和贴息支持 (1) 对符合条件的高校毕业生自主创业的,可在创业地按规定申请小额担保贷款。 (2) 从事微利项目的,可享受不超过10万元贷款额度的财政贴息扶持。对合伙经营和组织起来就业的,可根据实际需要适当提高贷款额度。 (3) 在电子商务网络平台开办网店的高校毕业生,可享受小额担保贷款和贴息政策。 3. 免收有关行政事业性收费 毕业2年以内的普通高校毕业生从事个体经营(除国家限制的行业外)的,自其在工商部门首次注册登记之日起3年内,免收管理类、登记类和证照类等有关行政事业性收费。 此外还有享受创业培训补贴,有关机构提供免费创业服务,除直辖市外大部分省对毕业生创业落户取消限制等。高校应加强对学生创新意识、创新精神、创业能力的培养,积极从人财物诸方面为大学生创业创造条件。 [资料来源:(1) 人民网:http://edu.people.com.cn/n/2014/0520/c367001-25038808.html,2014年高校毕业生自主创业优惠政策一览。(2)聚高校网:http://xinwen.jgaoxiao.com/jiuyechuangye-chuangyejingyan-23459.html]
项目(或工作任务)目标	阐述你是如何理解创业税收筹划的。
项目工作内容和方法	分析:创业税收筹划的内容。 讨论:如何进行创业税收筹划?
学习目标	通过讨论、分析,思考个人理财税收筹划。
学习提示	完成本工作任务主要应用"个人理财税收筹划"和"个人实业理财税收规定"两个知识点。
说明	

项目活动计划与评价表

<table>
<tr><td colspan="4">项目(或工作任务)名称</td><td colspan="6"></td></tr>
<tr><td colspan="4">项目负责人</td><td colspan="6"></td></tr>
<tr><td colspan="4">项目组成员</td><td colspan="6"></td></tr>
<tr><td colspan="4">项目实施时间</td><td colspan="6"></td></tr>
<tr><td rowspan="2">项目计划</td><td colspan="3">项目实施计划</td><td colspan="6">包括(但不限于):计划目标、实现计划目标的要素、计划进度等。</td></tr>
<tr><td colspan="3">工作方案</td><td colspan="6">包括(但不限于):工作流程、阶段任务、工作思路、工作方法措施等。</td></tr>
<tr><td colspan="4">项目成果</td><td colspan="6"></td></tr>
<tr><td colspan="4">收获</td><td colspan="6"></td></tr>
<tr><td rowspan="6">工作评价</td><td colspan="3" rowspan="2">团队及成员</td><td rowspan="2">团队</td><td colspan="5">成员</td></tr>
<tr><td>1.</td><td>2.</td><td>3.</td><td>4.</td><td>5.</td></tr>
<tr><td rowspan="4">评语与成绩</td><td rowspan="2">团队评价</td><td>评价</td><td></td><td></td><td></td><td></td><td></td><td></td></tr>
<tr><td>成绩</td><td></td><td></td><td></td><td></td><td></td><td></td></tr>
<tr><td rowspan="2">教师评价</td><td>综合评价</td><td></td><td></td><td></td><td></td><td></td><td></td></tr>
<tr><td>成绩</td><td></td><td></td><td></td><td></td><td></td><td></td></tr>
</table>

※ 项目十七　个人综合理财规划 ※

学习目标：通过本项目学习，了解个人/家庭财务情况与财务情况分析内容，理解个人/家庭财务情况分析步骤，掌握个人/家庭财务情况分析方法；熟悉个人理财目标分析，掌握个人综合理财方案设计，了解综合理财规划书内容，掌握编制综合理财规划书。

项目十七工作任务分解（WBS）

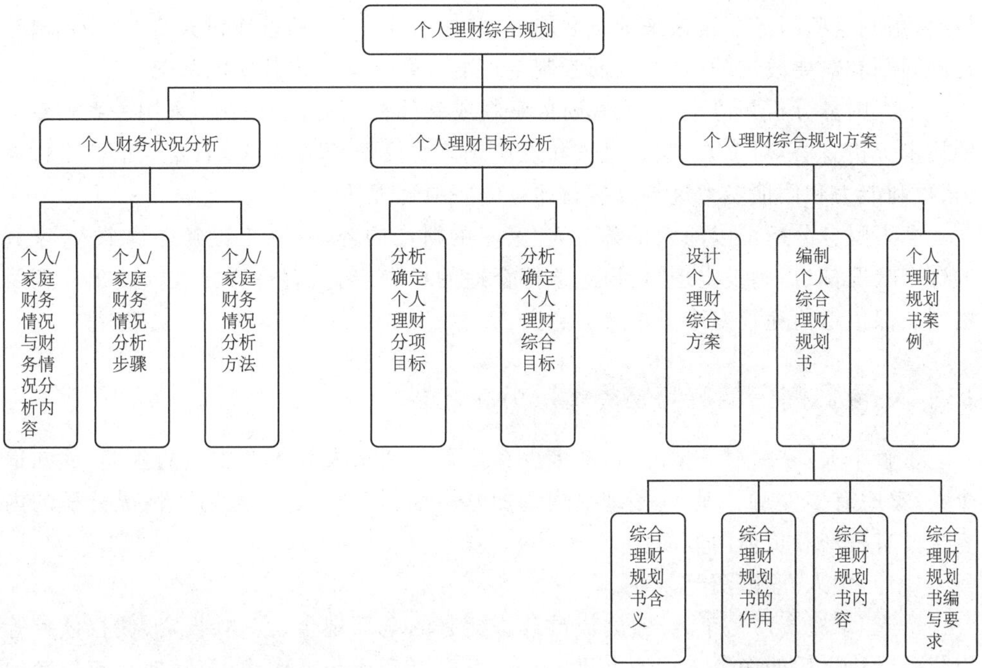

• 理财情景 17 •

陆先生是地道的北京人，30 岁，去年刚结婚。陆先生家所住的楼房是当年父母辈工厂建的，和爷爷奶奶住门对门，平时吃饭生活都在一起。陆先生结婚后，与妻子一起还居住在父母的房子里，如果再要个孩子就算是真正的四世同堂了。

陆先生的收入并不低，月收入 2.5 万元，妻子月收入 1.2 万元，没有购房是因为一直有住房将拆迁的消息，但时至今日还没有真正开始。由于和父母同住，陆先生的生活支出很少，基本在1 000元以内，小两口平时养车、消费每月大概需 5 000 元。另外，陆先生每年或携父母一起，或资助父母出去旅游两三次，每年花销约 3 万元。陆先生每年还会孝敬爷爷奶奶大约 1 万元。陆先生和妻子单位有“四险一金”，另外陆先生给自己又补了 20 万元保额的大病险和 50 万元意外险，年缴保费约 6 500 元。妻子没有另外购置保险。

2013年小两口准备要孩子，由于等不到拆迁，陆先生准备在父母附近的小区买房，每平方米大概2.5万元，陆先生想购置一套120平方米的房子。目前，小两口有活期储蓄10万元，理财产品30万元(即将到期)，买房的话，双方父母还能资助80万元。

分析：陆先生的家庭财产结构如何？请指出不足，并为其设计合理的理财规划方案。

任务一　了解个人财务状况分析

分析个人/家庭的财务状况，需要全面了解个人/家庭的资产、负债、收入和支出情况，预测这些财务要素未来的发展趋势，掌握个人/家庭的整体财务特点，并找出存在的问题和需要改进的地方，从而为制定理财规划方案奠定扎实的基础。

个人财务分析是以个人/家庭财务资料或其他相关资料为基础，采用一系列专门的技术分析方法，对个人/家庭过去和现在有关的投资、筹资活动、日常生活等支付能力、盈利能力和偿债能力进行分析与评价的一项管理活动。

个人财务分析可以深入了解个人/家庭的财产内容，有利于正确了解个人/家庭的资产状况，对正确设定理财目标、选择合适的投资组合、合理安排收入支出比例及资产的保值增值途径有十分重要的意义。

1. 个人/家庭财务情况与财务情况分析内容

了解个人/家庭财务情况，包括多少存量资产和未来收入及支出的预期，就知道个人/家庭有多少财可理，这是理财规划的基本前提。个人/家庭财务情况分析的内容主要有资产和负债两方面。

1.1　个人/家庭资产

个人/家庭资产是个人/家庭成员合法拥有的全部现金、实物、投资、债权债务等以货币量化之后的净值。理论上讲，个人/家庭资产应包括个人/家庭拥有或控制的所有资产，但是，理财规划实务中主要指价值高、使用期限长的金融资产和固定资产，对价值低、使用期限短的一般生活用品，一般不将其列为资产。

(1) 金融资产(生息资产)。金融资产是那些能够带来收益或是在退休后将要消费的资产，这些是在个人理财规划中最重要的资产，大多数的个人理财就是针对这些资产的，因为它们是实现家庭财务目标的最主要来源。金融资产主要包括库存现金、银行存款、应收账款、应收票据、其他应收款、股权投资、债权投资和衍生金融工具形成的资产等。

(2) 自用资产。自用资产是个人/家庭生活所必需使用的资产，包括自用住宅、汽车、家具、家居用品等实物资产，不会有投资收益，但在个人/家庭的资产中占较高的比例。个人/家庭的理财目标之一是为家庭进行适度的个人自用资产的积累。尽管它们不会产生增值收入，但它们可以提供个人/家庭消费。

(3) 奢侈资产。奢侈资产也是个人使用的,但不是家庭所必需的。这一类资产取决于具体家庭认为哪些资产不是生活所必需的高档消费品,主要包括珠宝、度假的房产或别墅、有价值的收藏品等。奢侈资产变卖时的价值通常高于个人自用资产。

1.2　个人/家庭负债

个人/家庭负债包括个人或全部家庭成员欠非家庭成员的所有债务,按负债期限长短分为流动负债和长期负债。

(1) 流动负债。个人/家庭的流动负债是指一个月内到期的负债,主要包括信用卡、电话费、电费、水费、煤气费、网络费、数字电视费、修理费用、租金、所得税、保险金、当期应支付的长期贷款等。

(2) 长期负债。个人/家庭的长期负债是指一个月以后到期或多年内需每月支付的负债,其中最为典型的是各类个人消费贷款和住房贷款。

家庭负债也可按负债的内容种类分类,具体可分为:贷款——住房贷款、汽车贷款、教育贷款、消费贷款等各种银行贷款等;债务——应付账款、信用卡未还金额等;税务——个人所得税、遗产税、营业税等所有应纳税额;应付款——短期应付账单,如应付房租、水电、利息等。

1.3　个人/家庭净资产

个人/家庭净资产是个人/家庭资产减去负债后的净值。一般在事业和家庭的成长和成熟期,净资产会不断地积累,退休后开始减少,这时,通常可以通过变现资产来维持消费和保持生活品质。净资产的重要性在于,让每个人/家庭在了解自己拥有多少可支配的财产以后再实施投资计划。个人/家庭净资产的规模是个人理财的出发点,净资产规模是实现购房、教育、退休、旅游等计划的基础。所以每个人/家庭都要像定期对汽车或身体进行检查一样,定期(如每半年)了解个人/家庭的净资产及其增长情况,这对个人成功理财是有力的保证。

2. 个人/家庭财务情况分析步骤

许多投资者在理财过程中过分关注投资理财的品种,而对自己的财务状况分析重视不够。"理财产品没有最好的,只有最合适的。"所以在购买理财产品前,首先要对自己的财务状况进行分析,选择合适的理财产品。

2.1　编制个人/家庭财务报表

(1) 个人/家庭资产负债表

①什么是个人/家庭资产负债表

个人/家庭资产负债表是反映个人/家庭在某一时点的财务状况的报表,它根据个人/家庭在某一时点的资产负债和资产净值的基本状况编制,是个人/家庭财务报表中最重要的一张报表。资产负债表体现了个人/家庭的财务结构和状况。在资产负债表上,个人/家庭有多少资产,是什么资产,有多少负债,是哪些负债,净资产有多少,其构成怎样,都一清二楚。它并不揭示你的资产和负债是如何形成的,只是告诉你目前的结果,所以资产负债表显示的是静态数据。

在理财活动中,客户情况千差万别,所以个人/家庭资产负债表没有统一格式,可以根据个人/家庭具体情况进行具体格式的设计。表 17-1、表 17-2 是常见的个人/家庭资产负债表(仅供参考)。

表 17-1 个人资产负债表(格式一)

年 月 日 单位:元

<table>
<tr><th colspan="2">项 目 名 称</th><th>金 额</th></tr>
<tr><td colspan="2">一、资产(你所拥有的)</td><td></td></tr>
<tr><td rowspan="2">1.货币资产</td><td>现金</td><td rowspan="2"></td></tr>
<tr><td>银行存款</td></tr>
<tr><td rowspan="4">2.证券投资</td><td>股票</td><td rowspan="4"></td></tr>
<tr><td>债券</td></tr>
<tr><td>基金</td></tr>
<tr><td>其他类投资</td></tr>
<tr><td colspan="2">3.住房</td><td></td></tr>
<tr><td rowspan="3">4.汽车及家电</td><td>汽车</td><td rowspan="3"></td></tr>
<tr><td>电脑</td></tr>
<tr><td>……</td></tr>
<tr><td colspan="2">5.公积金</td><td></td></tr>
<tr><td colspan="2">6.其他资产</td><td></td></tr>
<tr><td colspan="2">总资产:(1+2+3+…)</td><td></td></tr>
<tr><td colspan="2">二、负债(你所欠的)</td><td></td></tr>
<tr><td colspan="2">1.住房按揭贷款</td><td></td></tr>
<tr><td colspan="2">2.信用卡债务</td><td></td></tr>
<tr><td colspan="2">3.消费贷款</td><td></td></tr>
<tr><td colspan="2">4.其他个人欠款</td><td></td></tr>
<tr><td colspan="2">……</td><td></td></tr>
<tr><td colspan="2">总负债:(1+2+…)</td><td></td></tr>
<tr><td colspan="2">三、资产净值(总资产－总负债)</td><td></td></tr>
</table>

表 17-2　个人资产负债表(格式二)

年　月　日　　　　　　单位:元

资　产	金　额	负债权益	金　额
1.现金 2.活期存款 3.应收款 4.家居用品 ……		1.信用卡应付款 2.银行借款 3.应付款 4.汽车贷款 5.住房贷款 ……	
流动资产合计		负债合计	
5.房屋、家居用品、金银制品 6.汽车 7.奢侈品 8.股票、债券、基金、期货 9.房地产投资 10.生产经营性固定资产 ……		净资产	
资产合计		负债权益合计	

②个人/家庭资产负债表的作用

• 反映个人/家庭资金来源的构成,包括债务和权益,个人/家庭与外部发生的经济往来关系等。

• 反映个人/家庭的财务实力、短期偿还债务的能力、资产结构的变化情况和财务状况的发展趋向,并据此做出评定估价。

• 提供个人/家庭资产评估的主要资料,规范地表明个人的财产状况。

• 计算出个人/家庭净值(净资产)。个人/家庭净值就是总资产与总负债的差值,因此资产负债表又叫资产净值表,或净资产表。

• 用于财务分析,可得出收支比率、消费与投资比率、现金流量、投资收益率、投资结构、资产负债率等,为投资理财决策提供依据。

(2) 个人/家庭收入支出表

个人/家庭收入支出表又称个人/家庭现金流量表,是反映一段时间内个人/家庭收入、支出及余额等财务状况的财务报表,作为收支预算的基础。收入支出表一般以12个月为一个编制周期,常见格式如表17-3。

表 17-3 个人/家庭收入支出表 年 月

收入项目		金额	支出项目		金额
工薪收入	男主人收入		日常饮食支出	家庭日用品支出	
	女主人收入			家居用品支出	
	孩子收入			其他商品支出	
	其他家庭成员收入			水电煤气费用支出	
资本收入			通讯费支出		
劳务收入			教育、文娱支出		
投资收益			借贷支出		
经营收入			保险、投资支出		
其他收入			医疗保健支出		
收入合计			支出合计		
月结余					

个人/家庭收入支出表的作用在于能直观地了解个人(家庭)的收入来源和支出项目及其时间分布,并对各部分所占比例有所了解,从而看出自己每月收支状况,直观地了解自己的钱是怎么花出去的,并有针对性地进行开源或者节流,为正确进行消费和投资决策提供依据。

2.2 对财务报表的数据进行分析

通过对个人/家庭的资产负债表和收入支出表进行深入分析,计算出各种不同意义的财务比率,从中可以找出个人/家庭财务状况的优化措施,最终实现个人/家庭的财务目标。

2.3 预测个人/家庭的财务发展趋势

个人理财是对一生财务的管理,因此,财务状况分析应包含财务预测的内容,主要对个人/家庭的未来收入、支出情况以及资产负债情况等方面进行预测。

3. 个人/家庭财务情况分析方法

3.1 财务结构分析

(1) 资产负债结构分析。主要用于分析资产负债细分项目占总资产的比重。通过对个人/家庭的资产负债表的分析,可以全面了解个人/家庭的资产负债状况,并能够掌握个人/家庭实际拥有的财富量。净资产是个人/家庭真正拥有的财富价值。

净资产一般为正。净资产为负,表明个人/家庭的财务状况不乐观,有必要偿还到期的债务,另外需要增加收入。

净资产越大,表明个人/家庭拥有的财富越多,所以如何扩大净资产是个人/家庭应该关注的重点。提高净资产一般有几个途径:增加工资薪酬、扩大投资收益、取得馈赠、继承遗产等。另外现金和准现金占总资产的比例不能太低，一般应满足个人/家庭三个月开支。

（2）收入支出结构分析。主要用于分析收入支出细分项目占总收入的比重。收入支出表全面反映个人/家庭一定时期的收入与支出情况，能够反映个人/家庭现金流入和流出的原因、客户的偿债能力，也能反映理财活动对财务状况的影响。个人/家庭应该保持正的净现金流量，如果出现负的净现金流量，表明个人/家庭的财务状况不佳，需要变现资产或者举债才能保持个人/家庭正常的开支，应通过增收和节支来改善个人/家庭的收支状况。

3.2　财务比率分析

计算财务比率是分析个人/家庭财务状况的最重要组成部分，财务报表中的一个单独指标不能全面说明个人/家庭财务状况，所以应将某个指标与另一个相关指标进行比较才能综合反映个人/家庭财务状况。

为了更好地分析个人/家庭财务状况，需要知道财务比率的理想值。一般情况下，财务比率为理想值时，表明个人/家庭财务状况良好。但是财务比率的理想值并不是绝对的，在进行个人/家庭理财规划时，还必须结合财务状况的其他情况，才能确定理想的财务比率。

（1）净资产偿付比率。该比率用于衡量个人/家庭综合还债能力的高低。其计算公式为：

$$\text{净资产偿付比率}=\frac{\text{净资产}}{\text{总资产}}$$

该比率在 0～1 之间，一般控制在 0.5 以上。如果太低，一旦收入水平降低很可能会出现资不抵债；如果太高，意味着个人/家庭可能没有充分利用自己的信用额度，宜通过借款来进一步优化其财务结构。

（2）资产负债比率。该比率用以衡量个人/家庭债务水平，以及帮助寻找解决长期偿债能力问题的潜在方法。其计算公式为：

$$\text{资产负债比率}=\frac{\text{总负债}}{\text{总资产}}$$

该比率应控制在 0.5 以下。任何高于 0.5 的比值意味着客户可能没有充足的资产用于清偿债务，大于 1 表示财务上已经破产。

（3）负债收入比率。该比率用以衡量定期债务偿还额在扣税后收入中所占的份额。扣税后收入包括利息收入、租金收入、红利收入等所有税后收入。其计算公式为：

$$\text{负债收入比率}=\frac{\text{年度债务偿还总额}}{\text{年度扣税后的收入总额}}$$

一般而言，此比率应控制在 0.4 以下。高于 0.4 或更高的比值则通常意味着个人/家庭有无法按期偿还债务的风险。但年轻人负债收入比率高，中年人负债收入比率低；收入的稳定性高，可容忍较高的负债收入比率。

(4) 支出保障比率(支出保障倍数)

①流动资产保障比率。该比率用于衡量在不发生价值损失的条件下,资产迅速变现以应付基本支出需要的能力。流动性资产包括现金、活期存款、可及时变现的短期债券等。其计算公式为:

$$流动资产保障比率=\frac{流动性资产}{月平均支出}$$

该比率为 3 较适宜,即流动资产能满足 3 个月支出的需要。

②变现资产保障比率。该比率用于衡量当流动性资产不能满足基本支出需求时,就要动用其他需要付出一定变现成本的可变现资产。可变现资产包括流动性资产,如基金、定期存款、中长期债券等。如果持有的股票是短期投资,视为可变现资产;反之,则不应视为可变现资产。

$$变现资产保障比率=\frac{可变现资产}{月平均支出}$$

该比率为 6 较适宜,即可变现资产能满足 6 个月支出需要。

③净资产保障比率。该比率用于衡量当可变现资产仍不能满足个人/家庭发生变故后的基本支出需要,需要变卖流动性差的资产,如长期投资的股票、自用资产等。其计算公式为:

$$净资产保障比率=\frac{净资产}{月平均支出}$$

$$净资产=家庭总资产-家庭总负债$$

该比率为 12 较适宜,即净资产能满足 12 个月支出需要。

(5) 储蓄率。该比率用于衡量个人用于储蓄的那部分收入占总收入的比例。其计算公式为:

$$储蓄率=\frac{储蓄额}{收入总额}$$

该比率应至少大于 0.1,即储蓄额至少应占收入总额的 10%。

(6) 净资产投资比率。该比率用于衡量个人/家庭净资产用于投资,而非用于消费的比例。其计算公式为:

$$净资产投资比率=\frac{投资资产}{净资产}$$

净资产投资比例可能高于 1,个人/家庭通过借债进行投资时,投资资产可能高于净资产。年轻人保持该比率在 0.2 左右适宜、中年人保持该比率在 0.5 以上适宜。

任务二　熟悉个人/家庭理财目标

个人理财目标就是在一定期限内，给自己设定一个个人净资产的增加值，即一定时期的个人理财目标，同时有计划地安排资产种类，以便获得有序的现金流。个人理财目标制定好后不是一成不变的，而应根据实施的情况、具体的环境背景，适时地做相应的调整，以达到最切合自身实际的要求。最好每隔一段时间（如 1 年），对原来所制定的理财目标进行一次修正。

确定理财目标应考虑如下因素：所处的人生阶段、收支状况、风险承受能力、个人承担的责任以及投资期限等，初步选定理财目标，并根据紧迫性和重要性来确定理财目标的优先顺序，最终按照目标的可行性来确定理财的目标。

如何制定理财目标包含以下三个层面的内容：

首先是安排好当前的生活，将目前的资产和产生的现金流做合理的安排和配置，为家庭安排适当的保障，从而使个人和家人能够有一个安心健康的生活方式。

其次是为未来的人生目标和理想在财务上做好安排，未雨绸缪。比如孩子未来的大学教育费用、个人的养老问题等都需要尽早做好安排。

再次是通过理财规划最终建立一个终生的现金流渠道，足以保障个人和家庭过上无忧无虑的生活，不用再为金钱而工作，这就是所谓的财务自由的境界。

1. 分析确定个人/家庭理财分项目标

个人理财内容主要包括职业规划、现金规划、保险规划、教育规划、住房规划、退休养老规划、财产分配与传承规划、投资规划和税收规划等，与理财内容相对应的理财分项目标如下。

（1）职业规划目标。分析个人性格、掌握的知识、技能及相关的资源，确定职业目标。

（2）现金规划目标。对个人/家庭日常的、日复一日的现金及现金等价物进行管理，确保有足够的资金来支付计划中和计划外的费用，并且消费模式是在预算限制之内的，核心是建立应急基金、保持家庭资产适当的流动性。

（3）保险规划目标。根据个人需求，考虑个人风险承受能力、选择保险险种，为个人/家庭资产的安全增添一份保障，确保家庭能抵御不可预料的风险。

（4）教育规划目标。提早准备，为自己和子女今后的学习深造提供足够的经济支持。列明将来所需的各项教育费用，包括学费、生活费、年上涨率等。分析不同地区学校的教育水平及费用情况。

（5）住房规划目标。分析住房需求，明确购房或租房决策，为购房或租房提供资金支持。

（6）退休养老规划目标。合理规划个人/家庭可用财务资源，以满足个人在退休阶段的财务需要，保证在将来有一个自立、尊严的退休生活。

（7）投资规划目标。个人/家庭在不同时期的理财目标各不相同，不同的理财目标需要借助于不同的投资产品来实现，因此需要设计与理财目标相配套的投资规划目标。

(8) 财产分配与传承规划目标。设计遗产传承和管理方式，并确保将遗产顺利地传承到受益人手中。

(9) 税收规划目标。在法律规定许可的范围内，通过对投资、经营、理财活动的事先筹划和安排，取得减轻税负带来的税收利益。

2. 分析确定个人/家庭理财综合目标

2.1 按照实现时间进行分类，可划分为短期目标、中期目标和长期目标

(1) 短期目标，指在短期内(1～5 年之内)可以实现的目标。如减少债务，筹集紧急备用金，税收负担最小化，开支控制最小化，投资股票、债券、基金、期货等市场，其他短期目标。

(2) 中期目标，指一般需要 6～10 年才可能实现的目标。中期目标一般不轻易修改，只有在必要的情况下才进行调整。如为购房、购车筹集资金，保险、医疗保障，寿险、财险，个人创业计划 6～10 年实现的愿望。

(3) 长期目标，指一般要 10 年以上的时间才能实现的愿望。如小孩创业基金、教育储蓄、个人退休基金、资产保值增值、为继承人分配财产 10 年以上实现的愿望。

2.2 按照目标的重要性分类，则可以分为必须实现的理财目标和希望实现的理财目标

(1) 必须实现的目标，指在正常生活水平下，客户必须要完成的计划或者满足的支出，包括保证日常饮食消费、购买或租赁住房和支付交通费用、通讯费等。这在理财规划方面是优先考虑的。

(2) 希望实现的理财目标，指在保证正常生活水平外，客户希望可以完成的计划或者满足的支出，如旅游、购买房屋等。

任务三　掌握综合规划个人理财方案

1. 设计个人综合理财方案

设计个人理财方案的五个关键步骤：

(1) 明确客户的理财目标，对理财目标进行优先排序，确定完成目标的时间，制定理财方案，最终实现理财目标。

(2) 了解客户的财务状况，并以此制定理财规划的基础。

(3) 诊断客户的风险承受能力、客户风险偏好评估、收支状况、通货膨胀等多种因素。客户的风险承受能力的高低是个人理财规划中需要考虑的重要因素。

(4) 选择投资工具。制定理财规划时，客户可以按照理财目标实现时间和预期

回报确定投资期限，选择投资工具。

(5) 制定理财方案。编制个人综合理财规划书，最大限度满足客户的需求。

2. 编制个人综合理财规划书

2.1　个人综合理财规划书的含义

个人综合理财规划书是在对客户的家庭情况、财务状况、理财目标和风险偏好等详尽了解的基础上，通过与客户的充分沟通，运用科学的方法，利用财务指标、统计资料、分析核算等多种手段，对客户的财务状况进行描述、分析和评议，并对客户财务规划提出方案和建议的书面报告。

2.2　综合理财规划书的作用

(1) 认识个人/家庭的财务状况。综合理财规划书对客户财务状况进行系统的分析，使客户认清自己的财务状况。

(2) 帮助客户了解财务中存在的问题。综合理财规划书的内容包含对客户的财务状况的分析和评价，能够帮助客户了解财务中存在的问题。

(3) 帮助客户选择理财最优方案，实现效益最大化。综合理财规划书通过分析客户财务存在的问题，并提出建议，使客户尽快调整财务计划，并选择理财最优方案，最终实现理财规划效益最大化。

2.3　综合理财规划书的内容

(1) 封面。封面主要包含综合理财规划书的标题、执行该综合理财规划书的单位、出具综合理财规划书的报告日期三部分内容。

(2) 前言。前言部分包含致谢、综合理财规划书的由来、综合理财规划书所用资料的来源、出具综合理财规划书单位的义务、客户的义务、免责条款及相关的费用标准等内容。

(3) 假设前提。综合理财规划目标的实现是建立在一定基础之上的，在规划理财方案时需提出合理的假设条件，例如年通货膨胀率、活期存款利率、货币市场基金年收益率、客户及相关家庭人员的收入增长率，以及理财规划方案可能涉及投资工具的投资收益率、学费上涨率等。

(4) 正文。正文包括家庭基本情况、客户理财目标分析、财务状况分析、当前理财建议等内容。

①家庭基本情况。一方面是客户及其家庭非财务信息的收集，包含客户家庭成员结构、年龄、职业、性格、投资偏好、理财习惯等。非财务信息的收集对制定理财规划方案具有非常大的参考价值。另一方面是客户及其家庭财务信息的收集，包括客户家庭的资产负债情况、收入支出情况及相关的财务比率分析。这里主要是完整填制客户家庭的资产负债表、收入支出表及财务比率分析表。

②财务诊断及评价。在结合客户非财务信息的基础上，对相关财务信息进行诊断：现金准备是否充足、家庭日常支出是否合理、家庭保障是否充分、家庭是否有财务风险、投资结构是否合理、消费支出是否合理、相关的收入情况等。

③确定客户理财目标。以客户的理财需求为导向，参考客户现有的财务问题，经

过与客户的充分沟通，确定并总结归纳客户的理财目标。不仅要关注家庭的整体理财目标，也要聚焦每个家庭成员的特殊理财需求。

④完成分项理财规划，提出当前财务建议。针对客户的理财目标及客户目前的财务和非财务状况，提出分项的理财规划建议。该部分可能会涉及现金、消费支出、保险、投资、退休养老、税收、财产分配与传承、教育规划、风险管理等分类专项理财规划。

⑤分析理财方案预期效果。在合理的假设条件下，结合客户的理财目标及给出的理财建议，预测理财规划方案的预期效果。在此过程中，不仅要给出各种调整后的财务比率分析数值，同时还需要列出通用的这些财务比率的合理数值范围以及调整之前的相关数值，通过比较，可以使客户简单明了地看到通过理财规划其自身财务状况将达到的一个水准，以及是否能实现相关理财目标。

⑥理财规划方案的执行应正确指引客户执行综合理财规划中的相关事项，如分析各个理财目标实现的轻重缓急，怎么做更能节约相关实施成本，帮助客户科学匹配理财产品及可能需要配备的行业指导专家等，以促使客户相关理财目标的实现。

⑦理财规划方案的调整。由于不确定因素的存在，客户及其家庭的财务和非财务状况可能会发生变化，这时需要定期对既有理财规划方案进行评估并做出相关的调整。

⑧完备附件及相关资料，例如客户风险偏好调查问卷、投资工具的合同、遗嘱及遗嘱公证等相关资料。

2.4 综合理财规划书编写要求

(1) 通俗易懂、便于理解。综合理财规划书要尽可能通俗易懂，便于客户及相关人员的阅读和理解，这样既有利于综合理财方案的执行，同时也可以避免一些因对综合理财方案的误解或理解不到位而引起的不必要纠纷。

(2) 通观全盘、整体规划。综合理财规划书是一个全面综合的整体性的方案，需统筹规划。关注客户及其家庭的综合理财需求，协调各个分类分项理财需求之间的关系，使客户拥有的各种资源能够得到合理的优化配置，最终达到效用最优。需要有广阔的视野，有总览全局的视角。

(3) 认真细致、谨慎判断。制定综合理财方案时要细致考虑工作中的每一个环节，设立整个规划书框架时要反复考虑各种因素，对各种因素的关系需要谨慎判断。

3. 个人理财规划书案例①

刘先生，31 岁，现为某民营企业董事会秘书，公司高管成员，月收入约为 1.8 万元。刘先生的妻子，28 岁，也在该公司担任销售部门副总，月收入约为 1 万元。刘先生夫妇在商界拼搏多年，算得上高层新贵。两人结婚两年，已买车买房，但家庭支出较大，房贷加养车约需 6 000 元/月，其他支出主要在日常用品和社会交际上，约8 000 元/月，月总支出约 1.4 万元。目前，刘先生夫妇有存款 30 万元。另外，夫妻双方父

① http://finance.qq.com/a/20110318/001808.htm

母年纪都在 60 岁左右，有社保，身体状况还不错，刘先生夫妇每年给予 1 万多元的赡养费。

刘先生表示，目前夫妇两人除了单位社保外，无其他保险，过一两年计划生小孩。同时，父母年龄逐渐增加，考虑给他们购买保险，以备生病时使用。通胀背景下，把闲置资金存在银行不合适，但妻子不愿参与风险过大的投资，希望以稳健的方式进行规划。

3.1　家庭财务状况分析

先从刘先生夫妇的家庭财务状况着手，分析资产负债情况和收入支出情况。

(1) 家庭资产状况分析。表 17-4 为刘先生家庭的资产负债表，家庭总资产为 192 万元，由于已还贷几年，家庭房贷还剩下 90 万元，家庭净资产（总资产减去总负债）为 102 万元。计算可知，刘先生家庭总负债占总资产的比例为 46.9%（低于 50% 的警戒水平），家庭净资产占比为 53.12%，均说明刘先生家庭目前的资产负债状况较为稳健，即使在经济不景气时也有能力偿还债务。

表 17-4　刘先生家庭资产负债表

家庭资产	金额/万元	占比(%)	家庭负债	金额/万元	占比(%)
现金、活期及定期储蓄	30	15.6	房屋贷款	90	100
自用房产	150	78.1	其他	0	0
汽车等其他资产	12	6.3			
合计	192	100	合计	90	100
家庭净资产	102 万元				

(2) 收入支出情况分析。家庭理财计划要从储蓄开始，没有资金，任何投资都无从谈起，而收支结余资金正是投资资金的重要来源。运用开源节流的思想，增加收入，理性消费，减少不合理的开支，都将增加家庭可用于投资的资金。尤其是在家庭消费方面，做好预算，通过记账等方式进行家庭财务管理都是有效的手段。

由表 17-5（家庭收入支出表）可知，刘先生家庭的月总收入 2.8 万元，其中刘先生月收入为 1.8 万元（占 64.3%，比重较高），配偶占 35.7%。从收入构成来看，工资收入占总收入的 100%，显示家庭收入来源较单一，可尝试获得兼职、租金等其他收入。

表 17-5　刘先生家庭收入支出表

收入	金额/万元	支出	金额/元
本人月收入	1.8	家庭日常支出	10 500
配偶月收入	1	贷款月供	3 500
其他	0	其他月支出	1 000
月均收入	2.8	月均支出	15 000
月结余	1.3 万元		

目前家庭的月总支出为1.5万元。其中，日常月支出为10 500元，包括生活和养车支出，占70%，父母赡养费用约为1 000元/月，占7%，房贷月供支出为3 500元，占23.3%。家庭支出构成中，按揭还款占月总收入的12.50%，低于40%的临界水平(合理负债可提高生活水平，又不至负担过重)。日常支出和其他支出占月总收入的41.07%，还可进一步对支出进行控制，增加可储蓄金额。

目前家庭月度结余资金1.3万元，年度结余资金15.6万元，占家庭年总收入的46.4%。这一比率称为储蓄比例，反映了家庭控制开支和增加净资产的能力。

3.2 理财规划方案

家庭规划要实现长短期目标相结合、规避风险与获取投资收益相结合。

(1)应急准备规划。每个家庭都需针对月必需支出准备应急现金，以备紧急情况出现时能有适当的缓冲时间。刘先生家庭月支出较大，需整理月支出中哪些是必需支出，哪些是可控支出。根据刘先生家庭情况，房贷、养车及生活费为必需支出。假设1.5万元的80%是必需支出，以月必需支出的3～6倍来准备应急资金，则需准备3.6万～7.2万元。

(2)长期保障规划。长期风险的对冲主要通过配置保险实现，社保只是基本保障。应以商业保险作好补充保障后，再进一步考虑其他投资规划。商业保险的险种应考虑寿险、重大疾病险以及意外险。买保险时的顺序是先给家庭经济支柱买(即先给最能赚钱的人买)，再给次经济支柱买，最后才给孩子买。可将保额设置在年收入的5～10倍，即保障意外情况下未来5～10年的收入，保费控制在年收入的10%～15%。按年收入33.6万元计算，可将保额设置为168万～336万元，保费支出为3万～5万元。

(3)子女生育及教育规划。如果单位已配备生育保险，则刘先生可准备1万元左右的生育金以应付突发状况。子女出生后，月生活支出增加1 000～2 000元的同时，还需准备子女未来的教育金。可从子女出生开始每月做一笔基金定投，如每月投资1 250元，投资18年后，按照基金年收益8%计算，可在孩子18岁时筹集约60万元的资金。如有更高要求，可相应提高定投金额。

(4)养老规划。按刘先生夫妇目前的消费水平，退休后要想保持和退休前一样的生活较为困难。按目前的总支出1.5万元/月计算，扣除房贷和养车支出还剩下约9 500元，按年通胀率3%计算，则55岁退休时的生活费水平需19 891元/月。通过计算，55～85岁共需生活费用716万元。即使一半有社保支付，另一半也需自己筹集，可通过每月定投3 765元来筹备这笔费用。

由于父母年龄已有60岁左右，不适合买商业保险(保费会出现倒挂情况)。父母可依赖社保解决基本问题，其他问题可通过刘先生夫妇来解决。可每年将一笔钱给父母储蓄起来，在他们需要时拿出来用。给父母的这笔钱最好是用风险较小的方式保留，如定存、货币基金等方式。

3.3 具体操作方案

刘先生夫妇可将存款30万元中的7万元用于应急准备，以活期存款或货币基金等流动性好的方式持有，剩余资金做投资组合。同时，向保险机构咨询寿险、重大疾病险、意外险组合，保额设置为 150 万元左右，保费控制在 3 万～5 万元。另外，月结余资金 1.3 万元中，假设每月拿出 4 170 元作为保费，则可用 1 250 元作为子女教育定投，3765 元作为刘先生夫妇养老定投，还可节余 3 815 元。定投可选指数基金，比如嘉实 300、广发中证 500 等，在累计金额达到相应目标后可取出转成银行存款。

对剩余的 23 万元进行资产配置，由于家庭偏好稳健投资，可配置较大比重的债券基金，比如债券基金 70%＋股票基金 30%。另外，每月还节余的 3815 元也可进行定投：债券基金 50%（用做给父母未来生病用）＋指数基金 50%（用做旅游基金或其他改善生活所用基金）。

·理财情景 17 分析·

我们先从资产负债和家庭收支两个方面，简单看一看陆先生家庭的财务状况。

目前陆先生家庭的总资产为 40 万元，全部为流动资产，固定资产比例为零。家庭对外没有负债，但由于总资产规模较小，且没有固定资产，导致家庭对外融资的能力偏弱。

陆先生的家庭总收入水平较高，年收入达到 44.4 万元，为未来财富积累打下良好基础。家庭支出控制合理，年度总支出约为 11.2 万元，扣除年缴保险费，年度总盈余 32.55 万元。这样的收支状况可以为借款提供充足的还款保证。

分析家庭的对外投资，10 万元活期储蓄可以看做是家庭的应急备用金。剩余资金全部投资于理财产品（一般认为是风险和收益都适中），是目前混乱的市场环境下的无奈选择。但这样的投资选择过于单一，且缺乏流动性，面对未来家庭资产的变化、投资市场的跌宕起伏，投资选择势必需要进行调整。

陆先生未来的理财规划应在以下几个方面加以调整：

(1) 在保证整体收益水平不下降的前提下，通过分笔、分时段地投资理财产品来为投资资产增加流动性。也就是说，将一笔资金分割为几笔资金，错开一个月或一段时间进行固定期限的投资，使得理财的到期时间错开，从而提高资金使用的灵活性。

(2) 目前中国股市处于相对较低的价格水平，现在开始基金定投是个不错的起步。可以采取金字塔式的投资方式，以目前的沪指水平为标准，每月投入 3 000 元，沪指每下降 10%，则每月加大 1 000 元的投入，反之，沪指每上升 10%，则减少 1 000 元投资。

(3) 未来资金进一步充裕后，陆先生应扩大投资范围，完善投资资产的组合配比。例如，购买投资型房产、信托产品、债券类产品等。

(4) 对资金进行分类管理，将养老金、教育金和赡养金等特殊用途的资金单独设立账户管理。这部分资金宜采取相对稳健的投资方式，在保证本金安全的情况下，实现资本的积累。

(5) 陆先生的家庭保障明显不足。建议夫妻两人都适当增加寿险（定期寿险或终身寿险）和意外保险，具体的保险品种和购买金额，可根据个人意愿，在与理财规划师进行详细磋商之后确定。

理财情景讨论和能力训练

项目任务书

项目(或工作任务)名称	工薪阶层教师家庭理财规划
项目负责人	
项目组成员	
项目情景	王先生,48周岁,某县城中学教师,月收入4 000元。王先生的爱人杜女士,48周岁,某县城小学教师,月收入3 000元。女儿20周岁,大学本科在读。王先生现有自住用房一套,约价值35万元,已经还清住房贷款。同时拥有家庭自用轿车一辆,约价值10万元。此外,家庭积攒约8万元现金资产(定期存款)。 王先生家庭有两个理财目标:一是储备教育资金,为女儿攻读研究生做准备。二是计划未来3～5年卖掉现有住房,购置一套面积更大的新房。
项目(或工作任务)目标	阐述你对王先生家庭理财规划的看法和建议
项目工作内容和方法	1. 分析:王先生家庭的财务现状。 2. 讨论:给予王先生家庭的理财规划建议。
学习目标	通过讨论、分析、思考王先生家庭理财规划,加深对个人理财、理财的重要性及如何成功理财的理解。
学习提示	完成本工作任务主要应用“个人/家庭财务分析”和“如何编制理财规划”两个知识点。
说明	

项目活动计划与评价表

<table>
<tr><td colspan="4">项目(或工作任务)名称</td><td colspan="6"></td></tr>
<tr><td colspan="4">项目负责人</td><td colspan="6"></td></tr>
<tr><td colspan="4">项目组成员</td><td colspan="6"></td></tr>
<tr><td colspan="4">项目实施时间</td><td colspan="6"></td></tr>
<tr><td rowspan="2">项目计划</td><td colspan="3">项目实施计划</td><td colspan="6">包括(但不限于):计划目标、实现计划目标的要素、计划进度等。</td></tr>
<tr><td colspan="3">工作方案</td><td colspan="6">包括(但不限于):工作流程、阶段任务、工作思路、工作方法措施等。</td></tr>
<tr><td colspan="4">项目成果</td><td colspan="6"></td></tr>
<tr><td colspan="4">收获</td><td colspan="6"></td></tr>
<tr><td rowspan="6">工作评价</td><td colspan="3" rowspan="2">团队及成员</td><td rowspan="2">团队</td><td colspan="5">成员</td></tr>
<tr><td>1.</td><td>2.</td><td>3.</td><td>4.</td><td>5.</td></tr>
<tr><td rowspan="4">评语与成绩</td><td rowspan="2">团队评价</td><td>评价</td><td></td><td></td><td></td><td></td><td></td><td></td></tr>
<tr><td>成绩</td><td></td><td></td><td></td><td></td><td></td><td></td></tr>
<tr><td rowspan="2">教师评价</td><td>综合评价</td><td></td><td></td><td></td><td></td><td></td><td></td></tr>
<tr><td>成绩</td><td></td><td></td><td></td><td></td><td></td><td></td></tr>
</table>

※ 项目十八 个人综合理财规划案例 ※

王先生夫妇是80后，女儿刚刚出生。王先生在台企做业务，每月税后收入7 500元；王先生的妻子李某在国有企业上班，每月税后收入4 000元。目前，王先生夫妇每月的基本开支需要6 500元，主要包括基本生活开销（水、电、煤、电话网络费、伙食费和交通费等）约4 000元和房贷按揭2 500元。王先生年终奖为25 000元，妻子李某为10 000元。此外，王先生夫妇现有银行活期存款15 000元（投资某银行的短期理财产品，可以实时赎回，年均收益600元）。与初中同学合伙开办面包店出资50 000，每年分红收益15 000元。双方父母养老孝敬金12 000元，年度休闲旅游等开支10 000元。房子在郊区，小户型，前年购买时花费55万元，当时双方父母赞助18万元，贷款本金余额还有22万元。

王先生夫妇对家庭财务计划有如下希望：

(1) 5年后换一套学区房，以方便女儿小学读书。学区房的房价一般都较高，约100万元，但是考虑到方便女儿未来就读公办小学，王先生夫妇觉得这还是较为值得；

(2) 计划筹集女儿的教育资金，满足小孩各层次教育和兴趣爱好培养的需要；

(3) 王先生在台企工作，业务繁忙且经常出差，虽有“五险一金”，基本医疗有保障，但希望增加意外风险保障；

(4) 妻子李某也有“五险一金”，工作较为轻松稳定，但是时间要求较严格，因此对小孩的照顾主要是靠父母帮忙。父母年事已高，身体也大不如前，因此需要聘请一位非全职保姆帮助处理家务，预计保姆每月2 000元工资，每年2 000元的过节费；

(5) 自2015年7月股市暴跌之后，有金融专家提示“股市婴儿底”已经出现，中国股市慢牛期即将到来。王先生夫妇希望能增加这方面投入，以分享中国股市增长的收益。但王先生夫妇对股市投资了解甚少，怎样的家庭金融投资组合才可以持续获得稳定收益呢？

(6) 适时进行退休养老规划。

第一部分 理财情况分析

在咨询理财规划师后，王先生家庭理财规划如下：

(1) 家庭情况

王先生家庭是典型的三口之家，夫妻工作都较为稳定，有“五险一金”保障。女儿年龄很小，但随着年龄的增加，教育投入将不断增多。父母年事已高，需要聘请一位非全职保姆来帮忙处理家务。有换房的需求，有增加意外人寿保险的需求和养老退休的想法。王先生夫妇事业正处于不断上升阶段，家庭收入将稳步提高，家庭资产也将逐步积累，因此，合理的财富管理和保障规划，将使得家庭成员过上稳定安逸的生活。

(2) 家庭财务情况

经过整理，王先生家庭的财务状况归纳总结如下：

王先生夫妇每月固定收支情况

每月收入			每月支出		
	金额(元)	占收入百分比(%)		金额(元)	占支出百分比(%)
薪金收入	11 500	100.0	房屋贷款	2 500	25.0
			基本生活开销	4 500	45.0
			养老孝敬金(月均)	1 000	10.0
			保姆	2 000	20.0
总收入	12 800	总支出	10 000		
结余	2 800				

王先生夫妇年平均收入开支情况

年收入			年支出		
	金额(元)	占收入百分比(%)		金额(元)	占支出百分比(%)
年薪	138 000	75.5	基本生活开销	48 000	38.0
年终奖金	35 000	16.9	旅游费	10 000	7.9
投资面包店	15 000	7.3	养老孝敬费	12 000	9.5
存款收益	600	0.3	房贷按揭	30 000	23.8
			保姆	26 000	20.6
总收入	188 600		总支出	126 000	
结余	62 600				

王先生夫妇的资产负债情况

	金额(元)	占资产百分比(%)		金额(元)	占负债百分比(%)
流动资产			短期负债		
现金及活期存款	15 000	2.40			
基金债券	0				
非流动资产			长期负债		
房产(自住)	550 000	89.4	房屋贷款	220 000	100
投资经营	50 000	8.1			
资产总值	615 000		负债总值	220 000	
净值(资产—负债)			395 000		

第二部分　家庭资产现状分析

（1）家庭收支分析

王先生夫妻双方都在企业工作，每月薪金收入 11 500 元，收入较为稳定。家庭储蓄[（家庭可支配收入－家庭总支出）/家庭可支配收入]比例为 33.2%左右，说明王先生家庭收入较好，每年有一定盈余。房款按揭还贷额度占全家开支的一定比重，如果考虑未来小孩的学前教育和兴趣培养等，需在提前增加教育储蓄。夫妇双方的年终奖金及与他人合伙投资收益每年有 50 000 元（这是王先生家庭财富积累的主要来源）。双方父母的养老孝敬金 12 000 元。聘请非全职保姆，每年需新增开支 26 000 元。王先生经常出差需要增加意外险保障，会有新增保费支出。可以利用每年的盈余做些合理投资，例如教育储蓄、意外人寿保险等。

（2）家庭负债分析

王先生家庭现在唯一的负债是房屋贷款，房贷本金余额为 22 万元。家庭目前的偿付比例（净资产/总资产）为 0.64，该数值高于 0.5，说明王先生家庭的还债能力比较强。每月还贷比率（每月还贷款/家庭月收入）为 21.7%，该数值远低于 50%的警戒线，不会对家庭日常开支产生影响。王先生夫妇希望 5 年后换套学区房，可以在不影响日常生活提前下，稍增加每月偿还额度，以便在购学区房前还清首套房的房贷余款。

（3）家庭固定资产分析

王先生家庭的固定资产是自住房产，市值为 55 万元，占家庭总资产的 89.4%。一个家庭的固定资产占总资产的比例在 80%左右比较合适，如果过高意味着该家庭的资产结构中，流动性资产（如现金、存款、基金金融资产等）比例较少，这将影响家庭资产的变现能力，降低抗意外风险的能力。王先生家庭的自用资产权数略有偏高，因此可以适当的增加金融资产投资，来化解固定资产比例较高的问题。

（4）家庭投资分析

王先生家庭投资结构中，与他人合伙投资 5 万元，有 1.5 万元购买可实时赎回的银行理财产品，从投资结构上看金融资产比例偏小。2015 年 7 月，中国股市暴跌约 45%，释放了较大的投资风险。王先生有意在 2016 年增加股票基金等金融资产的投资比例，是一个较为有远见的投资思路。由于，王先生对股市投资等较为生疏，不妨选择较稳健的投资基金作为投资选择。

（5）家庭保障分析

王先生家庭的负债占总资产的 35.83%，低于一般理财要求的 50%，因此家庭出现因流动性资产不足产生财务问题的几率很小。王先生夫妇均有五险一金，但是小孩缺乏健康意外保障。王先生经常出差做业务，四处奔波生活较无规律，因此增加意外健康保险，是较为关键的家庭保障之一，应该优先考虑。

第三部分　家庭风险分析

必要的家庭风险偏好和风险承受能力分析，可以帮助家庭进行投资理财项目选择。

王先生家庭中，夫妻两人都有稳定的工作，收入在一般家庭中属于中等偏上，个人事业蒸蒸日上。

女儿刚刚出生，现在主要开支在养育照看方面，其他并无较大开支。父母年事已高，但情景介绍时仅仅提及养老孝敬金问题，可见王先生家庭并不需要承担较大的赡养老人负担。

从置业情况看，王先生投资在房产的比例合理，有一定的承受能力。王先生计划从 2016 年开始增加金融资产项目的投资，但是王先生并没有这方面的投资知识和经验，故存在较大的投资风险。王先生夫妇的收入较为稳定，家庭开支也较为节约合理，因此，在投资金融资产过程中，应坚持只将闲钱投资股市和基金项目，注意保留充足的流动性资产和随时的变现能力。

2015 年 7 月中国股市暴跌已经释放较大的市场风险，但是中国经济结构调整任务仍然较为困难，中国股市表现为中长期慢牛格局不变而短期内波动仍很剧烈。因此，王先生应将投向基金股票的比例控制在总投资资金的 40%以内，剩余资产投资诸如银行的货币基金理财产品或是国家债券，等到国家经济进一步向好，股市表现出平稳上涨时再适时增加股市基金的投资比例。

第四部分　家庭目标需求确认

王先生家庭的理财希望：

(1) 方便小孩读书需购买学区房；

(2) 女儿的教育问题，即教育储蓄；

(3) 家政服务，需聘请非全职保姆；

(4) 家庭的意外健康保障，希望能基本覆盖房产贷款；

(5) 增加金融资产投资比例，分享国内经济牛市的成长收益；

(6) 适时的退休养老计划。

将以上 6 个理财希望按实现期限作为划分依据。

短期目标	还清首套房贷款、家政服务、保险计划
中期目标	教育储蓄、按揭买学区房、保险计划、家政服务
长期目标	家庭资产持续增长、退休养老计划

第五部分　理财经济环境分析

中国经济正进行新一轮的经济改革，百业待兴。从我国当前经济形势上来看，未来几年通胀率维持在1.5%～2%的概率很大，所以因物价上涨而大幅增加家庭开支的可能性很小。国家保持适度宽松的货币政策，势必让通胀率温和，银行贷款利率水平低位徘徊。在未来的1～2年中，股市将维持在2 800～4 800点之间波动。“一路一带”和“亚投行”给中国经济带来的积极效应将逐渐显现。从长远来看，在股市成长期投资指数型基金收益将较为稳定。在未来的2～3年内，房产去库存压力还比较大，但是考虑到国内的投资方向较为单一，民众对房产投资存在明显偏好，学区房房价下降的可能性很小。即便是房产去库存会引起未来房价下滑，但对学区房房价影响有限，优质学校的学区房房价反而会在坚挺中稳步上升。

第六部分　家庭理财规划建议

从王先生家庭购买银行短期理财产品，以及和他人合伙开办面包店，计划增加投资金融产品(股票和基金等)等方面看，王先生夫妇都很有理财意识。王先生夫妇正处于个人事业的成长期，未来收入将会稳步提高，经济状况不断向好。考虑到现在王先生家庭的投资方向主要是房产投资和参与合伙个体经营，投资组合较为单一。这样投资组合风险较为集中，受市场经济波动影响较大。根据王先生的家庭财务情况，对其家庭理财投资提出如下几点建议：

(1) 增加金融资产投资比例

将家庭闲置资产投资组合安排为20%现金存款(或可实时赎回的银行理财产品)、40%保本型理财债券、40%基金定投和股票投资。20%现金存款(或可实时赎回的银行理财产品)比较灵活，可作为应急储备金。债券部分以国家债券为主，可以较好地对抗通胀风险。在基金股票投资方面，基金定投是一种长期资产投资，未来随着中国经济改革深入经济好转，将分享中国经济成长的成果。股票投资可以投新股申购。自2016年3月起，新股申购方式改革，申购门槛降低，其投资风险较低。新股申购比较适合像王先生这样初入股市的投资者，在没有新股申购时期可购买长期看好的蓝筹股。

以上投资组合，其投资回报的平均收益应在7%左右。该投资组合有良好的防守性，可以根据市场经济波动变化情况及时调整。投资组合中以保本理财为重，一旦资本市场出现波动，王先生家庭有60%的资产将不受侵蚀，而基金定投和新股申购的风险很低。因此该资产投资组合较为稳健，可以保证王先生家庭的其他理财规划的正常进行。

(2) 女儿教育规划

王先生家庭的子女教育理财规划目标中，包括未来孩子成长中的教育预算与规划。一般教育规划可细分为基础教育和大学教育及大学后教育，此方案中仅计算到大学毕业。

幼儿到研究生的教育规划费用一览表①

教育阶段	入学年龄（岁）	教育年限（年）	教育类型	保育费/学杂费（元）	总学费（元）
幼儿园	3	3	幼儿园（公办/民办）	1 200/5 500	3 900/16 500
小学	6	6	小学（公办/民办）	0/2 800	0/16 800
初中	12	3	初中（公办/民办）	0/3 200	0/9 600
高中	15	3	高中（公办）	1 000	3 000
大学	18	4	大学本科	7 000	28 000
研究生	22	3(2)	硕士	11 000	33 000
	25	3	博士	13 000	39 000
合计				106 900/145 900	

按一般社会标准来计算，今后 22 年的教育与生活费用的资金筹划，见下表。

小孩教育与生活费用情况一览表

年份	孩子年龄（岁）	学习层次	学杂费（元）	通胀影响（元）	生活、兴趣培养费用（元）	通胀影响（元）	总计（元）
2015	1				6 000	6 000	6 000
2016	2				6 000	6 242	6 242
2017	3				6 000	6 367	6 367
2018	4	幼儿园小班	5 500	5 953	8 000	8 659	14 613
2019	5	幼儿园中班	5 500	6 072	8 000	8 833	14 905
2020	6	幼儿园大班	5 500	6 194	8 000	9 009	15 203
2021	7	小学一年级	0	0	8 000	9 189	9 189
2022	8	小学二年级	0	0	8 000	9 373	9 373
2023	9	小学三年级	0	0	8 000	9 561	9 561
2024	10	小学四年级	0	0	8 000	9 752	9 752
2025	11	小学五年级	0	0	8 000	9 947	9 947
2026	12	小学六年级	0	0	8 000	10 146	10 146
2027	13	初中一年级	0	0	8 000	10 349	10 349

①　本表参考 2014 年《厦门市中小学、幼儿园收费项目和标准一览表》(网址 http://www.xmedu.gov.cn/publish/portal0/tab122/info38684.htm)和厦门某高校的 2014 年招生简章等编制，数据为综合性数据。本表未考虑通胀和政策变化。

续表

年份	孩子年龄(岁)	学习层次	学杂费(元)	通胀影响(元)	生活、兴趣培养费用(元)	通胀影响(元)	总计(元)
2028	14	初中二年级	0	0	8 000	10 556	10 556
2029	15	初中三年级	0	0	8 000	10 767	10 767
2030	16	高中一年级	1 000	1 373	8 000	10 982	12 355
2031	17	高中二年级	1 000	1 400	8 000	11 202	12 602
2032	18	高中三年级	1 000	1 428	8 000	11 426	12 854
2033	19	大学一年级	7 000	10 198	10 000	14 568	24 766
2034	20	大学二年级	7 000	10 402	10 000	14 859	25 261
2035	21	大学三年级	7 000	10 610	10 000	15 157	25 766
2036	22	大学四年级	7 000	10 822	10 000	15 460	26 282
合计							292 857

该表以年为结算单位,体现了每年家庭用于孩子生活教育的支出情况,通货膨胀假设为2%。实际中还会出现其他的学杂费用、辅导班和课外娱乐等。在女儿读书后,可有选择性帮其购买保险。养育一个孩子成人是很大一笔支出,王先生家庭估计将在22年间筹集近30万元用于女儿的教育与一般生活支出。

由于我国实行九年制义务教育,因此在基础教育中,教育金投入很少,主要是小孩兴趣培养费用较高。教育金投入较大比例是在高等教育时期,王先生可以购买教育保险,等到就读大学时就可以从保险公司获得一笔不小资金用于高等教育支出。可选择购买××保险公司的"e理财(少儿险)初高中大学教育金",从初中到大学的教育金,交10年,每年交6 370元,可以享受到的保障见下表。

××保险公司e理财少儿险理赔情况①

教育金	12～14岁	5 000元/年
	15～17岁	5 000元/年
	18～21岁	10 000元/年
婚嫁创业金	30岁	10 000元
身故保险金	如在30岁前不幸身故	按年龄领取相应的身故保险金
白血病保险金	如在30岁前不幸患病	10万元
保费豁免	如不幸身故(保单生效1年后)	豁免主险部分保费(婚嫁部分660元/年)

① ×××保险公司e理财(少儿险)理赔情况网址:http://shop.taikang.com/website/servlet/productSchema?type=toProductPage&id=403

(3) 购置商业房产规划

王先生家庭为了能为子女争取到较好的教育资源，决定在入学前两年购买一套学区房。从王先生家庭财务状况分析可知，目前王先生的房产尚有贷款本金余额22万元未还清，每月还贷比率为21.7%，远低于50%的警戒线。王先生家庭具有较好的偿债能力，不会对家庭流动性资产产生威胁。22万元的债款可在10年间还清，但这将严重影响到家庭5年后购学区房计划。

王先生夫妇有公积金，公积金贷款利息比一般银行住房贷款利息低。由于首套房贷未清偿之前，无法申请第二套房的公积金贷款，因此王先生可以采取卖掉第一套房，并利用该房款作为第二套房的首付款，申请公积金贷款。当然，以王先生家庭收入水平，或许可以保留这套房产，而选择提前偿清房款。如选择5年内还清首套房的所有贷款，每月需要增加还款额至3 500元，这对王先生夫妇并不是太大问题。由于公积金房贷政策受到国家经济政策影响较深，根据现行的公积金房贷条件首付30%后，即可以申请公积金房贷。5年后，王先生家庭资产中现金存款和金融资产总额已达到35万元，夫妇双方都有公积金，共同申请可最多贷款80万元，能满足购买学区房房款要求。在偿还公积金贷款时，王先生夫妇可提取公积金账户里资金来偿还每月按揭款。

购学区房计划消耗掉家庭大部分积蓄，为了不让家庭现金流出现状况，可将首套房产用于出租，每月租金在2 000元左右。这笔租房收入可用于生活开销或者帮助提前偿还二套房贷款。

(4) 家庭保障规划

王先生夫妻均有五险一金，但是目前家庭保障明显不够，远不能覆盖如发生意外伤亡或重大疾病给家庭带来的风险。不论现在或将来，王先生夫妇一旦发生意外，家庭所负债务将无法偿还而影响家庭生活。通过购买些保险来规避或转移这些风险，避免给家庭生活带来直接的影响。结合王先生家庭情况，在购买保险时可以选择××保险公司的综合意外保障计划，见下表。

××保险公司的综合意外保障计划

投保险种	缴费期	每年每人保险费(元)	意外伤残	保险金额意外身故(元)	意外医疗
e顺(201X)综合意外保障计划豪华版	每年	398	5万元	50万元	2万

王先生夫妇所购买的意外伤害险，如果发生意外伤亡或高度残疾，可最多获得保险金50万元给付，如果部分残疾可以按比例获得保险金给付。在这种保险规划下，家庭每年会增加800元用来购买保险。该保险计划还基本覆盖了房贷金额，为将来的生活做好一定的保障，面对突发情况也有应对的资金。

(5) 退休养老规划

王先生家庭正处于成长阶段，主要考虑当前状况和未来几年的目标。尚无须将退休规划纳入考虑范围。但王先生家庭可以把退休规划与其他理财规划目标结合在一起。完整的退休规划，包括职业生涯设计、退休后生活设计和退休金筹集。

假设王先生夫妇都在60岁退休，之后有25年的养老时间。假设保持现有生活水平不变（每月6 500元），共需要78 000元/年。退休房屋贷款早已还清，但医疗开销会增加，扣除医保支付，假设每月仍有500元需要自己支付，因此每月开销需要7 000元/年。假设生活费用增长为2%，估算退休后第一年支出大约8.4万元。王先生夫妇在25年的退休期间应筹集270万元。

王先生夫妇所缴交的社保基金中，在退休后将得到一定的退休金保障，但为保证退休后的生活品质，应在一定年龄（最好在距离退休还有20～25年的时候）开始购买养老保险，这样以后就有了双重保障。

第七部分　规划实施

时间	类型	事件概述	涉及金额	实现方式	年限
2015年	固定资产	提高还贷额度	每月3 500元	向贷款银行和公积金中心申请提前还贷	5年
	金融投资	保本型理财产品	40%年度结余资产	×××银行保本理财（预期收益率5%）	每年
		基金、股票购买计划	40%年度结余资产	×××指数型基金、新股申购、蓝筹股	每年
		现金存款	20%年度结余资产	×××银行现金存款（预期收益率3%）	每年
2016年	保险规划	夫妇购买“意外险”	每年缴纳保险金约800元	×××保险公司“e顺综合意外保障计划豪华版”	每年
	教育资金	教育保险	每年6 370元	×××保险公司e理财少儿险初高中大学教育金	10年
2020年	固定资产	申请公积金房贷	最高可申请80万元	夫妻双方向公积金中心申请房贷	20年
2023年	养老规划	购买养老保险	每月1 000元	×××保险公司e理财养老险养老无忧终身年金险	25年
2040年	家庭开支	子女婚庆	20万元	孩子到了25岁的适婚年龄，在子女的婚姻大事上，可能会有一笔不小的支出	1年
2048年	收入变动	夫妇均退休		开始领取养老金	25年
	固定资产	还清贷款	完成100万元的自住房供贷	有两套房产，一套用于自住，另一套可出租来获得额外收入，补贴养老、旅游	

参考文献

1.张阿芬著:《个人投资理财》,福建教育出版社 2002 年版。

2.柴效武、孟晓苏编著:《个人理财规划》,清华大学出版社 2013 年版。

3.刘永刚主编:《投资理财概论》,清华大学出版社 2012 年版。

4.孙黎主编:《个人理财实务》,中国人民大学出版社 2012 年版。

5.雷冰编著:《投资理财规划》,中国宇航出版社 2014 年版。

6.杨永胜主编:《家庭投资理财》,外文出版社 2012 年版。

7.桂咏评主编:《个人理财》,标致出版社、上海人民出版社 2010 年版。

8.杨则文主编:《个人理财业务》,经济科学出版社 2010 年版。

9.[加拿大]夸克・霍,克里斯・罗宾逊著,陈晓燕等译:《个人理财策划》,中国金融出版社 2003 年版。

10.[美国]阿瑟・J. 基翁著,汪涛、郭宁译:《个人理财》(第 4 版),中国人民大学出版社 2010 年版。

11.吕斌、李国秋编著:《个人理财》,上海大学出版社 2005 年版。

12.郭秀兰、王冬吾主编:《个人理财规划》,西南财经大学出版社 2011 年版。

13.国家职业技能鉴定国家职业资格培训教程,《理财规划师基础知识》(第 5 版),中国就业培训技术指导中心、中国财政经济出版社 2013 年版。

14.国家职业技能鉴定国家职业资格培训教程,《理财规划师专业能力》(第 5 版),中国就业培训技术指导中心、中国财政经济出版社 2013 年版。

15.陈玉罡主编:《个人理财理论与实务》,北京大学出版社 2012 年版。

16.吴清泉等编:《个人理财》,人民邮电出版社 2012 年版。

17.郑惠文编:《理财规划与方案设计》,机械工业出版社 2014 年版。

18.个人独资企业登记指南,国家工商总局[发布日期:2013 年 4 月 20 日]。

19.个人独资企业,东奥会计在线[引用日期:2013 年 8 月 15 日]。

20.个人独资企业所得税,华律网[引用日期:2012 年 9 月 24 日]。

21.合伙企业登记指南,国家工商总局[发布日期:2013 年 4 月 20 日]。

22.中国金融教育发展基金会金融理财标准委员会(FPSCC)编:《金融理财原理》,中信出版社 2007 年版。

23.王韬、刘芳编:《企业税收筹划》,科学出版社 2009 年版。

24.全国人民代表大会常务委员会:《个人所得税法》,主席令〔2011〕第 48 号,2011 年 6 月 30 日。

25.国务院:《个人所得税法实施条例》,国务院令〔2011〕第 600 号,2011 年 7 月 19 日。

26.中国金融教育发展基金会:《银行客户经理》,http://www.chinacrm.org.cn/peixunkecheng.html。

27.中国人力资源专业人才管理中心:《国家职业资格——理财规划师条件》,http://www.chrpm.org/news/html/?545.html.

28.李慧敏:《投资理财技巧》,清华大学出版社 2013 年版。

29.九天书苑:《家庭理财百宝箱》,中国铁道出版社 2013 年版。